実践フォーラム 破産実務

Holding Forum

手続選択から申立て・管財まで

野村剛司 〔編著〕

青林書院

はしがき

　本書を手に取られたあなたは、こんな本は今までになかったよね、と思われることでしょう。実際、ここまでの本はなかったと思います。どの頁を開いてみても、執筆者全員の熱き思いが満ちていて、その熱にあてられるかもしれません。是非その熱にあてられていただき、今後の自らの行動に繋げていただけたら、執筆者一同こんなに嬉しいことはありません。

　全国で数千名の弁護士が申立代理人、破産管財人として日々活動していることでしょう。今回集まったメンバーはそのうち22名とおそらく1パーセントにも満たないでしょうが、意識は非常に高いメンバーです。全国各地から星が揃ったといえるでしょう。

　企画当初は、実践マニュアルの1冊に加えようかと考えておりましたが、座談会を重ねるうちに、本書は決してマニュアルではなく、実践マニュアルの底流に流れるところを、メンバー全員が自分の言葉で語っているのだと気づきました。そこで、「実践マニュアル」と対になるものをと考え、「実践フォーラム」と名づけました。伝えたい思いは、これまでの3冊の実践マニュアル（『破産管財実践マニュアル〔第2版〕』、『法人破産申立て実践マニュアル』、『民事再生実践マニュアル』）と同様です。併せてご利用いただけますと幸いです。

　本書の特長として、3つ挙げたいと思います。

　1つ目は、感覚の共有を伝えようとしている点です。先ほど底流に流れるところと指摘しましたが、よりよい事業再生、倒産処理を目指して、日々活動するメンバーに共通する（してほしい）感覚、思いを随所に散りばめています。

　そして、2つ目は、破産における各事象を申立代理人と破産管財人の双方の立場から検討していることです。両者の立場の違いを踏まえた上での協働・連携は、極めて重要であることを感じ取っていただけると思います。そこには、裁判所も含めた三者の協働・連携も欠かせません。通常の訴訟とは異なる世界を感じ取っていただきたいと思います。

　さらに、3つ目として、手続選択を分厚く議論しています。これまでは、基本的にその手続（本書なら破産手続）を選択したところから始まりましたが、本書は、その前段階にある手続選択、特に事業の存続、事業再生を図ることを重

要視しています。また，破産以外の選択肢も検討しており，この1冊で全体像が把握できますので，少しでも意識が変わればありがたいと思います。

　本書の構成は，大きく第1編の大座談会と第2編の総括座談会で，第1編の大座談会がメインの座談会です。第1章で感覚の共有，破産管財人目線と申立代理人目線を確認し，第2章で法人破産申立てを中心に破産申立てを見た上で，第3章で事象ごとに申立代理人，破産管財人双方の立場から検討しています。第4章では破産における事業継続・事業譲渡を取り上げ，破産を用いた事業再生を論じます。第5章で申立代理人の役割と義務・責任を取り上げ，破産管財人との協働・連携も含めた前向きな議論を行っています。第6章で個人債務者の破産に関する諸問題を詳細に検討します。第7章では文献も少ない債権者申立てを取り上げます。第8章で破産管財人の活動の実情を伝えます。第9章では手続選択として，破産以外の選択肢の検討を様々な側面から論じ，最後に破産手続を利用しやすくするためにはどうしたらよいかを検討しています。第10章では伝承と運用改善のためには不断の努力が必要であることを確認し，第11章で再度の倒産法改正に向けて提言しています。

　本書の使い方としては，どこからお読みいただいても結構です。目次を見て気になるテーマの頁を開いてみてください。座談会中の相互参照を多用し，事項索引も充実させていますので，本書を縦横無尽に行き来していただけたらと思います。また，図表で見える化を，脚注において実践マニュアルとの連携を図り，さらに進むべき文献や裁判例の紹介も行っております。

　日々，具体的な案件に真摯に取り組み，ときに悩み，泣き笑い，悔しい思いもしてきたメンバーの発言から，何か気づきがあり，繰り返し読む中で，スルメのように味わい深いものになっていくのであれば望外の幸せです。

　本書は，主に申立代理人，破産管財人となる弁護士を対象とした本ですが，債権者等の代理人となる弁護士，裁判官，裁判所書記官，金融機関担当者等の破産事件における数多くの利害関係人と幅広くご利用ください。

　最後になりましたが，本企画を快くお引き受けいただいた株式会社青林書院及び編集長の宮根茂樹氏に感謝申し上げます。

　　　平成29年10月

弁護士　野　村　剛　司

凡　例

I　叙述の仕方
(1)　叙述は，原文引用の場合を除いて，原則として常用漢字，現代仮名遣いによった。ただし，数字は原文引用中においても算用数字を用いた。
(2)　見出し記号は，原文引用の場合を除き，原則として，(1)(2)(3)…，(a)(b)(c)…，(イ)(ロ)(ハ)…，(ⅰ)(ⅱ)(ⅲ)…の順とした。ただし，本文中の列記事項には，①②③…の記号を用いた。

II　法令の表記
法令名の表記は，原文引用の場合を除き，原則として，次のように行った。
(1)　地の文では概ね正式名称で表した。
(2)　カッコ内表記は次のように行った。
　(a)　主要な法令は慣例により表した。なお，破産法は条数のみ，破産規則は，「規則」とした。
　(b)　多数の法令条項を引用する場合，同一法令の条項は「・」で，異なる法令の条項は，「，」で併記した。それぞれ条・項・号を付し，原則として「第」の文字は省いた。

III　文献の表記
書籍の出典表示は，原則として，次のように行った。
(1)　略語書名のもの
① 伊藤眞『破産法・民事再生法〔第3版〕』（有斐閣，2014年）　　　　　　→伊藤
② 伊藤眞＝岡正晶＝田原睦夫＝林道晴＝松下淳一＝森宏司
　『条解　破産法〔第2版〕』（弘文堂，2014年）　　　　　　　　　　　→条解
③ 田原睦夫＝山本和彦監修・全国倒産処理弁護士ネットワーク編
　『注釈破産法（上・下）』（金融財政事情研究会，2015年）　　　　→注釈上・下
④ 竹下守夫編集代表『大コンメンタール破産法』（青林書院，2007年）
　　　　　　　　　　　　　　　　　　　　　　　　　　　　　　　→大コンメ
⑤ 山本克己＝小久保孝雄＝中井康之編『新基本法コンメンタール
　破産法（別冊法学セミナー）』（日本評論社，2014年）　　　→新基本法コンメ
⑥ 竹下守夫＝藤田耕三編集代表『破産法大系（全3巻）』
　（青林書院，2014年・2015年・2015年）　　　　　　→破産法大系Ⅰ・Ⅱ・Ⅲ
⑦ 大阪地方裁判所・大阪弁護士会破産管財運用検討プロジェクトチーム編
　『新版　破産管財手続の運用と書式』（新日本法規，2009年）　→運用と書式
⑧ 森純子ほか編『はい6民です　お答えします（倒産実務Q＆A）』
　（大阪弁護士協同組合，2015年）　　　　　　　　　　　　　　→はい6民

⑨　中山孝雄＝金澤秀樹編『破産管財の手引〔第2版〕』
　　（金融財政事情研究会，2015年）　　　　　　　　　　→管財手引
⑩　東京地裁破産再生実務研究会編著『破産・民事再生の実務
　　〔第3版〕破産編』（金融財政事情研究会，2014年）　　→実務〔破産編〕
⑪　裁判所職員総合研修所監修『破産事件における書記官事務の研究』
　　（司法協会，2013年）　　　　　　　　　　　　　→書記官事務の研究
⑫　全国倒産処理弁護士ネットワーク編『破産実務Ｑ＆Ａ200問』
　　（金融財政事情研究会，2012年）　　　　　　　　　　→QA200問
⑬　日本弁護士連合会倒産法制等検討委員会編『倒産処理と弁護士倫理
　　－破産・再生事件における倫理の遵守と弁護過誤の防止－』
　　（金融財政事情研究会，2013年）　　　　　　　　→倒産処理と弁護士倫理
⑭　日本弁護士連合会倒産法制等検討委員会編『個人の破産・再生手続
　　～実務の到達点と課題～』（金融財政事情研究会，2011年）
　　　　　　　　　　　　　　　　　　　　　　　→個人の破産・再生手続
⑮　日本弁護士連合会倒産法制等検討委員会「中小規模裁判所における
　　法人破産事件処理の在り方」金融法務事情1982号（2013年）6頁
　　　　　　　　　　　　　　　　　　　　　　　　　→処理の在り方
⑯　野村剛司＝石川貴康＝新宅正人『破産管財実践マニュアル〔第2版〕』
　　（青林書院，2013年）　　　　　　　　　　→破産管財実践マニュアル
⑰　野村剛司編著『法人破産申立て実践マニュアル』（青林書院，2016年）
　　　　　　　　　　　　　　　　　　　　　→法人破産申立て実践マニュアル
⑱　木内道祥監修・軸丸欣哉＝野村剛司＝木村真也＝山形康郎＝中西敏彰編
　　『民事再生実践マニュアル』（青林書院，2010年）
　　　　　　　　　　　　　　　　　　　　　　→民事再生実践マニュアル
⑲　吉田清弘＝野村剛司『未払賃金立替払制度実務ハンドブック』
　　（金融財政事情研究会，2013年）　　　　　　　　→立替払ハンドブック
⑳　岡伸浩＝島岡大雄＝進士肇＝三森仁編著『破産管財人の財産換価』
　　（商事法務，2015年）　　　　　　　　　　　　　　　→財産換価
㉑　島岡大雄＝住友隆行＝岡伸浩＝小畑英一編『倒産と訴訟』
　　（商事法務，2013年）　　　　　　　　　　　　　　　→倒産と訴訟
㉒　中森亘＝野村剛司＝落合茂監修・破産管財実務研究会編著
　　『破産管財 BASIC』（民事法研究会，2014年）　　　　→ BASIC
㉓　中森亘＝野村剛司監修・破産管財実務研究会編著
　　『破産管財 PRACTICE』（民事法研究会，2017年）　　→ PRACTICE
㉔　野村剛司『倒産法を知ろう』（青林書院，2015年）　→倒産法を知ろう
(2)　正式書名のもの
　①　著者名『正式書名』（出版社，出版年）頁数
　②　編者名　編『正式書名』（出版社，出版年）頁数〔執筆者名〕

凡　例　v

Ⅳ　判例の表記
　(1)　判例集のうち頻度の高いものは，慣例に従い，略語で表した。
　(2)　判例の出典表示は，原則として，次のように行った。
　　　〔例〕平成22年6月4日，最高裁判所判決，最高裁判所民事判例集64巻4号1107頁
　　　　　→最判平成22年6月4日民集64巻4号1107頁

Ⅴ　参考文献（Ⅲ(1)で略語表記したもの以外）
　①　東西倒産実務研究会編『和議』（1988年），『会社更生・会社整理』（1989年），『破産・特別清算』（1989年）（いずれも商事法務。絶版）
　②　司法研修所編『破産事件の処理に関する実務上の諸問題』（1985年，法曹会）
　③　最高裁判所事務総局民事局監修『条解破産規則』（法曹会，2005年）
　④　小川秀樹編著『一問一答　新しい破産法』（商事法務，2004年）
　⑤　伊藤眞＝松下淳一＝山本和彦編『新破産法の基本構造と実務（ジュリスト増刊）』（有斐閣，2007年）
　⑥　園尾隆司＝西謙二＝中島肇＝中山孝雄＝多比羅誠編『新・裁判実務大系（28）新版破産法』（青林書院，2007年）
　⑦　山本和彦＝中西正＝笠井正俊＝沖野眞已＝水元宏典『倒産法概説〔第2版補訂版〕』（弘文堂，2015年）
　⑧　全国倒産処理弁護士ネットワーク編『私的整理の実務Q＆A140問』（金融財政事情研究会，2016年）
　⑨　全国倒産処理弁護士ネットワーク編『個人再生の実務Q＆A100問』（金融財政事情研究会，2008年）
　⑩　縣俊介＝石川貴康＝田川淳一＝内藤滋＝野村剛司・豊洲月島会著『倒産債権の届出・調査・確定・弁済・配当マニュアル』（三協法規出版，2017年）
　⑪　岡伸浩＝小畑英一＝島岡大雄＝進士肇＝三森仁『破産管財人の債権調査・配当』（商事法務，2017年）
　⑫　野村剛司編集代表『多様化する事業再生』（商事法務，2017年）
　⑬　東京弁護士会倒産法部編『破産申立マニュアル〔第2版〕』（商事法務，2015年）
　⑭　三森仁監修・林信行＝鈴木惠美＝炭本正二『法人破産申立入門』（第一法規，2013年）
　⑮　服部明人＝岡伸浩編『企業活動と倒産法務』（清文社，2014年）
　⑯　横田寛『新版　弁護士・事務職員のための破産管財の税務と手続』（日本加除出版，2017年）
　⑰　四宮章夫＝相澤光江＝綾克己編『特別清算の理論・実務と書式』（民事法研究会，2010年）
　⑱　東京地裁会社更生実務研究会編『最新実務　会社更生』（金融財政事情研究会，2011年）

著 者 紹 介

■編著者（コアメンバー）
野村　剛司（弁護士）

平成5年東北大学法学部卒業。平成10年弁護士登録（大阪弁護士会）。平成15年なのはな法律事務所開設。平成18年から日本弁護士連合会倒産法制等検討委員会委員，平成25年から全国倒産処理弁護士ネットワーク常務理事。平成26年から28年司法試験考査委員（倒産法担当）。
共著として，『破産管財実践マニュアル〔第2版〕』（青林書院），『法人破産申立て実践マニュアル』（青林書院），『民事再生実践マニュアル』（青林書院），『未払賃金立替払制度実務ハンドブック』（金融財政事情研究会），『基礎トレーニング倒産法』（日本評論社）ほか多数。単著として，『倒産法を知ろう』（青林書院）。

〒530-0047　大阪市北区西天満4-3-4　御影ビル2階
なのはな法律事務所　TEL：06-6311-7087　FAX：06-6311-7086

■執筆者（コアメンバー）
石岡　隆司（弁護士）

〒030-0862　青森市古川2-20-3　朝日生命青森ビル7階
石岡法律事務所　TEL：017-735-4838　FAX：017-723-6358

山田　尚武（弁護士）

〒460-0003　名古屋市中区錦2-2-2　名古屋丸紅ビル12階
弁護士法人しょうぶ法律事務所　TEL：052-223-5555　FAX：052-223-5557

籠池　信宏（弁護士・公認会計士）

〒763-0024　香川県丸亀市塩飽町7-2　県信ビル2階
籠池法律事務所　TEL：0877-23-2620　FAX：0877-23-9592

石川　貴康（弁護士）

〒260-0014　千葉市中央区本千葉町1-1　日土地千葉中央ビル5階
コンパサーレ法律事務所　TEL：043-202-2336　FAX：043-202-2337

八木　宏（弁護士）

〒910-0023　福井市畔化1-24-43　ストークビル福井一番館8階
九頭竜法律事務所　TEL：0776-22-0168　FAX：0776-22-0178

著者紹介

髙松　康祐（弁護士）
　〒810-0023　福岡市中央区警固1-12-11　アーバンスクエア警固6階
　みらい法律事務所　TEL：092-781-4148　FAX：092-715-5859

桶谷　和人（弁護士・公認会計士）
　〒060-0002　札幌市中央区北2条西10丁目1-6　コンフォリア札幌植物園1401
　植物園法律会計事務所　TEL：011-210-1201　FAX：011-210-1202

久米　知之（弁護士）
　〒651-0087　神戸市中央区御幸通6-1-20　GEETEX ASCENT BLDG 7階
　神戸H.I.T.法律事務所　TEL：078-200-3066　FAX：078-200-3077

中川　嶺（弁護士）
　〒780-0901　高知市上町1-4-32　中平ビル東館2階
　中川嶺法律事務所　TEL：088-879-6156　FAX：088-879-6157

■執筆者（サポートメンバー）

鈴木　隆文（弁護士・公認会計士）
　〒272-0023　千葉県市川市南八幡4-5-20　エムワイビル5A
　アライズ総合法律事務所　TEL：047-376-6556　FAX：047-320-3553

團　潤子（弁護士）
　〒541-0041　大阪市中央区北浜2-1-19-802
　疋田・團法律事務所　TEL：06-6229-3240　FAX：06-6229-3241

小川　洋子（弁護士）
　〒460-0002　名古屋市中区丸の内1-15-9　スガキコ第二ビル5階
　太田・渡辺法律事務所　TEL：052-221-1313　FAX：052-204-0313

森本　純（弁護士）
　〒530-0047　大阪市北区西天満4-3-25　梅田プラザビル別館9階
　金子・中・橋本法律特許事務所　TEL：06-6364-6411　FAX：06-6364-6410

今井　丈雄（弁護士）
　〒260-0021　千葉市中央区新宿2-2-9　ひぐらしビル201
　今井法律事務所　TEL：043-241-8509　FAX：043-241-8613

岡田　雄一郎（弁護士）
〒850-0876　長崎市賑町5-21　パークサイドトラヤビル3階
長崎清和法律事務所　TEL：095-821-1070　FAX：095-829-0312

河野　ゆう（弁護士）
〒640-8152　和歌山市十番丁12　十番丁ビル4階
弁護士法人トライ法律事務所　TEL：073-428-6557　FAX：073-428-6558

森　智幸（弁護士）
〒700-0818　岡山市北区蕃山町3-7　両備蕃山町ビル8階
岡山ひかり法律事務所　TEL：086-223-1800　FAX：086-223-1811

浅井　悠太（弁護士）
〒604-8161　京都市中京区烏丸通三条下ル　大同生命京都ビル8階
烏丸法律事務所　TEL：075-223-2714　FAX：075-223-2718

丸島　一浩（弁護士）
〒272-0033　千葉県市川市市川南1-9-23　京葉住設市川ビル5階
弁護士法人リバーシティ法律事務所　TEL：047-325-7378　FAX：047-325-7388

管納　啓文（弁護士）
〒810-0073　福岡市中央区舞鶴3-2-1　DS福岡ビル2階
辻井法律事務所　TEL：092-733-8657　FAX：092-733-8667

山本　隼平（弁護士）
〒530-0047　大阪市北区西天満5-14-7　和光ビル6階
藤井薫法律事務所　TEL：06-6316-7311　FAX：06-6316-7312

■特別ゲスト

安田　孝一（弁護士）　79頁で紹介
〒360-0037　埼玉県熊谷市筑波3-193　熊谷通運ビル5階
安田法律事務所　TEL：048-521-8500　FAX：048-521-8660

尾田　知亜記（弁護士）　449頁で紹介
〒460-0003　名古屋市中区錦2-2-2　名古屋丸紅ビル12階
弁護士法人しょうぶ法律事務所　TEL：052-223-5555　FAX：052-223-5557

目　次

はしがき
凡　例
著者紹介

第1編　大座談会

第1章　序　　章 …………………………………………………………… 3
 1　趣旨説明とコアメンバーの自己紹介 ……………………………… 3
 2　近畿地区から始まった全国規模の意見交換会 …………………… 7
 3　『東西』へのオマージュ …………………………………………… 13
 4　感覚の共有 …………………………………………………………… 16
 5　破産管財人目線と申立代理人目線 ………………………………… 21

第2章　法人破産申立てを中心に ……………………………………… 27
 1　密行型とオープン型 ………………………………………………… 27
  図表1　密行型とオープン型のイメージ（29）
 2　Xデーから破産手続開始決定まで ………………………………… 36
 3　破産申立書 …………………………………………………………… 46
 4　予　納　金 …………………………………………………………… 54
 5　財産・資料の保全と破産管財人への引継ぎ ……………………… 61

第3章　申立代理人，破産管財人双方の立場から …………………… 68
 1　労働債権・従業員関係の処理 ……………………………………… 68
 2　未払賃金立替払制度 ………………………………………………… 78
 3　仕入先対応 …………………………………………………………… 87
  図表1　仕入先対応一覧表（89）
 4　自動車の所有権留保 ………………………………………………… 97
 5　譲渡担保 ……………………………………………………………… 101
 6　売掛金回収 …………………………………………………………… 108
 7　仕掛工事の処理 ……………………………………………………… 116
 8　事業用賃借物件の処理 ……………………………………………… 123
 9　否認対象行為への対応 ……………………………………………… 132
  図表2　否認権の類型（137）

    10　株式関係 ·· 142
    11　税務関係 ·· 147
    12　破産者との信頼関係構築 ·· 158

第4章　破産における事業継続・事業譲渡 ······································ 164
    1　破産管財人による事業継続・事業譲渡 ···································· 164
    2　保全管理命令の活用 ·· 174
    3　破産申立て前の事業譲渡 ·· 178

第5章　申立代理人の役割と義務・責任 ·· 189
    1　申立代理人の役割とは ·· 189
        図表1　申立代理人の To Do(1) ── 密行型 (190)
        図表2　申立代理人の To Do(2) ── オープン型 (191)
    2　申立代理人と破産管財人の協働・連携 ···································· 200
    3　申立代理人の心構え ·· 207
    4　申立代理人の義務・責任 ·· 210
    5　弁護士倫理・ヒヤリハット（申立代理人編） ······························ 219
    6　申立代理人の報酬 ·· 226

第6章　個人債務者の破産に関する諸問題 ·· 234
    1　事業者と非事業者 ·· 234
        図表1　事業者と非事業者の区分のイメージ (234)
    2　同時廃止と管財の振り分け ·· 241
    3　自由財産拡張制度 ·· 251
    4　破産と家族・家庭 ·· 261
        図表2　財産分与額算定の原則パターンのイメージ (266)
        図表3　義務者の破産の場合 (269)
    5　免　　責 ·· 271
        図表4　免責で確認・説明・指示する事項（申立代理人として）(277)
    6　個人再生と破産 ·· 281
        図表5　個人再生と破産　対比表 (283)

第7章　債権者申立て ·· 289
        図表1　債権者申立ての目的による分類 (290)

第8章　破産管財人の活動 ·· 303
    1　破産管財人の役割とは ·· 303

②　破産管財人の心構え ………………………………………… 312
　③　管財業務のスタッフ ………………………………………… 316
　④　財産調査 ……………………………………………………… 322
　⑤　不動産の任意売却 …………………………………………… 330
　　　図表1　不動産の任意売却の流れ（331）
　⑥　換価困難資産の換価 ………………………………………… 344
　⑦　破産財団からの放棄 ………………………………………… 352
　⑧　役員責任の追及 ……………………………………………… 359
　⑨　債権届出・調査・確定 ……………………………………… 368
　⑩　優先的破産債権の労働債権の早期弁済方法 ……………… 375
　⑪　債権者集会 …………………………………………………… 377
　⑫　配　　　当 …………………………………………………… 385
　⑬　帳簿類や個人情報等の管理・処分方法 …………………… 394
　⑭　弁護士倫理・ヒヤリハット（破産管財人編）…………… 398
　⑮　破産管財人の報酬 …………………………………………… 405
　⑯　大型事件でチームを組む場合 ……………………………… 412

第9章　手続選択──破産以外の選択肢の検討を ………… 416
　①　事業の存続 …………………………………………………… 416
　　　図表1　手続選択俯瞰図（420）
　　　図表2　手続検討の順序（420）
　②　事業承継と事業再生 ………………………………………… 424
　　　図表3　事業承継と事業再生のイメージ図（427）
　③　特別清算の活用方法 ………………………………………… 433
　　　図表4　特別清算の類型（437）
　　　図表5　清算人代理手続一覧表（本来型の協定型の場合）（439）
　④　清算型私的整理と破産の関係 ……………………………… 442
　⑤　経営者保証ガイドラインの実践的活用法 ………………… 448
　　　図表6　経営者保証GL利用フローチャート──主債務者破産・最も
　　　　　　シンプルなパターン（458）
　　　図表7　経営者保証GL手続フロー・特定調停（459）
　⑥　破産手続を利用しやすくするために ……………………… 462

第10章　伝承と運用改善のために ……………………………… 470
　①　伝承のために ………………………………………………… 470
　　　図表1　破産管財人OJT制度の類型（473）
　②　運用改善のために …………………………………………… 481

第11章　倒産法改正に向けて ……………………………………………… *487*

第2編　総括座談会

第1章　サポートメンバーによる総括座談会 ……………………………… *499*

第2章　コアメンバーによる総括座談会 …………………………………… *511*

編集後記 ………………………………………………………………………… *525*
事項索引 ………………………………………………………………………… *527*

■〔コラム目次〕
1　6ヵ月要件に注意！（*86*）
2　簿記検定を取ろう！（*157*）
3　キャッチコピー（*329*）
4　盗難保険（*342*）
5　不動産の任意売却心得十箇条（*343*）
6　マスコミ対応の心得十箇条（事業継続型）（*383*）
7　中小企業再生支援協議会の紹介（*423*）
8　金融機関の稟議（*460*）
9　主債務者破産における経営者保証ガイドラインの利用（*461*）

第1編

大座談会

第1章 序　章

1　趣旨説明とコアメンバーの自己紹介

伝承と協働・連携を！

野村　それでは，大座談会*1を始めたいと思います。お忙しい中，全国各地からご参加いただき，ありがとうございます。今回お集まりいただいた皆様は，破産手続，破産管財業務に精通され，各地で運用改善に向け日々ご尽力されている方々です。

　近年，弁護士数は増えていますが，倒産事件の事件数が減少傾向にあり，弁護士，裁判所双方において，伝承が切実な問題になっております。今回のテーマである破産申立て，破産管財の分野は，裁判所（裁判官，裁判所書記官）と弁護士（申立代理人，破産管財人）の協働・連携が大切な分野の最たるものといえると思います。破産手続も司法サービスの一つとして，良質なサービスを提供する必要があります。

　今回，青林書院のご厚意により，本企画を出版できるわけですが，私が青林書院に出版していただいたところでは，『破産管財実践マニュアル〔第2版〕』，『民事再生実践マニュアル』，『法人破産申立て実践マニュアル』といったマニュアル本がありますので，これからの座談会では，そこに書いてあることは紹介にとどめ，その行間を読むべき点や書いていない点，実際のところどうなの，といった実務上の悩みどころを中心に進めていきたいと思います。

---

*1　平成29年1月21日から同年8月26日まで，大阪を中心に，千葉，名古屋，福岡，高知，函館において計10回の座談会を行い（編集後記参照。→525頁），構成を大幅に変更し，加筆修正したものです（多数のオフレコトークもありましたが，当然のことながら，割愛しております）。

コアメンバーの自己紹介──北から順に

野村　それでは，自己紹介をお願いします。併せてひと言抱負もお願いします。北から順に行きましょうか。桶谷さんからお願いします。

桶谷　札幌弁護士会の桶谷和人です。修習期は56期です。バブル期に公認会計士資格を取得し，平成15年に弁護士資格を取得しました。現在は一人事務所ですが，札幌の若手弁護士数名と共同して私的整理や事業再生案件を取り扱っています。破産事件の処理は正解のない仕事ですが，標準的な処理や共通認識はあると思います。自分がそこから外れていないかを確認する機会にしたいと思っています。

石岡　青森県弁護士会の石岡隆司です。修習は38期です。日弁連の倒産法制等検討委員会で野村さんと知り合い，その後立替払制度の研修会にも声をかけていただき，ご一緒するようになりました。地方で仕事をしていますと，井の中の蛙になっていないか，自分の感覚がずれていないかを常に検証する必要があります。皆さんのお話を伺って，自分のやってきたこと，やっていることについて，改めて考え直してみたいと思います。

石川　千葉県弁護士会の石川貴康です。修習は50期になります。私は千葉県弁護士会の倒産法運用検討協議会のメンバーでもありますが，事件が少なくなっている影響か，議論がとても低調です。一番大きな問題は他庁でどのような運用が行われているのか，どのような議論をしているのかという点について関心がないということです。平穏な今だからこそ，非常時に備えてしっかり議論しておく必要があると思っています。

八木　福井弁護士会の八木宏と申します。修習54期で，登録後5年余り東京の企業法務の事務所で勤務して，地元に戻って独立開業して10年になります。現在は，債務者側で倒産事件を取り扱うことが多く，民事再生や破産管財人の事業継続，事業譲渡などにより，生かせる事業は何とか生かしていきたいとの考えを持っており，今回の企画に参画して議論を深めることで，多様なノウハウを吸収したいと考えております。

山田　愛知県弁護士会の44期の山田尚武（ひさたけ）です。名古屋で独立開業して約20年が経ちます。この間，倒産事件に注力して参りましたが，

倒産事件を巡る状況は大きく変わりました。最近は，破産手続開始の申立ての遅延，申立代理人による行き過ぎた財産換価・債権回収，財産散逸防止義務違反，高額報酬の否認等，申立代理人の問題点を指摘する声が大きくなっています。しかし，破産手続は債務者が手続開始の申立てをして始まります。申立代理人のがんばりあっての破産手続です。裁判所や管財人を担当する弁護士には「申立代理人はつらいよ！」という側面も理解していただけるよう，管財人の目線とともに申立代理人の目線も大切にして議論したいと思います。

コアメンバーの自己紹介──西へ

久米　兵庫県弁護士会の久米知之と申します。修習56期です。現在，兵庫県弁護士会で倒産法関連委員会のメンバーを務めております。時には複雑な事案の管財人に就任することもありますが，倒産事件もこれといった正解がない部分が多く悩みもつきません。今回は，座談会を通じて「自分だけではなくみんな悩みながら仕事をしている」という認識を共有し，先生方の豊富な経験談も踏まえて勉強させていただき，ベストプラクティスを目指していきたいと思っています。

籠池　香川県弁護士会の籠池信宏と申します。修習46期です。ある種の極限状態である企業倒産の現場では，多種多様な関係人の利害が鋭く対立します。法解釈の確立していない場面に遭遇することも多々あります。時間のない中で臨機応変の判断が求められることも稀ではありません。そのような中で，錯綜した法律関係を解きほぐして適切な解決を導くためには，「対話」と「共感」と「バランス感覚」が大事だと思います。共感力とバランス感覚は，様々な立場や角度からのモノの見方に習熟することで磨かれます。この座談会がその一助となることを期待し，また，皆さんの意見に触れることで私自身も研鑽に努めたいと考えております。

中川　高知弁護士会の中川嶺と申します。修習の期は59期です。高知では，最近，裁判所と弁護士会の協同で大阪の『運用と書式』を参考に「破産手続運用の手引き」を策定しましたが，その担当者の一人です。その際，各地の同様の文献や資料を調査する中で，各地で様々な工夫がされてい

ることを知りました。他にもどのような工夫があるのか，また，それらの背景にはどのような事情があり，どのように生み出されたのか，この機会に各地の皆様のお知恵を学ばせてもらえればと思っています。

髙松　福岡県弁護士会の髙松康祐と申します。修習の期は55期です。現在，福岡県弁護士会の倒産業務等支援センター委員会の副委員長を務めさせていただいており，昨年までの6年間，九州大学法科大学院において倒産法実務の非常勤講師を行っておりました。破産実務においては，経験がとても重要だといわれていますが，私は，経験以上に想像力こそが重要だと思っております。短期間の間に経験できることには限界がありますので，本書が，破産実務に携わる方々にとって，様々な事例や運用に接する好機となり，少しでも破産実務に関する想像力を高めるためのお役に立てればと思っております。

野村　最後になりましたが，座談会の司会進行役を務めます大阪弁護士会の野村剛司と申します。修習の期は50期です。今回の企画の発案者でもあります。私は，端的にいえば，機嫌よく仕事をしたいというのが本音です。そのためには，関係者の相互理解と立場の尊重が大切だと考えております。今回，これまで何を考え実行してきたのかを記録し，次なる創造に繋げていきたいと思っております。運用改善は一日にしてならず，ですので，地道に活動を続けていきたいですね。

サポートメンバーの紹介

野村　今回の座談会は，この10名をコアメンバーとして進めていきますが，サポート役として，こちらも全国各地からご参加いただいております。ありがとうございます。東から，鈴木隆文さん（千葉，46期），今井丈雄さん（千葉，旧60期），丸島一浩さん（千葉，新61期），小川洋子さん（愛知，56期），浅井悠太さん（京都，旧61期），團潤子さん（大阪，54期），森本純さん（大阪，58期），山本隼平さん（大阪，新64期），河野ゆうさん（和歌山，旧60期），森智幸さん（岡山，新60期），管納啓文さん（福岡，新62期），岡田雄一郎さん（長崎，旧60期）の12名です（自己紹介は，→499頁）。よろしくお願いします。

② 近畿地区から始まった全国規模の意見交換会

「ある意見交換会」から

野村　座談会を始めるに当たり，やはりこの話題から始めないといけないですね。今回の出版企画は，ある意見交換会に集うメンバーにお声かけし，自発的，積極的にご参加いただいた方々で進めているわけですが。

石川　「ある意見交換会」って，「近弁連の意見交換会」ですよね。野村さん，もったい付けなくてもよいんじゃない？（笑）

野村　石川さん，そうなんだけど，いろいろと大人の事情もあってね。正式名称は，「倒産処理に関する近畿弁護士連合会管内各単位会との意見交換会」という極めて長い名前で，略称というか通称というか，「近弁連の意見交換会[*1]」といっております。近弁連としての会ではありませんので，くれぐれもご留意ください。

籠池　私が参加したときには，既に北は北海道から南は沖縄まで全国から参加者がおられて，「近畿」ってなぜ？って思いましたね。

成り立ちと現行法への影響

野村　成り立ちを説明させていただきますね。大阪地裁では15年前の平成14年に小規模管財を運用上の工夫として始めましたが，京都地裁は簡易管財，神戸地裁はＳ管財（シンプル・スピーディー管財），奈良地裁本庁は小規模管財，奈良地裁葛城支部は簡易管財，大津地裁は簡易管財，和歌山地裁は法人少額管財と各地で様々なネーミングで運用上の工夫を重ねていました。破産法の改正作業が進んでいる中，各地の運用状況を知り，連携を深めようと平成15年１月に始めたのが，この会の最初です。「小規模管財事件に関する近畿弁護士連合会管内各単位会との意見交換会」という名称でした[*2]。

[*1] 誤解のないようにしていただいた上で，本書でも「近弁連の意見交換会」と呼称します。
[*2] 野村剛司「破産手続のさらなる合理化－少額管財等の今後の発展に向けて－」『続・提言 倒産法改正』（金融財政事情研究会，2013年）27頁参照。

籠池　そんなに前からやっておられたのですね。

野村　そうなんですよ。実は、この会の活動は、現行法にかなり影響を及ぼしているのです。従前、横の連携はほとんどなく、近畿二府四県6単位会のメンバーが集まってみて、各地の運用状況の情報交換をし、一覧表化してみると、狭い近畿ブロックですらあまりにも違いがあるということがわかりました。ただ、それは各地でいろいろと考え、実行しているものでしたので、その情報を破産法改正の議論に繋げていただき、統一化を目指すのではなく、各裁判所に裁量の余地を残す方向となったのです。

石川　野村さんとは同期だけど、修習生時代はお互い知らずにいましたが、全国調査をするから協力してほしいということで、何度か連絡を取り合いましたね。

野村　そうでしたね。何度か全国調査を行いましたが、そのきっかけがこの会の活動だったのです。先ほどの小規模管財等の運用上の工夫が全国的にどのように行われているのかを調査することにし、その結果を「自由と正義」に小松陽一郎先生と連名で発表させていただきました*3。その後、個人破産の場面で、自由財産拡張制度の導入が決まり、その運用基準をどうするか、同時廃止との関係もあり、この会でも大きな話題となりました。そして、全国調査に進んでいったわけですね。

石川　当時はすごい勢いで情報が集まりました。メーリングリストで、野村さんが日々情報を更新していって、各地の詳細な情報がわかるようになりましたね。

野村　大阪の小規模管財メーリングリストを全国ネット化し、その後、全国倒産処理弁護士ネットワーク（全倒ネット）のメーリングリスト（ML）に合流させましたが、このメーリングリストでの情報交換は大きかったと思います。自由財産拡張の話題は、またそちらに譲ります（→251頁）。

その後の寂しい時期

野村　この会のその後の話をさせていただきますね。その後、平成17年1月

---

*3　小松陽一郎＝野村剛司「新・管財手続への全国的な流れに向けて」自正54巻9号（2003年）98頁以下。平成15年6月時点で19庁の情報を入手し、その特徴と分析を行ったものです。

に破産法が施行され、様々な運用上の問題点が出てきましたので、それらにつき意見交換をする場となったわけですが、次第に落ち着きを見せるとこの意見交換会の出席者も減っていきました。ただ、2ヵ月に1回のペースは守り、寂しいときは、木内道祥先生（現最高裁判事）、小松陽一郎先生、書記役の大畑道広先生（その後、弁護士任官され、現裁判官）、それと司会役の私のときもありました。そのような時期に神戸の久米さんは、よく参加していただきましたね。

久米　はい。私は当初先輩弁護士の代わりに参加させていただいたのですが、本当に野村さんのおっしゃるとおり木内先生、小松先生、大畑先生、野村さん、私の5人というときもありました。当時私は管財事件を始めて3、4年という時期だったのですが、今よりもっと抱えている管財事件も多くて、本当にたくさんの悩みがありました。先生方に相談させていただき、本当にいろいろなアドバイスを頂戴しました。管財事件にとどまらず、木内先生をはじめとする先生方に家事事件の悩みを相談させていただいたこともありましたよ。今から思えばある意味本当に贅沢な時間だったかも知れませんね。現在は兵庫県からも常時3、4人は出席させていただいています。

再興と全国規模化

野村　そんな寂しい時期を経て、倒産事件数も減少傾向にあり、弁護士の中では何となく興味が失われた分野となったのか、裁判所の一方的な動きも目立つようになってきた感じがし、これはやばいなあと思い、再度6単位会のメンバーが集まる会にしようと呼びかけ、再興したのでした。それが7年前の平成22年のことでした。そんな中、福井の八木さんから参加したいという申し出があったのですよね。確か、横浜で行われた全倒ネット全国大会の懇親会の場でしたね。

八木　全倒ネットの理事に選任していただいたときでした。ちょうど、福井地裁の運用を改定していこうという時期だったと思います。福井地裁の運用は、大阪地裁の運用がベースになっていますが、独自運用の部分もあり、運用を改善していくためには、他庁の運用を把握することの必要性

を痛感していました。ただ，他庁の運用を知る術が全くなかったことから，初対面の野村さんに参加したいと直接お願いしたことを覚えています。参加させていただく中で，文献にも書かれていないノウハウが得られたり，地元では相談できない進行中の生々しい問題について諸先生から教えていただいたり，とても勉強になるので，予定を何とかつけて，できるだけ参加するようになりました。意見交換会で得られた情報を福井弁護士会の倒産問題等検討委員会に還元したり，管財人等協議会の議論の参考にしたりしたことで，福井の運用がずいぶんよくなったと思っています。

野村　そうして，しばらくは7単位会のメンバーで構成していましたが，私が未払賃金立替払制度の研修会で全国行脚したのもあってか，4年前の平成25年以降，徐々に全国からの参加者も増え，北は北海道，南は沖縄まで参加する楽しい会になりました。北は北海道といいましたが，桶谷さんが，事前の予告もなく，ふらっと現れたときはびっくりしましたね。

桶谷　私は大阪出身ですし，大阪の大江橋法律事務所に所属していました。大阪に行く用事があったので，全倒ネットのMLでの参加呼びかけを真に受けて（笑）立ち寄ってみました。以来，毎回参加しています。私のように遠方から参加する人に配慮してもらって，今は，開催日を金曜日や祝日の前日に設定してもらっています。

野村　そうですね。必ず次々回まで設定するようにし，先の予定がわかるようにしています。

　　　呼びかけはしても，強制は一切しませんし，内容の多くはオフレコトークですから，それを楽しいと思った方々がリピーターになり，各々が各地での運用改善に向けた活動を行い，またフィードバックするという循環になっています。また，この会での出会いがきっかけとなり，各地で様々な研修会も開催され，さらなる交流が深まっています。そして，今回の企画の参加者にもなったということですね。

意見交換会のよさ

石川　私は，もともと野村さんや新宅さんと一緒に本を書いており，大阪には定期的に来ていました。野村さんにどんな話をしているのか聞いたら

「オフレコトークなので参加しない人には教えられません」と一緒に本を書いているのに冷たい対応をされて参加することにしました。それは半分冗談ですが、本音で話せる場所であることと他の地域の運用を知ることができるのはとても貴重な場所だと思います。運用を検討する際にそれぞれの地域の実情に合わせることはもちろん大切なのですが、検討する前提として他の地域でどのようなことが行われているのか知ることが重要だと思います。近弁連の意見交換会はこのような情報を仕入れるためにうってつけの意見交換会だと思います。

髙松　私が最初に近弁連の意見交換会に参加させていただいたのは平成25年の2月だったと思いますが、いろいろな地域の運用等を聞かせていただき「これはいかん」と思ったことを鮮明に覚えています。福岡のやり方しか知らなかった私にとっては、まさしく「井の中の蛙」という気分になりました。その後、何度となく参加させていただき、いろいろな地域の先生方のお話を聞かせていただくうちに、福岡の運用を少しでもよいものにしたいという意思がより一層強まっていきました。また、私自身の仕事に対する幅もかなり広がったように思います。

衝撃的な会

中川　各地の参加が徐々に増え始めた頃、私も参加させていただきました。きっかけは、全倒ネットのMLで野村さんが未払賃金立替払制度の研修会で全国行脚されている投稿を見て、ぜひ高知でもお願いしたいと勇気を出してDMしたことでした。この会に初めて参加したとき、それはそれは衝撃でした。倒産事件はこんなにも発想力に溢れたことができるのかと驚愕し、その後も必死でかじりつき、高知での研修会も参加開催させていただいたりして今日に至っています。

籠池　全国各地での実務運用上の創意工夫や問題意識に触れることで、目から鱗的な発想を得られるのが、この意見交換会の大きな魅力ですね。私の地元では、弁護士会と裁判所との間で定期的に倒産実務運用に関する協議会を行っているのですが、その際、この意見交換会で見聞きした情報や運用例等を参考にさせていただいています。

忌憚のない議論ができる場

山田　私がこの意見交換会に参加した時期は忘れてしまいました。忌憚のない議論ができる場として、とても居心地がよく、ずっと前から参加させていただいたような気がします。「同じ研鑽を積み、同じ志向を持った少人数が集まり、さらなる研鑽を深め、高い志を掲げる場」としてこの意見交換会を大切にしたいと思っています。

石岡　全倒ネットのMLでこの会の存在は知っていたのですが、参加するようになった直接のきっかけは、野村さんに「田舎に引き籠っていないで、出てきてくださいよ」と言われたことです（笑）。東京には出て行っていましたので、引き籠っていたつもりはなかったのですが、東京の先生方とお話をしても、東京地裁の特殊性や扱っている事件の規模の違いを感じ、この議論をそのまま地元に持ち帰って取り入れることはできないなぁと思うことがよくありました。この会のほうが、中小規模単位会からの出席も多く、地元に還元できる点が数多くあるように感じています。

野村　そんなこと言いましたっけ？

　　　初期メンバーで残っているのは、今もときどきご参加いただいている小松先生と私だけですね。私は、ずっと司会役をやっていますので、皆勤なわけですが、今後もこの会を大切にしていきたいと思います。

　　　また、今回のメンバーは、日弁連倒産法制等検討委員会の委員であったり、全倒ネットの常務理事や理事であったり、様々な接点があり、常に連絡を取り合い、意見交換、情報交換できる仲ですね。

　　　私は、"梁山泊"を作りたいと思っておりました[*4]。倒産の分野に携わるメンバーで、志を同じくする者が自由闊達にやりあえる場、という意味合いだったのですが、今回がそんな場になればうれしいですね。

＊4　破産管財実践マニュアル685頁参照。

③ 『東西』へのオマージュ

東西倒産実務研究会の3冊組

野村　座談会を始める前に、もう1点だけ。この本を手に取られた諸先輩方は、おそらく東西倒産実務研究会編の東京方式・大阪方式－倒産実務研究シリーズの3冊組『和議』、『会社更生・会社整理』、『破産・特別清算』[*1]のことを思い出されると思います。今から30年前の昭和62年から全10回開催された東西倒産実務研究会（以下『東西』といいます）の反訳版です。東京は高木新二郎先生、大阪は今中利昭先生を筆頭に、事務局長格が東京は松嶋英機先生、大阪は田原睦夫先生という豪華メンバーによる一大座談会です。私は、学生時代（平成元年入学）に手に取ったのが最初で、『破産管財実践マニュアル』を作るときに読み返しました。今回のメンバーで、本が出た当時、既に弁護士になっておられたのは、石岡さんだけですが、いかがでしたか。

石岡　私にとって、この3部作はバイブルでした。本当に助けられました。私が登録したのは昭和61年ですが、田舎ですので1年目から破産管財人をやらされ、先輩の手伝いで和議事件なども手がけていました。当時は実務本も多くはなく、法曹会の『破産事件の処理に関する実務上の諸問題』[*2]を繰り返し読んでいましたが、当然ながら本に書いていないことでわからないことがたくさんあるわけです。周りに詳しい人がいるわけでもなく、実務面では悩むことが多くいつも手探り状態でした。そんな中、この3部作に出会えて、本当にありがたく思いました。メンバーの方々は、今拝見しても大御所揃いですが、こうした大先生方の率直な意見を肌で感じられるような気がして興奮しながら読んでいました。

野村　もう絶版ですので、入手しにくい本ですが、今読んでみても新鮮だと思いますね。もちろん議論が古いなあ、と思うところも多々ありますが、

[*1]　東西倒産実務研究会編『和議』（1988年）、『会社更生・会社整理』（1989年）、『破産・特別清算』（1989年）（いずれも商事法務。絶版）。
[*2]　司法研修所編『破産事件の処理に関する実務上の諸問題』（1985年、法曹会）。

結局のところ同じところをぐるぐると回っているのかなあ，と思ったりもします。私もずっと気になっている本ですが，個人的な話をすると，平成12年4月，民事再生法が施行された直後に申し立てた不動産賃貸業の髙橋ビルディングの事案で，申立代理人団の末席として，三宅省三先生，池田靖先生とご一緒させていただき，監督委員として田原睦夫先生にお世話になりました。皆さん『東西』のメンバーですね。弁護士3年目に入ったところで，事件を通じて大阪地裁の通常再生の運用作りに関与させていただいた感がありました。三宅先生は同じ年に逝去され，田原先生も昨年（平成28年），池田先生も今年（平成29年）相次いで逝去され，残念な思いでいっぱいです。心よりご冥福をお祈りいたします。

伝えたい思い

野村　今は，『東西』の時期と状況が異なり，情報がしこたまあり，その一端を私も担っているのかもしれませんが（笑），伝えても伝えてもなかなか伝わらないという思いもあり，伝えるための一手段として，今回の大座談会を企画しました。『東西』に影響を受けられた籠池さんからもお願いします。

籠池　私も『東西』には大変助けられました。『東西』では，倒産法の大御所弁護士の経験談をベースに議論が展開されるのですが，実務処理上の問題意識やジレンマが直截に語られ，これらと格闘する中で，現場感覚・肌身感覚で「落とし所」を探りつつ，一見乗り越え難いように見えるハードルを様々な創意工夫によってクリアしていく様が一つの見所です。ノウハウ的な部分も有益なのですが，教科書やマニュアル本では正直よくわからない実務処理上の「バランス感覚」や「方向感覚」に触れられる点が，特にありがたく感じました。最近はマニュアル本が充実しているのですが，「マニュアル」はあくまで原則的な処理を提供するものにすぎませんし，マニュアルにない例外事態に遭遇することが多いのも倒産事件の特徴です。近時，杓子定規にマニュアルを適用することで，バランスを失した不適切な帰結に至るケースも散見されますが，このような例を見るにつけ，やはり，関係者の利害得失を肌身感覚で捉えつつ，

マニュアルの背後にある理念なり価値判断に立ち返って考察することが重要なのだという思いを強くします。『東西』で私が教わったように，本書を通じて，メンバーのこれまでの実務経験を読者に「追体験」していただき，教科書を読むだけでは伝わり難い実務処理上の「バランス感覚」や「方向感覚」を体感してもらうことができれば幸いです。

野村　そうですね。私も様々なマニュアル本を作ってきましたが，その結論部分だけを取り出し鵜呑みにするのではなく，どう考え，そうなったのかを考える癖をつけてほしいですね。

　　　座談会方式が好きなのは，『東西』の影響かもしれません。破産管財実践マニュアルの初版でも第2版でも3人の座談会をやっていますし[*3]，自由と正義にも掲載してもらいました[*4]。

石川　そうですね。私もこの『東西』の本は弁護士になってすぐに古本屋で見つけて全部購入しました。座談会方式は普通の本では書きにくい本音や一般化しにくいノウハウについて踏み込める点で臨場感が出るのでよいですよね。本書も都合のよい結論だけつまみ食いしないように気をつけていただければ日々の業務にも役立つ情報が見つけられると思います。

野村　他にも，学生さん向けに法学セミナーの特集を組みましたが[*5]，実は，若手弁護士，司法修習生向けですよ。弁護士になると，法学セミナーを読む機会は少ないと思いますが，是非お読みいただきたいです。

　　　今回の企画は，かつて一読者の立場であった私たちによる『東西』へのオマージュなのかもしれませんね。

[*3] 破産管財実践マニュアル670頁以下が初版時，同661頁以下が第2版時の座談会です。
[*4] 野村剛司＝石川貴康＝新宅正人「法人破産申立て・管財における留意点」自正64巻7号（2013年）85頁以下参照。
[*5] 法学セミナー717号（2014年）6頁以下に［特集］倒産法の世界と題し，その中で，［座談会］倒産実務の魅力と倒産法の学修，第1部　倒産処理弁護士の仕事（同11頁以下），第2部　倒産法の勉強法（同16頁以下），第3部　倒産実務の魅力（同21頁以下）の3つの座談会を行っています。

④ 感覚の共有

バランス感覚が大切

野村　それでは、ようやくですが座談会に入りますね。最初に、本書の大きなコンセプトでもある「感覚の共有」をテーマにしたいと思います。この話だけでも一日中話ができるくらいですが、まずは、『東西』の話の続き的に、籠池さんお願いします。

籠池　多分、この本は、自らの倒産実務に関するスキルアップを目指したいという、比較的、意欲があり、野心にも溢れるような方が手に取られるのではないかと思います。確かに、この本で、一定のスキルを提供するという点は重要だと思うのですが、他方で、得てして、そういう方は、破産財団の拡充をファーストプライオリティに持ってきてしまう傾向にあるのですよね。とにもかくにも、財団増殖を第一義的な目的と考え、その目的を達成するためには多少無理してでも、利害関係人を多少いじめてでも回収することが大事という発想の方が、割といらっしゃるように感じます。しかし、それは、バランスを失した発想であって、やはり倒産実務というのは、利害関係人の適切な利害調整をいかに図るか、というバランス感覚のところが非常に大事なのですよね。

野村　バランス感覚、私も常々大切だと言い続けているところです（→312頁）。

籠池　公平性というか適正性というか。そういう感覚の共有が必要なのではないかと思っています。破産財団の増殖にファーストプライオリティを置いてしまうと、公平性、適正性を置き去りにして、間違いを起こしてしまうおそれがありますよ、という点にウエイトを置いておきたいのです。この本を手に取る方は意欲のある方でしょうから、そういう方にこそ、最初のところで注意喚起しておきたいですね。それが一つ目の話です。

野村　では、二つ目を。

籠池　二つ目として、今、若手を含めて、倒産手続のプレイヤーが増えてきています。昔は一部のプレイヤーたちが、いくつもの事件を扱ってきて、そうしたバランス感覚を含めた、自らのスタンダードを築き上げてきま

した。ところが，今は，そうではありません。若手は破産事件の数が少ない中で，それをシェアしあっていて，今までのように経験で培うのが難しく，マニュアル本で培っていかないといけない現状にあります。ところが，マニュアル本は無難なところにまとまりがちで，理屈に走りがちな面もあり，バランス感覚のところまではなかなか伝わりません。本書は，そうではなくで，倒産実務についてのバランス感覚を伝えられるようなものにしたいと思っています。

野村　伝えていきたいですね。破産管財実践マニュアルはそれまでのマニュアル本とは異にし，バランス感覚も伝えたいと考えていたのですが，本書と併せてお読みいただくことで，伝わるのではないかと期待しています。

相当な範囲にとどめる

野村　石岡さんからもお願いします。

石岡　まず，管財業務を行う上で留意しておくべきこととしては，違法性のレベルと相当性のレベルがあると思うのです。破産管財人も，申立代理人も，ここまでは許されるが，ここからは違法となるというレベルの問題と，やり方としてそうした方法でよいのか，相当なのかというレベルの問題とがありますよね。得てして，違法ではないかというところで判断していて，では，違法でなければここまでやってよい，やるべきだと思われると困るわけです。違法ではないけれども，やり方として相当な範囲にとどめておく，「丸く清算する」には，この辺にとどめておくのがいいのではないかという，そういうレベルが必ずあります。

野村　「丸く清算する」は，田原先生のお言葉でもありますね。

石岡　倒産事件って，ほじくればいろんなことがありますよね。だから，どこかで片目をつむらないといけないところがあります。あんまり目を皿のようにしてやっちゃうと，やりすぎじゃないかなというところがあると思うのです。その辺が，「破産手続を利用してもらうにはどうしたらよいのか」，「廃業後放置されたままにしておかれるのではなくて，破産手続にもってきてきちんと処理してもらうにはどうしたらよいか」という野村さんの問題意識（→462頁）にも繋がってくるのではないでしょうか。

ストライクゾーンの範囲内ならよし

山田　人間はみんな，弱いところ，隠したいところがありますよね。やっぱり，すべてむしりとって丸裸にするところまでやるというのは行き過ぎなのだろうと思います。例えば，個人の破産で，毎月20万円〜30万円ずつ使っていって，3ヵ月くらい後に破産を申し立てたときに，その毎月の30万円を何に使ったのかって聴いたって，生活費に使ったというのが当たり前でしょう。そんなところを突っ込んで聴いて何になるの，と。そこのあたりはまあまあまあと，いわずもがなで突っ込まずに済ませればよいのだと思うのですよ。私も，ストライクゾーンに入っているものであれば，ど真ん中でなくてもよいのではないかと思っています。管財人であれば申立代理人をそういう眼で見て，申立代理人であれば管財人をそういう眼で見て，ある程度の幅を認めてあげてよいのではないかと思うのです。

野村　私も，何でも幅がある，幅の範囲内に収まっていたらよし，と言っているのですが，同じ発想だと思いますね。

当たり前の感覚も伝えたい

山田　それから，例えば，「他に租税債権の滞納があるときに，従業員の解雇時に解雇予告手当を払ってよいのか」という問題（→70頁）は，この座談会のメンバーにしてみれば，払ってよいのは当たり前，そんなことを問題にすること自体センスが悪いという感覚ですよね。自由財産の拡張の基準にしたって，考える順序を示しているだけであって，原則拡張不相当，例外拡張相当といっても，立証責任を転換しているわけではなく，自由財産拡張の制度の趣旨そのものからみれば，99万円の範囲内なら拡張を認めてよいわけなのだから，おおらかに考えてよいところはおおらかに考えてよいと，皆さん思っていますよね（→252頁）。そういう感覚を伝えられるといいなあと思います。

野村　当たり前すぎて本に書いていない，いろいろとあって書けない，という点も多々あるわけですが，できるだけ指摘しておきたいと思います。私

の勉強会の教え子たちは,「暗黙知」といっていますね。
中川　それを教えてもらえる場があるっていいですねえ。
野村　本書がそのような場になればよいと思いますね。当たり前のことから,多様性の許容,創意工夫の大切さまでいろいろと。

厳しければよいというわけではない

石川　全倒ネット主催の研修で,免責をテーマにした研修を川崎で行ったときに話したことがあったのですが（→271頁）[*1],最近の若手管財人の中には,免責不許可事由を必死に探す人がいます。記録からは一見免責不許可事由の存在がうかがわれないような事案でも,預金通帳を,目を皿のようにして調べて,通帳の引落し等を一つ一つ取り上げて,これ何に使ったのかと細かく聞いてくるんですよね。そのセンスの違いですよね。破産者には基本的に免責不許可事由があるという前提,破産者性悪説に立って,重箱の隅をつつくように破産者を糾問するという感覚は違うよねという話をしたのです。そのあたりの話を結構したのですが,研修報告の原稿の中には,「破産者性悪説には立たない」という形で短くまとめられてしまったので[*2],そうしたキーワードだけでどこまで行間を読み取ってもらえるのかなあという話もしていました。本書ではそうした行間の部分の話をもっと厚く伝えたいと思っています。

籠池　厳しくすればよいという人がいますが違うと思うのですよね。破産手続に乗っている人というのは,ルールに従っているだけ誠実なのだと思うのですよね。破産手続に乗らない人たち,アンダーグラウンドの人たちのほうが,よっぽど不誠実なので。そういう人たちに比べれば,ルールに従って禊ぎをすまそうとしている誠実な破産者にはそれなりの処遇をしてあげるべきだと思うのです（→466頁）。そうでないとアンダーグラウンドに行ってしまうだけなのだろうと思うのですよ。

髙松　行き過ぎがよくないのはごもっともだと思います。ただ,時折,不誠実

[*1]　「特集　破産免責制度における理論と実務　パネルディスカッション　免責許可・不許可の考え方」債管154号（2016年）141頁以下参照。
[*2]　前掲[*1]・155頁〔石川発言〕参照。

と思われる申立てもありますので，そのようなケースでは，毅然とした態度で臨む必要もありますね。
野村　明るい破産，日の当たる場所へ，という話はまた後ほどやりたいと思います（→465頁）。

時代の感覚の共有

山田　それと一つ関連して指摘しておきたいのは，時代の感覚の共有です。破産事件も含む法的整理事件は減少しています。特に法人破産については，私的整理が着目される中で「破産だけは避けたい」ということになっています。個人の場合もそうです。私たちは，「破産手続が人と社会のニーズからずれているのではないか」，「もっと積極的に利用されるようにするにはどうしたらよいのか」という問題意識を持ち，この問題意識を時代の感覚として共有する必要があると思います。

野村　破産法に問題はないのか，破産手続の担い手である申立代理人，管財人及び裁判所の各実務に問題はないのか，日々振り返り実践する必要がありますね。今回，「破産手続を利用しやすくするために」（→462頁）や「倒産法改正に向けて」（→487頁）といったテーマも設けています。

八木　企業の倒産手続については，日本経済全体の縮小傾向，経営者の高齢化，後継者問題等の理由により，中小企業者数はどんどん減少しています。このような中，「できる限り事業承継を実現する」という時代の要請もあると思います。今回の重要テーマでもある破産手続を巡る事業譲渡で取り上げる（→164頁），「価値のある事業は残していく」という時代の感覚も共有したいですね。

野村　様々な観点での感覚の共有を図ることも本書の目的の一つですね。

5　破産管財人目線と申立代理人目線

申立代理人に破産管財人目線を入れよう

野村　先ほどの感覚の共有にも関連すると思いますが、私は、常々、申立代理人は、自分が破産管財人だったらどう行動するかという観点を常に意識して行動することが大切だと呼びかけています[*1]。

山田　申立代理人の業務のあり方を考える際に、破産管財人目線を入れよう、ということですね。極めて重要です。

野村　置かれた立場の違いは重々承知の上で、協働・連携を図るためにどうしたらよいか、ということですね。

申立代理人が行っておきたい管財業務の前さばき

野村　では、破産管財人目線を入れる点につき具体化していきましょうか。

髙松　まずは、適切な財産保全ですね。例えば、破産会社の事務所や倉庫に商品が大量に保管されている場合、後日選任される管財人は、この在庫商品を換価するわけですから、申立代理人はそれを見込んで、商品を保管する事務所や倉庫の施錠、セキュリティ、火災保険（盗難保険）を確認すること、委託商品や消化仕入の商品が混入していないか確認できるよう卸先との契約書や在庫リストを確保することが期待されます（→61頁）。管財人は、これらの資料の引継ぎを受けることで、迅速かつ適正に在庫商品の換価ができるわけです。大切な前さばき処理となります。

山田　多少引継ぎ現金が目減りしたとしても、電気の供給契約も継続しておいたほうがよい場合がありますね。業務用（高圧）だと、電気料金も高いですが、払わずに止まってしまうと困りますからね。

髙松　電気に関しては、大型冷凍庫の中に大量の冷凍食品を保管していたところ、開始決定前に電気の供給契約が解約されていたため、すべて腐敗し、管財人がその処理に苦慮したという事例もあるようです。

---

*1　法人破産申立て実践マニュアル15頁参照。

中川 それは大変ですね。他にも，管財人は自動車に関しては盗難，事故などの可能性があることから，非常に神経質になることが多いですね。申立代理人は，財団に属する自動車の有無，自動車保管場所，キーの保有者，リース契約・割賦販売契約の有無，任意保険の加入の有無等，適切に把握し管財人に引き継ぐ必要があると思います。

石岡 財産を保全しろといいますが，それは，何もしないで固定することと思われると困ってしまいます。この後管財人がどういう処理をするか，ということを意識した上で，そのまま固定して引き継ぐべきものと，前倒しで処理しておくこととを仕分けしてもらえると管財人はとても助かります。もちろん，そのために申立てが遅れるというのは本末転倒ですが。

破産管財人目線を入れる意義・背景は

野村 最近，とくに，破産管財人目線が強調されるようになったと思われますが，その背景についてどのように思いますか。

山田 申立代理人は，債務者から破産申立ての依頼を受け，報酬も債務者から受け取ります（→226頁）。ややもすると「依頼者べったり」になってしまうリスクがあり，そのリスクは，経験のある弁護士も経験の少ない弁護士でも同じだと思います。そうした申立代理人の陥りやすい傾向に警鐘を鳴らす方法論が「自分が管財人だったらどう行動するか」という破産管財人目線を感じる意識ですね。よい仕事をするためには知識を増やすことも大切ですが，複数の視点を持つことが何よりも大切だと思います。

久米 さらにいうと近時の財産散逸防止義務違反や報酬否認の裁判例等をきっかけに申立代理人の義務と責任（→210頁）が注目されたことも背景としてあると思います。

野村 私が呼びかけているのは，普通に，もう少し上手に，さらに上手に申立てをするには，という話なのですがねえ。

石岡 財産散逸防止義務違反や報酬否認が問題になったケースというのは，債務者の利益を擁護した，というよりは，代理人が自分の報酬確保を目的にしたのでは，と思われても仕方のない事例だったと思います。これは，

「申立代理人目線」からも外れているというしかありません。他方，申立代理人は，当事者の利益を擁護すべき立場にあるわけですから，そのためにがんばることはある意味で当然です。この「申立代理人目線」で行う行為が，「破産管財人目線」と完全に一致することは難しいし，またその必要もないと思います。

野村　近時の財産散逸防止義務違反や報酬否認の裁判例については皆さんいろいろ言いたいことはあるでしょうが，別のテーマとして（→210頁，231頁），責められる側の申立代理人にとっては，辛いところではありますね。

髙松　管財人が迅速に事件を処理するためにも，申立代理人の破産管財人目線が必要になると思います。少なくとも申立代理人が無用な管財業務を増やすようなことは避けなければならず，そのためにも破産管財人目線が重要になると思います。管財人経験のない弁護士にとっては難しい問題かもしれませんが，「自分が破産管財人だったらどうするだろう」と想像するだけでもかなり有意義だと思います。

破産管財人が忘れてはならないこと

山田　債務者の「破産」という厳しい選択の決断をサポートするのは申立代理人となる弁護士です。債務者は経済的な窮境にあり，破産というぎりぎりの選択を迫られており，そんな中，自分や家族の生活も確保したい，友達や世話になった取引先に不義理はできない等，いろいろな想いを持っています。法律の知識も乏しいことが多いです。そんな債務者をサポートするのが申立代理人です。申立代理人にはその役割があり，破産管財人はその苦労に想いを馳せる必要があると思いますね。

久米　中には，破産管財人が申立代理人よりも優位に立つかのごとく考える弁護士もいます。また，管財人が不必要に破産者や破産会社の元代表者などに対して高圧的に振る舞うことも目にしたことがありますが，絶対にやめるべきだと思います。お互いに役目，役割があるだけです。

石岡　管財人というのも，一つの権力ですからね。権力を持ってしまうと，誤解してしまう人も出てくるのでしょうか。権力の行使にあたっては，謙抑的でありたいと思います。

破産管財業務は「重箱型」ではなくメリハリが重要

髙松　時々、ものすごく細かい管財人がいるという話を聞きますが、若い弁護士にはマネしてほしくないですね。決しておおざっぱでよいというわけではありませんが、メリハリを持つことが大事だと思います。

籠池　裁判所の同廃チェックは非常に細かいですよね。ああいう目線で見ると、必然的に少額管財でも同じような目線でやってしまうということもあると思います。

石川　例えば、通帳の履歴を見て、数十万円ならともかく、個人の数万円の払戻しまで報告書を出してくださいと言ってこられると、あなただって覚えていますかと言いたくなることもあります。そこは生活費その他でよいと思いますけどね。

籠池　裁判所がそういう管財人を評価するというのもあります。書記官は得てして事務的に処理しがちな面もあります。細かく細かくきっちりしているのが、裁判所目線でいうとがんばっているということになっているようですが、違いますね。いかにポイントを押さえるかというのが、管財人として求められるところであって、細かければいいわけではないですよね。私は、裁判所にそういう認識を持ってもらいたいなと思います。

髙松　私は、裁判所は個々の細かい処理だけを評価しているわけではないと思います。裁判所は、破産という混乱状態をうまく収めて、事件全体を適切に処理できたかどうかを評価するのだろう思っています。ですので、木を見て森を見ずということにはならないようにしたいと思っています。

八木　私が福井に戻った平成19年ころは、若手でも管財事件が多かったので、いかに効率よくポイントを絞って業務を進めていくかというのが大切でした。しかし、今は、年に1件回ってくるかどうかということになってしまい、きっちりやろうと思うのもわかります。そうすると、それって「重箱の隅」（→314頁、466頁）でしょ、と突っ込みたくなる処理を悪気なく行ったり、緻密な処理をしていることを裁判所にアピールしたくなったりというのも、理解できなくはないですね。

髙松　若手の弁護士が管財人をするときに、細かいところまできっちりと裁判

所に報告したいという気持ちはその通りだと思います。ただ，私はOJT等で若手の弁護士と一緒に仕事をする際，裁判所は決して長い書面は好まないので，書面は可能な限りＡ４判で１〜２枚に収めなさい，と言っています。細かいところまでチェックすることはある意味重要ですが，単なる破産者いじめであってはならず，情報は適切に取捨選択し，的確な報告をすることが大事だと思っています。

共同受任を選択すべき場合もある

久米　「重箱の隅をつつく」ようなものすごく細かい指摘をする管財人はもちろん問題ですが，やはり，問題があると思われる破産申立てをする弁護士がいるのも事実だと思います。私も人のことはいえませんが，弁護士は継続して研鑽を積むべきだと思いますし，不安に思えば躊躇なく倒産事件に精通した弁護士との共同受任も検討したほうがよいと思います。私自身も申立代理人の立場で他事務所の先生に共同受任をお願いしたことが何度もありますよ。

髙松　おっしゃるとおりだと思います。特に若手の弁護士で破産申立ての経験が少ない弁護士は，報酬が減ることをためらわずに経験のある弁護士と共同受任することを推奨したいと思います。経験の少ない弁護士が，受任後，出たとこ勝負で申立てをして痛い目に遭っているという話を時折耳にします。

破産管財人にも申立代理人目線を入れよう

野村　法人破産の場合には迅速な破産申立てが求められます。もちろん，抜けや漏れもあります。破産管財人が後から出てきて自分の見解に固執したのでは申立代理人にとって辛いこともあります。管財人も「自分が申立代理人だったらどう行動するか」という観点でものを考え，行動することも大切になりますね。

山田　管財人は，申立代理人の職務の難しさに配慮しつつその事情も理解して，管財人として考え，業務を遂行する必要があります。先ほどよい仕事をするためには複数の視点を持つことが何よりも大切だと思うと述べま

した。管財人も同様ですね。とくに注意すべきは，申立代理人の判断や職務遂行には，野球のストライクゾーンと同様に幅があります。管財人は，自分の考えだけがストライクだと思い込まないように申立代理人の目線も考慮する必要があります。

石川　普通の感覚があれば，だいたい落としどころとしてはストライクゾーンに入ってくるはずなんですけどね。特に地方では，弁護士は申立代理人と管財人の両方を担当するので，自分が逆の立場だったらどう思う？ということを考えるはずですね。しかし，この管財人は申立てをやったことがあるのかなと言いたくなるときがあります。

久米　詳しい事情は不明ですが，管財人が自分の報酬感覚に固執し，申立代理人に対し報酬の否認を厳しく追及したという話を聞いたことがあります。弁護士は適正かつ妥当な報酬を依頼者に提示しなければなりませんが（弁護士職務基本規程24条），「適正かつ妥当な報酬」には幅があることは間違いありません（→230頁）。

石岡　倒産事件処理の場合，正解が一つとは限りません。申立代理人としての裁量の幅というのは，必ずあります。管財人が，「自分だったらこのようなことはしない」というだけでは足りず，専門家として許容できないような裁量権の逸脱といえるのか，を検討すべきと思います。

野村　申立代理人が破産管財人目線で考え行動し，破産管財人が申立代理人目線にも配慮し行動する。それによって，申立代理人から破産管財人へ事件がスムーズにバトンタッチされ，両者がその役割を全うし，適切な破産手続を全うすることができることになります。「申立代理人と破産管財人の協働・連携」については，また後ほど話題にしたいと思います（→200頁）。

第2章　法人破産申立てを中心に

①　密行型とオープン型

法人で破産を選択したら早期に申立てを

野村　それでは，破産申立てから見ていきたいと思います。前提として，事業継続中の法人が資金繰りに窮し，破産を選択したという場面設定をします[*1]。必ずこの場面で考えてください。ひと口に破産申立てといっても，消費者破産もあれば，個人事業者もありますし，法人といっても，既に破綻し，かなり時間が経過している場合もあり，様々ですからね。

山田　前提として，法人で破産を選択したところからスタートですね。

野村　そうです。実は，破産を選択するまでの手続選択が非常に大切で，手続選択については，後ほどきっちりと取り上げたいと思います（→416頁）。ここでは，法人の代表者が破産の腹を固めたところあたりをスタートラインとして，どうやって破産申立てをしようかというところからです。

石岡　できる限り早く破産申立てを行い，破産手続開始決定を受け，破産管財人が活動を開始できるようにするのが大切です。資産価値の劣化，債権者の個別権利行使等による財団毀損，従業員の協力が得難くなる，必要な資料が散逸するなどの様々な弊害を防止する意味でもね。

籠池　端的に破産手続開始決定の効果を早期に及ぼすことですよね。野村さんが，平常時と倒産時の交錯する場面と指摘されていますが[*2]，破産手続開始決定を受けないと，"債権者による個別の権利行使が禁止され，債権者平等原則が徹底される"という破産手続開始決定の効果が及んでいないわけで，事業の破綻後，中途半端な期間があるのはよくないですね。

＊1　法人破産申立て実践マニュアルも基本的にこの場面を想定しています。
＊2　法人破産申立て実践マニュアル13頁参照。

野村 そうです。タイムラグをなくし，早く破産手続開始決定の効果を及ぼす，という点を強調したいですね。これが共通認識になればと思います。

密行型のイメージ

野村 タイムラグをなくしたいと考えれば，事業停止，即破産申立て，即破産手続開始決定ということを思いつきますね。思いついてほしいところです。これが「密行型」のイメージです[*3]。今回，小川さんと丸島さんにイメージ図を作成していただきました(図表1)。ありがとうございます。

久米 密行型は対外的にはもちろん，代表者等一部を除いて社内的にもまさしく「密行して」破産申立てするということですね。再建型の法的整理，例えば民事再生の場合を考えたら，必ず密行型です。債権者は，民事再生の申立てがあって，弁済禁止の保全命令があった後，再生債務者から知らされますから。

野村 そうです。再建型を経験すると，密行型が当然ということになりますね。

籠池 密行型での申立ては取り付け騒ぎ等の混乱を回避し，場合によっては事業継続も図ることができることになりますしね。

八木 そのとおりで，たとえ破産手続を選択したとしても，事業を残せる可能性がある場合は基本的に密行型が前提となるわけです(→164頁)。

桶谷 結果的に事業を残すことができないとしても，財産保全を図る意味でもまず密行型の申立てを検討することは重要だと思います。

オープン型のイメージ

野村 そうはいっても，現実的には，密行型の破産申立ては少なく，事業停止に際し，申立代理人が受任通知を送り，債権者に支払停止を伝えた上で，しばらく後に破産申立て，破産手続開始決定に至る事案のほうが多いのではないかと思います。債権者に対し，事業停止・支払停止をオープンにした上で，その後は申立代理人がすべての窓口となって矢面に立つということで，これが「オープン型」のイメージですね[*4]。

[*3] 密行型の詳細は，法人破産申立て実践マニュアル22頁，24頁以下参照。
[*4] オープン型の詳細は，法人破産申立て実践マニュアル23頁，29頁以下参照。

図表1　密行型とオープン型のイメージ

◆**前提**
事業継続中の法人で，破産不可避の状況（手続選択は終わっている）。

◆**早期申立て・早期開始決定が望ましい理由**
事業停止日から開始決定日までのタイムラグ（平常時と倒産時の交錯期間）の最小化。

◆**検討過程**

1. **事業停止日までに申立費用等を確保できるか**
   予納金と申立代理人報酬の確保は必須。さらに，解雇予告手当と最後の給料の確保が望ましい。

   ↓ 確保可能　／　確保できない →

2. **事業停止日までに破産申立てをする体制を整えられるか**
   ⇒ 事前相談を積極的に活用する

   ↓可能　　　　↓困難

密行型	オープン型の迅速申立て型
事業停止をした日に即破産手続開始の申立てを行い，即日破産手続開始決定を受ける類型。 裁判所への事前相談は必須	事業停止した日に受任通知を発送し，その後に破産申立てを行い，破産手続開始決定を受ける類型。 ●費用の問題がない以上，早期申立てを意識する。 ●密行型に準じて，早期の申立て・早期の開始決定を目指すことも検討する　⇒「超迅速申立て型」 （事前相談を積極的に活用する）

オープン型の申立費用捻出型

申立代理人が申立費用等の捻出のために，財産の換価回収をしたうえで申し立てざるを得ない事案。
必要な費用が確保でき次第，速やかに申し立てるべき。
　換価の相当性・合理性を説明できるように　⇒「自分が破産管財人だったら」という視点。

◆**密行型とオープン型のイメージ**

事業停止・破産申立て・開始決定がすべて同日

密行型：
- 事業継続中 ⇒ 開始決定の効果が及ぶ
- 密行的な申立準備 → 管財人による管理・換価

（様々な弊害が起こりがち ↓ 事業停止→開始決定までのタイムラグ（交錯期間）の最小化を意識する）

オープン型：
- 密行的な申立準備
- オープンにしたうえでの申立準備
  - ●申立費用捻出型 ＝ 費用捻出のため換価・回収
  - ●迅速型 ＝ 早期に体制を整える
- 管財人による管理・換価
- 事業継続中　　開始決定の効果が及んでない期間
　　　　　　　＝申立代理人が矢面に立つ期間
- 開始決定の効果が及ぶ

事業停止
受任通知の発送　　　　　　　　　開始決定

石川　破産でも「密行型」というのはイメージできますが,「オープン型」というネーミングは今までなかったですよね。

野村　そうですね。何となく普通の申立ての例外が密行型のような感じにイメージされていて,それも違うしなあ,と思っていたのですよ。本当のきっかけは,"法人の破産申立てでは受任通知を送らない"というテーゼはミスリードであると思っていたことにあります*5。もちろん,密行型の申立てであれば,受任通知は送らずに,"破産申立てをしました通知"*6か"破産申立てをして破産手続開始決定を受けました通知"となるわけですが,Xデーに破産の申立費用が不足している事案では,受任通知を送って,申立代理人が矢面に立ちながら,申立費用を捻出し,ようやく破産申立てを行っているわけです。これを真正面から認めてもらわないと困ると思ったわけですよ。密行型＝受任通知を送らない,オープン型＝受任通知を送る,とイメージするのがわかりやすいですしね。

石岡　野村さんとご一緒した日弁連のライブ研修の準備の中で,何かネーミングしたいということで,「オープン型」と名付けられたのでしたね。

野村　まだ新しい名前なので,密行型と対比してのイメージのしやすさという意味で拡げていきたいと思っております。この後の話も含め,あくまでイメージですからね。実際には様々な考慮要素が絡まり合い,Xデーを設定し,最終決断して,破産申立てに至るわけですから。

中川　そのイメージはわかりやすいと思いますよ。私も密行型がよいと思う派です。ただ,実際のところいろいろあってできない事案も多いのですが。

申立費用の確保が影響する

野村　理念的に考えていけば,イメージとして密行型が一番よいのでしょうが,現実的には様々あってなかなか難しいです*7。その一つの要因として,密行型にするには,申立費用の確保ができていることが大前提ですね。

中川　申立費用というと,裁判所の予納金と申立代理人の報酬が最低限必要で

＊5　法人破産申立て実践マニュアル24頁参照。
＊6　法人破産申立て実践マニュアル321頁【資料10】参照。
＊7　法人破産申立て実践マニュアル25頁参照。

す。それと、従業員を即時解雇することが多いですから（→68頁）、解雇予告手当と最後の給料もできれば確保したいですね。

髙松　そう、裁判所の予納金は絶対に必要ですし、申立代理人の報酬も後から財団債権にしてください、というのは実務上難しいですから、この確保も必須ですね。確かに、解雇予告手当も払いたいところです。何も払わずに解雇だけするというのは、かなり抵抗があります（→71頁）。

八木　このあたりの必要資金が資金繰りの中で用意できるか、という観点で検討することになるので、自ずとXデーも見えてくる感じですね。

石岡　その意味では、緊急性が高い事案などでは、Xデーとなる日以降の財団形成見込みも勘案し、労働債権を破産財団から支払う想定で密行型にすることもありますね。

野村　逆に、Xデーとなる日に申立費用が足りないからオープン型になるというのもやむを得ないところです。迅速な申立てとの兼ね合いもありますが、売掛金回収や財産換価をして、解雇予告手当を支給してからの破産申立てもある程度まで許容されてもよいと思いますよ（→74頁）[*8]。

オープン型の申立費用捻出型

野村　先ほどから見ているオープン型では、Xデーに申立費用が不足しているので、申立代理人が受任通知を送り、申立費用を捻出してから破産申立てするイメージを想定していました。これをオープン型の中でも「オープン型の申立費用捻出型」と呼んでいます[*9]。

石岡　その場合は、申立費用を捻出するための換価作業や売掛金の回収をしますが、捻出できたら速やかに破産申立てという点には変わりないですね。

野村　もちろん、そうです。本来は破産管財人が行う換価作業を一部先行実施して申立費用を賄うわけですからね。ここで、破産管財人目線（→21頁）が大切になってきて、自分が破産管財人だったらと考えての行動ですね。そうしていれば、基本的に間違うことはないと思います。

＊8　法人破産申立て実践マニュアル26頁参照。
＊9　法人破産申立て実践マニュアル31頁参照。

オープン型の迅速申立て型

石川　密行型とオープン型の申立費用捻出型の違いはよくわかりましたが、申立費用があってもオープン型になっている事案もありますね。

野村　そこが、「オープン型の迅速申立て型」ですね[*10]。申立費用は捻出できているけど、例えばXデー直前の相談だったといったように、諸事情で密行型にはできなかった場合に、オープン型にして、申立代理人が受任通知を送るけど、迅速に破産申立てをしようということです。

山田　私も密行型で申し立てたこともありますが、基本的には、オープン型の迅速申立て型が多いですね。それもかなり早い申立てですね。

野村　受ける管財人のことを考えたら、早期に破産申立てをし、ホットな管財事件として処理してもらうのがよいわけですよね。

オープン型の超迅速申立て型

野村　また後で見ますが、密行型は、破産申立て、即日開始決定にするために、裁判所に事前相談をするわけですが（→40頁）、オープン型でも事案によっては事前相談をし、管財人候補者と協働・連携したほうがよいですね。

山田　そうです。オープン型になるとしても、Xデーの前に裁判所に事前相談し、数日内に破産申立て、即日破産手続開始決定となる事案もあります。

久米　私もオープン型となった事案で、申立代理人と管財人候補者どちらの立場でも、開始決定に先立って裁判所と申立代理人、管財人候補者の三者で事前に打ち合わせて、いろいろと協議や調整をした経験があります。

野村　事前相談というと、何となく密行型のときと思われがちですが、オープン型であっても、事案によって事前相談し、密行型に準じた処理は可能ということもわかってほしいですね。

八木　その点で、密行型に近いという意味で、「オープン型の超迅速申立て型」という類型というかグラデーションがあってもよいかな、と思いますね。

野村　確かにね。オープン型の迅速申立て型だけではやや広すぎますが、事前

[*10] 法人破産申立て実践マニュアル31頁参照。

相談を行う密行型に準じた，だけどオープン型であることには違いがない，というところを想定するのはよさそうですね。

「迅速」や「超迅速」でイメージする期間

中川　「迅速」や「超迅速」の具体的なイメージはどの程度でしょうか。

野村　難しい質問ですね。本に数値目標を書くかすごく悩みました。若手向けのマニュアルには，2，3週間程度ということも書いてありますが*11，もっと早いほうがよい場合もあるし，もう少し時間がかかる場合もあり，実際には様々あるので，あえてそこは書かないということにしました。

八木　先ほどの「超迅速」型だと，ほんと数日内でしょうね。

野村　そこはまだ示しやすいでしょうね。どうしてもXデーには密行型にできないけど，オープンにした上で混乱を防止できる範囲ですからね。

石岡　問題は，「迅速」型ですね。はっきりいって，申立費用が確保できているのに受任から2，3ヵ月もかかっているようでは遅いですよね。

野村　それは遅いですね。もちろん，実務上許容されてきたわけですが。自分の中では，オープン型にしても，一日でも早く破産申立てして，破産管財人に引き継ぎたいという思いがあり，事業停止，Xデーから1ヵ月内の申立てであっても，むずむずしますね。

籠池　オープン型でズルズルと引きのばすことができる人は，ある意味肝が据わっていますよね。債権者等からガンガン電話がかかってきても，平然としていられるんですから。私は気が小さいから（笑），できるだけその期間を短縮させたいなと思いますね。開始決定までの期間は現場対応が大変だし法的にもリスクの高い期間だから，短ければ短いほど申立代理人としてはいいはずなんですよ。自身の責任期間が短いのですから。

中川　それって，申立代理人にとってのメリットですよね。私も，周りからあれやこれやいわれる前に，早く申立てして，手放したい派です。

野村　そうそう，そういう話をしたいのですよね。全くもって，スピード重視です。緊急事態なわけですからね。そこをわかっていただけたらと。

---

*11　三森仁監修・林信行ほか『法人破産申立入門』（第一法規，2013年）26頁参照。

密行型が相応しい場合

野村　さて、密行型が相応しい場合としては、混乱を防止して財団保全を図る場合や従業員がいる間に処理をしたい場合、事業継続して事業譲渡したい場合等々様々ありますが、一例をお願いします。

山田　事業廃止後に受任通知を発した場合、現場等の混乱が生じその弊害が大きいので、すぐに破産管財人が動いたほうがよい場合がありますね。土木建設業で、複数の道路工事の現場があった事案では、申立代理人が裁判所に事前相談をし、管財人候補者となった私が申立予定日の前々日に申立代理人と協議し、Xデーに事業廃止・従業員の解雇、そして破産申立て、さらにその翌日に開始決定を得るとの調整をした経験があります。そのケースの特殊性としては、開始決定日の前日には管財人候補者の私が主な工事現場を監督する官庁に出向いて「明日破産手続開始の決定が下りる」ことを説明し、特に道路工事の現場の安全管理について、通行人等の注意を喚起するようお願いしました。

野村　混乱防止の観点ですね。私も、コピー機の販売、サポートをしていた会社で、多数の顧客に不便をかけられないので、密行型で破産申立てし、開始決定日にコピー機メーカーの販売会社に管財人の先生とともにお願いに行き、翌日から破産会社の従業員とともに顧客回りをしていただき、契約の承継作業をしてもらいました。これで売掛金も満額回収できました。

山田　他には、事業継続と事業譲渡を目指す事案がありますね（→164頁）。介護施設を運営していて入居者がおり、事業継続をし、事業譲渡を目指したというものです。事業は継続したまま廃止をせず、もちろん受任通知を発しないまま、破産申立てがなされました。その案件では保全管理命令を活用し、約1ヵ月間、保全管理人の立場で施設を運営し、事業譲渡を完了した上で開始決定を受けました。管財人として事業譲渡する場合もありますね。現場の混乱を防止し、事業継続・事業譲渡を全うするために密行型の申立てが必須の事案といえると思います。

石岡　昔は計画倒産だといわれたくなくて、しばらく時間をおいてから申立てするということが多かったように思うのですが、密行型は大切ですよね。

籠池　そうですよ。会社としては，ギリギリまで存続の可能性を模索していました。決意したのが今朝です。苦渋の決断でしたが，取引先にご迷惑をおかけしないためにはやむを得ませんでしたという説明にならざるを得ませんし，それが倒産現場の偽らざる実情ですから[*12]。

密行型を遂行するための申立代理人の力量や意識

野村　申立代理人となる弁護士側の準備体制と意識も大切だと考えています[*13]。
山田　申立代理人に破産申立てについての知識・経験，集中して仕事をこなす力量，仲間の弁護士を動かす動員力，そしてやる気が必要ですね。
中川　通常再生の申立て経験のある弁護士が得意とする分野ともいえるかもしれませんが，そうでなくてもやったほうがよいと思いますね。
籠池　短期間に段取りを組んで，作業の優先順位を考えながら，手際よく処理することが大事です。
髙松　もちろん，自分一人でできないのであれば，経験のある弁護士に相談して，共同受任するなどの方法もあります。適宜適切に人の力を借りるのも弁護士の大切な力量だと思いますよ。マンパワーの点からも。

裁判所，破産管財人候補者にも理解してほしい

野村　裁判所側の体制や破産管財人候補者の意識や準備体制も大切ですね[*14]。
山田　裁判所には事前相談することで調整しますから（→40頁），何とか迅速な開始決定をお願いしたいところです。
久米　受ける管財人候補者も事件は生き物ということを理解して，一気にトップスピードでお願いしたいですね。いつでもスタートできる準備です。
石岡　三者が早期処理で一致するよう申立代理人からの働きかけが大切ですね。
野村　早期申立てを目標にし，申立費用が捻出できるなら，オープン型の迅速申立て型を前提とし，何度か経験していると，自ずと密行型がいいなあ，と思うようになります。一度密行型を経験すると，次もと思いますよ。

---

*12　法人破産申立て実践マニュアル29頁参照。
*13　法人破産申立て実践マニュアル26頁参照。
*14　法人破産申立て実践マニュアル27頁以下参照。

② Xデーから破産手続開始決定まで

法人破産と消費者破産の違い

野村　ここでも，事業継続中の法人が事業停止し，破産申立てする場面を想定し，申立代理人が受任するXデーから破産申立て，破産手続開始決定という流れで，望ましい破産申立て，破産手続開始決定の運用等のあり方について検討したいと思います。Xデーから破産申立てまでは申立代理人となる弁護士の問題，破産申立てから破産手続開始決定は裁判所も絡む問題です。両方ともが時間短縮できるとスムーズに破産管財人にバトンタッチできることになりますね。まずは，消費者破産との違いからスタートしましょうか。

石岡　まず，Xデーから破産申立てまでが非常に大きな問題です。最大の問題は，法人破産なのに，消費者破産と同じような感覚で申立てをしている人がまだ相当数いるということです。

山田　法人なのに，受任通知を出して債権調査票を回収してから申し立てるとかですね[*1]。特に，事実上の債権調査期間を例えば4週間くらい設定して，債権調査票の回収を待って申し立てるというのは遅延以外の何物でもなく，百害あって一利なしですね。法人破産申立てに債権調査票はいりませんから（→51頁，53頁）[*2]。

桶谷　消費者破産の場合，特に同時廃止申立てのためには，債務総額を示すために債権調査票を入手する必要があります。本人が自分の債務総額を知らないことが多いですからね。一方，法人の場合，それなりの会計帳簿はあるでしょうから，債務総額のおおよそはわかります。仮に，帳簿がなくて詳細な債務総額がわからなくても，債務超過や支払不能であることだけを疎明すれば足りますね。

石岡　法人破産の場合は，事業停止から破産申立てが遅れることによって，い

---

*1　消費者破産における受任通知発送の意味合いにつき，法人破産申立て実践マニュアル30頁参照。端的に，貸金業者らの取立てを止める意味合いが強いです。
*2　法人破産申立て実践マニュアル47頁以下参照。

ろんな弊害があります。先ほども指摘しましたが，資産が劣化・散逸する，従業員もいなくなる，必要な資料等もなくなる等々です。

期間制限に注意

石岡　制度上の期間制限の問題もあります。退職から開始決定まで3ヵ月経つと，従業員の未払給料は財団債権ではなくなります（149条1項・98条1項，民306条2号・308条）。申立てまで6ヵ月経つと，未払賃金立替払制度が使えなくなります（→86頁）。申立てまで1年経つと，支払停止・支払不能を理由とする否認権の行使ができなくなり（162条3項・166条），相殺禁止の網もかからなくなります（71条2項3号・72条2項3号）*3。

　これまでも，法人破産と消費者破産は異なる，法人の場合は事業停止からできるだけ時間をおかずに破産管財人の管理下に置くことが望ましいということを，いろんなところで書いたり，研修で話したりしてきました*4。青森でも繰り返し言ってきましたが，そういう感覚は次第に浸透しつつあるのではと思っています。

野村　この破産申立てが遅延したときに困る，3ヵ月，6ヵ月，1年という期間制限には，くれぐれもご注意いただきたいですね。現行法になるとき，3ヵ月経過すると，給料の財団債権部分がなくなってしまうので注意しようという話をしていました。それは当たり前の話だったのですが，6ヵ月以上かかっている事案もあり，非常に問題だと思います。

山田　この点，「誰かに迷惑をかけない限り，破産手続をそう急ぐことはない」という考えも一部にあるようです。しかし，そもそも，破産手続は債務者に経済生活の再生の機会の確保を図ることを目的とするわけですが，手続の迅速化は債務者のフレッシュスタートに資するわけですし，また，利害関係人の利害や債権者との権利関係の適切な調整のためには手続が迅速に行われることが不可欠だと思います。

---

*3　期間制限につき，法人破産申立て実践マニュアル33頁参照。
*4　倒産処理と弁護士倫理38頁，処理の在り方8頁，平成27年12月17日開催の日弁連ライブ研修「初めての法人破産申立て」参照。

破産申立てが遅れる理由

野村　前向きな話の前に、どうして破産申立てが遅れるのでしょうか。

久米　できるだけ早く破産申立てを行い、申立代理人の手から管財人に引き継ぐべきだというのは、本当にそのとおりだと思います。ですが、そうできていない理由は大きく3つくらいあると思います。①申立代理人の怠慢、②予納金等の申立費用が確保できない等の理由で、破産申立てをしたくても物理的にできない場合、③悪気はないが、申立代理人が「責任を持ってしっかりとした申立てをしないといけない」と考えるあまり細かな点にこだわり、逆に申立てが遅れるケースもあると思われます。

野村　①は、当然のことながら、意識改善、意識改革したいですね。本書がその気づきのきっかけになってくれたらいいなと強く思います。

　　　②の申立費用が足りないというのは、先ほども見ましたが、オープン型にならざるを得ません（→30頁）。受任通知を出して、申立費用が賄えた段階で速やかに申し立てるということですね。

桶谷　③のパターンですが、低廉な予納金の簡易管財にするために必要な要件である「管財業務をできるだけ軽減するため、申立代理人において管財業務として行うべきことの多くを完了させておく必要がある」ということをすべての事件で行わなければならないという誤解もあるのではないでしょうか。申立てにおいては債権者一覧表の作成、債権も財団財産もきちんと書いて、きちんと調査して、明渡しもやりながら、管財人に迷惑をかけないようにしなければいけないという意識が先に立ってしまって、自分の中でちゃんとやろうとした結果、悪気がなく申立てが遅れるのでしょうね（→47頁、111頁）。

野村　そこは、実務運用がもたらした誤解か、弊害なのか。これは、低廉な予納金にするには、申立人側にも一定のことをしておいてもらいましょうという話でした[5]。なのに、通常の予納金が賄える事案で、時間をかけてしまう人もいるというところですね。そこの意識をもう一度直さな

---

[5] 法人破産申立て実践マニュアル12頁参照。

いといけないと思います。大阪では10年以上前から言っているのですが、言い続けなければならないのが現状です。

久米　神戸地裁では、管財申立ての場合、「引継書」という書類を作成することになっています。これは、事件の概要やポイントがまとまっており、裁判所や管財人において事件処理の目処が立ちやすく、申立代理人においても資料の添付漏れなどをチェックできるという意味で非常に有益なのですが、その作成をするとなると、それなりの手間と時間がかかりますので、なかなかいわゆる「超迅速型」の申立て（→32頁）等に繋がらないということもあると思いますね。

髙松　「管財人があれこれ細かく破産申立書の不備を言ってくるので、早く破産申立てをしようと思ってもできない」という話を聞いたことがあります。管財人全体として、早期申立てについての意識改革も必要な気がしています。

山田　確かに、細かい管財人はいるかと思います（→24頁）。しかし、資料や説明が間に合わなければ、その旨を指摘し、追完を約束して、申し立てればよいわけです。「管財人があれこれ細かく破産申立書の不備を言ってくるので、早く破産申立てをしようと思ってもできない」というのは、「何が申立ての時点で最低限必要で、何が追完でよいのか」、案件の緊急性との関連できちんと区別できない人のいうことだと思いますよ。

望ましい破産申立てとは

野村　では、望ましい破産申立てとは、どういうものでしょうか。

石岡　法人の場合ですので、管財人による資産管理が前提となります。いかにして、管財人にスムーズに資産管理を引き継ぐか、開始決定後管財人が行うべき業務は何で、そのためにはどういう情報が必要かを意識した申立てではないでしょうか。

籠池　先ほど指摘された問題の一つの原因は、申立てをする弁護士と管財人になる弁護士との層が若干違うということではないかと思います。両方やっていれば、後々の管財業務を見据えた破産申立てとその準備ができます。これに対し、申立てばかりして、管財人を経験していない人だと、

開始後の処理にまで気が回らないのだろうと思います。管財事件の処理も念頭に置きながら，申立てをして，準備をすることの意識付けも必要だと思いますよね。

野村　申立代理人が，破産申立てをして開始決定をもらったきりとかではなくて，自分が管財人だったらどうするかといった管財業務までイメージした申立てですね。まさに破産管財人目線を意識した申立てです（→21頁）。これをわかっていただきたい，と思います。そういうところも，この本ではメッセージとして，伝えていきたいところですね。

破産申立てから破産手続開始決定までの期間

野村　次に，破産申立てから開始決定までの期間を考えたいと思います。

石岡　これも，そもそも法人破産は急ぐべきという感覚がないと，破産申立てした後は裁判所にお任せで，開始決定もゆっくりでよいということになってしまいます。この意識は，申立代理人も裁判所も，双方が持つことが必要と思います。

山田　密行型やオープン型の超迅速型であれば，破産申立て後直ちに破産手続開始決定を得たいわけですから，申立てから開始決定までのタイムラグは，当然ほとんどなくなります。これに対し，オープン型の場合には，既に債権者宛に受任通知を発送しているわけですから，いまさら税務署等の差押えを危惧しても仕方ないし，申立てから開始決定までの期間を短くしようとするインセンティブを持ちにくいかもしれません。

野村　滞納処分の怖さを経験するとわかると思うのですが。私も，この営業保証金がありますから，明渡しや原状回復の資金も十分出ますよ，と言われて記録を見た瞬間，やばいと思い，すぐに開始決定を出してください，とお願いしたのですが，タッチの差で，前日の夕方に滞納処分で差押えされていて，管財人の私の活動資金が飛んでしまったことがありました。いずれの場面でも，開始決定が出るまでは滞納処分に注意ですね。

即日破産手続開始決定

野村　まず，密行型（→28頁）やオープン型の超迅速申立て型（→32頁）で，破

産申立ての即日に開始決定をしてもらう，ということは行われていますか。専門部がある裁判所と，そうでないところで違いはありますか。大阪は，事前相談することで，即日開始決定で対応してもらえます。

石岡　青森には専門部はありませんが，事前に裁判所に連絡をしておけば可能です。裁判所も，申立人側が「急ぐ」と言えば柔軟に対応してくれます。

髙松　事例としては少ないようですが，福岡でも事前に相談しておけば可能だと思います。福岡では裁判所が開始決定を出すまでにゆっくりしているという感じはありません。裁判所も，申立てから開始決定までの期間はできる限り短くしたいと思っているように感じます。

八木　福井地裁では，基本的に1週間前に法人であれば相談してくださいと言われています。最初に出すのは債権額が空欄でもかまわない債権者一覧表と主な利害関係者とか謄本とか利益相反チェックができるもので足ります。申立てをした翌日午前9時に開始決定というのは，お願いすれば大概認められます。年金事務所の差押えが怖いというような諸事情があって，その日の夕方5時に開始決定ということもありました。私が破産管財人を担当した事件では，事業継続中の衣料品小売業の会社について，一つの会社から業務委託を受けた店舗が6店舗あったのですが，申立代理人が当日の朝に申立てをしたということを説明しに回って，説明が終わったくらいのタイミング（夕方4時）に開始決定が出て，その日のうちに業務委託先と6店舗の営業・従業員を全部引き取ってもらうという交渉までしたという事案もありました。必要な事案では，裁判所とは開始決定の時間まで調整させてもらっています。

籠池　高松地裁の運用もほぼ同じです。即日開始決定がほしければ，事前相談は1週間程度前にしておけば，日時を指定した開始決定が可能です。逆に，こういう運用を認めていない裁判所はあるのでしょうか。

桶谷　例えば裁判官非常駐支部だと，難しい場合があるかもしれませんね。

野村　その場合は，できる範囲で調整するか，本庁に申立てですね。

事前相談

野村　今も出たところですが，破産における事前相談が弁護士に対しアナウン

スされていないのではないかと思うのですよ。民事再生の場合では裁判所は必ず1週間前までに事前相談をとアナウンスをしていますが，それ以外でも事前相談が必要となる類型についてのアナウンスが必要ではないかと思います*6。もちろん知っている人は知っているのですが。

久米　破産についてはもともと，申立代理人に事前相談をして調整すべきという意識があまりないのではないかと思います。即日開始決定をもらわないといけない事案，例えば生鮮食料品があるとか，事業継続が必要な事案等で管財人にすぐに動いてもらわないといけない事案であれば，事前相談をして管財人候補者を選任してもらって，申立てや開始決定の時期を調整している事案もあると思いますが。

石川　裁判所や弁護士会から何らかの形でアナウンスをしているところと，していないところがあります。即日開始決定がほしい場合には事前相談をしてくださいとアナウンスしている裁判所もあるでしょうが，アナウンスされていなければ，事前相談なしでもすぐに出してくれるだろうと考えてしまうことは，地方にはあると思います。

髙松　むしろ地方では，一般的に即日開始決定がなされることはかなり少ないように思いますが，それでも自分の申立てだけは事前相談なしに即日開始決定をしてもらえると思うのでしょうか。職員の少ない地方の裁判所ほど事前相談は大事だと思います。私たちの通常業務でもそうですが，突然「やってください」と言われるのが一番困るというのは，アナウンスという以前に個々の弁護士がしっかり認識しておく必要があると思いますね。

山田　名古屋の場合，事前相談は，開始決定時点で混乱するおそれがあり，同時点から管財人が申立代理人と綿密に打ち合わせ段取りする必要がある，大量の在庫商品がある等の事情がある場合に利用するのが普通でした。しかし，もう少し広く活用されてしかるべきだと思います。法人破産の場合で，申立直前に事業廃止した案件については，事案の大小を問わず，多かれ少なかれ問題があるので，事前相談を原則として，管財人

---

*6　法人破産申立て実践マニュアル27頁参照。

がスムーズに初動できるように段取りするとよいのではないかと思いますね。

破産手続開始決定前の審尋・審問・三者面談

野村　開始決定の前に，裁判所で破産管財人候補者が同席して，申立人を審尋・審問する，三者面談というところもあるようです。既に多くの庁では原則行われないようになったと思いますが[*7]，まだ行われていますか。もちろん，前提として，債権者申立事件は除いての話です。

石岡　青森では，破産前審尋は数年前に廃止しました。審尋を行おうとすると，裁判所・破産管財人候補者・申立代理人の三者の日程を調整するだけで，すぐ1～2週間が過ぎてしまいます。これを廃止することで，開始決定が早くなったと思います。

桶谷　審尋を行うことで，裁判所に記録には出てこない事件の個性・内容を理解してもらえる，という指摘もありますが。

石岡　それはそうなのですが，裁判所の理解ということであれば，別に報告書を出す等の方法でカバーできると思います。
　　　以前審尋をやっていた頃も，実際は，管財人候補者が申立人側と実務的な打合せをする段になると「裁判官はお忙しいでしょうから，結構ですよ」と言って席を外してもらったりしていました。要は，破産管財人候補者としては，開始決定前に申立人側と実質的な打合せができればよいわけで，何も裁判所で行う必要はないと思います。

髙松　まさしく石岡さんがおっしゃるような理由で，福岡でも数年前からそれなりの法人事件以外は原則として三者面談廃止ということになりました。

審尋の効用

野村　積極的な意味がある，というご意見はありませんか。

籠池　高松地裁では，管財人候補者立会いで破産前の審尋を行うのが原則とさ

＊7　法人破産申立て実践マニュアル50頁参照。早期の破産手続開始決定につき，同49頁以下参照。

れています。私自身も，審尋には積極的な意味を見出すことができるのではないかと考えています。何より，手続のスタート時点で，債務者や債務者代表者と直接接する機会をオフィシャルに持てるというのは，それなりに重要なことだと思います。

野村　具体的には，どういう点でしょうか。

籠池　審尋をすることで，裁判手続として，破産開始時に破産管財人が債務者と直接面談する機会が設けられ，債務者の人柄や事案の全体印象等を把握できるのは，リスク察知や，その後の管財業務への協力の姿勢を推し量る上で大きいですし，その感覚を裁判所も含めた関係者間で共有できる点も重要です。債務者との関係においても，破産手続上の制約や協力義務があり，場合によっては倒産犯罪にも問われるという意識をしっかり感得させるという意味で，審尋手続に積極的な意味を見出すこともできると思います。

石岡　確かに，審尋がなくなると，破産者代表者が裁判官と会うのは，財産状況報告集会が初めてということになりますね。

髙松　破産者代表者もそうですが，申立代理人に対して，お願いその他（報酬の返還等）がある場合は，審尋を行っていただけるとありがたい場合もあります。

中川　資産隠匿の危険が大きい場合，開始直前に三者面談を開いてもらい，自宅などの隠匿の可能性がある現場に即時直行することの破産者の了承を裁判官の面前で取り付けることがあります。

野村　個別事件で必要に応じて審尋等を行うということは全然かまわないわけで，全件で行うというのは止めるべきということは一致していると思いますね。

不十分な破産申立てに対する対応

野村　破産申立てがあり，破産原因が認められれば速やかに開始決定をすべき，という点では異論はないところでしょうか。

石岡　密行型はもちろん，オープン型でも事業停止からあまり時間を経ずに申立てがなされた場合には，破産申立書に多少不備があったとしても，早

く開始決定をして，破産管財人の管理下においたほうがよいというのは先ほども述べたとおりです。調査が不十分な点があったとしても，破産管財人が自分で直接調査したほうが早い，ということもよくあります。

　ただし，事業停止から相当期間が経過し，早急な対応を要する事項もさほど見受けられないような場合に，裁判所が，見込まれる管財業務の内容・量を検討し，適切な予納金の額を検討するために，申立人側に資料の提出を求めるなどして時間を要するということはありうるし，やむを得ないことのように思います。

久米　先ほども出ましたが，裁判所が破産管財人に対して気を遣ってくれる，という面がありますよね。確かに，申立代理人による調査が不十分で，破産管財人による調査等の必要がかなり見込まれるにもかかわらず，財団拡張の見込みがない場合にまで低額な予納金でといわれると若干抵抗はあります。

髙松　報酬に関していえば，いったん管財人として受任した以上は，報酬の金額にかかわらず，責任をもって仕事を行わなければなりません。ただ，業務に見合った報酬が得られないケースが増加していった場合に，将来的に適正な管財業務の維持を図っていけるのかという疑問もあります。そういう意味で，適正な報酬額の確保という点は，軽視できないと思っています。

山田　裁判官や書記官さんと話していると，補充事項を待たずに開始決定を出せば申立代理人のテンションが落ちて，管財人に任せきりになってしまう，それでいいのかという問題意識があると思います。裁判所としては，申立代理人に対し，申立てに対する責任を持ってほしいと思うことは当然です。しかし，補充を待っていては開始決定が遅れるのも問題です。その見極めは，やはり，管財人候補者とのコミュニケーションだと思います。裁判所は補充にこだわるべきか，それとも早期に見切って開始すべきか悩ましい事件では管財人候補者の意見を聴くのがよいと思います。

野村　まさに，申立代理人，破産管財人候補者，裁判所の三者による協働・連携の場面ですね。意識を高めたいところです。

③ 破産申立書

破産申立書はなぜ必要かから考えよう

野村　私は、かつて法人用の破産申立書の書式を提案した一人で[*1]、迅速な破産申立てにかなり貢献したと思っていますが、一部には単に申立書式を埋めるだけのマニュアル君を産み出した（？）ともいわれます。そこで、そもそも破産申立書はなぜ必要なのかという原点に立ち返って考えたいと思います。

中川　破産手続開始の申立ては、最高裁判所規則で定める事項を記載した書面で行わなければならないからですね（20条1項、規則1条1項・13条）。申立書だけでなく、添付書類も必要です（規則14条3項）。ここでは自己破産を前提にしていますので、原則として債権者一覧表も必要です（20条2項本文、規則14条1項）。

野村　私の勉強会では、一つずつ何のために必要なのかを徹底的に聞いていくのですが、それでは日が暮れてしまうので、やめておきますね。

中川　野村さんが指摘されているところとしては、①債務者の特定と②破産手続開始原因の疎明ができればよく、加えて、③裁判所に対しては、管財人候補者のスムーズな選定のために、その事案の規模感、管財業務の量、難度を伝え、④管財人候補者に対しては、事案の全体像がイメージでき、初動で行うべき点を適切に伝えられたらよいのですね[*2]。

野村　今からの議論の大前提として確認しておきたいところです。

よい破産申立書って？

野村　その上で、皆さん、破産申立書は、どの程度のものを作っておられますか。よい破産申立書というのは、どういうものなのでしょうか。

髙松　まず前提として、申立書を含めていい加減な申立てをする弁護士には管財人をお願いしにくいという話を裁判所等を通じてよく耳にします。特

[*1] 法人破産申立て実践マニュアル48頁参照。
[*2] 法人破産申立て実践マニュアル46頁参照。

に若手弁護士に最初に管財事件を依頼する際は、きちんとした申立てを行っているのかどうかを考慮するという話も聞くことがあります。やはりそういう話を耳にすると、あまりいい加減な申立てはできないなと思います。だからといって、時間をかけて遅くしようとは思いませんが。皆さんいかがでしょうか。

八木　裁判所の評価が、結局申立書類の出来がいいかどうかということになると、意欲のある若手に、時間をかけてでも出来のいい申立書類を出さないといけないという思いが強くなり、結果として、申立てが遅れてしまうこともあるのではないでしょうか（→38頁、111頁）。

石岡　まず、出来のいい申立書とはどういうものかということですよね。個人で同廃にするためにきちんと調査して申立てをする必要がある場合と、法人とでは全く違います。法人の事件なのに、時間をかけて正確な数字を調査して申し立てましたと言われたら、いったい何をやっているのだと言いたくなりますね。管財人が資産の管理をする上で必要な情報がしっかりと入っているかどうかが大切なのであって、単にすべてのデータ、例えば債権額・債務額が正しいとか、そういう話ではありません。

八木　そうなのですよ。この点、大いに誤解している人が結構いますね。

申立ての出来が大切

籠池　やはり出来のいい「申立書」ではなく、「申立ての出来」で見ないとダメでしょうね。いくら書類が整っていても、いきなり持ち込んで今日開始決定をくださいというのではダメですよね。まずは事前相談を通じて事案のすり合わせをする。優先順位を的確に判断し、管財人が必要だと考える書類を過不足なく提出する。不足事項は適宜追完するなどして適切にフォローするというのがよい申立てだと思います。こういうところを裁判所にも評価してもらえれば、意識も変わるのではないでしょうか。

山田　よい申立書・添付書類は、よい申立てが必要条件ですね。しかし、十分条件ではありません。よい申立書・添付書類であっても、よい申立てとは限りません。直前まで事業をしていた法人事件であれば、できれば密行型かオープン型の超迅速申立て型で申し立てたいところ、じっくりと

申立書を作り，添付書類を丁寧に収集していたのでは話になりませんね。事件を潰しているようなものです。

髙松　裁判所の肩をもつわけではありませんが，籠池さんや山田さんがおっしゃるような申立てをすれば，おそらく裁判所も評価してくれると思います。やはり，早期処理を要する事項や換価業務における大きな問題点，あるいは一見して明らかな否認対象行為等について全く説明がないといった申立書はよろしくないのだろうと思います。私も個人的には，処理を急ぐ情報でない限り，必ずしも申立書に記載されていなくても随時補正するということを説明しておけばよいと思っています。

迅速さが重要

久米　裁判所側も管財人側も，密行型やオープン型の超迅速申立て型相当の事案について，申立代理人が受任して相当額の報酬だけいただいて，すぐに破産申立てし，スムーズに引継ぎをしたところをもっと評価してもらいたいと思います。申立て後に，追加の債権者が出てきたとか，売掛金の記載が一部漏れていたからといって，いい加減な申立てだと思われたら気の毒だなと思います。そんなことはやむを得ないのだから，それよりも「早く即時に引き継いでもらうほうが重要ですよ」ということを，裁判所や管財人側にも理解してもらう必要があると思います。

石岡　それくらいは全然問題ありませんよね。支店やテナント物件とか管理すべき大きな物件の情報が抜けているということであれば問題ですけど。

八木　確かに，産業廃棄物がたくさんあるなど，財団が形成できないときに，あって困る物があるときのほうが対応に困りますね。

現場の確認も大切

中川　管財人になって困る事件は，申立代理人が現場を見に行っていなくて，現場に行ってみると現状が違ったという場合ですね。現場の詳しい報告ができない場合であっても，とりあえず申立代理人が現場に行って写真を撮ってくれるだけでもだいぶ違うかなと思うのですが。

丸島　現場を見に行くことは大切だと思いますね。現場を見ることによって，

ヒアリングや書面ではわからない問題点に気づくこともあります。また，管財人への引継ぎにあたっても，写真や動画があれば，理解していただきやすいこともあります。

野村　密行型の場合だとなかなか現場に弁護士が行きづらいですよね。弁護士が現場に行くことで，ばれてしまう可能性もありますから。

丸島　密行型の場合は，弁護士バッジを付けてスーツで見に行くわけにはいきませんので，いろんな工夫をしています。私は，事務所に作業服を用意しており，必要に応じてそれを着ていくこともありますよ。

野村　作業服まであるのですね。事案に応じてうまくやらないといけないところです[3]。オープン型であれば必ず行かないといけないでしょうがね。

髙松　オープン型において，現場で早急に対応しなければならないことがあるにもかかわらず，申立代理人が，現場を確認しておらず，何も見ていないというのはいただけないですね。管財人が現場に行ってみたら，申立書に記載のない大量の腐敗物があったとか，建物が壊れかけていたとか，鍵が壊れていて建物に入れないとか，そういうのがどんどん出てくるような申立書はいかがなものかと思います。やはりオープン型申立てにおいては，地理的な問題や数的問題がない限り，最低限，現地に行って確認して，必要な情報を申立書に盛り込む必要があると思います。

石岡　私は，現地確認に時間を要するよりは，早い申立てを優先すべき事案が多いのではと思います。現地といっても，不動産がたくさんある場合も珍しくありません。全部見るために日数をかけてしまうのでは，本末転倒と思います。オープン型で，申立てまでだいぶ時間を要するのであれば，主な現場を見るべきというのはそのとおりですが。

久米　代表者が会社の債権債務や財産関係のすべてを把握できているということは通常ないですよね。密行型だと従業員にもアナウンスできず，聴き取りもしにくいということもあります。ただ，その代わりに，重要な情報についてはよく知っている担当者などの情報を引き継いでいただき，その担当者らに協力してもらえるように配慮して申立てをしていただ

---

[3]　法人破産申立て実践マニュアル127頁以下参照。

けるとありがたいと思います。
野村　破産申立書だけでない，トータルとしての破産申立てが大切だということが伝わるとよいのですが。日々の積み重ねしかなさそうですね。

破産申立書に盛り込むべき情報——スピード重視

野村　申立書の作成に最短でどれくらいの時間があれば可能ですか。一例として，密行型ですが，水曜日に依頼者が破産の決断をした事件で，結構突発的な話だったのですが，これは週明けの月曜日に密行型で申立てをするしかないなと考え，水曜日の時点で裁判所に「明日，事前相談させてください」と電話をし，ポイントをまとめた1枚ものの事前相談メモ*4 を作成し，木曜日に事前相談し，金曜日には管財人候補者が決まり，金曜日の深夜に申立書を作り上げて，土曜日に管財人候補者と打ち合わせをして，月曜日朝一番で破産申立て，午後に開始決定を受けました。

河野　申立書は野村さんがご自分で作っているのですよね。そんなに短い時間でよくできますね。

野村　私と事務局と会社の経理担当で協力して作ります。その件は経理部長さんがしっかりした方で，直近の月次試算表ベースの経理データを基に目録類の原案を作ってもらい，私はそれを加工したり，申立書の事情欄に必要な情報を盛り込む作業をしたりし，事務局が形式面の入力や資料を整えます。やると決めたら一気にやる！自分で納期を決めるわけですね。

髙松　私の経験からすると，こちら側の体制はどうにでもなるけれども，破産者側からの情報収集がなかなか難しいという感覚です。必要な事項を指示しても破産者側がなかなかついてこられないケースが多いように思います。自分が福岡の書式作成に関わった手前，できる限り書式に沿った申立書を提出しようという意識があり，破産者側から多くの情報を得ようとしすぎているのかもしれませんが。

野村　動いている会社であれば，決算書も帳簿もあるわけで，主要な債権者はわかっていますし，資産もある程度はわかっている，それだけでよいわ

＊4　法人破産申立て実践マニュアル325頁に事前相談メモの例があります。

けですよ。不足するものは後付けで追加すればよいのです＊5。

髙松 その程度でよければよいですね。決して私も申立てが遅いほうだとは思いませんが，ついついいろいろな情報を申立書に盛り込もうとして，その分時間がかかったりしていますね。

野村 密行型でやりたいのであれば，事前相談をして，破産原因があって，申立代理人として管財人にちゃんと引き継げますよと言えばよいわけですよね（→41頁）。もちろん，限られた時間の中でも申立書はできる限りの精度は確保してやりますよ，だけど，見えないものは，後から追完していけばよいわけですから。債権調査票など不要ですしね（→36頁，53頁）。

石岡 私の場合，本当に急ぐ場合だったら，明細もつけないですよ。負債の金額など多少違ったってかまわない。そもそも，仕入債務の正確な金額は，締め日にきちんと締めてみないとわかりません。売掛金の明細だって同様です。これらの数字は，申立段階では，多少アバウトでも仕方がないと思います。直近の月次試算表をベースに，清算価値はどの程度のものか，管財人が急いで管理すべきものは何かを説明することで足りると思います。詳しい調査は，後でゆっくりやればいいのですよ。また，そうでないと実際問題，密行型の申立てなどできないと思います。

野村 月次の試算表ができていて，直近の試算表の姿を見せてあげて，これと，現時点での現金はこの程度持っています，引継ぎはこのくらいできます，と。この程度でよいのですよ。

髙松 そこの認識ですよね。オープン型も含めて急ぐ事件については，私もある程度アバウトでよいと思っています。申立書は多少アバウトでもよいのだけど，その代わり申立てをした後も申立代理人がきちんと追完していくという，バトンタッチですよね（→201頁）。このバトンタッチが根付いていけば，裁判所も，ある程度アバウトな申立書でかまわないという感じになるのではと思います。申立代理人が申立書を提出したらそれで自分の役目は終わりという認識だと，裁判所としても，後の管財業務のために補正を指示し，詳細な申立書を求めるということになると思います。

＊5 詳細は，法人破産申立て実践マニュアル47頁参照。

石川　密行型で事前相談をちゃんとしていれば細かいことはいわれないと思うのですが，破産原因だけは見ますよね。そこだけ疎明すれば，それでまだ足りないといわれることはないし，足りないという裁判所側は，理屈も根拠も全くないと思いますね。

久米　裁判所の気持ちもわかるのですよね。石岡さんや野村さんの申立てなら，「やむを得ず密行型・迅速型申立ての事案でこの程度が限界だったのでしょう。あとは管財人の先生に協力して引き継いでもらいましょう」となりますけど，別の先生，例えば経験の浅い先生が同じような申立てをすると，「情報が全く足りないので，追加の調査報告を求めます」と言われてしまうこともあるのではないのかと思うのです。

石岡　簡にして要を得た申立てと，手抜きや，わかっていなくて必要な情報が入っていない申立てとは，見ればわかるような気がするのですがね。

山田　申立書・添付書類に盛り込むべき情報は，スピード重視の申立ての中，必要性と許容性の観点から選別することができると思いますね。密行型やオープン型の超迅速申立て型でがんばるときには，絶対に必要な情報は何かまず考え，他のものは追完で許容されますから。私が管財人を担当した事件では，事前相談の段階で，大量の在庫を処分する等の必要性から早期の開始決定が必要と判明したので，管財人候補の段階で申立書，全部事項証明書，直近決算書2期分で申立てをしていただき，翌日開始決定を受けました。

野村　もちろん，スピード重視と手抜きって全然違いますね。スピード重視の方って，申立書もちゃんとされていますよ。管財人の立場で見ていても思います。手抜きの申立書は，時間のあるなしとは無関係ですね。

山田　そのとおりだと思います。スピード重視で申立書と最低限の資料で申し立てることもしますが，それだけは丁寧に作る必要があります。丁寧とは，普通に考えて少し読み手を意識して作ることです。その配慮がされている申立書・添付資料は裁判所や管財人にとってわかりやすく，「この弁護士，仕事できるぞ！」と思わせますね。ひょっとしたら事務員さんが優秀なのかもしれませんが（笑）。丁寧に作ることを心がけるのは，時間のあるなしとは全く無関係ですね。

オープン型の申立費用捻出型の場合

野村　迅速な申立ての場合は、今の話のとおりですが、これがオープン型で、申立てまでに時間がかかる、特に申立費用捻出型となってくると、話は変わってきますね。時間があるなら、その分、正確性を期すようになりますね。債権調査票も集めて（→36頁，51頁）、管財人が疑問に思うだろうなあという点の説明をしっかりするようにしたりしますね。

久米　時間との戦いではなくなりますからね。ただ、オープン型の申立費用捻出型の場合、申立代理人が矢面に立ち、いろいろと処理をしていると、債権者や利害関係人の対応に時間を取られて、申立書の作成が後回しになってしまうこともあるのかなと想像したりもしますね。

野村　結局、時間のあるなしではないのだろうなと思いますね。悲しいかな。

申立書式の功罪？

野村　このテーマの最後に、「申立書式の功罪？」につき少し見ておきたいと思います。冒頭に述べたとおり、私は、申立書式を作り、広めてきたわけですが、石岡さんは、申立書式不要派でしたね。

石岡　不要とまで言っているわけではなく、必要な情報さえ伝えればよく、申立書式があって、それを全部埋めないといけないと思い、申立てが遅れるというのでは、本末転倒ですよね、と言いたいわけですよ。

野村　それは全くそのとおりですね。私の意図は、最大公約数的に共通する必要項目につき端的に記載でき、資産と負債が一覧化できるようにし、その事案の特殊性は、事情欄に記載したり、別途上申書を作成したりして説明するというものです*6。何から作ったらよいの？という方にも、この枠を使って必要事項を入れていくと、それなりのものができるということですね。早く申立てしろ、でも書式なんてないよ、自分で考えろ、ではなく、書式は用意してあるから、早く申立てできるよね、ですね。申立書式はないよりあったほうがよいわけで、うまく使おうよ、ですね。

＊6　法人破産申立て実践マニュアル48頁参照。

4 予 納 金

破産申立ての必要経費

野村　破産申立てには，申立費用が必要で，裁判所の予納金と申立代理人の報酬が大きなところです。もちろん，法人を中心とする事業者破産の場合，他に従業員さんの解雇予告手当や最後の給料も払いたいですから，破産申立ての際に必要な資金の算段がいつも悩ましいところです[*1]。破産手続を利用しやすくするという観点からも現実的な日々の苦しみという観点からも，破産管財事件の予納金については，避けて通れませんね。

石岡　先ほどから見ている事業継続中に資金繰りに窮して事業停止する事案の場合，日繰りを見ていく中で，必要資金の捻出を考えることになります。しかし，既に事業停止して一定期間経過してしまっている場合だと，そもそも必要資金を賄うだけの資産がないということもありますね。予納金とひと口にいっても，置かれた場面設定によって様々あると思います。

野村　そのとおりで，予納金の話をするとき，それぞれが思い浮かべる場面が異なるため，話がかみ合わなくなってしまう感じがしています。東京地裁や大阪地裁が，破産管財事件の予納金を最低20万円としているのは，それを超える引継現金があればその全額を引継予納金として破産管財人に引き継ぐということで，ある分を全部渡しましょうと言っているだけです。逆に，全然ない場合でも法人と法人代表者のセットで，最低20万円は用意が必要と言っているわけです。それで本当に足りるのか，という点には東京，大阪で若干違いがあるようにも感じられるわけですが。

法人併存型におけるセット割引

野村　東京地裁，大阪地裁の話の続きで，法人併存型で法人と法人代表者をセットで破産申立てする場合，言い方は悪いかもしれませんが，セット割

[*1] 法人破産申立て実践マニュアル17頁参照。

引ということで、予納金を合計して最低20万円としています*2。この点は、各地で違いがあるところです。

山田　名古屋の場合、少額予納管財事件において、法人と法人代表者が同時に申し立てるときには、別々であれば法人20万円、法人代表者20万円のところを、セットで30万円（法人20万円、代表者10万円）とされています。

久米　神戸は最近までセット割引がありませんでしたが、法人併存型の法人と法人代表者、夫婦などの破産申立てでセット割引が導入されました。

髙松　福岡では、法人と代表者に限定されず、関連性がある複数の事件について同一の管財人が選任される場合は、資産状況等を見ながら割引的な運用がなされているようです。

野村　各地で様々なセット割引が実施されていますが、大阪で小規模管財の運用を始める際、仮に法人は資産的に空っぽでも、法人代表者の破産申立てで予納金20万円を用意できるのなら、法人も併せて破産申立てできるようにしようという発想がありました。破産手続を利用しやすいものにしたいという狙いがありましたね*3。

予納金の最低額を明示しているか

野村　研修会等で全国各地を回っていると、その地の問題点が聞こえてくるのですが、予納金の最低額も明示されていない庁があり、実際に申立てをしてみるか、事前相談をしてみてようやくわかるということがあるようですね。そこでの内示額が思っていたラインと異なると、その捻出に困るという事態に陥るようです。予測可能性の観点からすると、利用する弁護士サイドに予納金の目安が明示されているほうがよいと思うのですが。

山田　そのとおりですね。名古屋の場合、法人の自己破産のときには60万円、個人のときには40万円が基本であり、このことは「破産手続費用一覧表」で明示され会員に配付されています。明示されていないと、依頼者

---

*2　東京地裁は管財手引101頁以下、大阪地裁は運用と書式322頁以下参照。
*3　野村剛司「破産手続のさらなる合理化－少額管財等の今後の発展に向けて－」『続・提言倒産法改正』（金融財政事情研究会、2013年）19頁以下、28頁以下参照。

に予納金を説明する際に困ってしまいますね。多めに言えば，依頼者に余計な金策の負担を掛けてしまいますし，少なめに言えば，後で予納金が足らないとなると「いまさらお金を集められない」と言われてしまいます。

八木　福井でも金額が明示された一覧表が会員に配付されています。法人60万円，個人45万円とされていますが，弁護士が申立代理人の場合には，法人30万円，個人20万円とされ，こちらが基本です。法人と代表者，夫婦の場合のセット割引もあり，同時又は1ヵ月以内の申立てで，法人代表者や夫婦の一方の予納金が10万円になります。

野村　確か，青森は明示されてなかったのですよね。

石岡　基準自体はあることはあるのですよ。平成16年当時の古いもので，簡易管財の場合，個人20万円，法人40万円，通常管財の場合，個人50万円，法人70万円というものです。ただ，実際には，事案に応じてかなり緩やかに運用されており，この基準自体があまり意味をなしていない感があります。古いものですので，周知自体も怪しくなっています。私たちも，裁判所が事案ごとに柔軟に対応してくれるのはありがたい面もありますので，あえて明示を要求してこなかった，ということもあります。

野村　うまくいっているのならよいのかもしれませんが，今回，早期の破産申立てを目指そうと呼びかけているところですから，予納金額で躓いてほしくないですね。

何でも最低額で可能か
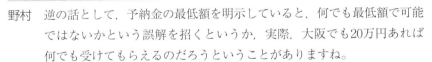

野村　逆の話として，予納金の最低額を明示していると，何でも最低額で可能ではないかという誤解を招くというか，実際，大阪でも20万円あれば何でも受けてもらえるのだろうということがありますね。

山田　それもおかしな話ですね。予納金には，最低限の破産管財人の報酬を確保する意味のほか，管財人が活動するための費用も含まれていますね。

髙松　予納金の基準については，強引に押し通そうとする濫用的な事例もあるようです。予納金基準はあくまで基準にすぎず，事案によって金額が変わることを申立代理人も認識しておく必要があると思います。

野村　例えば，事業用賃借物件の明渡しが未了で（→123頁），速やかに換価できる資産がない場合に，予納金20万円のみとなると，管財人の活動資金すら出なくなります。この点は各地の裁判所でいろいろと配慮されていると思います。大阪でも長く誤解があり，その解消のためにも予納金の目安を明示するようになりました。明渡未了の物件が一つなら最低50万円，3つまでなら最低100万円といったようにね*4。

久米　神戸の場合，いわゆるS管財の条件に合致する場合は20万円で可能という説明がされています。明渡未了の賃借物件などがあれば，この条件に合致しませんので20万円では難しいというのが原則です。

山田　名古屋でも明渡未了の賃借物件がないことが少額管財事件の条件ですね。

野村　東京は何でも20万円のようにも聞こえてくるのですが，全国で一番事件数も多いですから，他の案件での調整も入っているのかなあ。地方は，それぞれの案件で管財人候補者に配慮していると思いますね。

石川　東京地裁民事20部も東弁の研修会などでは20万円あればどんな事件でも受け付けるわけではないと注意喚起はしています。

野村　そうでないとやっぱり困る事案があると思いますね。

明渡未了の事案などでの予納金

籠池　逆に，明渡未了物件等がある場合，原状回復費用等の見積りをとって，その金額を予納しないと開始決定を出さないという裁判所もあると聞いたことがあります。その場合は予納金が相当高額になることもあり，その捻出方法も含めて申立側としては非常につらい場合がありますよね。

八木　福井の場合，弁護士申立てであれば，明渡未了物件があるというだけで基準額からの増額を求められることはなく，破産管財人は，財団形成できなければ，明渡未了物件について，現状有姿で明け渡すことになります。私は，増額された予納金を準備できずに申立てが遅延あるいは放置されるよりも，早期の申立てを促して，破産管財人が現状有姿で明け渡すほうが社会的に望ましいと思っています。

---

*4　はい6民85頁以下参照。

久米　八木さんがおっしゃるとおり財団がなければないなりに，管財人であれば地主や家主と交渉することも検討できますし，実際に多くの管財人は財団が乏しい事案で賃貸人と明渡費用負担や原状回復費用負担の免除の和解をした経験があると思います。「明渡費用や原状回復費用相当額」として予納されている場合，費用がないとも言えず，その交渉がしにくくなることもありますよね。

野村　明渡未了物件があるときに，多額の原状回復費用相当額全額を予納金として積んでもらわないと開始決定が出ない，というのは行き過ぎですが，管財人に全く活動費がないというのも困りものですから，このあたりの調和ですね。

予納金を用意できず破産手続開始決定が遅れているか

野村　先ほども気にした点ですが，裁判所が示す予納金が用意できず開始決定が遅れるという事態は生じているのでしょうか。個人破産で資産がない中，予納金を積み立てるために時間がかかるという事態は従前からあるわけですが，事業者の場合はどうでしょうか。

髙松　事業者の場合も予納金を調達するのに時間を要する事案はあると思いますよ。そういう事案については，予納金の基準を緩やかにすれば，比較的速やかな申立てができそうですが，ただ，基準をあまり緩やかにすると，同種事案であっても予納金額に差異が生じたりして，破産手続の利用者に不公平感を与えるおそれもあると思います。

野村　そうすると，やはり予納金の基準は厳しくしたほうがよいのでしょうか。

髙松　予納金の基準をあまり厳格にすると，予納金調達のための直前換価の問題が出てくると思います。申立費用を調達するための直前換価は，一般的に容認されているとは思いますが，換価を急ぐあまり，管財人の換価に比べて低額で換価がなされる可能性が大きくなるという弊害が考えられます。また，債務者代理人が資産換価に関する報酬を受領していた場合は，さらに問題が複雑化してきますね。少なくとも換価可能な資産がある場合は，速やかな申立て及び開始決定が望まれると思います。

石岡　形成可能な財団が見えているのであれば，その点を考慮して開始前に用

意すべき予納金額を調整することはあってよいし，実際やっています。先日も，法人で，引継予納金8万円で始めたという事案があります。それはすぐ売掛金の回収が望めた事案でしたが。問題は，形成可能な財団がない場合ではないでしょうか。

中川　ただ，換価できそうな資産がある場合でも，結果的に資産をうまく換価できず，管財人報酬が極めて低額になるというケースは考えられるのではないでしょうか。例えば，不動産のような大きな資産があったとしても，必ずしも換価できるとは限りませんので。予納金すなわち報酬の最低保証額が低いと，これから管財業務を担っていく若手の弁護士のモチベーションが上がらないような気もしますが。

髙松　その点はおっしゃるとおりだと思います。ただ予納金額が低くても，業務相応の報酬を得られる可能性があれば，管財業務に対する意気込みや意欲は確保できるのではないでしょうか。換価可能な資産がある場合は，管財人としての技量を発揮するチャンスでもあり，資産が全くない場合とはモチベーションもかなり違ってくるように思います。

山田　管財人を選任する段階で，裁判所が今後の財団形成の見込みを見極めるのは容易ではありません。申立書に添付する財産目録の「回収見込額」の欄にも甘めに書く人もいれば辛い人もいます。関連事件がすでに当該弁護士にかかっていれば，管財人候補者となる弁護士に打診するのが一番だと思いますが，そうでない場合には，なかなか手がないですね。

久米　予納金の積立てが予定どおりできずに長期間開始決定できていない事案や換価できそうな資産はあるが予納金はほとんど準備できない事案などで，かなり低い予納金で管財人に就任したことがあります。自己責任だと思ってあきらめがつきましたが，換価が思うようにできない場合などは相当低額な管財人報酬となる事案もありました。

野村　それもつらいですね。最低限必要な予納金は明示しておき，財団形成が見込めない事案でもそこはクリアする必要があるとし，もちろん，合理的な範囲でね。予納金は破産申立てにおける一つのハードルですが，あまり予納金が高額になるのは管財人候補者に対する行き過ぎた配慮だと思います。特に，財団形成が見込める事案では適宜考慮し，早期に開

始決定となるようにすることが大切ですね。

法人代表者の破産申立ての時期

野村　話は法人併存型に戻ります。法人の破産申立てを早くしようというのは共通した理解だと思いますが（→27頁），法人併存型におけるセット割引を受けようと思うと，法人と同時に法人代表者も申立てをしないといけない，法人代表者の申立ての準備が整わないから法人の申立てもできないという誤解があるようですね。

石岡　少し前ですが，代表者の申立てを法人の後にしたところ，裁判所から「一緒に申立てをしてくれればいいのに」と言われたことがあります。「何を言っているのだ」と思いましたが。生きている法人の場合，まず事業停止から日をおかずに申立てをすべきであり，代表者の申立てがその後になるのはある意味当然で仕方のないことです。代表者の申立ての準備を理由に，法人の申立てを遅らせるなど，本末転倒です。

野村　変ですね。セット割引は，同時申立てが前提ではなく，法人代表者の破産申立ては少し遅れても大丈夫です。大阪の場合，1ヵ月程度の範囲なら，財産状況報告集会を同じ日に設定することができますので，許容されていますね*5。

久米　神戸地裁ではセット割引を利用するには法人と個人の同時若しくはほぼ同時申立てが原則です。ただ，2，3週間程度であればセット割引が利用できた経験があります。

髙松　福岡も，神戸と同じような感じです。

野村　法人代表者の場合，結局は個人破産と同じで，自由財産拡張の話（→251頁）や免責不許可事由がないか，あった場合の対応等（→271頁）いろいろと検討しておく必要がありますので，その調査・検討のための時間がかかることはやむを得ないところです。法人は早く申立てというのを実現するためにも，この点は強調しておきたいところですね。

＊5　運用と書式20頁には，「近接した時期に申し立てる場合」とされています。

⑤ 財産・資料の保全と破産管財人への引継ぎ

密行型は最大の財産保全

野村　債務者の財産や資料を確認の上，これらを適切に保全し，破産管財人に引き継ぐことは，申立代理人の大きな役割の一つです*1。ここでも，密行型とオープン型で違いが出てくるかと思います（→28頁）。

久米　密行型だと，事業継続中に，社内的にも秘密裏に申立準備を行いますので，申立てに必要な範囲で資料収集し，裁判所に事前相談の上，破産申立てし，即破産手続開始決定を受け，破産手続開始決定の効果が及ぼされることになります。申立代理人としては，破産管財人がすぐ活動を開始できるよう保全と引継ぎを行う，ということですね。

野村　密行型とオープン型という話をすると，先輩方からは，密行型という意味がよくわからない，かつては，手形の不渡り等があるので，とにかく早く破産申立てをし，各種保全命令を受けるのが普通だったと伺います。保全命令で破産手続開始決定の効果を先取りすることで対応されているわけで，それも密行型ですね。破産では，保全命令を出さないほうが基本になったのはいつごろからでしょうか。

籠池　いつごろかは判然としませんが，確かにかつての法人や個人事業者の破産申立ては，まず破産申立てと保全命令のセットでした。週末に相談があって，週明け月曜日に破産申立て，同日保全命令というのもありましたからね。

野村　それが保全命令を出すくらいなら，早く破産宣告したほうがよい，保全管理命令が必要な事案は別でしょうが（→174頁），今でいう破産手続開始決定の効果を及ぼしたほうがよいとなってきたのでしょうかね。

山田　破産手続開始決定の効果を及ぼすことは，最大の財産保全ともいえますね。事実上の財産保全は，各現場で行うわけですが，密行型なら，既に裁判所から破産手続開始決定が出て，破産管財人が選任されています．

---

*1　法人破産申立て実践マニュアル38頁以下，147頁以下，242頁以下参照。

と説明すればよいわけで、やりやすいですね。申立代理人の場合は、微妙な判断については、関係者に対し、「追って、選任される管財人の判断に任せることにならざるを得ないのですが……」という安全ラインの説明しかできません。管財人であれば、財産処分や双方未履行契約の処理等について自らてきぱきと判断することができます。関係者に対する説得力や現場保全力が全く異なります。

八木　特に仕掛工事の処理の場合（→116頁）、申立代理人と破産管財人とでは処理のしやすさに格段の違いがありますよね。

オープン型は財産保全が重要

野村　これが特にオープン型になると、いったんは対外的に破綻した事実をオープンにしてしまいますので、財産保全が極めて重要になってきますね。今回、説明の便宜のためオープン型のグラデーションを細分化しましたが（→31頁）、いずれの場合でも、財産の保全は、事実上のものになります。申立代理人が受任通知で支払停止と近く破産申立てするからと宣言することで、債権者に個別の権利行使を控え、自力救済など絶対にしないようにと牽制するわけですね。

石岡　受任通知の威力は大きいわけですが、消費者金融等からの借入れにつき取立てが止まる、いわゆる消費者破産の場合と異なり、法人破産の場合、受任通知だけでは実際の財産保全としては不十分ですね。財産を保全するのだから、何も手を付けていませんよ、というのは大いなる誤解です。

山田　会社資産を脅かす危険は、内部の者から順にいえば、代表者、代表者の親族、役員・従業員、取引先、盗犯等ですね。オープン型の場合、申立代理人の「裁判所に破産申立てをするので管財人が選任されるまでとりあえず待ってください」という説得力で乗り切るほかありません。

野村　そうですね。現場における事実上の財産保全が極めて重要になってくるわけですが、あくまで事実上なのですよね。破産手続開始決定の効果が及んでいない、保全命令もない、という時期は、危ない時期であるということをよくよくわかった上で行動したほうがよいですね（→27頁）[*2]。

[*2]　平常時と倒産時が交錯する場面となります。法人破産申立て実践マニュアル13頁参照。

財産保全の苦労話

野村　具体的な財産保全の方法については，各種マニュアルに書かれていますので，そちらに譲るとして，ここでは，財産保全の苦労話をしていただけたらと思います。

石岡　建物は施錠しておけばまだよいですが，オープンスペースの場合が困りますね。オープンスペースとしては，①資材置き場に囲いもなく資材が置いてある屋外オープンスペースと②ショッピングセンター内のテナントに商品が置いてある屋内オープンスペースが想定されます。

桶谷　①の資材置き場のケースでは，現場の状況と費用の制約のあるなかで，どのような対応が可能かを考えますよね。現場にあるトラックや資材等を活用して上手にバリケードを作るなど，工夫をすることが大事です。自動車は出入口の奥の方からきっちりと詰めて並べて出入口に一番近い一台にはハンドルロックをする。こういう工夫は弁護士では思いつきませんので，中古品買取業者など場慣れした人と一緒に行って，助言をもらうようにしています。

山田　自動車のキーを保管しているからといって安心してはいけませんね。代表者の親族，役員・従業員がスペアキーを持っていることもあります。ハンドルロックは法律事務所の必需品ですね。

八木　②のショッピングセンターのケースは，管理会社と協議した上で対応することが必要ですね。テナントの区域に立ち入れないようにする措置は必須ですが，周囲の雰囲気づくりとも関係するので，張り紙も，破産管財人の連絡先を書いたものにするか，「本日休業」だけにするか，そもそもしないか，なども相談すべきですし，バリケードを設置するか，ショッピングセンターで警備や管理をしてもらうのかなど，開始決定直後に詰めておかないといけません。

髙松　八木さんのおっしゃるとおりで，ショッピングセンターの場合には，通常の賃借物件とは若干異なり，商品等の保全を含めていろいろと配慮することが出てきますね。可能であれば商品等を移動させて早期撤去・明渡しが一番いいですね。複数のショッピングセンターのオープンスペー

久米　スで雑貨店を経営していた会社で，在庫商品及び什器備品をすべて本社事務所及び代表者の自宅に移動させて管財人に引き継いだことがあります。

久米　自社建物内で管理をしている場合でも安心することはできず，機械警備がないと侵入者を防げない場合がありますね。ただ，機械警備は電気と電話回線が生きていないと意味がありませんから，この点の配慮も必要だと思います。

髙松　特に保管倉庫が遠方にある場合は，頻繁に確認することもできませんので，警備に神経を使いますね。遠方の本社倉庫に高額の在庫品や資材を保管していた事案では，警備会社に警備を依頼しましたが，開始決定が出るまで気になって仕方がありませんでした。とにかく一日でも早く破産申立てを行って管財人に引き継ぐことが大事です。

野村　山田さんの自動車のスペアキーと同様に，建物が施錠してあっても，合鍵を誰が持っているかわかりませんしね。実際，仕入先が日々の搬入の便宜から合鍵を持っていて，破綻を知って，合鍵を使って侵入し，商品を搬出したということがありました。そのときは現場に様子を見にきた他の債権者が警察に通報して，途中で止まったようですが。

桶谷　私が経験したのは，事業停止翌日に社長が行方不明になったケースです。ヤミ金に拉致された可能性もありましたので，行方不明になった当日に会社事務所と倉庫の鍵を交換しました。

中川　動かしにくい物は基本的に囲えばよいのでしょうが，先ほども出た自動車は困りますね。乗り逃げされてしまうと返してもらうまでが本当に手間ですし，行方不明となってしまうことも多いです。もっと小さい物では，通帳やクレジットカード，受取手形ですね。確実に回収しておかないと，何が起こるかわかりません。

野村　受取手形を預かるのは当然として，満期を確認し，管財人に引き継ぐであろう時期との関係で，満期が近ければ取立委任しておいたほうがよいですね。管財人の立場で，取立委任されておらず満期を徒過していた事案を何度か経験しました。中には，回り手形で遡求権が保全できなかった事案もあり，遠方の振出人を訪問して回収したこともありました[*3]。

石岡　船舶も管理が大事ですね。旧乗組員に日当を払って，管理してもらったりしています。

森本　スーパーマーケットの破産申立事件で，廃業のXデーから開始決定まで1～2日のタイムラグが出そうだったので，当日の閉店直後に廃業し，従業員を解雇した後，事前打ち合わせをしていた業者に生ものを一括売却し，夜中に搬出したことがあります。一晩中現場に立ち会って，朝を迎えました。

野村　それは大変でしたね。引き継ぐ管財人の立場からすると，非常にありがたい処理でしたでしょうね。

資料やデータの保全も重要

野村　「財産保全」といってしまうと，見えなくなりがちなのが，資料やデータの保全ですね（→126頁）。積極的に破産財団を増殖させる財産に関する資料は気にするのでしょうが，例えば従業員関係や経理関係の資料，紙媒体のものもあれば，電子データのみのこともあるでしょうし，これらの保全も重要ですね。

石川　従業員関係では，賃金計算，解雇時の諸手続[*4]や未払賃金立替払制度（→78頁）を利用するための資料とデータの確保は必須です。従業員を雇用している限り，必ずありますからね。

山田　特殊な会計ソフト等を使っている会社もありますので，データのバックアップだけでは足りず，パソコンまるごとを確保しなければならないこともあります。その際，自分の懇意の税理士さんに当該会計ソフトがないか確認することで，データのバックアップだけで足りたこともあります。どこかで聞いたことのある名称の会計ソフトなら聞いてみる価値はありますね。また，会社にデータがなければ，破産会社の顧問税理士さんから入手することもよくあります。

[*3] 野村剛司ほか「法人破産における申立代理人の役割と業務の進め方－中小企業を中心として－」日本弁護士連合会編『日弁連研修叢書　現代法律実務の諸問題＜平成28年度研修版＞』（第一法規，2017年）397頁参照。

[*4] 法人破産申立て実践マニュアル33頁，204頁以下，359頁以下，立替払ハンドブック130頁以下，破産管財実践マニュアル323頁以下参照。

桶谷　経理関係では，決算書や税務申告書の確保といわれ，それはそれで大切なことですが，すべて終わった過去の話であって，実は，今進行している期の資料，データが大切ですね。この点の認識があまりされていないように思います。また後ほど出てきますが（→148頁），破産手続開始決定で事業年度が終わり，解散事業年度の税務申告が必要となりますしね。

山田　そうです。約束手形の不渡り等で突然資金繰りに窮したような場合は別として，申立て前1ヵ月から3ヵ月くらいの間は帳簿を全くつけていないケースもありますね。中には財産隠しや偏頗弁済を疑われるようなこともあります。預金通帳や請求書の各写し，領収書等から直近の収支を確認することになります。骨が折れます。

野村　その関連で帳簿を最後まで付けようと呼びかけていますが（→148頁），財産保全，財産調査の観点からも帳簿を付けることは大切なことですね。

桶谷　公認会計士の立場からいうと当然のことなのですが，申立代理人としても代表者や経理担当者に指示を徹底したいところですね。

資料が揃わないからといって破産申立てを遅らせない

野村　財産保全で，この財産はこの資料を確保しよう，と呼びかけると，どう誤解するのか，その資料が見当たらない，見つかるまで破産申立てができない，ってなるのでしょうかね。

石岡　全く理解できないですよね。ないものはないなりに説明を付ければよいわけで，資料が揃わないから破産申立てを遅らせるということはくれぐれもないようにお願いしたいですね。

籠池　でもね，逆に真面目な方ほど，細かくチェックして，これが足りないのでまだだと思うような感じがしますね。同時廃止申立ては，基本的に裁判所の書面審査のみですから，疎明資料を整えた上での申立てということでわかりますが，法人の申立ては，迅速さ，スピードが命ですからね。走りながら，後追いで追加していくことだってよくありますよ（→51頁）。

破産管財人への引継ぎの工夫

野村　破産管財人への引継ぎは，手渡しできる財産や資料は，明細付きの受領

書の用紙＊5を作成して，整理したものをお渡しし，引継書を作ったり，適宜口頭説明したりして行うわけですが，皆さんはどんな工夫をされていますか。この点については，いつもうるさい山田さん，いかがでしょうか。

山田　とにかく管財人が決まったら，申立代理人は，24時間以内に管財人に，「私が引継資料を持って破産者を同行してお伺いする」と連絡することです（→200頁）。24時間以内に電話できない人はいないはずで，独断と偏見ですが，これができない申立代理人は申立ての段取りも悪く，管財人はその後の対応にも苦労することが多いと覚悟したほうがよいと思います。もちろん，申立代理人自身が行くべきです。そうでなければリーガルな引継ぎはできず，管財業務に支障が生じるおそれがあります。

野村　その姿勢と行動がまずもって大切ですね。

桶谷　To Do List を作って渡すことがあります。管財人として当面やるべきことに優先順位を付けて作成します。意外とベテラン弁護士に好評なのは，申立代理人と管財人の認識を共有できるようになるからだと思います。

野村　見える化の一環ですね。

久米　神戸地裁では，管財事件申立ての場合，エクセル形式の「引継書」という書面を提出することになっています。第一番目に「事業継続・事業譲渡等の必要性」の項目があったりして，一見して裁判所や管財人候補者に事案のポイントが把握できるようになっています。申立代理人のチェック漏れを防ぐことも期待できますし，情報の伝達という意味では非常に有用と思います。ただ，それなりに手間がかかるので「超迅速型」申立ての場合は完全に埋めようと思えば苦労するとは思いますが（→32頁）。

野村　情報の引継ぎですね。山田さんが強調されるように，管財人候補者が決まった段階で，すぐに管財人候補者に電話し，本件でお願いしたいことはこれとこれ，と端的に伝え，申立書等に書けなかった事情等を伝えることが大切だと思います。

＊5　法人破産申立て実践マニュアル365頁に受領書の一例があります。

第3章　申立代理人，破産管財人双方の立場から

① 労働債権・従業員関係の処理

即時解雇か予告解雇か

野村　ここからは，申立代理人，管財人双方の立場から考えていきます。まずは，労働債権・従業員関係の処理です。破産申立ての場面で必ずといってよいほど直面する話題で，私もその処理についてまとめていますが[*1]，皆さんが実際のところどうしてるの？というところをお聞きしたいと思います。ここでの前提は，事業継続中で，資金繰りが苦しく，これから事業を停止・廃止し，破産手続開始の申立てをしようとする段階です。廃業しますので，従業員を解雇せざるを得ないのですが，解雇の方法として即時解雇と予告解雇のどちらが原則かといった話になりがちです。ただ，せっかくなので，皆さんのスタンスを確認したいと思います。

石岡　私は，原則は即時解雇ですね。予告解雇でやったこともありますが。

桶谷　私は，逆に原則は予告解雇です。いずれにせよ1ヵ月分の給料相当額の支払が必要になるのですから，予告解雇にして早期に管財人に引き継げば，管財人の下で従業員全員を使えることになります。

石岡　東京の先生方は，予告解雇が原則とおっしゃる方が多いのですが，扱っている事件の規模感が違うように思います。確かにそういうメリットはあるのですが，予告解雇は，財団が早期から潤沢にあり，管財人の下で従業員が稼働した場合に給料をきちんと給料日に支払えることが前提になると思います[*2]。地方だと，そういう事件はあまり多くはありませんね。

[*1] 法人破産申立て実践マニュアル33頁以下，201頁以下参照。
[*2] 処理の在り方16頁，法人破産申立て実践マニュアル35頁参照。

山田　私も即時解雇をしています。仮に，予告解雇をしたとしても，従業員がたまった有給休暇の消化（時季指定）に入ったらどう対処するのでしょうか。1ヵ月後には解雇されるわけですからこれを拒むこと（時季変更権の行使）はできないでしょうし，有給休暇の買上げをするくらいなら即時解雇するほうがよいです。破産手続開始の決定は，従業員にとって相当のストレスです。家族の生活のため新しい仕事をすぐに探さなければならない人も多いです。従来と同様に働けと言っても従業員心理は穏やかではないと思います。せめて，解雇予告手当を支払って解雇し，必要があれば，解雇後多少なりともお金を出して，元従業員の方にお願いして協力していただくのが筋だと思います。そのことは，引き継ぐ管財人も理解してくれるのではないでしょうか。なお，即時解雇後，経理担当者等業務に必要な方については，作業量ないしは日給・時間給ベースでお支払いします。

桶谷　私が予告解雇を原則と考えるのは，破産申立て時に誰を残して，誰を解雇するかを判断できるだけの余裕がないというのが正直なところです。開始後の税務申告のため経理担当従業員は残したい，売掛金の請求をした後，売掛先からの問い合わせがあったときに対応できるよう販売担当従業員は残しておきたいなどと考え出すと，できるだけ多くの従業員を残したいと考えがちです。とはいえ，いずれ解雇される従業員にとっては，一日も早く次の就職先を見つけたい，求職活動を始めたいという希望があるのもわかっていますので，いつも判断を迷ってしまいますね。

髙松　予告解雇の場合には，期待どおりに従業員が働いてくれないということも想定しておく必要があるように思います。有給休暇の取得もそうですが，遅かれ早かれ解雇される労働者のモチベーションを維持させるのはなかなか容易ではなく，新しい職が見つかったので突然「今日で辞めます」というケースも少なくないように思います。

野村　私もいつも悩みますね。即時解雇を原則としていますが，必ず予告解雇も検討し，社長に，従業員さんたちは付いてきてくれるかな，と相談していますね。予告解雇は必ずしも30日間拘束しなければならないわけではなく，解雇予告手当とミックスすることができますので，例えば1

週間だけはみんなに来てほしいというとき，1週間後の予告解雇とし，残りは解雇予告手当を支給するということもできますね[*3]。資金が不足していたオープン型の事案で，後3日間は来てほしいと3日後の予告解雇としたことがあります。その間に残務処理や片付けをしてもらい，何とか回収した資金で労働債権を払ってから，破産申立てしました。

滞納公租公課がある場合に労働債権を支払ってよいか

野村 解雇に伴い，解雇予告手当や給料といった労働債権を払うわけですが，多くの事案では公租公課の滞納もありますね。その場合に労働債権を払ってよいのでしょうか，という私にとっては愚問とも思える質問をときどき聞きます。もう少し理屈ぽくいえば，開始決定があれば，同列の財団債権となる労働債権と租税債権がある場合に，労働債権を先に払ってよいか，また，優先的破産債権となる労働債権の場合はどうか，ですね。

石岡 私は，毎年，司法修習生に対する講義でこの点を聞くのですが，「払ってはいけない」と答える人が多数います。若手の弁護士でも，「払ってはいけない」と考える人がまだ相当数いるように思いますね。

山田 突然解雇される労働者の置かれた状況に鑑みると，破産申立てという状況の中で労働債権を公租公課等の財団債権よりも先に支払ったとしても，不当性があるとは思えず，後日，管財人が偏頗弁済を問題視することはありえないと思います。裁判所も許容してくれていますね[*4]。

石川 税金は支払わなくても罰則はありません。でも，労働債権は支払わないと罰則があります。だから，労働債権が優先的破産債権で，財団債権となる税金の滞納があっても，労働債権を先に支払って問題ありません[*5]。

野村 罰則の話はあまり強調したくないですが，かつては労基署から結構指摘されましたね。山田さんのおっしゃるとおり，職を失った従業員さんと公租公課庁の置かれた立場の違いは大きいです。この話題は，弁護士間で伝えていくべき点の一つでしょう。感覚の共有としてね。

[*3] 法人破産申立て実践マニュアル35頁参照。
[*4] 運用と書式18頁，倒産処理と弁護士倫理71頁，処理の在り方16頁，法人破産申立て実践マニュアル35頁参照。
[*5] 倒産処理と弁護士倫理72頁参照。

給料と解雇予告手当のどちらを先に支払うべきか

野村　さて,労働債権を支払ってもよいことは確認できたとしても,手持ち資金が乏しく,1ヵ月分の給料相当額しか労働債権を支払えないという場合,未払給料と解雇予告手当のどちらを支払いますか。

中川　未払賃金立替払制度の研修会でも,繰り返し出たテーマですね。野村さんの答えは,解雇予告手当を支払い,未払給料は未払賃金立替払制度を利用する,でした。確かに,解雇予告手当は立替払制度の対象にはなりませんから,労働者の立場からすると,解雇予告手当を先に支払ってもらったほうがありがたいですね。でも,解雇予告手当は破産手続開始決定があると優先的破産債権となるのですよね[*6]。そこで,財団債権になる給料より先に支払ってよいのでしょうか,という質問になるわけです。

石岡　先に払ってよいのですよ。この点,解雇予告手当の支払がない即時解雇の効力は,という問題があります。まず,法律上の疑念を払拭する意味でも,即時解雇の場合は解雇予告手当をまず支払い,解雇の効力を法律的に確定させることが大切だと思います[*7]。これは,破産法上の債権の分類とは異なる労働基準法の要請に基づくものと考えます[*8]。

山田　使用者が解雇予告手当を支払わずに解雇した場合,6ヵ月以下の懲役又は30万円以下の罰金に処せられる(労基119条1号・20条)こともあります。また,解雇は従業員の身分に大きな影響を与えますので,石岡さんの言うとおり,弁護士がその効力に疑義が生じるような解雇をすることも妥当とは思えません。解雇のための解雇予告手当をまず支払うべきであり,破産法が解雇予告手当を優先的破産債権とし,給料を財団債権とした趣旨もこの労働基準法上の要請を妨げる趣旨とは解されません。

野村　ここもあまり罰則の点を強調したくないところですが,労働基準法の観点を尊重すればよいということですね。

---

*6　書記官事務の研究219頁によると,破産手続開始決定前3ヵ月以内の解雇予告手当について,10庁は財団債権として扱い,29庁は優先的破産債権として扱い,11庁は管財人の判断に任せる等のその他の対応とされています。
*7　処理の在り方17頁参照。
*8　立替払ハンドブック27頁参照。

解雇予告手当を払うと否認対象になるか

野村　ただ，それでも解雇予告手当を先に支払ってしまうと，優先的破産債権に過ぎないのだから否認対象になるのでは，と言われることがありますね。

石川　ある研修会でこの話題が出たときに，プライオリティの問題として整理されていたことに強い違和感を持ちました。東京では，解雇予告手当は財団債権として扱うことが許容されるので，払っても問題ないものの，当地では優先的破産債権だから問題になるというやりとりがされているのですよ。その前提に立ってしまうと，財団債権まで格上げできれば払っていいが，財団債権が残っているのに，優先的破産債権を払うのは問題と考えなければいけなくなってしまいますね。

籠池　解雇予告手当の支払は解雇の有効要件であり，いわば同時交換的行為だから有害性がないといえるのではないでしょうか。

野村　例えば共益費用の支払は問題になりませんよね。自分は共益費用と認められる範囲内は問題がなくて，範囲を超えて初めて問題になるという考えです。解雇予告手当の支払についても，同様に，有害性の要件を充足しないから，そもそも否認の対象にならないといえないでしょうか。

山田　確かに，そういう考えのほうが感覚的には理解しやすいですね。

野村　解雇したときに払っているので，優先的破産債権か財団債権かが問題になる余地はないという考え方ができないかということですね。個人的には，この問題は単なる破産法の問題ではなく，解雇予告手当を払うと解雇ができる，つまり解雇の効力発生要件であるという労働基準法上の問題であるという点を強調したほうがいいと思っています。

石岡　理論的な説明の仕方はいろいろあるかもしれませんが，いずれにしても，解雇予告手当の支払を否認しようという管財人がいるのでしょうかね。

野村　研修会で回っていると，残念ながらそういうことを考えている方がおられますね。裁判所もそのようなことがないよう，しっかりと監督していただきたいと思います。さて，この点も愚問だよね，といえるところまできたかな，と思いますので，先に進みます。

退職金の取扱い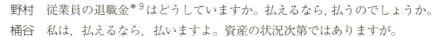

野村　従業員の退職金[*9]はどうしていますか。払えるなら，払うのでしょうか。

桐谷　私は，払えるなら，払いますよ。資産の状況次第ではありますが。

石岡　最終的には全体のバランスだと思います。退職金といっても金額によりますし。ただ，一般には比較的高額になることが多いので，管財人に引き継げる現金，見込まれる管財業務の内容・量等とのバランスなのだと思います[*10]。いくら労働債権だといっても，手元にある現金の大半を払ってしまって，管財人に引き継ぐ現金は少ししかありません，今後も財団形成は見込めませんでは，管財業務を遂行するのに支障を来たし，バランスを欠く場合も多いように思います。

髙松　全く同感です。論点が少しずれますが，申立代理人としては，当該事案において，最低でもどの程度の予納金（ないしは管財人への引継金。→54頁）を準備すべきかということをしっかりと考えておくことも重要だと思います。退職金を支払ったはよいものの，裁判所から「予納金が足りませんので，もう少し準備してください」と言われるようなことがあってはつらいです。桐谷さんがおっしゃる「払えるなら」というのも，そういう必要経費を控除した上でという意味ですね。

桐谷　それは当然の前提ですよね。申立費用を確保した上での話ですよ。

山田　申立段階で退職金を支払ったという記憶がないですね。中小零細企業の場合，退職金制度がなかったり，あったとしても中小企業退職金共済制度を利用していたりしますので，支払うべきケースがなかったのかもしれませんが。ただ，退職金は，労働協約・就業規則等で明確に定められていることの確認，事案によっては支給実績の確認，役員兼務従業員については役員責任の検討等が必要であり，退職金額が多額に上ることも多いことを考慮すると，管財人に委ねることが相当な場合も多いですね。

野村　疑義がある事案は当然別の話として，問題のない事案では，いろいろと

[*9]　なお，役員の退職金といっても，それは退職慰労金ですので，仮に存在したとしても一般の破産債権にすぎません（東京地判平成26・8・22判時2242号（2015年）96頁参照）。

[*10]　処理の在り方17頁参照。

バランスを考えつつ，払えるなら払う，ということでよいと思いますね。

労働債権を支払うためのオープン型

野村　Xデーには，解雇予告手当までは手当てできていないが，解雇予告手当を払わなければ申立費用は賄えている，税金の滞納も多いので結局は異時廃止になるが，近々売掛金の回収や換価できる財産があり，これで労働債権を支払える見込みがある，こういう条件設定で，皆さん密行型でやりますか，オープン型にして労働債権を払った上で申し立てますか（→31頁）。

八木　私は，税金が多くて，破産手続の中では労働債権が一部しか払われない場合には，1ヵ月内を目途に回収できるものを回収したうえで労働債権を払ってから申し立てます。

山田　感覚としては，とにかく従業員の給与と解雇予告手当は何が何でも払ってやろうというのが前提で，それをやった上で何かするという順序で考えます。何ヵ月も破産申立てが遅れるのはさすがにまずいけど，払ってあげようと思う感覚が強いですね。

髙松　私も基本的に同じ考えですが，あまり遅れるとなると気になります。

石川　1ヵ月延びても労働債権は払う，極力労働債権は払うというのが私の感覚です。

桶谷　私は逆に密行型で先に申し立てようと考えます。うまく回収できればめでたしめでたしですが，オープン型にしたことによってどんなリスクが起きるかわからない。公租公課の差押えであるとか，オープンにしたのでこんなことになったと言われるくらいなら，密行型で申し立て，破産手続の中で管財人に払ってもらおうと考えます。

石岡　代表者は従業員を守りたいと考え，最低限，未払給料と解雇予告手当は払ってあげたいと思うのが通常だと思います。そして，その気持ちは正当なものだと思いますので，申立代理人も，その意向に沿いたいと思って努力するのではないでしょうか。後は，期間の程度とオープン型にして本当に払えるのかという見込みとのバランスだと思います。

野村　このあたりの話は，既存本に明確に書かれたものはないでしょうから，貴重な感覚の共有ですよね。

清算業務体制における元従業員の協力

野村 次に,管財人業務における留意点について見ていきましょう。未払賃金立替払制度(→78頁)と破産法101条1項の労働債権弁済許可(→375頁)は別に検討しますので,それ以外のトピックを検討していきましょう。管財人として元従業員を補助者としてお願いすることも多いと思います。

石岡 税務申告のために経理担当従業員の協力は必須ですね。また,売掛金の回収や現場の処理等,実務に携わっていた従業員の協力がないと,管財業務遂行の上でスムーズにいかないことも多いと思います。一定の規模があり,元従業員に補助者として協力してもらえれば,管財人としても楽です。一番辛いのは,元従業員の協力が得られず,全部管財人事務所で事務を行わなければならないことだと思います。

久米 事業停止・解雇から時間が経ってしまうと,散り散りになって連絡が取りにくくなったり,既に就職が決まって忙しいので協力できないとなったりすることも多くあります。この意味でも,早期の申立てが必要です。

補助者として雇用する場合の報酬額の決め方

野村 管財人として元従業員を臨時的に雇って手伝ってもらう場合,報酬はどうされていますか。特に報酬額の設定はどうされていますか。

山田 事業継続の場合ですが,最初,私は,一律日当で出そうと考えましたが,債務者代表者が,従業員には従来の意識があり,従来どおりの格差は必要とのことでした。しかも苦労の多い事業継続を担当してもらうわけだから多少上乗せしてほしいと言われ,従来各人の給与の2割増しを前提とした収支を出したところ,裁判所から,意見が入り,結局,各人従来どおりの給与で約1ヵ月間雇用しました。

石岡 私は,基本的には,従業員は従前の給料と同額としています。役員兼従業員で役員報酬部分があるような場合は別ですが。月額で決めることもあれば,時間給にすることもありますが,基本は従前と同じです。以前は,減額したこともあったのですが,士気の問題もありますし,せっかく手伝ってくれるわけですから,カットする理由もないと思っています。

中川　事業継続した場合ではなく，開始決定後の管財業務の補助者として雇用する場合ですが，私は基本的に時給制でお願いしています。時給額は，賃金センサスやら地元のアルバイト情報誌の同業種の時給額などを参照して，そんなに乖離していなければ，基本的には従前の給料額を尊重しています。無償協力を求めるのは少し躊躇します。

髙松　先ほど山田さんから「日当」というお話が出ましたが，むしろ日当のほうが従業員が安心するという意味で，日当で支給したことがありました。金額は従前の給与額と同額の日割計算にしました。破産という事態で不安になっている従業員にとっては，日当のほうが安心して働けるという気持ちもあるようです。ただし，従業員数が多数になると事務が繁雑となり，なかなか困難かもしれませんが。

労災保険の適用

野村　最近，労災保険のことが気になっています。未払賃金立替払制度の原資が労災保険料ということや，労働者性の検討の際に労災保険の事案の話もあり，労災保険のことに触れているうちに，そういえば，事業継続して工場で仕掛品を完成してもらったとき，労災保険のことを考えていなかったなあ，と思った次第です。幸い，何事もなく終わっていますが。

山田　労災保険については，以前，管財人として事業継続する際に，所管の労働基準監督署に確認したのですが，破産会社の労災保険がそのまま利用できると聞きました。各事案において，念のため，所管の労働基準監督署に確認してくださいね（→168頁）。

野村　気になって調べているのですが，雇用関係があれば労災保険は適用されますので，事業継続するのであれば，予告解雇にしたほうが安全でしょうし，解雇済みの元従業員を管財人として再雇用する場合も平均賃金との関係では，従前の給料レベルがよいのかなと思ったりしますね。

労働債権の債権届出の方法

野村　労働債権の届出等はどのようにしていますか。大阪では，争いのないところの債権届出は無駄！ということで，大阪地裁に和解許可による労働

債権の弁済を認めてもらい（→376頁），債権届出は省略しています。
久米　神戸もほとんど大阪と一緒ですね。
石岡　青森では，そこまでは行っていませんね。私は，金額をこちらで計算して入れたものを，裁判所から労働者に送付してもらうことにしています。これができるまで，労働者に対する通知の発送を待ってもらいます。
桶谷　札幌も青森と同じです。労働者の負担や時間を考えても，和解許可とそれほど変わらないと考えています。
中川　開始直後に管財人から労働者に追って調査してご案内しますという手紙を発送し*11，後日，こちらから金額を計算して労働者に送付する点は同様です。留保型だと，和解許可を利用すれば，配当になったときにも，届出をしてもらう手間がなくなりますよ。
野村　それぞれ工夫しているところです。なお，今回の話題の前提としては，未払いの労働債権の額に問題がない場合ですね。争いがある場合は，労働者側から任意に債権届出してもらい，係争となるわけですから。

代表者の協力に関連して

野村　労働者の話ではなく，代表者の協力に関連して，代表者の最後の役員報酬については，資産状況により生活給的な範囲での支給は許容されていると思いますが*12，その後の日当的なところはどうでしょうか。
八木　生活に困窮していない限り，そこは無償で協力してもらっていることが多いですね。債権者の手前，責任を取ってというところでしょうか。
籠池　実際上無償のことが多いですが，すべてが無償だというのも行き過ぎで，事案によっては認めてもよい場合もあると思いますよ*13。
野村　このあたりもバランスを考えてということになると思います。労働債権，従業員関係は，ほんとバランス感覚が問われる場面だと思いますね。

＊11　破産管財実践マニュアル339頁，元従業員向け連絡文の文例は同586頁参照。
＊12　法人破産申立て実践マニュアル203頁参照。
＊13　田原睦夫「倒産処理を担う若手弁護士に向けて」債管150号（2015年）9頁参照。

② 未払賃金立替払制度

全国での継続的な研修会

野村　破産制度に隣接する制度として，切っても切れない関係にあるのが，独立行政法人労働者健康安全機構（以下「機構」といいます）が実施する未払賃金立替払制度ですね。企業倒産の際の従業員向けセーフティネットとして極めて重要ですが，その制度の内容や破産管財人，申立代理人の活動の詳細については，『未払賃金立替払制度実務ハンドブック』[*1]がありますので，そちらに譲るとして，ここでは，継続的な研修会から見えてくるところを話題にしたいと思います[*2]。

石川　野村さん，よくやるよねえ。何回くらいやったの？

野村　『立替払ハンドブック』のあとがき[*3]に書いたとおり，平成23年3月11日の東日本大震災の日に大阪で初回となる研修会を開催し，その後，全国で開催していただき，平成26年12月には全都道府県，平成27年11月には全単位会開催が実現しました。皆様にもご協力いただき，ありがとうございました。これまでの開催回数は，全80回で，私は，うち57回登壇しました（平成29年5月現在）。最初からご一緒し，立替払ハンドブックの共著者でもある吉田清弘さんが労働者健康福祉機構[*4]の担当として，定年退職されるまでに全42回登壇されましたが，今では，私が一番多くなりましたね（平成29年度中に累計92回開催，私も67回登壇となる予定です）。

久米　神戸にも来ていただき，ちょうど私が管財人の立場で証明に悩んでいた事案について，講師の機構の担当者にも相談させていただきながら，無事に手続を進めることができたことがあります。それにしても，単一のテーマでここまで継続的な研修会が行われているのは，倫理研修を除い

[*1] 吉田清弘＝野村剛司『未払賃金立替払制度実務ハンドブック』（金融財政事情研究会，2013年）。機構のウェブサイトにある「未払賃金立替払制度における破産管財人等の証明の手引き」も参照。
[*2] 破産管財実践マニュアル665頁の座談会も参照。
[*3] 立替払ハンドブック248頁参照。
[*4] 平成28年4月1日，労働者健康福祉機構から労働者健康安全機構に名称変更しています。

野村 おそらくそうでしょうね。研修会の場では，未払賃金立替払制度の説明を行うだけではなく，申立代理人として労働債権，従業員関係をどのように処理するかということも重要視して話をしています。未払賃金立替払制度は，破産管財人が証明権者ですが，その前さばき役としての申立代理人の役割が大切です。なので，申立代理人向け研修の一環でもあるのですよ。

八木 地方では，自前の研修会が少ない地域も多いので，ありがたいですね。

野村 基礎編と応用編を用意しておりまして，基礎編のほうは現地のパネリストの先生にあまり負担をかけずにできるようにしてあります。応用編は，現地のパネリストの先生2，3名の経験事例を中心に論点的なところを重視しています。応用編をやったところはまだ少ないですが，今後是非ご検討いただけたらと思います。

石岡 青森では，基礎編と応用編の両方をやり，応用編では，私以外の地元の弁護士にもパネリストとして参加してもらい，体験事例等を紹介してもらいましたが，地元に特徴的な問題もあり，面白かったと思います。

髙松 福岡でも，基礎編・応用編と2度の研修を行っていただきました。福岡では，立替払請求を経験したという管財人（特に若手）が，思ったほど多くないため，疑似体験という意味でも大変有意義な研修ですね。

野村 福岡では，11月に3回目を開催いただきますね。また伺いますよ。

検討結果報告書

野村 一連の研修会から『立替払ハンドブック』が成果物としてでき上がりましたが，もう一つ大切な成果物がありますね。

籠池 石岡さん，野村さん，そして今日のゲストの安田さん[*5]とご一緒した労働者健康福祉機構での検討会で，検討結果報告書[*6]をまとめました。

[*5] この回には，安田孝一弁護士（埼玉弁護士会）にゲスト参加いただきました。
[*6] 平成27年11月19日付検討結果報告書。同14頁以下に，破産管財人の基本的立場をまとめています。その中に，申立代理人に期待される役割についても触れられています。法人破産申立て実践マニュアル36頁以下参照。

「未払賃金立替払制度に係る不正請求の防止及び審査の迅速化等に関する検討会」という長い名称の会で，野村さんを座長に，最初は限界事例的なところを検討することから始まりましたが，最終的に検討結果から何か役立つものを作ろうということになりました。

野村 行きがかり上，私が座長を務めましたが，3回の検討会の結果がまとまったのは大きなことでしたね。検討結果報告書の全文は日弁連のウェブサイトの会員専用ページにアップされていますので[*7]，是非参考にしていただきたいと思います。せっかくなので，石岡さん，検討結果報告書でまとめた破産管財人のスタンスについてお願いします。

破産管財人のスタンス

石岡 破産管財人の証明書は，裁判所の証明書及び労働基準監督署長の確認通知書と同列に置かれるものです。つまり，破産管財人は未払賃金の存否及び額を調査した上で事実認定をし，これを証明する権限と職責を担っている，ということですね。機構は，管財人が行った証明について，要件該当性の再確認を行っているだけなのです。あくまで，証明の権限と責任は管財人にあります。

野村 まさにこの点が研修会で伝えたい点であって，この理解さえ進めば，適正迅速な立替払いが実現するものと思います。とはいえ，なかなか浸透していないのも現実で，コツコツと伝え続けるしかないのだろうなあ，と思います。研修会では，コミュニケーションが大切と申し上げているのですが，どの分野，場面でも同じだと思いますね。

研修会を通じた交流

中川 野村さんには，高知にもお越しいただきましたが，事前準備や終了後の懇親会を通じて，交流が進むのはいいことですね。

野村 私もそれを重視しています。全倒ネット等で全国的な繋がりができてきましたが，まだまだ顔の見える横の繋がりまではない状態でしたので，

[*7] 日弁連会員専用ページHOME ≫書式・マニュアル≫債務整理・倒産関係に掲載されています。

コツコツと交流を図ることは大切だと思います。その後，高知には，法人破産申立ての研修会の講師でもお招きいただきましたね。交流の中で他の地域でどのようなことがどのように考えて行われているのかを知り，それと比較して地元の運用を見直すきっかけになるというのはよいことだと考えています（→482頁）。

破産管財人による事実認定

籠池　ちょっと話は戻るのですが，破産管財人が証明権者だ，事実認定をするのだといっても，事案によっては，難しい場合もありますよね。予納金も少ない事案で，機構からいろいろと確認を求められて困るという指摘もあるところです。検討会でも指摘したところですが，過大な負担とならないよう配慮してもらいたいですね。

石岡　事実認定については，管財人が現場で生の事実に触れ，当事者の生の声を聞いているわけですから，微妙な案件については現場での管財人の総合的な判断が尊重されてよいと思います。この点は検討会報告書にも記載していただきました。

　この検討会で，具体的な限界事例についても検討を行ったのですが，委員の大多数が「証明は難しい」と考えた事案でも，実際には管財人が証明し機構が立替払いを行っている事例があることがわかりました。実務的には，管財人がきちんと調査した上での判断であれば，その判断は尊重されているように思いました。

久米　私も同じ印象です。当然のことですが，不正請求等を目的とした事案でない限り，勤労実態が現実にあると考えられる場合には，それなりの疎明資料があれば，できる限りの努力をした管財人の判断は十分尊重していただける印象があります。

野村　破産管財人が証明権者とされている以上，できる限りがんばらないといけないと思いますね。ただ，破産管財人が置かれている立場上，限界もあるわけですから，できることとできないことを仕分けすることも仕方ないところです。この点は機構にもわかってもらえるよう伝え続けています。ギリギリやって，どうしても難しいという場合は，労働基準監督

署長の確認のルートがありますので，そちらに回ってもらうこともあり得ます。最終的に逃がしてもらうことになるのですがね。

事前相談の重要性

石岡　その意味でも，事前相談は重要ですね。研修会を始めるまで，事前に機構に相談するという習慣はあまりなかったと思います。研修会を通して，気軽に事前に相談できるし，してよいのだ，という理解が広まったことはよかったと思います。

　関連して，全国の研修会が始まるちょっと前のことでしたが，私が管財人になった事件について，開始決定の直後に機構から連絡があり，「報道で見たが，立替払制度を使う予定はあるか。あるなら，現地で打ち合わせをしたい」と申し出があり，驚いたことがあります。しかも，青森県の六ヶ所村という交通の便の悪いところだったのですが，わざわざ機構からお二人が現地まで来てくださいました。その中のお一人が，後に研修会の中心人物となる吉田清弘さんだったのです。吉田さんは，「現地に出向くのは，これが最初。しかし，これからは，機構も，もっと現地に出向かなければならない」とおっしゃっていました。非常に驚き，ありがたく思いました。

野村　そのころが転換期だったのですよね。私も，機構の方が，『破産管財実践マニュアル』の立替払いと充当関係の箇所[*8]を使っていただいていることを知り，吉田さんと意気投合していったのでした。

久米　私も，機構の方と事前相談をした上で，労働基準監督署の担当者と一緒に資料を確認して証明額を詰める作業をしたことがあります。中小企業の事案で，裏付け資料に乏しい上，レストランの従業員や事務職員まで「外注請負」などの形式で報酬を支払っているなど，かなり認定が難しい事案だったのですが，本当に有用なアドバイスをいただいたおかげで管財人として何とか証明にこぎ着けることができました。

石岡　事前相談は，従業員数が多い事件だけではなく，中小零細企業の場合で

[*8]　破産管財実践マニュアル345頁以下，637頁の充当パターン表参照。

も有効です。むしろ，中小零細のほうが資料も整備されておらず，判断が難しい場合が多いですよね。こういう場合にこそ，事前に相談することが望ましいと思います。

労働審判や裁判上の和解の場合の問題点

野村　『立替払ハンドブック』に書いていない最近の話題として，労働審判や裁判上の和解において丸い数字で支払額が決まったが，その支払がないまま企業が破産した場合に，管財人としてどうしたらよいか，という点があります。例えば，純粋に残業代のみの請求もあるでしょうが，損害賠償請求の意味合いが入ってくると，立替払制度の対象とはなりません。

八木　事務所の他の弁護士が破産管財人を担当した事案ですが，残業代請求の労働審判の事案で問題になりました。労働審判では解決金名目での支払とされており，労働時間の正確な把握が困難な事案でしたので，機構と相談した結果，労働基準監督署長の確認のルートに誘導され，労働基準監督署において，残業代が確認され，立替払いされました。

野村　何度か研修会でこの話題をやりましたが，機構によると，基本的に労働基準監督署長の確認ルートに回ってもらっているが，ときには，破産管財人が詳細な事実認定を行って証明された事案もあるようです。結局のところ，労働審判や和解での解決で認められた内容が純粋に給料や残業代の場合，破産管財人の証明書に，毎月の定期賃金額，支払額，未払額を各欄に入れていくことができるか，ですから，機構に事前相談することが必須ですね。

岡田　『立替払ハンドブック』に書いていない最近の情報としては，マイナンバー（個人番号）のことがありますね。いわゆるマイナンバー法9条1項別表一の58には，個人番号利用事務として「未払賃金の立替払に関する事務であって主務省令で定めるもの」が規定されていますが，現時点では該当する主務省令はなく，未払賃金立替払制度では，マイナンバーを使っておりませんので，記載する必要はないとされていますね。

野村　マイナンバーついでに，個人の破産申立書に添付する住民票にもマイナンバー欄がありますが，裁判所には出さないように指導されていますね。

申立代理人との役割分担

野村　話は変わりますが，研修会で各地を回っていると，破産管財人と申立代理人の役割分担の一環として，誰が証明書を作成するのか，という話題が出るところがありますね。八木さんの福井では，申立代理人が作成すべき，という指導がされているのですよね。

八木　そうです。裁判所からそのように指導されていて，野村さんにお越しいただいた研修会の場でもそのように説明しました。ただ，労働債権に関する資料を管財人に引き継ぐのが遅れる，申立代理人が作成したものが不正確だと管財人が作り直さざるを得ないため，かえって手間がかかるとの声も多いです。個人的には，このような運用は，見直す必要があると思っています。

久米　神戸でも管財人等協議会で申立代理人と破産管財人との役割分担を議論した際，いろいろな意見が出ました。事案によりますが，できる限り申立代理人側でも準備してほしいという結論になったと記憶しています。

野村　この点は，あまり行き過ぎた話にならないようにお願いしたいところです。破産管財人は証明印を押すだけにすべき，という話もお聞きすることもあるのですが，やはり管財人が証明権者ですので，申立代理人は基礎となるデータと資料を整え，可能なら下書きして管財人に引き継ぎ，管財人も独自に検討し，ダブルチェックするというのがよいと思いますね。

髙松　まさしく福岡の原則的運用が，「管財人は証明印を押すだけ（労働者の署名押印も申立代理人が済ませておく）」というものですが，いろいろと問題も生じています。証明印を押す以上，管財人として自ら計算を行うことは当然ですが，申立代理人の計算が誤っていたというケースも少なからずあるようで，結局，管財人が一から作り直して，再度，労働者に署名押印してもらって提出するという二度手間のケースもあるようです。ただ，相応の規模の事件において，管財人は選任当初，多様な業務に忙殺されるため，申立代理人においてきちんとした立替請求書を作成してもらえて，管財人としては，内容のチェックだけで済むということになれば，比較的速やかに立替払請求を行えるというメリットもあるように思い

ます。
籠池　機構の検討結果報告書でも、管財人のスタンスについては、「破産管財人は、未払賃金立替払いに係る証明権者であり、裁判所から選任された破産手続の機関として、その職責に基づき、中立公正な立場で未払賃金の存否及び額の把握に努め、残された客観的資料や関係者の説明に基づき、自らの心証により証明を行うべきである。関係者の説明のまま何らの事実調査、確認等を行うこともなく、漫然と証明に応じることは避けなければならない。また、不正請求が行われることがないようにすることへの留意も必要である」との取りまとめがなされています。管財人の証明業務の指針として留意しなければなりませんね。
野村　これを繰り返し伝え続けないといけないと思いますね。
髙松　数百人の従業員の立替払手続を行わなければならないケースにおいて、申立代理人の協力により速やかな立替払請求ができたという話を聞いたことがあります。申立代理人において正確な立替払請求書を作成していただけると、管財人として大変助かるのは事実だと思います。
野村　うまく連携が図れるといいですね。建前論だけではなくね。

裁判所にも理解を

桶谷　破産管財人はこんなに苦労して証明し、機構とのやり取りもしているのに、裁判所には伝わらないですねえ。管財人報酬には反映していないのでしょうね。
野村　おそらくね。全く関心のない事項でしたからね、これまでは。
久米　神戸地裁の管財人等協議会でも、立替払手続を行うと、場合によっては相当な手間となるので「立替払手続を行った場合に、その手間を考慮した報酬決定をお願いしたい」と弁護士会から要望事項として伝えたことがありました（→406頁）。
安田　立替払いは管財人の報われない三大業務の一つだと思います。後の二つは、リース物件の返却、賃借人の立場での賃貸借契約の処理です。業務の対価が正当に返ってこないのですよ。裁判所にはわかってもらいたいですね。野村さんが全国を回っておられる研修会に裁判所にも参加して

もらいたいですし，機構のほうからも管財人の証明業務が大変であることを言ってほしいです。

野村　そうですね。研修会に行くと，裁判官にも研修を聴いてほしいという声をよく聞きます。機構も裁判所を訪問し，破産管財人の皆さんに協力してもらっていると説明いただいていますし，ときどきですが，裁判官，裁判所書記官に研修会にもご参加いただくことがあります。同じ証明権者＊9として，苦労を分かち合っていただけるとよいのですがね。相互理解という意味でね。

　　最後に，團さんにコラムを書いていただきました。ありがとうございます。研修会で伝え回っている6ヵ月要件の点です。ご注意ください。

【コラム1】　6ヵ月要件に注意！
　給料や退職金の未払いがある労働者がいた場合，その労働者の退職から6ヵ月経過すると，その労働者は立替払いの対象とならないおそれがあります。すなわち，6ヵ月以内に，破産手続開始申立て，又は事実上の倒産認定の申請が必要です。
　例えば，受任した時点で事業停止（解雇）から既に数ヵ月経過していた場合や早期に受任していても，申立費用の捻出のために時間を要してしまった場合，
　①　6ヵ月要件を満たすように急いで破産申立てを行う
　②　元従業員に労働基準監督署で事実上の倒産の認定申請をしてもらう
のいずれかの対応で，6ヵ月要件を満たすことが可能となります。
　ただし，②については，注意が必要で，事実上の倒産の認定申請だけでは足りず，その後，労働基準監督署長の事実上の倒産認定を受けることまで必要です。
　そして，②の後，事実上の倒産認定が出る前に，①の破産申立てを行い破産手続開始決定が出ると，基準日が①の破産申立日となり，②の認定申請が無意味になります（②で何とか6ヵ月要件をクリアできたのに，①の申立日基準だと立替払いを受けられないことが起こりえます（賃確令3条1号））。
　したがって，②の対応を元従業員に勧めたような場合には，破産申立てを急ぐより，事実上の倒産認定が受けられるように労働基準監督署の調査に協力するのが先だと考えられます。

＊9　裁判所も証明権者となっています（賃確則12条1号）。

③ 仕入先対応

オープン型では申立代理人が対応

野村　次に，仕入先対応に入りたいと思います。ここでも申立代理人段階は，密行型かオープン型かで異なってきます。もちろん，事業継続中に破綻する場合が前提です。店舗や倉庫に在庫商品がある場面を想定してください。密行型であれば，財産を保全し，破産管財人に引き継ぐことで，仕入先対応もすべて破産管財人に委ねることになりますが，オープン型となると，申立代理人が仕入先対応をせざるを得ませんね。

申立代理人は商品の返還要求に応じてよいのか

野村　まず問題となるのは，仕入先から商品の返還要求があった場合の対応ですが，申立代理人として商品の返還に応じてよいのでしょうか。

籠池　端的にいえば，応じないですね。財産の保全を優先します。申立代理人としては，商品の返還要求には応じず，財産保全を図り，速やかに破産申立てをして，破産管財人に引き継ぐのがよいですね。ここでは，財産の保全を図ることが第一でしょう。

野村　財産の保全を図ることを優先すべきということですね。私も同感です。

籠池　もちろん，速やかに破産申立てをすることが前提ですよ。ずるずると破産申立てがされないまま時が経過するのは避けなければなりません。

野村　その点も同感です。時間が経てば経つほど，申立代理人としても様々な対応をせざるを得なくなり，苦しい立場に陥っていきますね。

動産売買先取特権には商品の返還請求権はない

野村　そもそも仕入先が商品の返還請求をできるのかという点で，仕入先の権利関係を確認する必要がありますね。商品の売買といっても，①消化仕入れで商品を預かり，客に売れて初めて売買が成立する場合や厳密には売買ではありませんが委託販売の場合，②単純売買，③所有権留保特約付売買，④仕入先に譲渡担保（→101頁）を設定している場合と様々あり

ます。今，目の前にある商品がどれに該当するのかは見ているだけではわからないですね。

久米　そうなのですよ。動産の場合，通常外からは権利関係が見えないのですよね。必ず契約書を確認するのと，法人代表者らから説明を受け，権利関係を把握することが大切ですね。単純売買の場合でも，代金を支払済みのものもありますし，所有権留保の場合でも同じことがいえます。

山田　卸売りとデパート・小売店との取引では，消化仕入や委託販売が多くみられますし，商社などが集合動産譲渡担保をとっているなど，業種や業態ごとによく見られる点に注意するとよいでしょうね。

森　今の点を一覧表にまとめてみました（**図表１**）。今井さんと管納さんにも協力いただきました。

野村　森さん，今井さん，管納さん，ありがとうございます。①消化仕入れや委託販売なら仕入先に所有権があり，返還請求可能（62条），③所有権留保も登録制度がない単なる動産[*1]を前提としますが，契約書で特約を確認し，占有改定が認められれば返還請求可能（２条９項・65条１項），④譲渡担保も設定契約書を確認し，占有改定条項があれば返還請求可能となりますが，②単純売買の場合，仕入先には動産売買先取特権（民311条５号・321条）があるとはいえ，動産の返還請求権は認められていないですね。

籠池　そうなのですよ。動産売買先取特権は，債務者の下に動産がある場合，執行裁判所から動産競売開始許可を受けて動産競売できるというところまでで（民執190条１項３号・２項），返還請求まではできないのです。この点の誤解があるように思いますね。じゃあ，売買契約を解除して，原状回復請求か所有権に基づき返還請求できるのではとなりますよね。

野村　その点ですが，そもそも売買契約を解除できる状況にあるのでしょうか。単純売買ですから，約定解除権はありませんし，法定解除権が発生しているかですよね。支払停止したことでは履行不能ではないですし，債務不履行解除の手順を踏むしかないでしょう。仮に解除できたとしても，その後の破産手続開始決定で破産管財人は解除後の第三者で対抗問題

[*1]　登録のある自動車については，自動車の所有権留保で取り上げます（→97頁）。

図表1　仕入先対応一覧表

仕入先との契約	売買			委託販売	消化仕入
	単純売買	＋所有権留保	＋譲渡担保設定		
商品に対する仕入先の権利 （破産手続での性質）	動産売買先取特権 （別除権）	留保所有権 （別除権）	譲渡担保権 （別除権）	所有権 （取戻権）	所有権 （取戻権）

第三者対抗要件必要（占有改定）。通常は対抗要件あり
以下は第三者対抗要件具備を前提

破産手続開始前　－債務者・代理人が商品保管中の場合－

［仕入先］ 返還請求できるか	×	○	○	○	○
代理人の対応	返還 しない＊1	管財人に委ねる （or 返還する）	同左	同左	同左

破産手続開始後　－管財人が商品保管中の場合－

［仕入先］ 管財人に 返還請求できるか	×	○	○	○	○
管財人の対応	売却 【Q】 いつまで売 却できるか	商品返還 or 財団組入＊2 or 受戻し ・売却＊3	同左	商品返還 or 財団組入＊2	同左

破産手続開始後　－第三者に売却済みで売買代金未払の場合－

［仕入先］ 管財人に 権利主張できるか	○ 物上代位権	△ 動産売買先取特権 による回収は可能	○ 物上代位権	○ 代償的 取戻権＊4	○ 物上代位権
管財人の対応	代金回収 【Q】 回収方法 に制約が あるか	動産売買先取特 権による回収の 場合，同左	仕入先の回収を 承諾 or 管財人が回収し 一定額を財団組 入＊5	仕入先の回 収を承諾・ 精算 or 管財人が回 収し一定額 を財団組入	代金回収 【Q】 回収方法に 制約があ るか（単純売 買と同じ）

【Q】については座談会の議論（→94頁，95頁）を参照。
＊1　例外的に返還する場合もある。詳細は座談会の議論（→91頁）を参照。
＊2　仕入先に協力しつつ一定額の財団組入を求める（破産管財実践マニュアル172頁参照）。
＊3　商品の時価が未払代金額を上回っている場合（破産管財実践マニュアル172頁参照）。
＊4　取戻権者の承諾がある譲渡しの場合でも代償的取戻権を認める見解による（条解495頁参照）。
＊5　破産管財実践マニュアル170頁参照。

となりますから，商品の返還請求はできない立場ですね[*2]。

森　今回，動産売買先取特権の全論点を調べてみようと思い，その最初に，対象動産を代物弁済したとき否認できるのか，という論点を挙げて，野村さんにダメ出しされたのですが，実務上の最初の論点は，今の点でしたね。

野村　申立代理人として，わざわざ代物弁済するのですか，という話ですよね。やはり，財産保全を図ることが優先順位の第一位だと思います。財産保全は，委託や所有権留保等の対象動産も含めて，混乱を回避し，速やかに破産申立てし，破産管財人に処理を委ねたほうがよいですね。

仕入先の立場からはいかに引き揚げるか

野村　学生時代に興味深く読ませていただいた『闘う更生会社』[*3]を書かれた古曳正夫先生が，『条文にない債権回収のはなし』という債権者側から見た本も書いておられ，その中に，「窃盗罪にならない商品引揚げ大研究」という章があります[*4]。おいおい，って感じですが，仕入先からすれば，そこが肝なのでしょうね[*5]。

髙松　民事上も刑事上も悩ましいところですよね。債務者は破綻して破産すると言っているけど，まだ破産申立てをしていないし，破産手続開始決定も出ていない以上，動産売買先取特権者としては，事実上も含め権利行使したいと思うところです。破産管財人を経験した者からすると，相談されても，引き揚げてきていいよ，とはなかなか言いにくいですね。

森　仕入先の立場からすれば申立代理人に言っても返してもらえないでしょうから，倒産の兆候を察知したらいかに早く（代理人の受任通知の前に）債務者代表者や動産管理者の承諾を得て引き揚げるかということを考えるのだと思います。確かに，動産売買先取特権の目的動産による代物弁

[*2] 倒産法を知ろう208頁「商品（動産）の買主が破産した場合」参照。
[*3] 古曳正夫『闘う更生会社』（商事法務，1975年）。
[*4] 古曳正夫『条文にない債権回収のはなし』（商事法務，2003年）65頁以下参照。
[*5] 法人破産申立て実践マニュアル357頁「仕入先からの商品引揚げ要求への対応例」参照。また，服部明人＝岡伸浩編『企業活動と倒産法務』（清文社，2014年）165頁以下の「動産売買先取特権と倒産手続」も参照。

済は否認の対象にならないという判例[*6]はありますが、これは平成15年の民事執行法改正前の判例であり、法改正により動産競売が比較的容易になったことや、目的動産を転売先から解除により返還を受けて代物弁済に供したことが否認の対象となるとした判例[*7]からすれば動産競売によらない回収については否認の余地もありうると思います。

　なお、経験談として、管財人代理をした案件で、破産申立直後に仕入先が商品を持ち帰っていたことがわかり、元従業員や関係者への聴き取り調査の結果、債務者の承諾なしに引き揚げたことが判明しました。仕入先に返還を求めたところ、仕入先の代理人から動産売買先取特権に基づき引き揚げたので返還しないと主張されましたが、これは誤った主張なので和解をして返還してもらったことがあります。

債務者側から積極的に返品する場合

石岡　皆さんの話はよくわかるのですが、全く返還してはいけない、というのも実務的にどうなのかと思うのですよ。実際、申立代理人の立場で売主に返品することもありますよね。

籠池　それはあります。ただ、もう何度も出た話ですが、財団の保全が第一なのと、動産売買先取特権者には引渡請求権がないことを前提に、別の観点として、財団の管理コストの側面を考えます。これも財団の保全の一種ですね。最近の経験としては、スーパーマーケットの破産申立てを行った際、管理コストを回避するために積極的に返品しました。もちろん、破産管財人候補者にも相談し、返品しておいてもらいたいとの意向を確認しています。

野村　破産管財人としても、破産財団として価値がない、管理コストがかかり逆にマイナスの場合や破産管財人の資格では売却できないといった場合、申立代理人段階で処理が終わっているとありがたいこともあります。とはいえ、私が強調したいのは、原則を理解した上での例外的な処理であり、後日、破産管財人に対し説明が付くようにしようということです

＊6　最判昭和41・4・14民集20巻4号611頁参照。
＊7　最判平成9・12・18民集51巻10号4210頁参照。

ね。

髙松　申立代理人と管財人の協働・連携の面でも（→205頁），早い段階から申立代理人と管財人候補者との協議ができれば，不要な商品の返還処理もスムーズにいきますし，申立代理人としても悩まずに済みますね。

石岡　あと，取込詐欺といわれかねないような場合，例えば，Ｘデーの直前，場合によっては当日に品物が届き，梱包もほどいていないような場合には，返品してよいのではないかと思います。

山田　その場合は，引渡しがなかったと構成することもできるかと思います。

物上代位権の行使にも配慮を

野村　ここまでは，債務者の下に動産がある場合の話でしたが，商品が第三者に売却され，代金回収は未了という場合，オープン型で破産申立てまでに時間がかかってしまうと，動産売買先取特権者としては，売掛金債権を物上代位権の行使で差し押さえたいと考えますよね（民304条1項，民執193条1項）。

籠池　そうですね。ただ，物上代位権の行使のためには，動産売買先取特権者が売却した動産を債務者が第三債務者に売却し，代金回収未了という状態である必要がありますので（民304条1項但書），通常は，商品直送方式で，かつ第三債務者の協力を得られる場合となるでしょうね。その場合は，該当部分を100パーセント回収できることになります。

桶谷　動産売買先取特権者から第三債務者に，債務者に払わないでほしいとお願いするわけで，債務者の代理人の立場からすると，あてにしていた売掛金が回収できないわ，破産管財人に引き継ぐこともできないことになってしまいますね。滞納処分のほかにも，物上代位権の行使の可能性にも配慮しないといけないことになります。

野村　ちょっと特殊ですが，事業譲渡で在庫商品をスポンサーに売却したが，事業譲渡の残代金の回収未了の間に私的整理が崩れ，破産申立てに至った事案で，オープン型となった後，破産申立てまでに時間を要し，その間に仕入先の多くが物上代位権の行使をした事案がありました。その年の大阪地裁の物上代位の申立件数の統計を押し上げた事案でしたが，私

的整理が崩れた段階で早期に破産申立てがされていれば，そこまでの事態にはならなかったのではないかと思われるところです。

破産管財人として権利関係の確認が必要

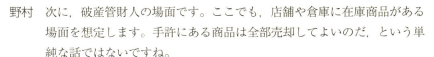

野村　次に，破産管財人の場面です。ここでも，店舗や倉庫に在庫商品がある場面を想定します。手許にある商品は全部売却してよいのだ，という単純な話ではないですね。

籠池　そうです。先ほどの仕分けで，①消化仕入れ・委託販売，②単純売買，③所有権留保，④譲渡担保のそれぞれの対象を確認する必要があります。④譲渡担保の場合，仕入先だけでなく，金融機関債権者等にも集合動産譲渡担保を設定している場合*8もありますので，複雑です。①消化仕入れ・委託販売商品は所有権で取戻権の対象ですから，返すしかないですね。③所有権留保，④譲渡担保も占有改定で第三者対抗要件が具備されていれば，返還要求には応じざるを得ないところです。②単純売買の場合，動産売買先取特権には引渡請求権は認められません。結局，代金を支払って買取済みか，②単純売買の商品で，④集合動産譲渡担保が設定されていない場合が破産財団としてあてにできるということになりますね。

野村　ジーンズショップの事案で，手持ちの破産財団が乏しかったこともあるのですが，仕入先から返還要求のある中，仕入先には店舗内に入らないよう釘を刺し，店舗内にある商品すべてにつき，①委託，②単純売買，③所有権留保，そして買取済みの仕分けを行いました。タグが付いているので，やろうと思えばできる事案でした。全部仕分けし，①委託の分は仕方ないので返還に応じましたが，③所有権留保については，こちらにも経費がかかっていることに配慮してほしいと，買取りを依頼し，渋々でしたが応じてもらいました。②単純売買や買取済み分についても，ブランドイメージに配慮し，買戻しを依頼して，買ってもらいました。

＊8　単純化していうと，所有権留保がなされている場合には集合動産譲渡担保の効力が及ばず，集合動産譲渡担保が設定されている場合には動産売買先取特権は行使できないとされています。

破産管財人による目的動産の任意売却

野村　動産売買先取特権の目的動産について，仕入先から権利行使の意思表明等があった場合，破産管財人による目的動産の任意売却は許されるのかという問題がありますが，どのように考えますか。

籠池　先ほどの申立代理人の場合と同様，動産売買先取特権自体には，目的動産の換価を制約する権限はありませんから，執行官によって現実の差押えがなされるまでは，破産管財人による任意売却は妨げられませんし，任意売却による換価金を回収したとしても，不法行為や不当利得になるとは解されません。

石岡　動産売買先取特権も担保権の一つですよね。そこまで言い切ってもよいのでしょうか。動産売買先取特権者の権利行使が確実な事案では配慮せざるを得ないのかなと思うのですが。

八木　動産売買先取特権にはそこまで配慮する必要はないのでは。

籠池　破産管財人の担保価値維持義務を根拠として，動産売買先取特権に一定の配慮をなすべきであるとの見解もありますが，約定担保であればともかく法定担保である動産売買先取特権について，明文の規定のない担保価値維持義務を認めるべき法的根拠は希薄です[*9]。また，動産売買先取特権が公示性を欠く担保である点に鑑みても，動産競売開始許可決定の送達がされ，現実の差押えがなされるまでは，目的動産を特定することができませんから，破産管財人としては，そのような外形上存否が不確実な権利のために，適時の換価回収を遅らせるべきではないと考えます。

中川　そう言い切っていただけると若手としてはありがたいですね。どうしても謙抑的になりがちですからね。

森　私は，単に権利行使の意思表明だけで目的動産の特定もなされていない場合は意思表明があっても売却しますが，動産競売開始許可申立てが可

[*9] 最判平成18・12・21民集60巻10号3964頁についての最判解民事篇平成18年度（下）1372頁は，「破産管財人が動産先取特権の対象となっている動産を売却処分して動産先取特権を消滅させた場合の不法行為ないしは不当利得の成否等に関しては，本判決の射程が及ぶものではない」としています。

能な程度に商品名や商品番号などで目的動産が特定されていれば売却せずに和解処理を試みます。差押えという手続は履践していませんが，動産売買先取特権の存在が認められると考えるからです。

山田　その点ですが，単に未払いの仕入先が納品した商品であるというレベルではなく，商品一つ一つが仕入先の債権の明細と突合できることが必要ですね。前年のキャリーの商品と新しく納品した商品が混ざっているようでは全くだめです。債務者の手元にある個々の商品に製造番号のタグやバーコードがあり，請求書明細にそのタグ等がきっちりある場合だけが，「担保権の存在を証明」する文書（民執190条2項）があるといえ，動産売買先取特権を主張することができますね。そこまでやっているなら，仕入先の努力を評価してもよいのではないでしょうか。

石岡　私も，平成15年改正以降は，一定の配慮をすべきだと考えています。

髙松　管財人の責任を否定した平成15年改正前の裁判例*10においても，事情によっては（支払停止直前の取込的取引等），管財人が責任を負う余地があるとしていますので，管財人として気を付ける必要はあると思います。

野村　単純な話ではないということを理解しつつ，破産管財人としては粛々と進めるしかないのでしょうね。

物上代位権の目的となる売掛金債権の回収

野村　さて，申立代理人段階でも見ましたが，動産売買先取特権の目的動産の処分代金については物上代位の効力が及び，さらにいえば，破産手続開始後であっても物上代位権の行使は可能です*11。このような物上代位権の目的となる売掛金債権の回収についてはどのように考えますか。

籠池　物上代位の目的債権についても，その回収を制約するような実体法上の権利は動産売買先取特権にはありませんから，破産管財人としては，目的債権の差押命令が第三債務者に送達されるまでは，粛々と目的債権の回収を進めるべきです。

中川　何だか早い者勝ちのように思えてしまうのですが。

---

*10　名古屋地判昭和61・11・17判時1233号110頁参照。
*11　最判昭和59・2・2民集38巻3号431頁参照。

山田　結果的には早い者勝ちのように見えるかもしれませんが，動産売買先取特権者の担保権実行には制約があるということで仕方ないことだと思いますよ。法定担保権ですからね。

野村　その点に関連して，動産売買先取特権者による物上代位に基づく差押えを避けるために，物上代位権の目的となる売掛金債権をサービサーに売却して換金するという方法があると聞きましたが。

八木　回収可能性の観点で，最終的な回収額に問題がなければ，第三債務者から回収するか，サービサーを通じて回収するかは違いがないと思います。

石岡　債権者が立証に成功して物上代位されたら，仕方のないことだと思います。正当な権利なわけですから。それを避けるために，サービサーに売却するというのは，破産管財人の行為として相当なのでしょうか。

石川　物上代位を避けるためだけの目的で殊更に通常の回収手段ではなく債権の売却を行うことに関しては，「適切な利害関係の調整」を図るべき破産管財人の職責に鑑み，若干行き過ぎの感がありますよね。

森　債権譲渡と物上代位の優劣が問題になった判例[*12]は，破産管財人が転売先に対する代金債権を第三者に譲渡した事案ですが，破産管財人による執行逃れとも評価されていて[*13]，財産換価におけるバランス感覚の重要さを考えさせられます。私としては，執行逃れと言われかねないタイミング・方法での債権譲渡には抵抗があります。感覚の共有でも出た「財団増殖至上主義」にも繋がる問題ではないでしょうか（→16頁）。

籠池　難しい問題ですね。ただ，こうした場合であっても不法行為になるとは解されないように思いますよ。

野村　仕入先対応は，普遍的な問題ですね。どの場面を見ても，仕入先の立場からすれば許し難い！となりかねませんが，信用を供与した，すなわち倒産リスクを引き受けた者と法定担保の動産売買先取特権を有する者，約定担保の所有権留保や譲渡担保まで設定し信用補完した者の立場の違いがここでも大きく影響するわけですね。

[*12]　最判平成17・2・22民集59巻2号314頁参照。

[*13]　渡部晃「動産売買先取特権に基づく物上代位権の行使と目的債権の譲渡（下）」金法1746号（2005年）117頁以下，角紀代恵「平成17年度重要判例解説」ジュリ1313号（2006年）75頁参照。

④ 自動車の所有権留保

問題の現状──純粋な法定代位構成の場合

野村 先ほどの仕入先対応の中で，所有権留保の話も出ましたが，所有権留保というと，近年は 自動車の所有権留保の問題があります[*1]。ただ，問題状況はほぼ収斂されつつあり，いわゆる純粋な法定代位構成の契約条項の場合につき，最高裁の判断待ちとなっています[*2]。

中川 平成22年の最高裁判決（以下「平成22年最判」といいます）[*3]から続く問題には，やはり最高裁の判断が必要ということですね。

野村 所有権留保を別除権として破産管財人に対抗できるには，第三者対抗要件が必要かという極めてオーソドックスな話で，私は平成22年最判の前から何度か係争案件があり，和解的な解決を図る旨を破産管財実践マニュアルにも書いていました[*4]。平成22年最判が出たときは，結果は当然としても，争いが残るなあと思いましたが[*5]，実際そうでしたね。

桶谷 平成22年最判は，法定代位構成を採用した札幌高判を覆しましたが，今回もまた札幌高判が対象ですね。

野村 弁済による代位の問題につき，法定代位ドグマとの関係で判断されることになるのでしょうね。ここは最高裁の判断を待ちたいと思います。

久米 ほんと，みんなが待っている状態ですね。

---

* 1 破産管財実践マニュアル108頁以下参照。
* 2 札幌高判平成28・11・22金法2056号（2017年）62頁は，純粋な法定代位構成の契約条項の場合に，破産管財人に対する自動車の引渡請求を認容する第1審判決を維持しています（上告・上告受理申立て）。
* 3 最判平成22・6・4民集64巻4号1107頁は，小規模個人再生における普通自動車の所有権留保の事案で，再生債務者の第三者性につき触れていませんが，原則として再生手続開始の時点で当該特定の担保権につき登記，登録等を具備している必要があると判断しました。
* 4 破産管財実践マニュアル108頁以下（同初版99頁）参照。
* 5 野村剛司「再生手続における立替金等債権担保のための自動車の所有権留保と別除権行使の可否」『速報判例解説（13）（法学セミナー増刊）』（2013年）165頁以下において，様々な問題点につき指摘しています。

申立代理人はどうしたらよいのか

野村　今回，申立代理人，破産管財人双方の立場から検討しているわけですが，このような問題状況下で，申立代理人の立場の場合，どう対応したらよいかを見ておきたいと思います。端的にいえば，自動車登録の所有者欄が販売会社のままで，信販会社名義ではない場合に，自動車の返還要求に応じてよいか，ということですね。

石岡　先に破産管財人の立場から総論的にいえば，自動車登録が第三者対抗要件とされている普通自動車の場合は，信販会社らは管財人に対抗できず，引渡し（占有改定）が第三者対抗要件となっている軽自動車の場合は占有改定が認められるなら管財人に対抗できるという関係ですね。

野村　そして，そこに純粋な法定代位構成の問題が加わりましたので，申立代理人としては，単に車検証の所有者欄の確認だけでなく，契約条項の確認が必須です。契約書が債務者の手許にないこともあり，信販会社らから入手する必要がありますね。

久米　まず，法人の場合，早期の破産申立てを呼びかけているわけですから，基本的には自動車も他の財産と同様に保全し，管財人に引き継ぐことでよいですね。全件管財事件ですから。次に，個人の場合が悩ましいところで，破産申立てまでに一定程度時間がかかる場合，契約条項の確認をして，軽自動車で占有改定が認定できる，すなわち第三者対抗要件の具備が認められるのなら返還しますが，普通自動車の場合は，基本的に管財人の判断に委ねますね。

籠池　契約当事者として契約条項に拘束されますが，個人の場合も早期に破産申立てができ，管財事件になるのなら，返還に応じず管財人に引き継ぐ，破産申立てまでに時間がかかる場合でも，自宅に保管できるなら保管し，外部の駐車場で駐車場代が相当額かかる場合は，損得勘定してどちらにするか考える，といったところでしょうか。自動車の保管にも駐車場代等の経費がかかり，場合によったら重荷になりますしね。返還した上で，管財人に否認権行使をお願いする，という選択肢もあると思います。

髙松　私も，とにかく早期申立て，管財人に引継ぎ，という考えですが，個人

の場合で，自動車の価格が低額であり，それを返還しても同時廃止になることが確実と考えられる場合は，返還するという考えもあるかもしれません。しないほうが無難だとは思いますが。

久米　問題は，自動車を返還してから同時廃止申立した後，裁判所から「否認対象行為として管財移行します」と言われた場合です。債務者としては予納金を別途20万円程度用意する必要がありますが，自動車の自由財産拡張もないし，予納金の負担はあるわで，債務者としては非常に辛いですね。

野村　その点は，平成22年最判の後から，ずっと問題視してきたところです*6。はっきりいって，申立人側に何らのインセンティブがないのですよ。管財人が否認権行使で回収した中から予納金相当額だけでも返してもらえるとありがたいのですが。

　　　一つだけいえることは，信販会社らから返還請求があったから簡単に応じるというのではなく，自分が破産管財人だったらどうかという観点で，事案ごとに判断するしかないのでしょうね。仮に返還に応じる場合でも，後日の管財人の否認権行使が容易になるよう事実関係を把握し，報告することですね。それは，依頼者を守ることにもなりますから。

破産管財人の立場から

野村　破産管財人の立場では，①破産財団に自動車がある場合と，②破産申立て前に自動車を返還済みの場合の2つの場面です。ここでは大展開する予定はありませんので，現状の確認をしておきましょう。場面は，先ほどと同じく，自動車登録の所有者欄が販売会社のままで，信販会社ら名義ではない場合です。軽自動車の場合は，占有改定の認定ができるか次第なので*7，ここでは，普通自動車に限ります。

石岡　ここも基本的に，①の場合は，管財人が自動車を任意売却する際，信販

---

*6　福田修久「破産手続・民事再生手続における否認権等の法律問題　第1回　所有権留保に基づく自動車引上げがされた場合の否認等について」曹時64巻6号（2012年）14頁では，破産申立時の時価が100万円以上の高額な自動車に限るとされていましたが，その後，時価額の枠は撤廃され，事案ごとの判断となっています。

会社らにいわゆる判付代を支払うことで和解的処理を行う*8。②の場合は，管財人が否認対象行為であると返還請求し，信販会社らから相当額の返金を受けることで和解的処理を行っています*9。

野村 ここでも純粋な法定代位構成の場合，①で信販会社らによる管財人に対する返還請求が認められるか，②で管財人の否認権行使が認められないかという問題になっていますね*10。前者が冒頭に指摘した札幌高判の件で，最高裁の判断待ちですし，後者については，そもそも管財人の否認権行使とは何ぞや，否認権は認められるのか，という論調が一部であるという感じですね*11。

　ほんとこの話題だけで1冊の本になるくらいになってしまいますので，今日のところは，ここまでにしておきたいと思います。といいながらも，誰のための所有権留保なのか，信販会社と販売会社間の経済的な実態はどうなのか，法定代位というのは，契約条項に書く書かないの問題なのか，倒産法の世界において担保権，別除権として保護されるまで信販会社の地位が高まっているのか等々気になる点は多いですね。

---

*7　名古屋地判平成27・2・17金法2028号（2015年）89頁は，明示的な契約条項の有無が問題ではなく，合理的な意思解釈により占有改定を認定できるかの問題としたといえるでしょう（判決は，占有改定を認定しています）。

*8　破産管財実践マニュアル109頁，管財手引220頁以下参照。

*9　任意の和解ができず，否認訴訟となり，否認権行使が認められた事例として，神戸地判平成27・8・18日金法2042号（2016年）91頁（控訴後和解），名古屋高判平成28・11・10金法2056号（2017年）62頁（確定）があります。

*10　大阪地裁第6民事部の裁判官が書いたものとして，坂本隆一「倒産実務における自動車の（第三者）所有権留保に係る問題点の整理と今後の課題についての一考察」金法2042号（2016年）18頁以下参照。伊藤眞「最二小判平22.6.4のNachleuchten―留保所有権を取得した信販会社の倒産手続上の地位」金法2063号（2017年）36頁以下参照。

*11　野口誠一「所有者の登録名義を有していない自動車の留保所有権者が自動車を引き上げて債権の満足を受けた場合の否認可能性」判タ1424号（2016年）5頁以下，阿部弘樹ほか「登録名義を有しない自動車所有権留保の破産手続上の取扱いに関する実務の流れと問題点の検討」債管155号（2017年）64頁以下，中西正「対抗要件を欠く担保権の実行と偏頗行為危機否認」債管155号（2017年）83頁以下等参照。大阪地判平成29・1・13金法2061号（2017年）80頁は，法定代位構成の場合に破産管財人の否認権行使を認めませんでした。

⑤ 譲渡担保

申立代理人の留意点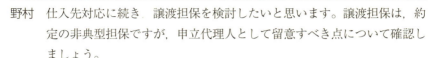

野村　仕入先対応に続き，譲渡担保を検討したいと思います。譲渡担保は，約定の非典型担保ですが，申立代理人として留意すべき点について確認しましょう。

山田　まずは，当然のことですが，譲渡担保権設定の有無の確認が大事です。債務者からのヒアリングや譲渡担保設定契約書を通じて，設定時期や相手方，目的物等を確認します。現地に行って，工作機械や在庫商品を確認している中で，譲渡担保が判明することもあります。

野村　動産譲渡登記の登記事項概要証明書等は毎度確認しますか。動産の場合の第三者対抗要件としては，占有改定でも足りますが。

山田　正直，申立代理人のときも管財人のときも，毎度は確認していません。ただ，今はインターネットで簡単に確認できますので，工作機械や在庫商品がある場合には，念のため登記事項概要証明書を確認しようと思います。もちろん，契約条項のチェックは当然としてね。

野村　破産管財人として工場内の全部の機械を任意売却したところ，いくつかの機械に譲渡担保権が設定されていたことが後で判明したことがありました。対象となる機械はもうありませんので，一定の評価をして譲渡担保権者と和解的処理をしましたが，申立代理人から，簡単にでも「譲渡担保があるよ」という情報だけでもあったらなあと思いましたね。

申立代理人における処理は

野村　申立代理人において，譲渡担保に供されている工作機械や在庫商品を処理することはありますか。

山田　私は経験ありません。担保目的物の処理は，目的物の受戻しと売却が絡んできますので管財人に引き継ぎます。以前，私は，生産設備内の器具に譲渡担保権を設定している納入業者という債権者の立場で，申立代理人に対し，受任通知受領後開始決定前に譲渡担保目的物のある現地を確

認したことがあります。そのときは目的物に譲渡担保目的物である旨の記載をしたラベルを張りはしましたが、その場で目的物を引き揚げるなどの交渉はしませんでした。私が申立代理人であっても断るでしょうから。

八木　確かに、申立て前の段階での処分は難しいですよね。特に集合動産譲渡担保や将来債権譲渡担保の場合、申立代理人としては担保権者と交渉することも難しく、申立代理人が余計なことをせずに破産管財人に委ねるのが望ましいと思います。申立て前の段階での処分は考えず、とにかく早期の破産申立てを目指します。

契約成立の有効性や第三者対抗要件の具備の確認も必要

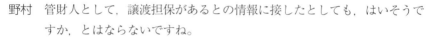

野村　管財人として、譲渡担保があるとの情報に接したとしても、はいそうですか、とはならないですね。

山田　もちろん、譲渡担保設定契約が有効に成立しているかを確認しなければなりません。譲渡担保契約書があっても、契約書の記載が杜撰であり、目的物の特定も困難であったことから、結局、その契約を無効と判断したことがあります。

中川　第三者対抗要件を具備しているか、設定時期によっては否認対象行為とならないか、の確認も大切です[*1]。動産債権譲渡特例法の登記については、東京法務局に登記事項概要証明書や登記事項証明書の交付申請をすれば取り寄せできますね。

八木　債権の場合は、売掛先にわからないように債権譲渡登記になっていることが多いので、登記の確認が必須ですね。先ほども出ましたが、動産だと譲渡担保設定契約書に占有改定条項があれば第三者対抗要件の具備としては足りますから、管財人としては、速やかに取引基本契約書を申立代理人から引き継いで内容を確認しておくべきです。

久米　占有改定については、外見上、対抗要件の具備の判断が難しいので要注意ですよね。

---

*1　破産管財実践マニュアル170頁参照。

野村　対抗要件についていえば、かつてはゴルフ会員権に譲渡担保が設定されている事案がよくありましたね。第三者対抗要件である確定日付ある通知・承諾を経ていないのですよ[*2]。

中川　また、金融機関債権者に集合動産譲渡担保権を設定している場合、譲渡担保権は動産売買先取特権には勝つけど、所有権留保には負けるといった担保権者間の優劣にも注意が必要ですね。

譲渡担保権者の属性に応じた処理の違い

野村　ひと口に譲渡担保といっても、譲渡担保権者が仕入先の場合と金融機関等の他の債権者の場合がありますが、こうした譲渡担保権者の属性によって、処理に違いはあるでしょうか。

山田　あるでしょうね。仕入先の場合、何を納品したかわかっていますので、仕入先からは、商品を返してもらい、自分のところで売ると言われることがありますし、返してもらうより破産管財人に任意売却してもらい、一定の財団組入を認めるということもあります。一方、金融機関等の場合は、動産自体には大きな期待は抱いていないように思いますね。自分たちでは売却は難しいという事情もありますし、和解合意した上で破産管財人が任意売却することも多いと思います。

野村　では、譲渡担保権者が金融機関の場合でうまく任意売却し、財団組入れできた経験はありますか。

籠池　金融機関が動産譲渡担保を取得していても、売り方を知らないという大きな弱みがあります。在庫商品は、商流に乗らなければバッタ売りしかできず二束三文にしかなりませんし、在庫に含まれている仕掛品や半製品などはゴミ扱いで廃棄費用がかかってしまうということもあり得ます。売り先や売り方の如何によって在庫商品の価値は格段に違ってきますので、商流を熟知しているという破産会社側のメリットを生かして、財団組入額を増やす工夫は大いにできると思います。私は、衣料品の動産担保で処分額の30パーセントを財団組入れしてもらったことがあり

[*2] 破産管財実践マニュアル171頁、対抗要件の否認につき同253頁参照。

ます。折半ということで50パーセント程度を組み入れてもらってもよかったかもしれません。

集合動産譲渡担保の特定の問題

久米　そもそも，集合動産譲渡担保の処理の前提問題として，目的物の特定の問題はありませんか。

籠池　集合動産譲渡担保の場合，保管場所等で目的物が特定されますが，その保管場所に他社所有の預かり動産が混在している場合には，関係者間で権利関係に争いを生じるおそれがあります。この場合，破産管財人としては，動産担保目的物だから換価できないので財団増殖に関係ないとしてほったらかすのではなく，破産者から情報を得てそれぞれの目的動産を特定し，関係者間の権利関係を適切に調整したほうがよいと思います。

「被担保債権額」と「集合動産の売却見込額」の大小による処理の違い

野村　被担保債権額と集合動産の売却見込額によって，処理は違いますか。

山田　違ってきますね。被担保債権額が多い場合，譲渡担保権者に引き取っていただき処分してもらうこともありますが，譲渡担保権者が管財人による処分を望めば，管財人は売却代金の一部を財団組入れしてもらうことになります。組入率は，10から30パーセントくらいでしょうか。管財人が頑張って高値で売れば，財団組入率は高くなります。それと消費税相当額ももらわなければなりませんね。担保物件とはいえ，破産会社の在庫を売ったことになりますから。

野村　一方，集合動産の売却見込額のほうが多い場合はどうですか。

山田　その場合は，管財人は，裁判所の許可を得て，目的物を受け戻し，目的物を売却します。余剰はがっぽりと破産財団となります。消費税の負担については，譲渡担保権者との交渉が必要ですね。

石岡　文具の卸売会社で，担保権者が同業者で，集合動産を担保に融資していたという事案がありました。結局，当該動産を担保権者に売却し，清算金を財団に組み入れるという和解をしました。文具は単価が安いのですが，種類と量が膨大で，これを個別に売却するとなると大変な手間と費

用を要します。一括で処理できるメリットを考慮し、仕入価格の何十パーセントという形で和解しました。それでも財団には結構な金額が戻ってきましたので、管財人としてもそれほど不満はありませんでした。

籠池　営業倉庫内の動産が集合譲渡担保の目的になっている場合には、倉庫代等の負担などにも留意する必要があります。目的動産が型落ち品・死蔵品等の無価値物の場合には、さっさと譲渡担保を認めて、代わりに倉庫代等を譲渡担保権者に負担させる等の処理も考えられます。いずれにしても、動産担保目的物についても、売れる物か売れない物かという価値の見極めが重要で、その上で担保権者との交渉に臨む必要があります。

野村　動産の場合は、売れてなんぼ、のところがありますので、売却方法の工夫をして、売却代金を配分するという感じですね。ある程度の規模になれば、経費をかけてでも閉店セールを行うなどして回収額を増大化させることが可能でしょうね。

集合動産譲渡担保の目的物の売掛金債権に対する物上代位権の行使

野村　ところで、気になる点があります。後で検討する将来債権譲渡担保はなく、集合動産譲渡担保のみで、通常の営業の範囲で売却され、売掛金となっていた場合に、集合動産譲渡担保権者は、担保権実行としてこの売掛金債権に物上代位権の行使ができるかです。八木さんは、まさにこの事案を担当されましたね。

八木　私が担当した事案は、事業停止後に集合動産譲渡担保に基づく物上代位による売掛金債権に対する差押命令が発令され、即時抗告も棄却されて、申立代理人が許可抗告を申し立て、抗告提起通知書の受領後に破産手続開始決定がなされ、私が管財人に就任した事案でした。理由書提出期限まで10日しかなく、開始決定直後の対応に追われる中で、必死に理由書を作成しましたが、抗告不許可になりました。第三債務者の大部分が供託したので、債権差押命令の無効を理由に配当異議訴訟を提起し、最終的には担保権者と折半での和解になりました。この事例は最高裁判例*3の射程が及んでいない部分だったこともあり、今でも、抗告許可がなされていれば最高裁で勝てたと信じています。

野村　情報提供いただき，判例評釈も書きましたが，裁判所の判断には疑問があります。同種事案については今後も慎重な判断が求められると思います[*4]。この件は，密行型ならここまでの事態には至らなかったのかなと思いますが，代表者が急死し，しばらく後に，破産申立てのために新たな代表者を選任したうえでの自己破産申立てとなった事案なので，事業停止から相当な期間が経過してしまったのでしたね。

将来債権譲渡担保の処理

野村　譲渡担保の項の最後は，将来債権譲渡担保です。再建型における開始後の発生分に及ぶかの話は取り上げず，通常の破産の場面，すなわち，事業を停止し，それまでに売却されていた商品代金の回収未了分がある場面を想定します。動産のままだと価値が下がりますが，売掛金になっていて，その回収ができると価値がありますね。担保に取っているとはいえ，譲渡担保権者からすると，誰にいくらの売掛金債権があるかの正確な情報は持ち合わせていませんね。

山田　譲渡担保権者としても，どんなにモニタリングを徹底していても，実際に担保権を実行する場面となると，債務者側から情報を得ないと正確な情報というのはないですね。そうなると，破産管財人に情報提供義務があるのか，という議論になるのでしょうが，管財人として譲渡担保権者に意地悪しても仕方ありませんね。WIN－WINの関係という意味で考えると，譲渡担保権者からしても，破産管財人と協力して売掛金の回収を図り，一定の財団組入れによる分配を図ることが妥当でしょうね。この財団組入れは，情報の乏しい譲渡担保権者では独力では債権回収できないわけですから，回収に向けての管財人の協力，回収率のいかんを踏まえてそれなりに多くてよいのではないかと思います。

久米　譲渡担保権者との協議により，将来債権譲渡担保に係る債権の回収を管

[*3]　最判平成18・7・20民集60巻6号2499頁，最決平成22・12・2民集64巻8号1990頁参照。
[*4]　野村剛司「集合動産譲渡担保権に基づく物上代位権の行使が可能な売買代金債権の範囲」（名古屋高金沢支部決平成26年10月31日）『速報判例解説（17）（法学セミナー増刊）』227頁参照。

財人が担当して回収した場合，管財人は情報提供や協力だけではなく自ら債権回収しているわけですから，より多くの財団組入れが期待できますね。

籠池　若干特異なケースでしょうが，売掛債権の集合債権譲渡担保で，商社の譲渡担保（登記型）と金融機関の譲渡担保（取立権付与型）が二重に設定されていたケースがありました。当然，商社と金融機関との間で権利関係に争いが生じたわけですが，漁夫の利で商社と金融機関の間を取り持つ格好で，商社4：金融機関4：財団組入れ2の割合で三者合意して解決した例があります。

山田　債務者不特定の債権譲渡担保の場合，売掛先のリストがなければ，担保権者としても回収しようにも回収できないわけですから，強気で財団組入れを主張しても意外に通る可能性もあります。

籠池　そうですね。集合債権譲渡担保の場合には，担保権者も担保目的債権の内容や価値を十分把握しないまま，とりあえずとっておけという感じで，ざっくりと担保取得しているケースも多々あります。そのような場合，担保権者も確たる回収期待をもっておらず，管財人の工夫によって財団増殖に繋げる余地は十分にありますね。

髙松　参考までに，50パーセントの組入れをしてもらったことがあります。

山田　ちなみに，譲渡担保権者に対する売掛先のリストの交付義務については，破産管財人が契約上のコベナンツ条項上の義務を承継するか否かについて争いがありますが，開始前原因に基づく義務として破産債権扱いとされ，破産管財人は義務承継しないとする見解が有力です[*5]。

野村　譲渡担保を設定していると聞くと正直がっかりしてしまいますが，ここでも，「無」から「有」を産み出すこともできますので，がっかりせずにいろいろと検討し，調整してみることですね。

＊5　QA200問125頁〔中井康之〕，財産換価240頁参照。

⑥ 売掛金回収

売掛金の請求と回収は財産保全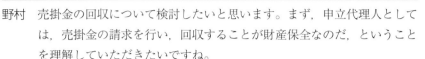

野村　売掛金の回収について検討したいと思います。まず，申立代理人としては，売掛金の請求を行い，回収することが財産保全なのだ，ということを理解していただきたいですね。

石岡　財産保全は何もしないこと，だから売掛金も請求しない，というのはおかしな話で，売掛金の請求と回収行為は，換価行為と思わず，シンプルに保全行為だと思うとわかりやすいですね。

中川　基本的には，判明している未回収の売掛金につき，売掛先に対し，申立代理人の預り金口座に振り込んでもらえるよう依頼しています[*1]。

髙松　私の場合，Xデーから破産申立てまでにさほど時間がかからない場合，後日選任される管財人の指示に従ってほしい旨の文書を送ることもあります。

八木　従前の口座に売掛金が入金されてしまうと，債権者の金融機関には支払停止につき悪意にしているとしても，口座をロックされ，申立代理人から言ってもなかなか出金させてくれません。債権者でない金融機関の場合も必ずしも安全ではなく，滞納処分のおそれがあります。銀行口座は決算書の勘定科目内訳書に書いてあるので，公租公課庁には把握されていますね。

最後の締めもしておきたい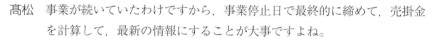

髙松　事業が続いていたわけですから，事業停止日で最終的に締めて，売掛金を計算して，最新の情報にすることが大事ですよね。

野村　そこが大切で，従業員の方には，通常の締め日ではありませんが，締めていただき，従前どおりの請求書を作成してもらっています[*2]。

髙松　そこまでしていただけると管財人としてはありがたいのですが，なかな

＊1　法人破産申立て実践マニュアル40頁参照。
＊2　法人破産申立て実践マニュアル40頁参照。

かそういう事案はないですね。そこまではできないとしても，申立代理人として，どの従業員さんが売掛金の締めの作業ができるのかを確認し，管財人への協力依頼をしていただき，管財人に引き継いでほしいです。
石岡　破産申立書のところでも指摘しましたが（→51頁），売掛金は日々動いていますから，可能な範囲で行い，その後のフォローをすることでよいと思いますよ。時間との兼ね合いですから。
八木　申立代理人としては，自分が管財人の立場になったときに，引継資料と元従業員の協力があれば，債務者に争われても裁判で債権を立証できるようにしておく，という観点で，引継ぎをするのがよいと思います。

滞納処分に注意し，早期の申立てを

野村　時間との兼ね合いというと，滞納処分にも注意しないといけないですね。
籠池　大口の売掛先も税務申告書添付の勘定科目内訳書に記載されていますので，すぐに税務署に動かれてしまいます。この点，申立費用の財源としてあてにしていた売掛金を差し押えられてしまい，破産申立てが頓挫するという事態もありえますので，注意しておかないといけませんね。
中川　時間との勝負ですよね，ほんと（→40頁，147頁）。
桶谷　とはいえ，オープン型の申立費用捻出型の場合，売掛金の回収が必要になることが多いですが，そのような場合でも申立費用や労働債権の支払のために回収が必要な範囲に留めて，速やかに破産申立てするのが基本的な対応かと思います（→31頁）。
野村　破産管財人との協働・連携の観点も含め，考えたいところですね。

破産管財人の初動の重要性

野村　さて，次は，破産管財人の立場ですが，売掛金の回収にあたり，どのような点に注意が必要でしょうか[*3]。
八木　やはり初動が最も重要だと思います。売掛金は，「生もの」ですから，放っておくと直ちに劣化します。開始決定後すぐに請求することは，回

---

*3　効率的な売掛金の回収の手順の一例として，運用と書式128頁参照。

収時期を早めるだけでなく，回収率も上がりますし，争いがあるなど速やかに任意の支払を受けられない債権を絞り込むことで，資料の確保や元従業員への事実経過の確認もやりやすくなると思います。

野村　八木さんは，どのような対応をしておられますか。

八木　私は，開始決定前に副本を受領した時点で，売掛金等の内容を確認し，破産手続開始決定通知に請求書を同封していただけるように準備を進めるようにしています。

野村　大阪でも，破産手続開始通知等を送付する際に，破産管財人からの請求書やそれに対する回答書を同封してもよいことになっていますが[*4]，請求書等を同封する際に留意すべき点はいかがでしょうか。

八木　債務者が受け取ったときに，支払わなければならないと認識してもらう必要はあるのですが，裁判所名義の封筒に入っている書類ですので，作成名義が破産管財人であることをわかりやすく明示するとともに，あまり威圧的な表現にならないように留意しています。

野村　確かにね。

八木　請求書に添付する回答書のひな型[*5]には，債務者が認める金額や支払予定時期などを記載してもらうとともに，支払わない場合の理由を記載する欄を設けて，消滅時効の援用や相殺の主張などを選択することができるようにし，債務者が抗弁を主張しやすいように工夫しています。また，申立書の内容は，必ずしも正確ではない場合もあり，申立後の支払等もありうるので，請求額が相違するとか，支払済みであるなど主張を受けても対応に困らないように表現を調整することも大事だと思います。

野村　私は，裁判所の通知には同封せずに，数日後になってもよいので，最新の売掛金額を確認してから請求書を送るようにしています。

申立代理人と破産管財人の協働・連携

野村　破産管財人が的確に初動の対応をするためには，申立代理人が適切な対応をし，破産管財人と協働・連携することも必要ですね。

[*4]　破産管財実践マニュアル140頁以下，運用と書式128頁参照。
[*5]　売掛金の請求書・回答書は，破産管財実践マニュアル594頁以下参照。

籠池　申立代理人としては，売掛金のデータ，請求書や納品書などの資料を確保し，管財人にすぐに引き継ぐことが重要です。特に，リース物件のパソコン等にデータがある場合には，安易に引揚げに応じるのではなく，引揚げを待ってもらって管財人に引き継ぐか，データやプリントアウトで資料を確保したうえで引揚げに応じるなどの対応が必要ですね。

八木　経理担当者の協力が必要となってきますので，申立代理人を通じて，予め協力をお願いしておくことも重要です。

桶谷　逆の観点で，回収可能性がない売掛金については，売掛金目録に回収できない理由などを記載しておくのが望ましいですね。これを破産申立書の段階で書いておけば，管財人が放棄の許可申請をする際に対応がとても簡便で済みますし。ただ，売掛金目録を緻密なものに仕上げようとするために，破産申立て自体が遅延しては本末転倒ですが（→38頁，47頁）。

久米　確かに，発生時期とこれまでの簡単な交渉経緯，時効にかかっている可能性くらいは引き継いでほしい情報ですよね。他にも，相手方から予想される主張（抗弁）についても情報があればうれしいです。

野村　ここでも正確性と迅速性のバランスが重要ですね。

任意交渉の際の留意点

野村　破産管財人として任意の回収を進める際の留意点はどうでしょうか。

八木　支払期限が先のものについても，まずは開始決定から1ヵ月以内程度での支払をお願いしています。約定の支払期限がもっと先だと主張されることも多いですが，破産手続の流れなどを説明して，遅くとも財産状況報告集会の少し前までにお支払いいただけるようにお願いしています。下請法違反の支払期限[*6]が設定されていた場合には，下請法の趣旨や内容を説明し，早期の支払を強く促しています。

山田　商品の売掛金の場合，大別して，①売掛金の額が間違っている，②商品

[*6] 下請代金支払遅延等防止法では，下請代金は，給付の受領日から60日以内のできる限り短い期間内に支払うべきものとされています。また，手形のサイトについては，親事業者は，下請代金の支払のために振り出す手形のサイトを原則として，繊維業は90日以内，その他の業種は120日以内とするとともに，下請法の趣旨を踏まえ，サイトをさらに短縮するよう努力するものとしています。

に瑕疵があるので損害賠償請求したい，③破産により商品が定番から外れ，以前に納品した商品も安売りせざるを得なくなったので損害賠償請求をしたいなどの主張がよくあります[*7]。

野村　ありますね。

山田　破産会社の担当者に事実関係を確認しますが，①は，商品代金の内容が直近のものか，それとも従来からの支払残が累積したものかどうかが手掛かりとなります。②は，商品の瑕疵があるかどうか現物の写真を撮って送ってくれるようにお願いし，同時に，従来の商品の瑕疵の発生率を確認しそれと同レベルの瑕疵の主張なら管財人も受け入れることになるのではないかと思います。③は，管財人は受け入れにくいです。売掛先には，そのような損害は認められないと説明し理解を求めます。

石岡　売掛先が法人の場合はまだよいのですが，小口の売掛金で，売掛先が個人消費者や個人事業主のものが多数ある事件は，苦労しますね。

　　　呉服の卸売会社で，個人顧客や個人商店に対する売掛金が数百件残っていたケースがありました。管財人と管財人代理と何人かで手分けして，ともかく1日1件処理しようと決めて，毎日電話したことがあります。この事件は，大量の売掛金の処理が進まないことから，私が途中から管財人に追加で入ったのですが，こうした場合，早期解決を優先させ，一定の範囲で減額を認めざるを得ないと思います。そのような方針で，裁判所から概括的な許可をもらって処理したことがあります。

籠池　破産会社の代表者や元従業員に得意先を回ってもらって債権回収することもありますが，回収率は結構いいですね。取引の状況を何も知らない管財人に対しては，何やかんやとクレームをつけて支払を拒めても，実際に取引を行った相手方当事者に対しては，面と向かってクレームをいい難いというのもあるのかもしれません。

回収率の目安

野村　売掛金回収率の目安のようなものは，皆さんおもちですか。

[*7]　売掛先からの主張については，破産管財実践マニュアル168頁以下参照。

石岡 ケース・バイ・ケースですので、一概に何割回収できればよい、というものではないと思います。

八木 私は常に満額回収を試みます。また、すぐに払ってくれた人より、ごねて遅れた人のほうが有利になるのはおかしいので、遅い人には遅延損害金をいただく場合もありますよ。

髙松 金額がある程度大きくて放棄はできない、相手にもそれなりの言い分がある、訴訟を検討しているが、訴訟をするには時間がかかる、そういう状況で相手から6割5分なら払うと言ってきたときにどうするか、みんな悩むところでしょう。

野村 そういう事案であればそれでもよいと思いますが、一般化はできないと思いますね。八木さんが全件回収しますといっても、割り引くものもあるわけでしょうし、全件満額回収を心がけていますということですね。

石岡 元々不良債権だったものを100パーセント回収はできないです。正常債権で普段であればきちんと支払われたものを、破産したからといって払わないのは駄目だということですね。

八木 私は、支払能力がなく早期回収を図らざるを得ない場合には、相応の減額もやむを得ないと思いますし、瑕疵担保の問題がありうる場合に一定の減額をせざるを得ない場合もあると思いますが、「破産したから払わない」というような「ごね得」を狙ってくる債務者に対しては、徹底的に回収するようにしています。破産管財人の請求に対して、速やかにきちんと払っていただいた債務者から、「なぜ、あそこはこれだけで済んでいるのだ？」「うちは払い損ではないか？」などという質問がされても、きちんと説明できるか、ということを常に意識しています。

髙松 「ごね得」を許さないという姿勢は、全く同感です。

久米 勿論、個別の事情にはよりますが、あえて数値化するとすれば、1割から2割引きまでなら、早期回収のメリットがあるので、許可申請において理屈が付くことが多いです。私も確実に回収できるか不安がある事案では1週間とか1ヵ月以内に回収できる場合に、8割から9割程度で速やかに和解した経験はあります。金額や事情にもよりますが、これが5割から7割となると、理屈が簡単に付かないところがありますね。

野村　減額すべき要素としては、どのようなものがありますか。
八木　通常の債権回収と比べて、債務者の資力という要素が大きいと思います。
髙松　やはり時間ですよね。早期に解決できるかが問題となります。お金がないと言われた時は、会社であれば決算書等を出してもらって、支払えない事情を確認します。

訴訟提起による回収

野村　任意の支払が受けられない場合には、訴えを提起して回収を図ることもありますが、訴訟提起は、どのようなタイミングで判断しますか。
久米　何度か任意の督促をしたうえで、財産状況報告集会までに訴訟提起の判断するのが標準的だと思います*8。
八木　訴訟提起から回収までには時間がかかるので、任意交渉での支払が見込めず、訴訟での回収ならば可能というときには、もっと早く見切った上で、訴訟提起することが多いです。大手消費者金融に対する過払金の例ですが、開始決定当日に提訴許可を得て提訴したこともあります。請求書を送っても払ってこないことが確実な売掛先には、開始決定直後に訴状等の準備を進めて、請求書の支払期限の翌日に提訴したりもします。また、私は、他の換価業務に要する期間の見通しを重視しており、出資金の払戻しなどある程度時間がかかる他の換価業務の完了時期を目途に、時期を逆算して、回収手続を進めることが多いです。例えば、異時廃止見込みの会社の事例では、破産手続開始決定直後に期限を切った請求をした上で、期限経過後直ちに訴訟を提起し、第1回債権者集会までに勝訴判決を得て、その後すぐに動産執行をかけて全額の任意弁済を受けて、2回目の債権者集会に異時廃止としたこともあります。
髙松　開始決定当日に許可をもらって提訴というのは、かなり特殊なケースだと思いますし、開始決定前から、管財人候補者として十分に準備しておかないとできないことだろうと思います。一般的には、久米さんのやり方が基準ではないでしょうか。

---

*8　BASIC167頁参照。

中川 訴訟提起後に和解するときは、できる限り一括払いにして、長期の分割払いは避けるようにします。

髙松 やはり、和解内容について、債権者が納得するか、さらに破産裁判所からの許可を得られるか、という点を一番考えます。ですので、私は、和解の協議をしながら、同時に頭の中で、債権者集会での説明の仕方や和解許可申請書の内容を考えています。

サービサーの活用

野村 破産管財人として、サービサー（債権回収会社）の活用をしておられますか。

石岡 生協の破産で、長期分割払いの売掛金を多数有していたケースがありました。ある程度は回収しましたが、全部回収するには４年もかかってしまいますので、期限の到来を待つわけにはいきませんでした。小口の売掛金が二百数十件あったのですが、分割期間の長短に応じて、簿価の何十パーセントということで決めて売却しました。数が多いので債権譲渡通知を出すのも大変でしたが、この時はサービサーが手伝ってくれました。

久米 サービサーの査定額が微々たる金額のことが多いので、複数のサービサーに金額を査定してもらった上で、それをある程度上回る金額を債務者に一括弁済してもらったケースもあります。

桶谷 サービサーに売却する前に、債権の残額を公正証書化したことが何度かありますね。ケース・バイ・ケースですが、公正証書にしなければ債権の売却額は額面の数パーセントにしかならず、公正証書にすれば結構な金額になることもあるという感じです。

髙松 売掛金ではありませんが、半年後に期限が到来する優良ゴルフ場の預託金返還請求権について、額面の９割程度で売却できたことがあります。

石川 最近のサービサーの買取価格はどうでしょうかね。以前は結構高値で債権を買ってくれることもあったのですが、最近は備忘価格での買取りなどが多くて、結構値段が付かない印象です。逆に、少しずつでも返済の実績があるなど回収が可能であれば、結構値が付く印象ですね。

野村 売掛金回収は、普遍的な話題であり、かつ何が正解ということでもありませんが、各々が工夫して処理されていることがよくわかりました。

7 仕掛工事の処理

現場保全は必須

野村 破産者が請け負っていた仕掛工事の処理について検討しましょう[*1]。ここでは，請負契約の目的である仕事の性質に代替性があることを前提にします[*2]。建設業者などの場合，請負工事をすべて完成した上で事業を停止して破産手続を進めることは珍しく，どうしても仕掛工事を残したままの破産申立てになることが多いと思いますが，まずは，申立代理人の対応からお願いします。

八木 この種の事件では，現場の保全が必須だと思います。現場の状況をきちんと確認し，現場が危険な状況にないか，重機や工具類などが現場に残されていないかなど，開始決定後に破産管財人に現場を安全に引き継げるようにするのが最低限の対応かと思います。

山田 密行型の場合，現場保全をして管財人に引き継げば足りますが，オープン型の場合，重機や工具類の盗難などの可能性が高いので要注意ですね。

野村 盗難防止も現場保全の一つとして大事なことですよね。現場が混乱して，苦労されたケースはありますか。

久米 個人の住宅建築の請負をしていた会社のオープン型の申立てでは，注文者の個人や下請業者が絡んで，現場が混乱して大変な思いをしました。

籠池 個人の注文主への対応は，とても厄介です。個人注文主が多数存在する案件では，現場が混乱しないよう特に注意が必要だと思います。可能な限り，密行型で申立てをするようにしています。

施主と下請業者間の直接契約への切り替え

野村 現場保全のためには，施主と下請業者との間の直接契約に切り替えてもらう必要がある場合もありますが，申立代理人としては，破産管財人から財団毀損ではないかとの指摘を受けるのではないか心配になります

[*1] 破産管財実践マニュアル120頁以下，運用と書式118頁以下，管財手引204頁以下参照。
[*2] 最判昭和62・11・26民集41巻8号1585頁参照。

ね。
久米　管財人候補者として関与した案件で，その点を気にしている申立代理人がいたので，「残工事については施主さんから下請業者に直接引き継いでもらって，出来高を財団に引き継いでいただければいいですよ」と言って安心してもらったことがあります。
野村　切り分けが大切ですね。
髙松　やはり大事なのは，早めに裁判所に事前相談（→41頁）をして，管財人候補者を決めてもらって相談することですね。

出来高の算定

野村　多くの建築工事は可分ですから，破産管財人が解除する場合には，施工済みの出来形部分については解除できず，未施工部分についての解除になります。とすれば，出来高の算定が必要ですね。
石岡　出来高の算定のためには従業員の協力が不可欠ですが，開始決定までに時間がかかる等の事情で会社従業員が離散してしまうと出来高の算定が困難となりますよね。ここでも早期の申立てをして，従業員がいないために破産管財人が出来高査定ができないという事態は回避すべきです。
山田　公共工事では，注文者が出来高を査定してくれる場合が多いですが，民間工事の場合には，注文者との間で協議が難航することも多いですね。密行型の場合には，破産管財人が注文者と出来高について協議することになりますが，オープン型で費用準備のために申立てまでに時間を要する場合には，申立代理人が注文者との間で協議せざるを得ないかと思います。

出来高（出来形部分の金額評価）の方法

野村　施工済みの出来形部分の金額評価（出来高）の方法については，どのように考えるべきでしょうか。
山田　報酬全額に出来形の割合を乗じて算定するのが一般的かと思います。
久米　出来高の査定方法は，請負額に進捗率を掛けるやり方と，請負額から残

　　　　工事を引き継いだ場合の残工事代金を控除して決めるやり方などがあり，いずれの裁判例もありますね。
石岡　どちらかというと前者の方法で算定することが多く，それが基本的だと考えます。
野村　先ほどの施主と下請業者との間の直接契約への切り替えとも関連しますが，途中で切れたときは，後のことを考慮して進捗率を考えることもあると思います。残工事に相当な金額がかかることもあり，形式的な進捗率で判断するのは妥当でない事案もありますし，後いくらかかるかという観点から出来高を査定することも許容されると思います。
籠池　出来高の査定額について合意できない場合には，最終的には民事訴訟で決着を付けざるを得ないですね。
中川　そうした後日の紛争に備えて，破産管財人が開始決定後速やかに注文者の立会いの下で出来形を確認し，協議が調わず，写真やビデオで証拠化することも重要だと思います。
籠池　そうですね。しかし，受け取った前渡金が出来高の算定額を超える場合には，返還請求権が財団債権になるかと思いますが（53条1項・54条2項。→121頁），損害賠償請求権の主張が絡むと権利関係が複雑になります。現実には，和解的な解決を図ることがほとんどかと思います。

履行と解除の選択

野村　破産管財人は，破産法53条1項により，解除か履行か選択することができますが，実際，履行選択できるのは，どのような場合でしょうか。
八木　破産手続開始決定の時点では，工事が中断され，従業員も解雇されていることが多いので，現実的に履行を選択し得ず，解除せざるを得ない場合が多いのではないかと思います。
髙松　私も，履行選択の経験は，開始後も事業を継続していた公共工事の事案だけですね。新たに，他に発注までして履行を選択するというのは，財団にとってよほど有益で，他の換価業務に時間を要するというような場合でないとできませんね。
石川　前渡金が多くて財団債権が大きな額になってしまうという案件で履行選

択したことがあります。教会建設工事でイースター祭までに間に合わせたいから履行選択してくれと言われ，業者も決まっていて解除して一からやり直すのもどうかと思ったのですが，余分に費用がかかってくるのも確実でした。教会側に代理人が就いて，必ず追加工事が出てくるから，上限を決めさせてくれ，そこまでは支払う。それを超えたら教会が自己負担してくれ，というリスクヘッジの協議をしました。財団債権で3800万円となるところを，500万円くらいに押さえたので，実質的には3000万円回収したのと同じメリットが得られた経験があります。

野村　この事案は，解除しても履行選択をしても支払が必要，履行選択すれば支出が減る，という説明が付くので，履行選択が適切な事案と思いますね。ただ，そのような場合は珍しいので，現実には管財人が履行選択を積極的にする事案はあまりないのではないでしょうか。

八木　現場の混乱を避けるため，一時的に事業継続でつないで，その後事業譲渡したり他の業者に引き継いだりする場合はやむを得ないと思いますが，火の不始末や事故発生のリスクもあるので，履行選択については慎重に判断するべきだと思います。

髙松　おっしゃるとおりで，私が先ほどお話しした事案は，現場が遠方でなかなか現場の確認もできなかったため，問題なく工事を完了できるか非常に不安でした。

山田　完工検査を残すのみというように，進捗率が高いときも履行選択はありうると思います。その際には，従業員や下請業者の協力が得られるか，工事完成までにかかる期間がどれくらいか，瑕疵担保責任を生じる懸念がないか，などを考慮することになろうかと思います。

違約金や損害賠償請求との相殺主張

野村　破産管財人が解除する場合には，契約条項に基づく違約金との相殺の主張を受けることがありますね。それに対しては，どのような対応が考えられますか。

八木　破産法53条解除は，法定解除権ですから違約金規定の適用はないとの主張ができると思います（→131頁）。また，具体的な違約金条項の解釈

として，約定解除権を定めた条項の次の項で「前項に基づいて契約が解除された場合には，……」などとして違約金規定がおかれる場合も多いですが，破産法53条解除は，この場合に該当しないという解釈論を主張することも可能です。

野村　八木さんは実際に争われたことがあるのですね。

八木　はい。公共工事約款に基づく違約金との相殺を主張された事案で，このような解釈論を主張して争い，一審の簡裁から上告審の高裁まで勝ち切ったことがあります[*3]。70万円ほどの金額でしたが，行政側が徹底的に争うというスタンスだったので，他の換価業務が終わった時点で中間配当を実施して，上告審で勝訴が確定した後に最後配当しました。約款の解釈論により違約金発生を否定するという考え方は，私が調べた範囲では有利な裁判例が見当たらなかったのですが，その後も同旨の裁判例の積み重ねがあり，現在では確立した見解だと思います[*4]。

野村　公共工事の場合には，申立代理人や破産管財人に対して，続行不能届の提出を求め，それを提出すると，直ちに債務不履行解除をしたうえで，違約金の主張を受けることがありますね。

八木　先ほどの事案でも，続行不能届の提出を求めてきましたが，それを提出する前に，破産法53条に基づく解除通知を市役所にファックスし，違約金条項の適用はないと主張しました。

久米　この点に関連し，平成28年11月に国土交通省が直轄工事の請負契約書について，契約解除の違約金に関する規定を改定しています。「改定の趣旨は受注者に代わる破産管財人などが契約を解除した場合でも従来は発生しなかった違約金が発生することを明確化した」という新聞報道もあります[*5]。でも，契約書での記載変更で本当に管財人に対抗できるのでしょうか。履行保証契約を結んだ金融機関から違約金が支払われるようですが。

[*3] 名古屋高判平成23・6・2金法1944号（2012年）127頁，判例百選〔第5版〕156頁参照。

[*4] 札幌高判平成25・8・22金法1981号（2013年）82頁，東京地判平成27・7・30金法2035号（2016年）86頁，東京地判平成27・11・6（判例集未登載）参照。

[*5] 国土建314号平成28年11月9日「工事請負契約書及び履行保証等の当面の取扱いについて」国土交通省土地・建設産業局建設業課長に記載。日刊建設工業新聞平成28・11・10一面参照。

八木　私の事案では，約款の解釈論で違約金が発生しないと解釈できたので，そのように主張しましたが，破産法53条解除の場合に違約金が発生すると当事者が合意しても，破産法53条解除が法定解除権であることから，そのような合意は，破産管財人との関係では無効だと思います。

石川　倒産解除条項は無効といわれていますし，「破産法上の相殺禁止となる場合であっても相殺できる」という相殺合意があっても相殺できないことと同じように考えればよいのですね。

野村　損害賠償請求権との相殺については，いかがでしょうか。

石岡　破産法72条1項1号の類推適用により許されないというのが，近時の裁判例の流れかと思います*6。

前渡金が出来高を上回る場合（支払先行）

久米　前渡金が出来高を上回る場合の前渡金の返還請求権については，請負人の破産管財人が破産法53条解除をすると財団債権となるのに対し（54条2項），注文者が債務不履行解除した場合には破産債権になりますね（2条5項）。そのため，必ずしも，破産法53条解除を先行させることが破産管財人に有利とは限りません。

野村　前渡金がある場合の請負契約の場合には，注文者側に立った場合でも注意が必要ですね。

山田　工事の請負人が破産したという相談を注文者から受けて，深く考えずに，内容証明郵便で契約解除をしなさいと助言したら，破産管財人が破産法53条解除すれば財団債権になるものが，注文者の解除の場合には破産債権になってしまうので，相談者が大きな不利益を受けかねないですね。

野村　全額前払いを受けていた場合，注文者が破産手続開始前に債務不履行解除した場合は，双方未履行解除の問題とならず，破産債権となります*7。結局，破産管財人が破産法53条解除した場合のみが財団債権に格上げされていることになるわけです。

＊6　東京地判平成24・3・23判タ1386号（2013年）372頁，東京地判平成24・6・13（判例集未登載）参照。

＊7　各場面につき，倒産法を知ろう218頁参照。

注文者が個人の場合の処理方法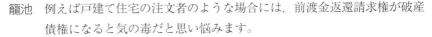

籠池　例えば戸建て住宅の注文者のような場合には，前渡金返還請求権が破産債権になると気の毒だと思い悩みます。

八木　自宅新築工事を依頼していた建設会社が事業停止し，破産申立ての準備に入ったという事案で，注文者である個人の方が，申立代理人から解除通知を出すように促されたということで，相談を受けた事例があります。このケースでは，前渡金が出来高をはるかに上回っていたのですが，注文者は，早期に別業者で工事を続行したかったので，解除通知を出そうとしていました。私のところに相談に来られたので，通知を出すのを止めてもらって受任し，破産手続開始決定を待って，破産管財人に確答すべき旨の催告をして（53条2項），破産管財人からの53条解除を受けた上で，別の業者に続行工事をお願いして，破産管財人には前渡金と出来高との差額を財団債権として請求しました。

石岡　事業停止から少し時間が経ってから破産申立て・決定がなされた事案で，注文者が既に残工事を他の業者に頼んでいた場合に，素人の注文者を救いたいと思い，こちらから53条解除をしたことがあります。

山田　悩ましいですね。素人の注文者にとってこの差は酷である，との石岡さんのご指摘は十分理解できますが，注文者が破産者との契約を黙示的に解除したといわざるを得ないのではないでしょうか。

髙松　注文者の数や前渡金の総額，破産債権者の利益を考慮しながら，慎重な判断が求められるように思います。経験はありませんが，管財人としてそのような場面に遭遇したら，かなり悩むと思います。

八木　破産手続開始決定があれば破産法53条解除にすることが合理的ですし，事業停止からすぐに破産申立てしないことで個人の注文者に不利益が生じるのは酷だと思います。私は，消費者保護の観点も考慮して，別の業者に続行工事を頼んでいたからといって，黙示の解除の意思表示がされていたとはせず，破産管財人が53条解除をしてあげてもよいと思います。

野村　請負にも様々ありますので，どの処理が落ち着きどころがよいかと考えるわけで，ここもバランス感覚が問われるところですね。

8 事業用賃借物件の処理

明渡しよりも早期申立てを

野村　法人等の事業者の破産において，事務所，店舗，工場等の用途で建物を賃借しているケースが多々ありますが，事業用賃借物件の明渡しをしないと破産申立てができないという誤解が蔓延していると思います[*1]。この点，十数年間同じことを言い続けている感じなのですが，やはり最初に確認しておきたいと思います。

石岡　日弁連のライブ研修のときにもこの話題を取り上げましたが，大いなる誤解ですね。基本的には，事業用賃借物件の明渡しはせずに，早期に破産申立てを行い，破産管財人に処理を委ねることでよいわけです。

髙松　全く同意見ですが，申立て前の賃借物件の明渡しがやむを得ないという場合もあると思います。ただこの場合は，後に議論するとおり様々な事情を考慮して慎重に行うことが大事であり，少なくとも単に「申立て前に明渡しをしなければならない」と考えることは間違っていると思います。

中川　密行型の場合は，そのままの状態を管財人に引き継ぎますから，明渡しを行うことは考えられませんし，オープン型の超迅速申立型の場合も同じですね（→32頁）。そもそも明渡しを行うような時間的余裕はないはずですね。

野村　超迅速型を除くオープン型の場合はどうでしょうか。

髙松　相応の予納金が準備できるのであれば，財団にとって有益無害という場合を除き，賃借物件の明渡しは行わずに，速やかな申立てを優先すべきだと思います。オープン型でも，いわゆる申立費用捻出型になると，申立費用捻出のための財産換価が必要となり，ある程度の期間を要しますし，予納金のこともありますので，その間に賃貸人と合意解除を目指して交渉し，賃借物件の明渡しを行うことも考えられると思います。

---

*1　法人破産申立て実践マニュアル45頁参照。

久米 実際のところ、申立費用が賄えているオープン型の迅速申立て型においても、破産申立て前に賃借物件の明渡しを行っている事案が結構多いような気がします。これは「申立代理人側で可能な限り明渡しを完了しておかなければならない」という「S管財」などの少額管財のための要件を誤解している場合もあると思いますね。予納金も確保できているのであれば、申立人側での明渡しにこだわる必要は全くないと思うのですが。

野村 そのとおりですね。少額管財事件の影響だと思いますが、久米さんが指摘された誤解をされている方が結構いらっしゃるのですよね。おそらくですが、裁判所側にもね。研修の度に言っているのですが、"低廉な予納金で破産手続を利用する場合には、申立人側で事業用賃借物件の明渡しを終えておく必要がある"ということなのです。

髙松 ただ、相応の予納金を準備できていても、やむなく申立てまでに時間を要するという場合には、未払賃料の発生を抑えるために申立て前に明渡しを行うこともあると思います。ただし、この場合には、明渡しに要する時間や明渡しによるメリット・デメリット等を考慮した上で、慎重に判断する必要があると思います。くれぐれも無用な明渡しによって破産申立てが遅れることだけは避けていただきたいですね（→38頁）。

オープン型の申立費用捻出型の場合

野村 先ほど少し出ましたが、オープン型の申立費用捻出型で、申立費用の捻出にしばらく時間がかかる場合について少し考えてみたいと思います。

石川 東京等の一部を除き、明渡未了の物件がある場合、ない場合よりも予納金が高額に設定されていることが多いですね。予納金額を抑えるために、申立代理人として賃借物件の明渡しを行う場面も出てくると思います。

髙松 低額の予納金しか準備できない場合に申立代理人として明渡しを行ったことがあります。このときは、移動可能な動産や保存が必要な書類だけ別途保管し、賃貸人と交渉した上で、現状有姿のまま明渡しを行いました。賃貸人との交渉においては、管財人に引き継いでも、費用がなく単に明渡しが遅くなるだけであり、賃貸人にとっては回収できない賃料債権が増えていくだけでメリットはないということを丁寧に説明して理

解してもらうことがポイントだと思いますね。

野村　合意解除により処理されたのですね。

葛松　そうです。単に契約上の解約にすると，違約金条項等の賃借人側に不利益な条項が多いですから，合意解除でまとめました（→127頁）*²。

敷金・保証金の範囲内で処理が可能かの見極め

野村　申立人側で早期に明け渡すか管財人に委ねるかの見極めの際に大きな要素となるのは，敷金・保証金の範囲内で処理ができるのか，賃料や費用等がこれを超えてしまい，追い銭が必要となるか，逆に少なくすみ，敷金・保証金の返還が望めるか，ですね。

山田　敷金・保証金の返還を受けるという財団増殖の面とそれ以上に負担を増やさないようにという財団の負担軽減の面と両面あるわけですね。

野村　事案ごとに利益状況が異なるので，すべてを一律に説明することは難しく，そのため，申立代理人としてどうするのがよいのか，という問いにも悩ましさがありますね。

葛松　一ついえることは，明渡しが遅れると，未払賃料が敷金に充当されてしまうということです。速やかに申立てをして管財人に処理を委ねるというのが原則だと思いますが，賃貸人との交渉によって敷金の返還が見込めそうであれば，申立人側で明渡しを行うことも考えられます。

八木　明渡しや原状回復の費用がそれほどかからず，賃貸人との間で敷金返還の合意までできるのであれば，申立て前に明渡しを行ってもよいと思いますが，なかなかそういう事案は少ないように思いますね。

石岡　例えば，破産会社の支店とか営業所等で，重要な書類や動産が多くはないという場合なら，早期に明渡しを行ったほうがよいと思います。早期明渡しによって敷金が返還されるケースも結構あると思いますからね。

石川　破産申立てまでに時間を要する事案なら，申立代理人としてできることがあればやって，管財人の負担を減らすというのが大抵の弁護士の共通認識ではないでしょうか。

＊2　処理の在り方14頁参照。申立人側で明渡しを行う場合の留意点と破産管財人が明渡しを行う場合の留意点がまとめられています。

野村　それが，全国的な少額管財等で行われている低廉な予納金にするための作業ということですね。

資料やデータの保全に注意

野村　ところで，申立人側で事業用賃借物件の明渡しを行う場合の注意点として，財産保全だけでなく，資料や情報の保全があります（→65頁）。全部廃棄されていたという困った事案も散見されますからね。

八木　明渡しを行うということは，必ず動産や書類の保管場所の確保が問題となります。本社が自社所有とかで，それができるのならよいのですが，重要な動産や書類を散逸させる危険がある場合には明渡しをせずに，現状のまま管財人に引き継ぐほうが申立代理人としては安全だと思います。

山田　パソコン内には管財業務に必要なデータがあることも多いですね。プリントすることも容易ではありません。特に経理用のパソコンは確保しておく必要があります。リース物件の場合もありますので，これを返してしまうと破産管財人は困りますね。また，重要な書類でも代表者自身も把握していないこともあり，「申立代理人に渡したはず」などということもありますので，注意が必要です。

髙松　間違っても，高価な動産を廃棄したり，会計帳簿や賃金台帳等の重要な資料を廃棄したりしないように注意しなければなりません。なお，個人情報が記載されている書類の処分についても十分に注意が必要ですね。

野村　敷金・保証金という財産面とは別の観点からの話題ですが，破産管財人との協働・連携の観点からも大切な話題ですね。

破産申立て前の明渡しについての破産管財人の認識

野村　端的に，管財人の立場として，可能であれば申立人側で事業用賃借物件の明渡しをしておいてもらいたいと思いますか。

八木　本店や経理部門といったその会社にとって拠点となるところは，何もせずに残しておいてほしいと思います。

石川　重要なデータとか資料など管財業務に必要なものがしっかりと残っているという前提であれば，私は明渡しをしてもらいたいと思いますね。

八木　申立代理人が，敷金を放棄するとか，賃貸人の言い値で違約金を敷金に充当するなど不利な条件で合意して，将来の破産財団を毀損しているケースもあるように思います。

久米　八木さんがおっしゃることは，管財人であれば，第三者的立場で賃貸人と交渉できるような事項を，申立代理人が財団に不利な内容で合意することはやめてほしいということですよね。

髙松　後ほど議論する原状回復や違約金条項ですね。ただ，財団にとって不利益がない場合は，申立人側で明渡しを行ってもよいと思いますよ。

野村　ここでも一ついえることは，管財人として，いつも申立人側で明渡しをしておいてほしいというのは間違いということですね。

明渡費用がない場合の処理方法

野村　賃料や原状回復を考えると敷金返還の見込みがなく，明渡費用もほとんど出せないという事案の場合はどうしておられますか。

山田　オープン型の申立費用捻出型の場合で，お金がない場合は，賃貸人に謝って現状での明渡しをお願いするしかないと思いますね。

野村　申立代理人として十数店舗の居酒屋等の明渡しを行った経験がありますが，賃貸人にひたすらお願いして，生ゴミだけ処理して，あとは現状での明渡しを了承してもらい，敷金その他双方債権債務なしということで合意しました。完了までに2ヵ月ほどかかりましたが。

髙松　明渡費用もない場合には，そうするしかないですよね。そのあたりは申立代理人の技量も重要になってくると思います。

久米　野村さんの事案は確実に原状回復費用が敷金を上回る案件ですよね。この合意がなされていないと管財人は賃貸人から残置物処理費用や原状回復費用を請求されますので，管財人としてもありがたい処理ですよね。

合意解除や明渡しの確認

野村　先ほどから，賃貸人とは合意解除できると望ましいという話が出ていますが，合意解除を行う場合の注意点はありますか。

髙松　賃貸借契約の中に違約金条項があり，かつ，敷金に余剰がある場合，申

立代理人としては，可能な限り契約解除に際して，違約金条項が適用されないように賃貸人と合意しておくことが大事だと思います。破産管財人が行う破産法53条1項に基づく解除とは異なり，契約に基づく解約の場合には，違約金条項が適用されることになりますので（→131頁）。

石川　開始決定後に明渡しの有無でもめた事案があるので，申立代理人が明渡しを行った場合は，少なくとも明渡しが完了した旨の合意書を必ず作成しておくべきだと思います。

久米　その点ですが，場合によっては，清算条項を入れずに明け渡した事実の確認だけの書面を交わすこともあると思います。清算条項を入れると後の管財業務に支障を来たすことがありますので。ただ，明渡しの確認ができていると，少なくとも原状回復請求権は破産債権になりますね。

石岡　確かに，賃貸人が解約と明渡しだけ行って管財人に引き継いだ場合，管財人が賃貸人に敷金の返還を求めても，違約金に充当されてしまう可能性があります。そうなると管財人としては，「申立代理人が余計なことをしてくれた」ということになりかねません。賃貸人がどうしても違約金の免除に応じてくれず，開始後に管財人が解除すれば相応の敷金が返還されそうな場合には，賃借物件の処理を管財人に委ねるべきですね。

山田　申立代理人が賃借物件の処理を行う場合，新賃借人への承継という手段も念頭に置いておく必要があると思います。なかなか都合よく新賃借人は見つからないかもしれませんが，意識しておくことが大切ですね。

野村　申立代理人としては，総合的に考慮した上で，賃借物件の処理をどう行うかを慎重に判断する必要があるということですね。

破産管財人に委ねる場合の申立代理人の注意点

野村　賃借物件の処理を管財人に委ねる場合の申立代理人の注意点は。

髙松　特段の必要がなければ電気，ガス，水道等の解約を検討します。ただし，冷凍庫に食材等が保管されている場合や警備システムを継続する場合等は，電気の供給を維持しておかなければなりません。それから賃借物件内に高価な動産等が保管されている場合には，セキュリティにも気を配る必要があると思います。移動可能な貴重品や書類については，申立

代理人において直接保管し，管財人に引き継ぐようにします。
山田　工場などで動力の電気契約がされている場合，契約を解除してしまうと新たに契約するのに高額な費用がかかりますし，シャッターすら開けられない，機械も動かせないなどの不都合が生じるので注意が必要です。火災保険と盗難保険の確認もきちんとしておく必要がありますね。
髙松　それと，リース物件等の第三者所有物を選別しておくとよいでしょうね。

破産管財人による処理の方針

野村　賃借人の破産で，破産管財人が賃借物件の処理をする場合については，詳細は書いたところを見ていただくとして*3，まず処理方針から。
山田　できる限り賃貸人と交渉して，敷金・保証金を超える明渡費用，原状回復費用を免除してもらい，互いに債権債務がないという形で解決するよう努めています。その際，「破産財団にはお金がない」と言うと後に財団形成ができた場合，微妙な問題があります。「破産という非常事態なのでどうかご協力をお願いします」という言い方がよいですね。これに対し，十分な財団形成が見込めるのであれば，明渡費用は支払います。原状回復費用は，財団債権か破産債権かの議論がありますので，できる限り支払わない方向で賃貸人と交渉します。
髙松　状況を見た上，敷金内での一挙解決ができそうであれば，早期に賃貸人と交渉して合意形成に向かっていくべきだと思いますが，賃貸人との早期合意が困難な場合には，とにかく賃料の発生を抑えるために明渡しを最優先で完了し，その後じっくりと交渉を行うことも大事だと思います。
野村　賃貸人の立場に立って考えてみるのも有益です*4。経済合理性の観点でね。

原状回復

野村　賃貸借契約書には，基本的に，原状回復をして明け渡す旨が規定されていますが，管財人としてどのように処理していますか。

＊3　破産管財実践マニュアル220頁以下参照。
＊4　倒産法を知ろう210頁「賃借人が倒産したら」参照。

久米　実際のところ，管財人として相当だと考える原状回復を行った上で，明け渡すしかないと思います。

八木　ただ，賃貸人から，「賃貸人側が考えている原状回復をしない限り明渡しとは認めない」と強硬に主張された場合，明渡完了までの未払賃料，賃料相当損害金や原状回復費用を財団債権として請求されるという問題があります。特に相応の財団がある場合は，賃貸人と相応の内容で和解的処理をするしかない場合もあると思いますね。

野村　相応の財団がない場合はどうですか。

八木　管財人としては，やれるだけのことをやって，それでも賃貸人が納得しないようであれば，当該物件の鍵を賃貸人に渡して，鍵の受領書をもらい，破産財団の費用での原状回復はできないが，明渡しは行った旨を書面で伝えることになろうかと思います。

籠池　管財人としては，明渡しの証拠を残したうえで，賃貸人に対し「明渡しは完了した」と宣言し，「訴訟をするならどうぞ」という態度で臨むしかないと思います。敷金・保証金の範囲を超えて賃貸人側も訴訟までするのは大変なので，それなりの内容で和解に応じると思いますよ。

久米　明渡費用は財団債権ですが，原状回復費用については，私は破産債権だと理解しています。ただ，事案によっては多少の和解金を支払って解決することもあると思います。

野村　基本的に敷金・保証金の範囲内で解決するということについては異論がないですね。その意味では，原状回復費用が財団債権なのか破産債権なのかは問題にならないのです。充当されるわけですから。問題は，賃貸人が敷金・保証金の範囲内での解決に応じてくれない場合です。ここで，破産財団からの補填までは必要ないとするのが破産債権説です[*5]。その上で賃貸人と交渉し，適宜解決しようと呼びかけているわけですね。

山田　敷金・保証金は，賃料や原状回復の担保のために差し入れられるものですから，その範囲はやむを得ないとしても，それを超えてくると，信用供与の観点からすると，他の一般債権者との違いは見出し難いですね。

[*5] 運用と書式115頁，破産管財実践マニュアル223頁，倒産法を知ろう212頁参照。

桶谷　原状回復費用の問題については，そもそも論としてどこまでが「明渡し」で，どこからが「原状回復」なのか，その区別も必要となりますよね。

山田　単純ですが，賃借事務所でも賃借工場でも什器備品等や工作機械等の動産類の撤去は，物の移動ですむので「明渡し」といってよいでしょう。これに対し，部屋の間仕切り等の造作や工場の天井のホイストクレーンの撤去は所定の工夫が必要となり「原状回復」だといえるでしょう。

桶谷　それと，原状回復でも通常損耗分は賃貸人負担ですから，賃貸借契約書で全部賃借人負担と規定されていたとしても，調整の余地がありますね。

違約金条項について

野村　賃貸借契約書に6ヵ月前予告分の一括払いや全額没収などの違約金条項がある場合，管財人としてどう対処されていますか。

髙松　破産法53条1項に基づく管財人の解除は，法定解除であり契約に基づく解除ではないため，契約書に記載されている違約金条項は適用されない[*6]と主張して（→119頁），敷金からの控除等は認めないようにしています。

山田　私も違約金条項は適用されないことを前提とし，次の賃借人が早期に入居すれば，それ以降の賃料相当損害金は免除してほしいと交渉することもあり，多くの場合，賃貸人は了解してくれますね。二重取りですから。

野村　違約金条項の有効性については，裁判例も分かれている状況ですので，それらを踏まえた上で和解的解決が望ましいですね。違約金条項の場合，適用されたとしても破産債権となることに争いがないことが原状回復と違う点ですね。

　　　ここまで，事業用賃借物件の明渡しの話をしてきましたが，事業譲渡（→164頁）をするような場合には，契約の継続を前提とした賃借権の譲渡の話題になります。賃貸人の承諾を要しますし，もとの賃貸借契約を合意解約し，譲受人が新規に賃貸借契約を締結する場合もありますね[*7]。

＊6　運用と書式116頁，破産管財実践マニュアル223頁，倒産法を知ろう211頁参照。
＊7　破産管財実践マニュアル228頁参照。

⑨ 否認対象行為への対応

否認対象行為の大きな類型
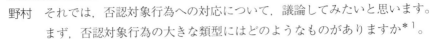

野村　それでは，否認対象行為への対応について，議論してみたいと思います。まず，否認対象行為の大きな類型にはどのようなものがありますか[*1]。

石岡　①取引先に対するもの，強硬な債権者の要求により偏頗行為等がされたという類型，②金融機関，特にメインバンクとの関係で問題になるもの，③破産会社の代表者あるいは代表者の親族に対して，詐害的な財産移転や偏頗行為がなされたというもの，④労働者に対する行為が問題となるもの，例えば退職金規程がないのに退職金名目で金員を支払った等に分けられ，類型によって対応が異なるように思いますね。

申立代理人の対応──裁判所，破産管財人への報告

野村　それでは，申立代理人として，否認対象行為を発見したとき，どのように対応していますか。

髙松　基本的な対応として，石岡さんが挙げた①から④のいずれについても，申立代理人としては事実関係を把握して，裁判所及び管財人に報告します。また，立証に役立ちそうな関係資料等も可能な限り確保して管財人に引き継ぎます。

籠池　とはいえ，③の類型については，申立代理人は依頼者を弁護する立場もありますので，そのような点も考慮しながら，否認対象行為に該当するのかどうかについて，主張を組み立てたり，証拠を収集したりします。もっとも申立代理人が否認対象行為を隠蔽するなどということがあってはいけませんので，その点は十分に気を付けながら行動します。

野村　③の類型については，申立代理人として必ずしも否認対象行為に該当しないと判断する場合でも，申立書等に記載しますか。

籠池　記載しますね。破産手続開始後に管財人の調査によって発覚するよりは，

[*1]　典型的なパターンについては，破産管財実践マニュアル247頁以下，否認権の各類型の概要は，倒産法を知ろう77頁以下参照。

最初から疑わしい行為については報告し，申立代理人の立場からの説明を加えるほうがよいと思います。

髙松　私も同じです。否認の問題が生じそうな行為については，予め記載しておいたほうが，裁判所及び管財人に対する破産者の印象もよくなり，破産者の利益に繋がるように思います。特に③の類型については，債権者も敏感ですので，できる限り事前にきちんと説明しておくほうがよいと思いますよ。

桶谷　私は，明白な否認対象行為でもない限り，申立書とは別に引継書を作成して，そこに問題となる行為と証拠を記載します。申立書は債権者による閲覧対象の文書ですので，あらぬ混乱を避けるのが目的です。

野村　申立書か引継書かはあるとしても，適宜の方法で知らせておき，フォローするということですね。

申立代理人として返還請求や回収を行うか

野村　ところで，否認対象行為があった場合に，将来破産管財人が否認権を行使することを見越して，申立代理人として相手方に対する返還請求や回収を行う必要があるでしょうか。

八木　私は，個人破産の場合，否認の相手方が親族の場合は，できる限り申立て前に取り戻すようにしています。否認の相手方である親族の方に対し，自由財産拡張や破産者の免責不許可事由も視野に，任意に返還しておいたほうがメリットが大きいことを強く説明して返してもらいます。これまでの経験では，大半のケースで返還してもらいました（→160頁）。

山田　相手方以前に依頼者である破産者自身の理解を得るのに苦労することもありますね。一般の方には，世話になったところ，親族，メインバンクなどに弁済することの何が悪いという感覚もあります。説明方法として，「公平を害する」からという説明，「あなただって債権者の立場になったら怒るでしょう」と説明して理解を得ることもあります。

密行型とオープン型で違いがあるか

野村　密行型とオープン型の話に絡めてですが，密行型の場合は早期申立てを

最優先とし，問題点を是正する時間がないので，取戻しまではせず，破産申立てに際して問題点を報告するということでよいですね。
一同　異論なし。
野村　オープン型の迅速型あるいは申立費用捻出型において，取戻しまでに少し時間がかかるような場合，みなさんは取戻しまでやりますか。
髙松　オープン型の迅速申立て型の場合は，密行型と同様，早期申立てが最優先ですので，基本的に取戻しは行わないと思います。オープン型の申立費用捻出型の場合には，申立ての準備期間中に取戻しができそうであれば，取戻しの努力はすると思います。
久米　私も同じですが，付け加えるならば費用捻出に不可欠で準備期間中に全額に近い回収が可能である場合は取戻しに努力すると思います。
八木　相手方が取引先で，対象となる弁済行為が受任通知送付前になされている場合は，悪意といえないケースが多いと思われ，申立代理人として取り戻すのは難しいように思います。他方，対象となる弁済行為が受任通知送付後の場合は，申立代理人の責任問題にもなりかねないので，申立代理人は取戻しの努力をせざるを得ないと思いますし，事案にもよりますが，私なら辞任も考えます。

申立代理人として警告しておくか

石岡　支払停止を公にした後に，取引先が強引に請求して回収していったというケースでは，相手は確信犯でやっているので返せと言っても返してもらえないことが多いと思うのですよね。その場合は，申立代理人としては，せいぜい否認の対象になるとの警告書を送付しておく程度で，後は裁判所に報告して，管財人に取り戻してもらうようにするしかないのだろうと思います。
中川　その点，管財人の立場からすると，申立代理人が警告書等の送付までやってくれて，ありがたい場合もある一方で，ときにはそうでない場合もあります。申立代理人に下手に動かれて，相手方に主観的要件のディフェンスをされてしまい，かえって取戻しが困難になることもあるので，申立代理人には対外的に何もしないでほしいと思うこともあります。

石岡 それは、申立代理人の事実認定力・情報収集力にもよるでしょうがね。事が起こった直後に申立代理人が事情聴取すること自体は大事だと思います。その後に供述を変えたとしても、当時どのように説明していたかは大切です。ただ、確かに、中川さんの指摘も一理あります。支払不能前後の行為のように、相手方の悪意の認定が微妙なケースでは、申立代理人としては受益者には何も言わず、管財人に委ねたほうがよい場合もあると思います。

野村 ただ、支払停止を知った後の回収は完全にアウトですから、そのような場合に申立代理人が返してくださいと言うのは当然ですよね。そして、返してくれればそれでよいし、返してくれなかったら、そうした経緯を管財人に報告することになりますよね。

久米 相手方に警告したり、関係者に通知したりすることで、ともかく現状を維持し、相手方が利得するのを防止することも大切だと思います。例えば、債権譲渡の場合、相手方（譲受人）が、予め債務者から委任状をもらっておいて、第三債務者に譲渡通知を行うというケースでは、申立代理人が譲渡通知を差し止めることは実際上難しいです。こういう場合、譲受人に否認対象となる旨を通知したり、第三債務者に対して、否認対象になるので、管財人が決まるまで払わないでください等と通知したりすることで、譲受人の債権回収の防止などを検討します。

石川 確かに相手方（譲受人）が回収してしまってから管財人が返還を求めるのと、第三債務者が支払を留保している間に管財人が否認権を行使するのとでは、後の処理のやりやすさが全然違いますね。

申立て前の否認対象行為を防止するために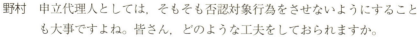

野村 申立代理人としては、そもそも否認対象行為をさせないようにすることも大事ですよね。皆さん、どのような工夫をしておられますか。

籠池 破産者や破産会社の代表者に対し、詐害行為や偏頗行為の意味を理解するまで丁寧に説明しています。腑に落ちると、「こうすると詐害行為になるんですよね」と破産者（代表者）から言ってくるようになります。

髙松 私も受任に際して、依頼者に対し、どういうことをすると否認の対象に

なるかを説明し、場合によっては、なぜ否認の制度があるのかも説明した上で、「私が受任した後に否認対象行為を行った場合は、直ちに辞任します」と強く説明しています。

久米　私も「倒産局面になったら取引先も、銀行も、親族も皆平等に扱う必要があって、誰かに優先して支払ったりするということはできないのですよ」と説明しますね。

石岡　しかし、法人破産の場合など、説明といっても時間がないことが多いですよね。まず、したくてもできないように実印を預かる、あるいは、預かっていなくても「弁護士に預けている」と言わせる。代表者は債権者に対して弱みがありますから、債権者に迫られても弁護士のせいにして逃げる途を作ってあげることが大事かと思います。

石川　石岡さんがおっしゃるとおりで、主観的な予防だけでなく、可能な限り申立代理人が資産を預かる等して、物理的に予防することも大事ですね。

破産管財人の対応

野村　次に、破産管財人として、否認該当行為はどのように探していますか。

桶谷　否認の要件などはさておき、まずは財団を害する行為や債権者間で不平等な行為がないか、およそずるい行為がないか探します。その後、その行為が否認の類型のどれかに該当しないか検討します。ときには、否認に限らず、民法的に無効や取消しを主張できないかも検討します。

石川　ずるい行為を探す感覚を磨くには、典型類型を『破産管財実践マニュアル』などで頭に入れておくことでしょうね。できれば、薄くていいから野村さんの本（『倒産法を知ろう』）とか体系書も読んでおいてほしいです。

浅井　否認権の類型を検討するとき用にチャート（**図表2**）を作ってみましたので使ってみてください。

野村　ありがとうございます。疑わしい行為を発見した場合、どうしますか。

石岡　まず、否認権行使の要件を満たしているかどうか、立証が可能かどうか、どのような立証方法が考えられるかの検討が大事ですね。偏頗行為否認一つをとってみても、支払停止はわかりやすいとしても、破産者がどの時点で支払不能に陥ったのか、当該行為の際に支払不能に陥っていたの

図表2　否認権の類型

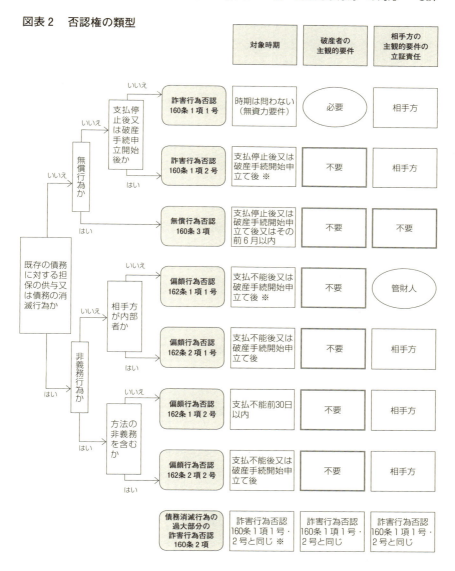

他に，相当の対価を得てした財産の処分行為の否認（161条），手形債務支払の場合等の例外（163条），対抗要件の否認（164条※）等がある。

※　破産申立日から1年以上前の行為は，支払停止後にされたこと又は支払停止の事実を知っていたことを理由として否認できない（166条）。

か，相手方は悪意だったのかなど，判断・立証が悩ましい事案は結構あります。管財人としては，不当性や債権者間の不平等感の感覚だけで物事を進めるのではなく，要件の充足・立証をしっかりと検討することが出発点となります。

取引先に対する偏頗行為等
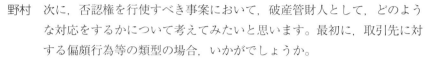

野村　次に，否認権を行使すべき事案において，破産管財人として，どのような対応をするかについて考えてみたいと思います。最初に，取引先に対する偏頗行為等の類型の場合，いかがでしょうか。

石岡　取引先については，強硬な債権者の要求により偏頗行為等がされたといった事案が考えられます。支払不能や悪意の要件を満たしていることが明確な事案では，否認権を行使することに躊躇はありませんね。

髙松　私も石岡さんと同じです。ただ金額が小さい場合は，否認の請求や訴えまで行うかどうか多少悩みますが。

石岡　とはいっても，不当な事案では，金額が小さくても，管財人として毅然とした対応が必要なこともありますね。

金融機関（メインバンク）との関係
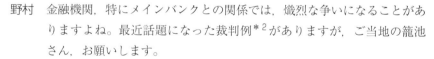

野村　金融機関，特にメインバンクとの関係では，熾烈な争いになることがありますよね。最近話題になった裁判例*2がありますが，ご当地の籠池さん，お願いします。

籠池　メインバンクが融資の弁済を受けた時点で，支払不能状態にあったか否かが争われた事案ですね。無理算段説を採った裁判例ともいわれていますが*3，この判示部分は総合的判断の一つとも読めなくもなく，議論のあるところだと思います。岡山で開催される今年（平成29年11月18日）の全倒ネットの全国大会でもシンポジウムのテーマとして取り上げる予定ですが，メインバンクによる支援打切りは債務者の支払不能に直結

＊2　高松高判平成26・5・23金法2027号（2015年）52頁参照。
＊3　松下淳一「支払不能の意義およびその具体的認定－高松高判平26．5．23を素材として」金法2027号（2015年）6頁参照。

しますし，メインバンクは債務者の資金繰りをコントロールできる特殊な立場にあるといえます。このような立場を利用すれば，メインバンクは自行の債権回収の極大化時期を選択して支援打切りを行うこともできるわけです。こうした濫用的な事例にあっては，デフォルト発生前の約定弁済であっても他の債権者との関係では不公平かつ不当な債権回収行為であるといえ，否認対象とすべきではないかと考えています。ただし，濫用的かどうかという判断は結構微妙ではありますが。

石岡　メインバンクとの関係は注意して見る必要があると思います。否認でも相殺でもそうですが，問題点が隠れていることがよくあります。要件充足については，支払不能の判断がよく争点になりますね。私も，私的整理から法的整理に移行したパターンでしたが，メインバンクが代理受領で2億円弱を回収したのに対し，返還交渉の上和解したことがあります。

労働者に対する行為

野村　代表者や親族に対する行為，離婚に伴う財産分与や遺産分割についても問題になりますが，「破産と家族・家庭」で取り扱いますね（→264頁）。
　　　労働債権に関しては，未払賃金立替払制度の研修会で全国を回っていますと，例えば，他に公租公課がある場合に，破産申立て前に労働債権を払ってよいのか，特に解雇予告手当を未払給料より先に払ってよいのか，払ったら否認対象行為にならないかという質問を受けることがありますが，未だに問題になっているところがあるのですよね。

石岡　この話題は「労働債権・従業員関係の処理」でも出ましたが（→70頁），結論としては，正当な労働債権の弁済であれば否認対象行為にならない，ということです。労働法の趣旨からして，不当性がないと思います。

労働者に対する退職金制度のない退職金の弁済等

野村　では，次に，退職金制度（確立した支払慣行がある場合を含む）がないのに，退職金という名目で金員を支払った，あるいは危機時期に退職金の増額の合意をしたなどという場合，皆さんはどう考えますか。

髙松　これは，本来支払うべき正当な債権とはいえませんから，否認対象行為

になると思います。退職金増額の合意についても，従前からそのような合意が実質的になされていたという場合はともかく，危機時期になされた場合はやはり否認対象行為になると思います。

石岡　否認対象行為にはなると思います。ただ，これらの返還を求めると，労働者側から反発を受け，残業代・休日出勤代がある等の主張を誘発することもあります。相当の時間外労働・休日出勤がなされていた実態が認められる場合も少なくなく，和解相当の事案も多いのではと思います。

回収可能性との関係

野村　否認権を行使するかの検討の際，回収可能性をどの程度考えますか。

石岡　この事案で，これを見逃すわけにはいかない，という場合がありますね。飲食店を複数経営していた会社が，優良店舗を乗っ取られてしまい破産したというケースがありました。乗っ取った相手は個人でしたので，もともと回収可能性は低いと思ったのですが，乗っ取り行為を見逃すわけにはいかないと思い，否認請求しました。

髙松　基本的には経済的合理性つまり回収可能性を考えた上で，否認権を行使するかどうか判断しています。これは管財事件に限らず，一般的に訴訟を起こすかどうか判断するときとほぼ同様です。ただ，石岡さん同様，これは放置できないという事案では，回収可能性が乏しくても，否認の訴えを提起することもあります。

鈴木　担保金を用意できる事案でなければ難しいですが，私は，可能であれば，否認権行使に先立ち，民事保全の申立てを行っています。結果としてわずかな預金しか仮差押えができなくても，仮差押えを先行して行うことによって，和解に応じてくれやすくなり，回収しやすくなります。

否認権行使の方法

野村　否認権行使の方法はどうされていますか。否認の請求から始めるか，最初から否認の訴えを提起するか，という話です。私は，否認の請求から始める派ですね。再生事件も含め，うまく使えています。

石岡　私も，まず否認の請求を行います。この制度ができてから，いきなり否

認の訴えを提起したことはないですね。同じ争いがある場合でも，否認の請求を行うことによりいったん相手方の出方を見ることができる，というメリットもありますし。

中川　その点なのですが，ちょっとでも争いがあると裁判所は否認の請求より訴訟を勧める傾向があって困ります。そもそも，争いがあるから否認に応じてくれないのですから，少々の争いは想定の範囲内と思います。別制度ではありますが，労働審判もどうせ異議が出されるからといって取下げ勧告はしていないですよね。せっかくの制度なので積極的に使わせてほしいなと思っています。印紙も不要ですしね。

髙松　私の場合，争いがあるかどうかという点よりも，相手方が破産裁判所の決定あるいは和解勧告に従いそうであれば，否認の請求を選択します。やってみなければわからないだろうと言われそうですが，任意交渉段階による相手方の雰囲気等を見て，破産裁判所の決定に従いそうになければ，否認の請求を行っても時間の無駄になりますので，裁判所と協議のうえで，いきなり否認の訴えを提起しています。

野村　否認の請求でいったん裁判所の決定が出る，というのは大きいと思いますよ。訴訟に移行したとしても，和解の方向に進むこともありますし。

否認の請求の審理の在り方

野村　否認の請求の審理についてですが，書面審理だけで判断されていますか。私は，審尋期日を開いてもらい，和解協議の場とさせてもらうことがありますね。

石岡　審尋期日を行うことが多いと思います。何回も行うこともよくあります。争いがある場合，簡単に決定を出しても，どうせ訴訟になるだけですから，審尋期日を重ねて主張立証を尽くすことはやむを得ないと思います。

籠池　私が以前行った否認の請求では，書面審尋だけで決定に至りました。

野村　事案によって臨機応変に対応いただいているということでしょうね。否認権は破産管財人にとって強力な武器ですからね。使う際にはよくよく検討し，申立代理人としても管財人に協力できるところはし，護るべきは護るというスタンスですね。

10 株式関係

申立段階における株主の確認

野村　法人破産の場合，申立代理人は，株主構成についてしっかり確認する必要がありますね。破産では通常破産会社の株主には残余財産の分配がなく，債権者ともいえないために無視されがちですが。

久米　確かに，過半数の株主の意向に反してしまうと臨時株主総会などを開催されて，取締役解任・破産申立ての取下げということにも繋がるので，申立代理人としては，必ずその旨の確認が必要だと思います。

野村　通常，中小企業は株主と経営陣が一致していることが多いのですが，いわゆる「雇われ社長」の場合などは要注意です。管財人候補者として記録閲覧した際，「代表取締役が解任される事案だな」と思って指摘したところ，案の定，翌日代表取締役が解任され，破産申立てが取下げになりました。

髙松　依頼者（代表者）の意向もあり，やむを得ず過半数株主の意向を確認せずに申し立てたことがありますが，そのような場合には，申立てがひっくりかえされる可能性だけでなく，場合によっては，取締役に対する責任追及の可能性についてもしっかりと説明しておく必要があると思います。

八木　株主名簿の確認とともに実質的株主の確定が必要な場合もありますよね。特に，申立段階で事業譲渡や会社分割などを検討する際には，原則として株主総会の特別決議が必要であること（事業譲渡について会社467条・309条2項，会社分割について同法783条1項・795条1項等）に留意すべきです。

株主の手続参加

野村　株主の意向との関連では，破産手続開始決定に対して破産会社の株主が即時抗告できるかという点には争いがあり，否定されていますね[*1]。

[*1]　大阪高決平成6・12・26判時1535号（1995年）90頁参照。

久米　手続参加という点からすれば、破産法11条の記録の閲覧・謄写についても利害関係人に破産会社の株主は含まれるのでしょうか。私は含まれると思うのですが。

籠池　見解が分かれているみたいですね。庁によって異なる運用です[*2]。

桶谷　私は記録閲覧についての利害関係人に破産会社の株主は含まれないと思います。時折、破産会社の株主から、管財人である私に対して、質問をしたり、集会資料を求めてこられたりしたこともありますが、債権者集会の日時とか、破産手続の場合は破産会社の株主に「残余財産の分配があることはまずありません」といったくらいのことは回答しますが、資料の送付などは行っていません。

破産財団に非上場株式がある場合の換価方法

野村　次に、破産者が株式を保有している場合について検討したいと思います。上場株式を換価する場合については、管財人が速やかに売却用の株式取引口座を開設し、その証券口座を通じて売却することが通常ですね[*3]。問題となるのは、破産財団に非上場株式が存在する場合ですが、非上場株式は当然証券会社を通じての売却はできず、株式の譲渡には譲渡制限が付いていることが通常ですので、非上場株式の換価は非常に苦労することが多いと思います。皆さんはどうされていますか。

久米　確かに第三者への売却は難しいですし、なかなか会社の承認を得られないですよね。ですから、会社や会社の役員、他の株主に買取りを求めたり、買取先を紹介してもらったりして何とか売却するように努めていますが、実際は価格が安くなったり、適当な買取先の紹介を受けられなかったりして、価格交渉等が難航することが多いですよね。

八木　まずは、発行会社にアプローチすることでしょうね。発行会社から買主を紹介してもらえることも多いです。発行会社に株主名簿の閲覧を請求したところ、スムーズに買取先の紹介を受けたという話も聞いたことがあります。やはり個別に株主に連絡を取られると嫌なのでしょうね[*4]。

[*2]　書記官事務の研究201頁以下参照。
[*3]　破産管財実践マニュアル154頁以下参照。

山田　確かに既存株主への売却は譲渡承認がいらないことも多いので、既存株主への個別アプローチは賢いやり方ですよね。もっとも、私は管財人として株主名簿を閲覧し、名簿の上位の株主に買受けの打診をしましたが、買受希望者を探すことができず、やむなく財団放棄した事例があります。

八木　動産の売却については、開始決定の同封文書で債権者にも案内することがあります。非上場の譲渡制限付き株式についても、同じように案内したことがありますが、結果的にそれで売れたことはありませんね。

石岡　私も、債権者集会で配付する財産目録に非上場の譲渡制限付き株式も載せていますので、情報提供する形にはなっています。

森本　例外的な事案かもしれませんが、譲渡制限の付いていない非上場株式があって、発行会社に言ったら「数十万くらいにしかなりません」って言われた事案がありました。債権者に「この価格で売りますからほしい人がいたら手を挙げてください」と言ったらその会社の役員も務める債権者が数百万で買ってくれた経験もあります。役員間でシェア争いをしているのかもしれませんが、ほしい人には価値があるのが株式ですから、債権者に案内することも有益だと思いますよ。

桶谷　少数株主であっても会社で支配権争いが発生している場合などはそれなりの値段が付く可能性があるということでしょうね。

非上場株式の売却価格

野村　買取先の確保も難しいですが、価格についてはどうでしょうか。非上場株式の価格算定については、配当還元法や収益還元法、類似会社比例方式、純資産方式など、様々な算定方法[*5]がありますが、交渉については難航しますよね。皆さんはどのように交渉していますか。

石岡　通常は少数株主で配当くらいしか現実に得る利益はありませんから、額面で売れれば御の字ということが多いですね。

八木　簿価純資産なら額面額の10倍以上になるような場合でも、少数株主で

[*4] 非上場株式の換価に関連して、株主名簿閲覧謄写請求権を利用して換価した事例について、PRACTICE141頁参照。
[*5] QA200問131頁以下参照。

あることがほとんどなので、価格交渉は辛いですね。配当還元方式といわれると直近2年分の配当額の平均の10倍にしかならず、すごく安い金額になってしまいますしね。石岡さんのおっしゃるとおり、額面以下と言われることもあり、非常に苦しいです。

100パーセント子会社の株式換価

山田　破産会社が子会社の株式を100パーセント保有する事案を管財人として担当したことがあります。子会社は債務超過ではあったのですが、親会社の破産とは関係なく事業継続できていました。子会社の代表取締役が買取りを希望したので200万円くらいで売却したことがあります。

野村　私も、破産会社に100パーセント子会社があり、親会社の破産とは関係なく事業継続できていたので、子会社の社長と破産した親会社の関係者が株式を買いたいということで入札にして競らせ、額面よりもかなりいい値で子会社の社長に売却できたことがあります。別の事案では、全く稼働していない100パーセント子会社がありましたが、当然のことながら売却見込みはありません。

従業員持株会の問題点

野村　個人の破産者の場合は、破産者が勤務先会社の従業員持株会に参加していることもあります[*6]。これは申立ての際に見落とされがちでもあり注意が必要です。給与明細などを精査することにより持株会の費用が控除されていることなどからわかることもありますよね。

久米　従業員持株会については、破産者自身は株主ではなく、持株会が株主となっているのが通常ですから、上場会社の持株会でも市場での売買はできないですよね。退職しないと換金できないという規定になっていることも多く、なかなか換価が難しいという印象です。私は、管財人として、破産者に開始決定時の価値相当額を財団に組み入れてもらった経験があります。

＊6　破産管財実践マニュアル156頁以下参照。

八木　少額の場合は自由財産拡張や財団放棄で対応することもできるのではないでしょうか。

野村　それでよいと思いますよ。自由財産拡張で処理したこともあります。

管財人による共益権行使の問題

野村　管財人による共益権行使についてはいかがでしょうか。管財人が破産財団に属する株式の共益権を行使することにより，破産財団の増殖が望めるのであれば，管財人自身が共益権を行使するか，破産者の共益権行使を促すべきであると思いますが*7。

久米　管財人が破産会社所有の建物の換価のため，底地所有者である破産会社の100パーセント子会社の株主総会を開催し，清算人を選任して建物土地を一体として売却したという事案もあるようですね*8。

山田　古い裁判例は否定的なものもあるようですが*9，破産財団の増殖が見込めるのであれば，問題なく行使すべきと思います。私の経験でも法人の管財事件において，破産財団に属する100パーセント子会社の株式について，子会社の代表者の意向に従って，代表者を取締役に再選する旨の議決権行使をしたことがあります。ただ，取締役の解任の場合は，現経営陣と対立構造となり，管財人は破産財団に属する株式の議決権行使ができるのか，厳しい議論となるので相当の勇気がいると思いますが。

野村　いずれにしても，管財人としては，破産財団に株式が存在する場合，できる限り財団の増殖に寄与できるよう努力するわけですが，まあ，これは換価の基本でもありますよね。

＊7　破産管財実践マニュアル156頁以下参照。
＊8　PRACTICE108頁参照。
＊9　大阪地判昭和32・12・6金法179号（1958年）5頁以下参照。

11 税務関係

破産申立ての段階での注意点——滞納処分に注意

野村　破産事件で避けて通れない税務関係につき，話題にしましょう。まずは破産申立ての段階での注意点から。

中川　消費税の滞納状況の確認ですね。数ある税金の中でも，消費税が一番容赦なく取り立てられます。税務署としては，消費税は国のお金の預り金という意識があるみたいで，すぐに滞納処分をしてきますね。なので，消費税の滞納が相当程度ある場合，特に急がなければいけません。密行型で進めているシナリオが壊れてしまう可能性がありますから。

八木　年金事務所も動きは早いですよ。福井では，とにかく早く容赦ないです。見込んでいた申立費用の準備ができなくなります。

久米　滞納が相当程度あると，代表者や経理担当者が公租公課庁と分納協議をしていることが多いので，その状況を確認し，時間的な余裕がどの程度あるか考えながら，Xデーを設定することになりますね。

中川　オープン型の場合，公租公課庁には受任通知を送っていないのに，債権者を通じてメディアに漏れて報道されてしまい，翌朝には滞納処分が飛んできて予納金工面のために換価するつもりだった価値ある資産を持っていかれてしまっていたという話を聞いたことがあります。これも消費税でした（40頁，109頁）。

山田　公租公課庁には受任通知を出さないことは周知されていると思いますが，別ルートですぐにわかると思っておいたほうがよいですね。

中川　前から気になっていたのですが，税務署が申立代理人の預り金を差し押さえる場合があると聞きます。預り金は使えなくなるのでしょうか。

久米　その差押えについては，平成15年最判[1]がありますが，預り金預金債権自体の差押えではなく，預り金返還請求権の差押えでしょうね。

八木　預り金返還請求権の差押えといっても，差押えの効力によって差押債権

---

[1]　最判平成15・6・12民集57巻6号563頁参照。

額を減少させる委任事務処理が妨げられるわけではなく，委任終了時の残金の履行請求しかできないとされていますよね[*2]。

中川　そうすると，管財人引継金も含みうる裁判所への予納金も差押え額から控除されるのですかね。

野村　そうですよ。委任終了時には預り金のすべてがないわけで，空振りですね。

依頼者と自分を守るためにも記帳しよう

中川　申立時は緊急事態でとにかく急ぎますが，既にある帳簿類の確保は当たり前として，破産管財人に引き継ぐまでの記帳は，どの程度されていますか。

野村　その点ですが，最後まで帳簿を付けようと呼びかけています[*3]。破産はすべての終わりではなく，破産しても税務申告が必要です。財産保全の意味でもね（→66頁）。

石川　特に手持ち現金については，きちんと現金出納帳に記帳しておかないと，申立て前のドタバタの中で，少なくない使途不明金が生じてしまうことが，残念ながらよくありますね。

髙松　支払停止直前から破産申立てまでの使途不明金が相当あって，そういう事案に限って帳簿も廃棄されていたりすると，破産管財人に財産隠匿を疑われても仕方がないですね。そういう事情は，報酬が過大だったり資産流出があったりといった事例の兆候だったりするものです。

桶谷　私は本籍が公認会計士ですので，皆さんとはちょっと感覚が違うかもしれませんが，入出金だけでも記録を付けておくのは当たり前だと考えています。倒産直前でのドタバタで，多少の財産が散逸するのはやむを得ません。しかし，帳簿を付けることは，会社代表者にあらぬ疑いをかけられないためにも，きっちりと実行してもらっています。

野村　そうですね。帳簿を付けることを意識づけすると，不正防止にもなりますし，依頼者と自分を守るためにも，債権者への誠実さの顕れとしても，できる限り最後まで帳簿を付けておいたほうがよいですね。それと，当

[*2]　最判解民事篇平成15年度（上）318頁参照。
[*3]　法人破産申立て実践マニュアル256頁以下参照。

第3章 申立代理人,破産管財人双方の立場から　11 税務関係　149

　　　然ですが,経理データや帳簿類の確保と引継ぎです (→65頁)。
石岡　この点は強調しておきたいのですが,申立代理人の預り金口座の入出金
　　　の履歴は必ず一覧表化してまとめておくべきですね＊4。

破産管財人は実践マニュアルを読もう

野村　次は管財業務での税務対応について見ていきましょうか。
桶谷　管財業務での税務については,『破産管財実践マニュアル』が一番よく
　　　まとまっています＊5。必要十分なことが書かれているのですが,初心
　　　者にとっては,やや難度が高いと思います。宣伝ですが,私が担当した
　　　日弁連ライブ研修「破産管財人の税務」＊6をご覧になってから『破産管
　　　財実践マニュアル』をご覧になると,さらに読みやすくなるかもしれま
　　　せん (笑)。
野村　私も聴講しましたよ。合わせ技で理解が進むといいですね。
籠池　野村さん,それにしても,あそこまでよくまとめましたよね。
野村　かなり悩みましたが,自分の経験から,ここまでは書いたほうがよいと
　　　いうところを書きました。まさに実践マニュアルです。懇意にしている
　　　公認会計士,税理士の先生方に原稿を見ていただきましたが,ここまで
　　　書くのですか？と言われました。書くのですよ！が私の答えでしたね。

財団欠乏時の税務申告

野村　破産管財人の経験交流会をすると,必ず「税務申告はすべきですか？」
　　　という質問が出ますね。もちろん法人の場合についてで,申告義務のこ
　　　とはわかった上での話です。皆さんはどうしておられますか。
中川　『破産法大系』の論文＊7に,法人税法の申告義務を負う主体に破産管財
　　　人も読み込むのは罪刑法定主義に反するから刑罰規定対象にならない,

＊4　法人破産申立て実践マニュアル51頁,256頁参照。
＊5　破産管財実践マニュアル380頁以下の「破産管財と税務」参照。
＊6　平成29年2月16日実施「破産管財人の税務」は,日弁連研修サイト (日弁連会員専用) にお
　　いて視聴可能です。
＊7　木内道祥「破産と租税－破産者の税務についての破産管財人の地位」破産法大系Ⅲ371頁参
　　照。

破産管財人の税務申告義務は税法上の義務ではなく管理処分上の善管注意義務に属する義務なので、例えば管財人報酬だけで終わってしまうような異時廃止事件で租税債権を確定しても意味がないので申告不要なのは当然と書いているものがありますので、これに依拠しています。

石川　財団が乏しくて全部管財人報酬になるような場合に、税理士報酬を払ってまで申告することはしないかな。最近の若手は洗練されているけど、頭でっかちにもなっているように感じることがありますね。

桶谷　でも、それはあながち間違った感覚ともいえませんよ。破産管財人や弁護士を取り巻く環境は厳しくなる一方ですから、破産管財人が税務申告をしないリスクはこれまでと同じ感覚では危ないと思っています。

野村　私は、解散事業年度の税務申告の必要性について、法人併存型を20万円の低廉な予納金で開始し、その後も破産財団がほとんど増殖できないような事案では、費用的にも税務申告が困難な場合が多く、実際上税務申告を行わなくてもやむを得ないと思われます。ただ、異時廃止事案であっても、財団規模に応じて税務申告費用を賄うことが可能な場合には、総合的に考慮して税務申告を行うこともあります、と書きました[*8]。

中川　この後段について詳しくお聞きしたいのですが、異時廃止でも、破産管財人報酬以外の租税債権に按分弁済することができて、破産手続開始後の換価により他より優先される財団債権となる消費税が生じる場合には申告をしますよね。また、未申告の解散事業年度で消費税が生じていそうな場合は申告すると思います。他はどんな場合が考えられるでしょう。

野村　やはり消費税ですよね。法人税は基本ゼロ、法人住民税は均等割がありますが額は多くないですから、消費税をどうするかなんですよ。滞納公租公課が税務署関係と社保関係くらいなら、申告をしても結果に大きな影響がないということで、申告を見送る事案もなくはないですね。逆に、申告をしなければわずかながら配当可能という事案でも、解散事業年度の消費税が相当程度あることがわかっているときは、財団債権を弁済せずに一般の破産債権に配当して後日責任追及されるのも困りますので、

[*8] 破産管財実践マニュアル394頁参照。

申告して異時廃止で終わることもあります。桶谷さんが指摘されるように，管財人としてのリスク管理なのだろうと思いますね。

税理士との連携のあり方

野村　税務申告は基本的に税理士の先生に頼むのが普通でしょうか（→319頁）。

桶谷　慣れないことを独りで抱え込んで他に本来やるべきことまで遅滞しないよう，専門家に任せられるならそうすべきですよ。

中川　高知だけかもしれませんが，税理士の先生方は弁護士と違って相談だけなら報酬を請求しない方が多いので，まずはそういう方に注意点やメリハリを相談するようにしています。

野村　税務申告するときの税理士の先生は誰に頼んでいますか。

中川　本当は倒産処理に慣れた税理士の先生に頼みたいのですが，田舎では狭い税理士業界での付き合いが気になるそうで，まずは顧問税理士に頼んで断られてからにしてくれとよく言われます。ただ，それまで粉飾決算がなされていた場合には，その顧問税理士に依頼すべきかは検討を要します。

野村　普通の税理士の先生方は，当然生きている会社のことを扱っておられますので，破産の場合の処理をご存知ないことがあります。先生，それはちょっと，ということがときどきありますね。

中川　我々弁護士も得手不得手がありますし，税理士の先生方もそれは同じなのだろうと思います。例えば延滞金減免のことを知らず，減免申請しておいてと頼んだら震災でもないとムリと言われてやってくれず，結局自分でやっています。また，交付要求自体を知らない人が多く，申告書を作ってもらった際に，納付金額を要求されたこともあります。

久米　税理士の先生のほうが，破産手続開始決定で事業年度が終わり解散事業年度になることや，残余財産確定日がいつになるのかといった点を理解されておらず，質問を受けることがありますね。

桶谷　少し補足しますと，残余財産確定日について，換価終了日[*9]，管財人

---

*9　横田寛『新版　弁護士・事務職員のための破産管財の税務と手続』（日本加除出版，2017年）35頁，破産管財実践マニュアル391頁以下参照。

報酬決定日，債務弁済終了日と3種ほどの見解がありますが，現時点で確定的な見解は定まっていませんね。

野村　アウトソーシングするにも，依頼者として破産管財人も最低限のことは知っておくべきですね。

　　　ところで，税理士の先生の費用はどうですか。

中川　規模によると思うので具体的な額はまだ相場観がつかめていません。ただ，一般論として，昔は安いほどありがたいと思っていたのですが，以前，一桁万円でやりますという方がいてお願いしたところ，中間納付を見落としていたり税務署から通知があっても私に報告してくれなかったりと散々な目に遭いました。弁護士も同じでしょうが，安ければいいというものではないのだなと痛感しまして，それ以来，税理士費用をやたら値切ったりすることは控えています。

野村　プロに頼むのですから，必要経費として相当な報酬をお支払いするのが当然ですよね。それでよいと思いますよ。

髙松　正直税務は苦手分野ですので，ほとんどの事案で税理士に依頼していますが，税理士費用について，いつも何となく悩ましく思っています。私の中では，解散事業年度分及びそれ以前の分について，どのくらいの作業が必要なのかという点にポイントを置いていますが，それでも事案によってかなり幅があり，15万円から60万円という感じです。これは，清算確定事業年度分までのトータルの金額です。また，難しい事案で多額の還付を得られたときは別途報酬を支払ったこともあります。

久米　私は，簡単な事案では私個人が税務申告を依頼している税理士の先生に無償で申告書を作成してもらうことが多いです。若干複雑な事案であれば，破産会社の顧問税理士の先生などに10万円から20万円程度でお願いしていることが多いです。事案によってトータルで50万円以上の報酬をお支払いしたこともあります。ただ，これまで私自身はそれなりに税金が還付された事案でも還付手続に伴い別途報酬は支払ったことはありません。

桶谷　一般的に，会社と顧問税理士の契約は，月額顧問料と決算料で決めていることが多いと思います。月額顧問料は毎月の記帳指導・記帳代行の対

価として，決算料に申告の作成・提出の対価です。破産管財人として，破産会社の顧問税理士に依頼するときは，この決算料でやってくださいと提案します。業務の多寡によって多少の増減はしますが，わかりやすい基準ですので，債権者や裁判所も納得しやすい金額だと思っています。

野村　ちゃんとやろうと思うと，少なくとも解散事業年度と清算確定事業年度の2回は申告が必要となりますが，事案によっては，費用の兼ね合いで，解散事業年度の申告のみ行い，そこまでとすることもありますね。ここもリスク管理ということで，各々が判断することですね。

税理士に依頼せずに税務申告をする方法

野村　弁護士も一応は税理士資格があるわけですが，大した分量もなかったら自分でやる人はおられますか。

中川　税務の専門家ではないので，それはちょっと怖いです。開始決定後の申告分だけで，たいした換価もなく還付見込みもないようでしたら，洗いざらい税務署に持ち込んで税務署の職員に書いてもらったこともあります。親切に作成してくれました。

野村　還付がある場合もやってもらえるのでしょうか。

中川　還付がある場合に税理士の先生に頼まないと税務署に有利に解釈されそうで安心できません。例えば，回収可能性のない売掛金債権を長年資産計上していた場合に，破産開始後に貸倒れにして消費税を減らす手法を使うことがありますが，こういうのは税務署には頼めません。また，記帳量が膨大な場合にはさすがに税務署丸投げは気が引けますね。

加算税は劣後的破産債権といって甘く見ない

久米　期限内に申告ができなくて，申告した後破産手続がすべて終了してから忘れた頃に加算税の納付書が来ることがあり，どきっとしますね。

八木　税務申告が遅くなって加算税がかかっても，劣後的破産債権ですよね（97条5号・99条1項1号）。

桶谷　劣後的破産債権ですが，還付金がある場合，その劣後的破産債権になる

加算税等に充当されてしまうことがあります[*10]。だから還付金が見込まれる場合は早く税理士の先生に依頼するなりして申告したほうがよいです。

源泉所得税の脱漏予防方法

野村　管財業務における税務の基本的な話はこれぐらいにして、税目ごとの留意点について検討していきましょうか[*11]。

　まず、源泉所得税は、法人税や消費税と異なり、申告を要せず、自動的に確定しますので、税務申告が必要かとは別の考慮が必要ですね[*12]。私も何度も痛い目に遭っているのですが、源泉所得税の未納はどのようにして確認し、漏れを防止すればよいでしょうか。清算確定申告の際になって、税理士の先生から、源泉所得税の未納がありますよ、と指摘され、税務署に確認したら納税告知書の送り漏れがあり、配当原資が減ったことがありました。配当前に見つかってよかったのですがね。

中川　私も源泉所得税の脱漏が後から指摘されて痛い目に遭ったことが何度かあります。それ以来、破産者が給与支給している場合には、税務署の源泉部門の担当者に早めに連絡して、漏れがないか確認しています。

破産管財人の源泉徴収義務

野村　破産管財人の源泉徴収義務につき触れておかないといけませんね。判例[*13]は、法人破産の事案で、労働債権である退職金債権の配当の際の源泉徴収義務はないが、破産管財人報酬の源泉徴収義務はあるとしました。

桶谷　ですから、この判決後は、法人破産については、破産管財人報酬の源泉徴収をして、納税するようにしていますね。

岡田　この点、個人破産の場合がどうか気になるところです。個人事業者であれば可能性があると思いますが、非事業者の一般消費者の場合は関係な

---

*10　破産管財実践マニュアル403頁以下、国税不服審判所平成23・8・2裁決参照。
*11　具体的な税目については、破産管財実践マニュアル366頁以下参照。
*12　破産管財実践マニュアル367頁以下、404頁以下参照。
*13　最判平成23・1・14民集65巻1号1頁。破産管財実践マニュアル405頁以下参照。

いと理解しています。

野村　個人事業者でも，破産して元事業者となっているわけですから，管財人報酬が支払われる時期には，既に給与等の支払者ではなくなっていますよね。個人破産の場合は，源泉徴収する必要はないと思いますよ[*14]。

消費税の還付請求は要注意

中川　消費税は，還付になることも多いと思います。もちろん，本則課税であることが要件ですが，貸倒れ処理ができる場合は，簡易課税でも可能ですね[*15]。

野村　還付請求を行った場合，すんなり還付される場合と調査を受ける場合がありますが，税目や還付額によって異なるのでしょうか。私は数千万円の繰戻還付（欠損金の繰戻しによる法人税の還付）[*16]がすんなり受けられた事案もあれば，消費税につき税務調査を受けたこともあります。

桶谷　消費税の還付額が大きくなると，破産手続中であったとしても，税務調査を受ける可能性はあると覚悟してください。帳簿や証憑（請求書などの証拠原本）が揃っていれば調査を恐れる心配はありませんが，破産会社の経理担当従業員や税理士でなければ，税務署職員の質問に的確に答えるのは難しいかもしれません。

野村　消費税の還付には，帳票類が必要ですが，これが厄介ですね。公認会計士の先生にかなり頑張っていただいたこともあります。

　　　消費税の還付といえば，清算確定申告の際，破産管財人報酬に係る消費税を課税仕入れとして控除することで還付を受けることがあります[*17]。残余財産確定の時期としては，破産管財人報酬の決定があった後としたほうがよいですね。

桶谷　そうですね。ただし，還付を受けるためには，清算確定事業年度に課税売上げがあることが大前提ですし，非課税売上げに対応する部分は控除

[*14]　破産管財実践マニュアル405頁以下参照。
[*15]　破産管財実践マニュアル401頁以下参照。
[*16]　破産管財実践マニュアル399頁以下参照。
[*17]　破産管財実践マニュアル391頁以下参照。

できませんね。とはいえ，うまくいくとぽこっと還付が発生ということになりますね。

石川　以前，税理士の先生が破産管財人報酬見込額で計算しておきますよ，という話があったのですが，野村さんから聞いた後は，報酬決定をもらってからにしていますね。

破産手続開始後の法人住民税の均等割

野村　破産手続開始後の法人住民税の均等割についてはどうでしょうか。

桶谷　私は基本的に申告して納税しています。ただし，営業所も建物もなくなったと役所に電話して，役所の了解をもらった後は支払いません。

野村　私は，解散確定申告の際に異動届で事業所等の廃止も届出しておき，人的・物的設備がなくなったとして，清算事業年度以降は均等割が発生しないことで処理しています[*18]。税理士の先生に確認してもらうこともありますが，問題なくいけてますよ。東京では，破産管財人事務所があるでしょ，と言われるようですが。

桶谷　営業所や店舗，工場が形として残っているなら，支払うのが公平だと思います。逆に，破産管財人の事務所が「破産会社の事業所」だと言われるのは違和感があります。数千円か数万円のことですので，支払うこともありますが，なるべく払わないよう課税庁と交渉します。

延滞税・延滞金の減免申請

野村　税務対応の一つとして，租税債権の弁済の際に，必要に応じて延滞税・延滞金の減免申請を行っていますが[*19]，皆さん，しておられますよね。
（一同頷く）

桶谷　租税債権の弁済は大切だとして，あえて減免申請しないという方もいますが，私は必ずしています。

野村　私もやっていますし，やったほうがよいと思いますね。公租公課庁も理解を示してくださいますしね。

---

*18　破産管財実践マニュアル387頁以下，389頁以下参照。
*19　破産管財実践マニュアル418頁以下参照。

個人事業者の消費税の納付方法

野村　法人を前提にした議論が続いていますが，最後に個人の場合についてみておきましょうか。個人の場合は，破産管財人に申告義務がなかったり，法人のようなみなし事業年度がないので，暦年での確定申告のままであったりと法人とはかなり状況が異なりますね[20]。

石川　個人事業者の管財事件で換価により消費税が生じて，消費税の申告期限が来る前に破産事件が終了する場合，消費税分はどのように処理しておられますか。実践マニュアルでは，悩ましいとしているのですが[21]。

中川　消費税法19条2項の課税期間短縮の特例[22]を利用して申告納付を前倒しする方法や，さらに納付だけでも急ぎたい場合には国税通則法59条の予納申出で対応する方法があるようです。

野村　税務はわからないことが多々あります。それでもある程度の基礎知識は獲得して，税理士，公認会計士の先生と協働・連携ですね。

【コラム2】簿記検定を取ろう！

　ある程度の規模の管財事件を担当するようになると，当然のように帳簿を読めることが求められてきます。私（中川）は，地元で破産事件の重鎮の先生に「簿記もわからないのに帳簿を読んでも片目をつぶって読んでいるようなものだ」と言われ，弁護士5年目から簿記2級まで取らされました。でも今になって非常に感謝しています。3級レベルでも勘定科目に親しむと，ぐっと帳簿への抵抗感が下がります。英単語を暗記していれば，英文が読めるのと同じです。また，3級でも決算作業が試験に出るので簿記の文法が自然と身につきます。3級くらいでも取ったときに，だいぶ帳簿の見え方が変わり，簡単な粉飾なら自力で見つけられるようになりました。決算書，勘定科目内訳書，総勘定元帳，仕訳日計表，補助簿といった資料も使いこなせるようになります。3級でしたら1週間〜10日ほどで学べる本もあれこれ売っています。一歩先を目指して，ぜひ，チャレンジしてみませんか？

---

[20]　破産管財実践マニュアル397頁以下参照。
[21]　破産管財実践マニュアル398頁以下参照。
[22]　はい6民349頁参照。

12 破産者との信頼関係構築

信頼関係が大切

野村　ここまで、申立代理人、破産管財人双方の立場から様々な場面を検討してきましたが、この章の最後として、破産者との信頼関係構築について見ておきたいと思います。個人であれば破産者本人、法人であれば代表者を対象とします。依頼者・相談者との信頼関係構築は、倒産事件に限らず、弁護士にとってすべての事件で大切なことですね。

申立代理人は委任契約だが

野村　まず、申立代理人の立場からいかがでしょうか。

山田　申立代理人と破産者との契約関係は、当然のことながら、委任契約です。委任契約に基づく信頼関係は、基本的には、裁判や調停等における弁護士と依頼者との信頼関係と同様だと思います。信頼関係の構築については、①依頼者の話を傾聴し、共感し、依頼の趣旨を的確にとらえる、②証拠関係もきちんと確認し、事実関係を整理する、③適切な手続選択と報酬を明瞭に説明し、④選択した手続を迅速かつ的確に遂行する、⑤途中、依頼者を励まし法の理を理解させ必要があれば路線の修正もする、ことにあります。もっとも、破産手続の依頼を受ける場合には、破産事件の受任・遂行という観点からの特殊性がありますね。

気持ちを受け止める

野村　破産事件の受任ということで特に配慮するのはどのような点でしょうか。

桶谷　まず、破産事件の受任の際に気をつけているのは、個人・法人を問わず、相談に来る方の心の状態です。借金の悩みは深刻です。誰にも相談できず、勇気を振り絞って弁護士に相談に来られるわけですから、まずは気持ちを受け止めるところから始めます。借金を作った原因の分析や、責任の追及などは初回相談ではなるべくしないようにしています。なかには、悩み抜いて自殺寸前の人もおられますしね。

久米　法人に限っていえば，自分の顧問会社から債務整理の相談を受けることもありますが，圧倒的に多いのは，これまで全く接点のなかった会社からの相談です。会社の経営者にとっては，顧問弁護士はいるけど，その顧問弁護士には相談しづらいと言って別の弁護士に債務整理の相談をすることもあります。顧問料を滞納していたり，顧問弁護士が倒産事件を扱っていなかったりという場合だけでなく，顧問弁護士に相談するのは恥ずかしいという経営者もいますね。

八木　基本的に初めて出会う方がほとんどですから，最初の信頼関係構築は大切です。特に，法人なら次の支払日が迫っている，個人なら給与差押えを受けているなど，時間的に切迫している場合には，短期間に信頼関係を築く必要があります。弁護士として依頼者に強く指示しなければならない場面もありますが，信頼関係ができていないと，単に強引な弁護士だと受け取られてしまうこともありますしね。

どんな配慮をするか

野村　具体的にどのような点に配慮していますか。

山田　相談者の質問には，自信をもってわかりやすく回答することですね。他の裁判や調停等の受任の際と同じです。手続選択の説明も重要です。当事務所では，各種手続のメリット・デメリット，信用情報への登録，直前借入や直前弁済の禁止等の注意点について説明した，「倒産手続を申し立てられるあなたに」という説明書をお渡しします。また，破産の申立書セットや時系列表を渡して，今後の手続のイメージをもってもらうことも大切です。多くの相談者にとっては人生で初めての経験でしょうから，よく聞かれる破産を受けることによるデメリットなどは先回りして説明してあげると，この弁護士は私が聞きたいことをわかってくれていると思ってもらえるかもしれません。

桶谷　倒産事件だからといって特別なことはありません。ただし，会社の倒産なら決算書が読めるほうが依頼者の話をより理解しやすいでしょうから，ふだんから会計や税務の知識を身に付けるよう意識しています。また，新聞の経済欄やテレビの経済番組を見て，世の中の動きに遅れない

ようにもしています。そういう言葉の端々で、弁護士への信頼が変わってくると思います。

財産隠しや否認対象行為の疑いがある場合

野村　破産者の財産隠しや否認対象行為の疑いがある場合[*1]、一気に緊張関係が走りますね（→132頁）。

山田　頭ごなしに注意したり、非難したりすることはしません。人間であり、言いにくいこともあれば、隠したいこともあります。話を慎重に聞き、通帳や会計帳簿等をチェックし、親族や取引先のお金の移動を確認し、不審な入出金をチェックします。疑問があれば、丁寧に聞きます。「この点、どういう支払ですか」「人間には思い違いもあるので間違っていたら訂正してください」と水を向けます。破産者が財産隠しや否認等の事実を認めれば、その旨、事前に資金の回収ができれば、その上で破産申立てをしますし、できなければ、その旨正直に管財人に引き継ぎます。

野村　依頼者が弁護士の説得に応じず、財産隠しや否認対象行為の事実を認めなかったり、管財人に説明するのを拒んだりした場合はどうしますか。

山田　どうしてもの場合には事件をお受けすることはできません。実際に辞任したこともあります。厳しい選択ですが、債務者にきちんと説明します。

石岡　申立代理人は依頼者の味方として、いわば盾になり護ってあげるわけですから、その役割をわかってもらえるようにしますし、それをわかってもらえないならやむを得ないのでしょうね。

野村　誠実な債務者は救ってあげたいですが、誠実さすら見せてもらえないとなるとつらいですね。

破産管財人と破産者の信頼関係構築

野村　次に、破産管財人と破産者の信頼関係構築についてはいかがでしょうか。

山田　破産管財人は、破産手続開始決定によって破産者の管財人に就任しますから、もともとは破産者と縁もゆかりもありません。管財人の職責は、

---

*1　法人破産申立て実践マニュアル42頁以下、190頁以下、196頁以下参照。

迅速に案件を把握し，財産を占有管理し換価して，他方で債権調査等をし，最終的には債権者に配当することです。そこでは，破産者や破産会社の代表者は，破産手続を遂行する上で必要な情報の提供主体という側面が強いですよね。私は，最初は多少厳しめに入りますね。

桶谷　私は山田さんとは逆で，最初はなるべく優しく接するようにしています。ただでさえ破産者に管財人のことを警戒していることが多く，最初はなるべく話しやすい雰囲気を作っていかないと破産者は本当のことを話してくれないと思うからです。ただ，ある程度の距離感を保ちながら，破産者の心に入り込んでいくバランスは，いつも苦労しています。

山田　私も厳しめとはいっても「甘くはないよ」という程度ですよ。桶谷さんの「優しめ」より優しいと思いますよ。ただ，破産者も人間であり，言いにくいこともあれば，隠したいこともあります。管財人が破産者から適切な情報収集をするためには，破産者との信頼関係の構築が不可欠と思います。そこから築いていかなければならないと思いますね。

籠池　申立代理人が管財人の立場や役割を説明してくれていると，初動が楽です。管財人は場合によっては厳しいことも言うけれど，そういう役割の人なのだから協力するようにと申立代理人が説明してくれていると，破産者の警戒心も小さくなります。その上で管財人の立場からも手続の流れなどを説明してあげればスムーズに進むことが多いと思いますね。

久米　後は管財人がいたずらに高圧的な対応にならないよう気をつけるべきだと思います。破産者や破産会社代表者に問題がある事案でも頭ごなしに高圧的な態度で接するべきではないと思いますね。

中川　私は，桶谷さんと同様，初回面談では，できる限り優しく接して基本聴き取りに終始します。ただ，しっかりと聴き取りが必要な場合は，多少厳しくもなってしまいます。その後もフォローは忘れませんよ。「わかるけど，おれもこんな立場やき，理解してや」とか言いながら。

山田　そんな感じで方言を入れるといいかもしれませんね。

石川　私は，「申立代理人はいつでもあなたの味方です。管財人の私は，今後のあなたの対応次第で味方にもなるし敵にもなります」と言うようにしています。裏返せば，「正直にすべて協力してくれるのであれば，あな

たの味方ですから」という趣旨ですけどね。

信頼関係が構築できたと感じるとき

野村　何気ないトークの中から，信頼関係構築のきっかけになるものが出てくるという話もありますよね。管財人の立場で，破産者や代表者の懐に入れるという瞬間，信頼関係ができたと思える瞬間というのはありますか。

石川　私は，さっきのように優しくも厳しくも言わないけれど，今後の生活のことなどまで含めて，何でも聞いてきてくれるようになったときには，信頼されたのかなと感じることがあります。

八木　破産者と話をする前には，記録をよく読んで，破産者のことをよく理解しておくというのも必要です。この管財人は私のことを，破産会社のことをよく知っていると思ってくれれば，話がスムーズですし，嘘をつかれる懸念も小さくなります。でもこれは，他の刑事事件，民事事件の依頼者と話をするときでも同じですよね。

石岡　法人の場合ですが，倒産直後の混乱状態を一緒に乗り切ろうとすれば，自然と戦友意識というか，信頼感が生まれてくると思いますね。

野村　それは思いますね。ときに社長の思いとは違うこともあるでしょうが，それでも一緒に対処していく間に何となくわかってもらえるようになるときを感じますね。

債権者申立ての場合

野村　債権者申立ての場合（→289頁）は，自己破産の場合とは違うと思いますが。

籠池　破産者となった債務者としては，不本意であることもあるでしょう。そのような中で，管財人としては，破産者と信頼関係を築き，手続に協力してもらえるかがポイントとなります。多くの場合，裁判所に選任された管財人の役目，役割だと仕方ないと割り切って，管財人に協力してくれると思いますが，たまに管財人を非常に敵視する人もいますね。

山田　破産会社の代表者と初対面する際にいろいろ考えました。代表者が素直に協力してくれるか心配し，最初に破産会社の事務所を訪問する際，関係資料の保全のために封印執行をしようかとも考えました。幸い私の事

案は特に代表者の抵抗もなく順調に手続が進行し終了しました。やはり「普通に対応する」ということが大切だと思いましたね。
髙松　私の場合，破産者側とは敵対関係のケースが多いです。破産者側と敵対している場合は，無理に信頼関係を築こうとせずに，ある程度距離を置いて淡々と業務を遂行することも大事だと思います。
石岡　そう，変に権威を振りかざすことなく，淡々とでよいと思いますよ。
久米　債権者申立ての破産の場合は，破産会社や代表者に代理人弁護士が就いていない場合もあります。こういう場合，破産者から法律相談を受けることもしばしばですが，あまり踏み込まない程度に回答することもあります。何度か簡単な相談に応じていると，自然と信頼関係ができてくることもありました。ただし，その距離感のとり方は難しいですね。
野村　確かに，そういうことはありますね。立場を考えての対応が必要ですね。

財産隠しや否認対象行為の疑いがある場合

野村　破産者の財産隠しや否認対象行為の疑いがある場合，破産管財人としてどうしますか（→56頁）。
桶谷　ドラマのように，実はこういう財産を隠していましたと破産者自らが打ち明ける展開は，まずありません。多くは，破産者宛の郵便物や過去の預金通帳などから隠し財産の存在に気づくのだと思います。そうした場合，私は，破産者が言い逃れできないくらいに証拠を集めてから，破産者に隠し財産の存在を尋ねるように心がけています。「管財人には嘘はつけない。見抜かれてしまう」と破産者に思わせるためです。中途半端に質問すると，破産者の主張に反論できず，破産者になめられることになりかねません。
髙松　私は，証拠がしっかり固まっている場合でも，可能な限り破産者及び破産者代理人が自発的に申告するように心がけています。開始決定後ではありますが，再度チャンスを与えるという感覚です。
野村　申立代理人にも防御の機会を与えたほうがよいでしょうし，その上で自発的に善後策を出してこられるなら受け止めてあげたいですね。そのあたりは，管財人と申立代理人との信頼関係の問題なのかもしれませんね。

第4章　破産における事業継続・事業譲渡

1　破産管財人による事業継続・事業譲渡

破産管財人による事業継続・事業譲渡
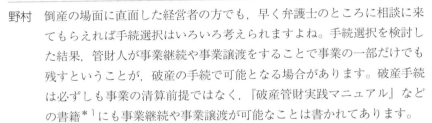

野村　倒産の場面に直面した経営者の方でも，早く弁護士のところに相談に来てもらえれば手続選択はいろいろ考えられますよね。手続選択を検討した結果，管財人が事業継続や事業譲渡をすることで事業の一部だけでも残すということが，破産の手続で可能となる場合があります。破産手続は必ずしも事業の清算前提ではなく，『破産管財実践マニュアル』などの書籍[*1]にも事業継続や事業譲渡が可能なことは書かれてあります。

籠池　管財人としては，破産局面においても事業を継続した上で事業を活かしたまま一体として譲渡できれば，手早く高額換価ができるメリットがありますし，事業をストップすることなく譲受先に承継することで取引先その他関係者に及ぼす不利益や悪影響を最小限に抑えることができる点でも有用です。申立人側でも管財人側でも事業継続・事業譲渡の可能性は念頭に置くべきですね。

中川　有用性があることはそのとおりですが，破産手続は，事業の清算が大原則であり，裁判所の許可を得て（36条），管財人が事業を継続するのは，例外的な場合ですので，事業継続が合理的であることについて，債権者にも説明がつく必要があると思います。また，事業継続の期間についても，必要な範囲に限られるべきです。

髙松　私も，継続可能な事業はできる限り活かす，ということには賛成です。ただ，管財人として事業を継続していく上では，経済合理性の問題だけ

[*1] 破産管財実践マニュアル68頁以下，165頁以下，財産換価440頁以下参照。

ではなく，労働問題，災害，事故，債務不履行等，様々な問題が生じる可能性がありますので，十分に注意しておく必要があると思います。

破産管財人による事業継続・事業譲渡が利用される場面

野村　管財人として具体的にどのような場面で事業継続・事業譲渡が利用されるのでしょうか*2。

久米　この座談会で何度も紹介されている，いわゆる「密行型」（→28頁）で申し立てられ，仕掛品があるというような状況下で，従業員や取引先との混乱を避ける目的で一定期間事業継続をする場合が考えられます。ただ，この場合は一時的な事業継続となることが多く，その後の「事業譲渡」にはつながらないことが多いと思いますが。

石岡　事業継続中の法人について，管理処分権を管財人に移行させ，管財人の下で事業継続・譲渡を行うことを目的として債権者申立てがなされる場合があります。私はメインバンクが債権者申立てした事件で，食品メーカーの管財人として約1年間事業継続し，譲渡先を探して事業譲渡した経験があります。この事案は当時「再生を目指す破産」といわれました。

野村　久米さんのケースはソフトランディング目的の「混乱防止型」の事例，石岡さんのケースは「債権者申立て」の事例といえますね（→293頁）。確かに，このような事業継続の事例はありますね。そのほかに破産管財人が事業継続や事業譲渡を利用するのはどのような場合でしょうか。

山田　「混乱防止型」の一種といえるかもしれませんが，例えば，病院や介護施設などは事業継続をしないと，利用者や入院患者の生命・身体へ大きな影響が予想されます。このように公益目的の見地から，管財人による事業継続が必要とされる場合があると思います。私自身，管財人として介護施設について事業継続した経験があります。

鈴木　先ほど石岡さんがおっしゃった「再生を目指す破産」との関連では，特殊な例だと思いますが，開始決定後に実は事業価値があることが判明し，

---

*2　管財人による事業継続・事業譲渡も含め，破産手続における事業譲渡・事業継続への対応方法については，髙井章光「事業譲渡，事業継続における対応」債管157号（2017年）20頁以下参照。

破産会社にも経営再建の余力があって，債権者や取引先の協力が得られる場合に，管財人のもと事業継続して管財人が民事再生申立てした事案もあるようです*3。これらは雇用の維持や高額換価ができることから，事業継続に必要性と合理性があると思います。

八木　私も，老舗の酒蔵*4や飲食店（ピザ屋）の事案*5について，管財人による事業継続や事業譲渡，民事再生申立てなどをした経験があります。私は，清算価値を毀損しないことを大前提に，歴史のある酒蔵などの事業が雇用とともに残るならば，事業継続を選択する意味があると考えます。

石岡　ただ，経営者が事業継続を断念しているにもかかわらず，管財人があえて事業を継続して譲渡できる事案は，極めて例外的だと思います。通常は，事業継続のための最低限の資金繰りが必要になりますし，事業譲渡先の確保などについての問題もあります。このような場合に，管財人による事業継続を行うことについては，慎重に検討する必要があるのではないでしょうか。

八木　石岡さんのおっしゃるとおりです。酒蔵の場合には，経営者が事業継続を断念したうえで，事業停止と同時に破産申立てがされていたのですが，私自身の何とか事業を再生したいとの思いが強かったことから，自分が経営者になったつもりで必死にやりました。私の実家が酒の小売業を営んでいて，業界の状況も多少分かったので成し遂げられたという部分もあろうかと思いますが，例外的な対応だったとは思います。

事業継続を選択する際の留意点——総論

野村　管財人による事業継続を選択する場合はいくつかのパターンがあるようですが，管財人による事業継続を選択する場合，どのような点に留意すべきでしょうか。

山田　管財人が運営している期間に，最低限資金繰りの目処が立つことが必須

---

*3　松田耕治ほか「破産管財人が民事再生手続の開始を申し立て，再生手続へ移行した破産会社が再建した事例」債管151号（2016年）152頁以下参照。
*4　PRACTICE183頁参照。
*5　PRACTICE185頁参照。

条件と思います。また，病院などで入院患者の生命・身体の危険が切迫しているような状況以外は，管財人が事業継続することで，財団を毀損しないことが大前提だと思います。

石岡 そして，混乱防止のため一時的に事業継続する場合は別として，事業譲渡を目指すという場合には，出口が見えていることです。譲受先が現れることが確実に見込まれることが必要だと思います。

髙松 私も有料老人ホームの事業譲渡を経験したことがありますが，この件では，当初から譲受希望業者が複数あり，高額での譲渡が見込まれたため事業継続・事業譲渡を実行しました。ただ，事業継続のために人件費その他でかなりの経費を必要としていましたので，「出口」が見えず，財団を減少させる一方ということであれば，事業継続・事業譲渡の決断は難しかったかもしれません。財団を減少させる可能性があるものの，出口が見えないまま一か八かで事業継続というのは基本的に許容されないと思います。

事業継続を選択する際の留意点 —— 資金繰り・法令遵守

中川 皆さんのおっしゃるとおりだと思います。事業継続するのであれば，生命・身体の危険があるという例外的な場合以外は，継続期間中の事業収支がはっきりとプラスでなければならないですから，資金繰りの検討は必須です。事業譲渡先が決まっていれば，多少，事業譲渡代金が入ってくる見込みはありますが，事業譲渡先の確保が事前にできていない場合は，慎重に事業収支を読む必要がありますね。このことは，一時的な事業継続であれ，事業譲渡を前提とした事業継続であれ，継続期間中の収支は管財人が細心の注意をすべき点だと思います。

籠池 管財人による事業継続後の債務は財団債権になりますから（148条1項4号），これを滞りなく支払うのは大前提ですね。さらに双方未履行双務契約の関係では，履行選択をすることによって開始前の部分についても財団債権化するという見解[6]もありますから，その点も留意すべきです。

---

[6] 伊藤353頁参照。

石岡　温泉ホテルでしたが，民事再生→管理命令→再生廃止→保全管理命令→破産決定→事業譲渡というパターンを経験したことがあります。資金繰りが綱渡りで，冬場でしたのでボイラーが止まったらどうしよう，宿泊客・予約客に迷惑をかけたらどうしようと胃が痛くなる日々を過ごしました。資金的に不安な状態での事業継続は，本当に大変かつ危険です。事業を継続する保全管理人・管財人の責任が重いことは指摘しておきたいと思います。

桶谷　管財人の責任という点からすれば，事業継続に関しては，業法その他関連法令遵守の観点は，特に重要です。破産管財人は事業経営に関しては素人なので，簡単に考えてしまいがちですが，管財人が事業継続した場合，管財人自身が経営主体になるわけで，その法的責任はかなり重いことを認識する必要があります。例えば，建築請負人破産のケースなどで，仕掛工事の継続を検討するような場合がありますが，労災事故防止のための安全管理責任一つを考えてみただけでも，大きなリスク要因です（→76頁）。事業継続の許容性のハードルは決して低くはなく，事業継続にあたっては，慎重な判断を要するといえます。

事業継続を選択する際の留意点──従業員の確保・取引先の協力

野村　破産開始決定後も事業を継続するためには，従業員の確保が不可欠と思いますが，決定が出た後に，従業員の離散を防ぐのが，実際問題かなり難しいと思います。八木さんが経験した事案ではいかがでしたか。

八木　私が破産申立てをしたバス・タクシー会社では，開始決定が出た後すぐ，報道される前に，従業員・ドライバーをすべて集めて，申立代理人と管財人の両方から，破産申立てに至った事情を説明しました。管財人からは，このまま事業停止したのでは雇用も失われますので，何とか事業継続して事業譲渡のスポンサーを見つけたいと説明してもらいました。

　労働条件に関しては，以前から組合との団体交渉がもたれ給与水準の引下げもされていたので，丁寧な説明を心掛けました。

髙松　従業員を確保できないと，事業継続は不可能になりますので，従業員の確保は極めて重要です。そのためには，密行型の破産申立てや保全管理

命令（→174頁）を積極的に選択・活用していくことを考えるべきだろうと思います。

石岡　それから，事業継続のためには取引先（仕入先，得意先）の協力が得られるか，という点も大切です。私が管財人として関与した食品メーカーの事案では，メインバンクの英断で，商取引債権を申立て前に全部支払ってしまいました。事業価値の維持のため商取引債権を支払ってしまう，というのは，当時としては画期的だったと思います。この結果，事業の継続にはほとんど支障がなく，高い価値を維持したまま譲渡できました。しかし，通常の破産事件ですと，商取引債権を棚上げにしたまま管財人が事業継続するには，いろいろ支障があるように思います。

スポンサーの確保の問題

野村　先ほども出ましたが，事業譲渡を目指す場合，スポンサー（譲受先）の確保という問題があります。みなさんはどのようにしてスポンサーを確保されましたか。

石岡　私が先ほど紹介した食品メーカーの事案は，事業自体は大変優良でキャッシュフローも潤沢に生み出せる会社でした。ですので，決定が出てから一生懸命引き受け手を探しました。ファイナンシャルアドバイザーを頼んで，広く募集しました。ファンドとか外資の方とか，それまで全くお付き合いのなかった方々ともたくさんお会いしました（笑）。最終的には事業会社に無事に事業譲渡したのですが，複数の候補者がいる場合，どこを選択するか，というのも大変悩ましい難しい問題だと思いました。

髙松　私の場合，複数の候補者がいる場合，基本的には入札で決定しますが，本気かなと思うような業者もいますので，入札書に資金計画表を添付させ，さらに入札価額だけではなく事業の遂行能力も勘案したうえで，最終落札者を決定するようにしています。後でトラブルにならないように事前に配付する入札案内には，上記の点をきちんと記載しておきます。

八木　私は，破産手続開始決定直後に，経済記者クラブに投げ込みをし，大手信用調査会社にも個別に案内して，時間をかけて記者レク（→381頁）を行います。事案の概要の説明のほかに，スポンサーを募集していること

をアピールして、スポンサー募集を新聞記事にしてもらったこともあります（→382頁）。もちろん、代表者に聞いたり、取引金融機関に聞いたり、個人的なコネも使って、興味がありそうな人に幅広く声をかけるなどの地道な対応もしています。

密行型申立てとソフトランディング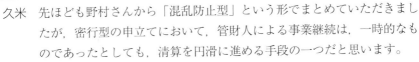

久米　先ほども野村さんから「混乱防止型」という形でまとめていただきましたが、密行型の申立てにおいて、管財人による事業継続は、一時的なものであったとしても、清算を円滑に進める手段の一つだと思います。

籠池　関係者の不利益を極力回避するためには、ソフトランディングの意識は大事だと思います。雇用の面でも、商取引の面でも、いきなり密行型による破産開始決定で事業がストップすれば、関係者はみんな困りますよね。先ほどお話があった請負契約の仕掛工事（→116頁）などもそうですが、管財人としては、できるだけ円滑に破産後の事後処理がなされるよう配慮することも必要です。密行型はそのままだとハードランディングになりますが、管財人による事業継続は密行型（→28頁）をソフトランディングさせる一つの工夫だといえます。

八木　清算目的の民事再生でもソフトランディングは可能です。ただ、民事再生の申立てはハードルが高いんですよね。予納金も高いし、申立経験のある弁護士も少ないし、裁判所も慣れていないし、使い勝手もよくないと思います。結局破産しかないけれど、破産はハードランディングで混乱が生じそうだという時に、密行型で申し立てて事業継続・事業譲渡が使えるといいなという場面はあると思いますね。

野村　籠池さんがおっしゃったように、破産の密行型というのは、「バサッ」と切ってしまうと混乱が生じることが多いですよね。だから、密行型申立てをするにあたっては、清算する場合もソフトランディングで一定程度の事業継続が可能か検討する。また、事業を廃止するのはもったいないけれど、民事再生まではできないという場合も密行型と事業継続・譲渡を組み合わせて、「事業」をつぶさないようにするという方法もあると思いますね。

申立代理人側の準備・対応

野村　管財人による事業継続や事業譲渡が予定される場合には，申立代理人としては，どのような点に気をつけるべきでしょうか。

石川　まず，管財人による事業継続若しくは事業譲渡がありうるということにすら思いが至らない申立代理人が多いと思いますよ。少し勉強していれば，破産開始決定が出ると許認可の関係が問題になるとか，有名なところでは築地市場の仲卸の事例[*7]が文献でも紹介されていますので，相談を受けた時点で，こういう場面だなとわかります。でも，保全管理命令（→174頁）も知らない人が多いです。

山田　私が紹介した介護施設の事案では保全管理命令をいただいて約1ヵ月間事業を継続したのですが，その間に，介護施設を運営する事業を第三者に譲渡しました。譲渡先の選定や段取りは破産手続開始の申立ての前になされていましたので，管財人としては追認的な事業譲渡でしたが，無事遂行することができました。破産手続開始決定を受け，事業継続の許可を取り，事業譲渡をすることもできましたが，破産手続開始決定が介護事業の許可に対しどのような影響を与えるのか見切れなかったので，裁判所とも相談し無難な保全管理命令にとどめました。

八木　また，申立代理人としては，できるだけ早く裁判所に事前相談するのが望ましい対応と思います。裁判所が管財人候補者を選んだ段階で，申立代理人と管財人候補者が協議しながら対応を進めたうえで，破産手続開始決定を受けることで，事業継続・事業譲渡が可能な状態で破産管財人に引き継ぐことが可能となります。酒蔵の場合にも，清算前提での破産申立てではありましたが，裁判所に適切に事前相談がされたこと，事業停止と同時に正式な申立てがされたことから，事業継続という選択肢が取れたのです。

野村　破産申立て＝事業停止が当然と思わずにいることが大切ですね。

[*7]　実務〔破産編〕102頁参照。大田市場花き部の事例につき，進士肇「保全管理命令下での，大田市場花き部における仲卸業務許可および施設利用権の譲渡に関する実例の報告」債管149号（2015年）17頁参照。

事前相談の重要性

髙松　事業継続のために密行型申立てを行う場合は、可能な限り早い時期に裁判所に相談しておくことが大事だと思います（→41頁）。事業継続の可能性・必要性がある、だから、事業価値を毀損させないために密行型で申し立てて、速やかな開始決定の必要性がある、ということをしっかりと説明する必要がありますね。

八木　事業継続の場合には、必要に応じて、裁判所を含めた三者面談が有用と思います（→43頁）。私が管財人として飲食店の事業継続・事業譲渡を行った事例でも、破産申立て前に裁判所で事前相談があり、三者面談を行っています。また、別の事案で事業継続したいとの希望があった案件では、申立予定日の1週間くらい前の私が管財人候補者の段階で、申立代理人の事務所で代表者等と面談して、資金繰りを確認し、事業継続ができるのかできないのかを、何時間もかけて打ち合わせをして検討しました。結果的には、事業継続は断念しましたが、開始決定当日に、従業員の大部分を業務委託元に移籍させるなどして、大部分の店舗の営業を止めずに継続できました。

石川　密行型で申し立てられた事案で管財人が苦労して事業継続を行った事案を聞いたことがあります。事業譲渡につながりそうな事案は、民事再生のプレパッケージ型の申立てに準じて、申立代理人としては、事前に裁判所や管財人候補者と打ち合わせをした上で、速やかに密行型の申立てを行って適切に管財人に引き継ぐことも検討すべきですよね。

破産における事業継続と民事再生との比較

野村　石岡さんから「再生を目指す破産」という話があり、密行型で破産を申し立て、事業継続や事業譲渡をする場合、実際、民事再生の代替機能の役割を果たすことも考えられるということですよね。破産における事業継続や事業譲渡と民事再生の比較という観点からはいかがでしょう。

山田　両者の違いは、手続負担とスピード感にあります。破産手続であれば、事業譲渡については裁判所の許可のみで可能ですが（78条2項3号）、再

生手続では，知れたる債権者の意見聴取が必要な点が大きく異なります（民再42条1項1号・同条2項）*8。意見聴取には最低でも2，3週間がかかるわけですので，緊急性の高い事業譲渡の場合には，破産手続を選択するのも一案です。

石岡　民事再生はDIP型ですが，破産は破産管財人に管理処分権が移行します。破産手続で事業継続・事業譲渡を目指すというのは，管理処分権を現在の代表者から管財人に移すことに意味があると思います。そして，山田さんがおっしゃるように，いざ事業譲渡を行う段になると，破産のほうがスピード感をもって実行できます。

石川　普通に事業継続が可能であれば，民事再生手続を選択することが通常で，破産手続は従前の経営者が経営できない事情がある場合という比較もできます。

八木　私は，破産管財人による事業継続・事業譲渡というのは，法人における臓器移植のようなものだと思っています。また，破産手続であれば公租公課による滞納処分を受ける懸念もありません（43条1項）。破産による事業継続は，民事再生というよりも小規模な会社更生のイメージです。

破産手続を利用した事業再生

野村　破産管財人による事業継続は，密行型申立てでソフトランディング目的の場合のほか，債権者申立てで管財人が管理処分権を握って事業譲渡する場合等，管財人による事業譲渡を目指す場合もあるということですね。事案によっては，破産手続のほうが，スピード感を持ったキレのある処理も可能といえそうです。事情によっては破産手続を利用した事業継続・事業譲渡等による事業再生も検討できるのでないかという発想をもって，裁判所や管財人候補者と事前協議をして，保全管理命令をも利用しながら事業を継続する道を作れたら非常によいと思います（→416頁）*9。

---

*8　事業譲渡の要件・手続比較については，倒産法を知ろう242頁参照。
*9　多比羅誠「事業再生手段としての破産手続の活用」園尾隆司ほか編『新・裁判実務大系(28)新版破産法』（青林書院，2007年）32頁以下参照。

② 保全管理命令の活用

保全管理命令が発令される一般的なケース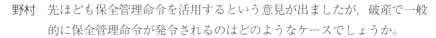

野村　先ほども保全管理命令を活用するという意見が出ましたが，破産で一般的に保全管理命令が発令されるのはどのようなケースでしょうか。

髙松　まずは，債務者による資産管理が相当ではないということが発令の根本にあると思います。例えば，①債権者申立ての事案において，開始決定についての審理に時間を要する場合（破産要件に争いがある等）で，債務者による資産管理が相当ではない場合（→289頁）＊1や，②民事再生から牽連破産になる，いわゆる再生崩れが多いと思います。私が経験した事案は，典型的な①のケース，事業譲渡を前提とする②のケース，①のケースで事業継続及び事業譲渡の必要性が高いケース等でした。

久米　①のケースで債務者側が全面的に破産要件を争っていたので保全管理命令の検討を裁判所と行った経験がありますが，既に事業が停止されており散逸する財産もあまり想定できなかったため，最終的に裁判所も保全管理命令を発令しませんでした。事業が生きている案件であれば，保全管理命令が発令された可能性があったと思います。

八木　参考までに福井地裁管内の事案を官報検索したところ，過去10年以内に保全管理命令が発令されたのはすべて②の再生崩れの事案でした。

中川　保全管理命令が発令されていれば，という経験はあります。この事案では債権者による破産申立てがなされた後，開始決定前に法人の事業譲渡がなされ，開始決定時点では破産会社の資産が事業譲渡先に不法占拠されていました。もし，破産申立て後，速やかに保全管理人が選任されていれば，このような事態は防げたのだろうと思っております（→301頁）。

髙松　債務者側が保全管理人に非協力的であったため，まず，どこにどのような資産があるかを把握するのに大変苦慮したうえ，日々現金の出入りがある会社であったため，保全管理人及び保全管理人代理数名体制で，毎

＊1　破産管財実践マニュアル65頁以下，法人破産申立て実践マニュアル64頁以下，Ｑ＆Ａ200問167頁以下参照。

日債務者事務所に詰めたことがありました。債務者側が非協力的な場合には，保全管理業務の遂行に苦労が伴いますので，とにかく早急に帳簿類を含めた事業所内の確認作業が必要だと思います。

営業免許等の取消防止

山田　保全管理命令が相当であるというケースはいくつかあると思いますが，事業譲渡の可能性があるものの破産開始決定によって営業に関する免許等が取り消され，営業の継続が不可能になるという場合には，保全管理命令の必要性が高く有効的であると思います[*2]。私の事案では，破産開始による営業免許取消しの有無を確認する時間がなかったため，とりあえず裁判所が保全管理命令を発令したということがありました（→171頁）。

混乱及び事業イメージ毀損の防止

山田　事業譲渡目的というわけではありませんが，破産による混乱防止のために保全管理命令が発令されたという事案がありました。旅行関連会社の破産申立てにおいて，早急に数千人の顧客との契約処理（キャンセル）が必要であったという事案において，いきなり破産開始決定となるよりも保全管理のほうが混乱の度合いが少ないであろうという配慮に基づいて，保全管理命令が発令されました。

野村　「破産」よりも「保全管理」のほうが，対外的イメージが悪くないということですね。対外的イメージがよいほうが，事業の継続や譲渡も行いやすいでしょうし，フェイドアウトするにしてもよいかもしれませんね。

石川　地元でも有名なブライダル関連の会社の破産申立てにおいて，結婚式場のイメージの毀損を防ぐために，あえて保全管理命令を発令してもらって事業譲渡を行ったという話を同期から聞いたことがあります。

山田　事業譲渡の可能性があった建設会社の事案で，いきなり破産開始決定ではなく，混乱防止のために保全管理命令が発令された事案がありました。

＊2　保全管理人による事業譲渡が利用される具体例について，髙井章光「事業譲渡，事業継続における対応」債管157号（2017年）25頁以下参照。

石岡　ただ，保全管理段階で事業譲渡を行うには，会社法上の手続，株主総会の特別決議を経る必要がありますので（会社467条1項・309条2項11号），これが簡単にできることが前提になると思いますね。

髙松　おっしゃるとおりだと思います。わざわざ保全管理命令を発令しても，株主総会で特別決議がなされる見込みがなければ意味がありませんね。ここは管財人が事業譲渡を行う場合と大きく違うところですね。

石岡　それから，例えば，タクシー事業の場合，事業譲渡という形で車の売却が可能になりますが，事業を停止して破産決定まで出ているのに事業譲渡というのは脱法的ではないか，という議論をしたことがあります。こうした問題を避けるためには，保全管理人を選任し，その段階で事業譲渡したほうが望ましいのでは，とも思いますね。

民事再生よりも破産・保全管理を選択するケース

野村　先ほども話題になりましたが，事業譲渡目的で破産申立てプラス保全管理命令を希望した場合，裁判所から，「本当に破産でいいのですか，民事再生も可能なのではないですか」と言われることはないのでしょうか。手続選択の問題ですね。

八木　そういう事例もあるでしょうね。ただ，先ほども少し触れましたが（→173頁），税金の問題などで民事再生手続での解決が難しい場合（→422頁）に，保全管理手続中の事業譲渡や保全管理手続中に事業譲渡の準備を行い，破産手続開始決定直後に事業譲渡を行うこともできると思います。

今井　不当な経営支配から当該事業を解放するために，あえて破産と保全管理を選択するという事案もあります。債務者の親会社の代表者が債務者の経営に不当に関与し債務者の債務超過と資金繰りの逼迫をもたらしていたため，当該代表者の支配から逃れたいという理由もあって，民事再生ではなく破産申立て，保全管理による処理を選択しました。なお，事業譲渡自体は破産管財人に実行してもらい，株主総会ひいては当該代表者の関与を受けない形としています。

保全管理命令の幅広い活用

髙松　債権者申立ての事案で，債務者側が敵対的な場合には，保全管理の段階で事業譲渡等の思い切った財産処分は難しいと思いますが，自己破産の事案では，保全管理人と債務者側が良好な関係を維持しつつ，事業価値が低下する前に速やかに事業譲渡を行って，事業再生を目指すという方向で保全管理命令をもっと活用できればと思っています。先ほども話題になりましたが，従業員や取引先等に与える影響を考えれば，継続可能な事業はできるかぎり存続させられればと思います。

久米　自己破産申立ての申立代理人として，保全管理命令を利用した事業譲渡を検討したことがありました。事業譲渡自体を断念したため保全管理の申立てはできませんでしたが，今後も機会があれば保全管理命令を活用した事業譲渡も検討したいと思っています。

今井　私が経験した事案はまさしく自己破産のケースであり，従業員等の混乱もなく比較的スムーズに事業継続し事業譲渡に至ることができました。保全管理命令をこのような「前向き」の形で活用することにより，利害関係者の理解も得やすくなるように思います。

髙松　免許が絡まない事案においても，できれば事業を停止する前に破産申立てを行い，裁判所に保全管理命令を発令してもらい，保全管理人が債務者側と協力して事業を継続していくような運用がなされればよいですよね。特に経営者が事業継続の意欲を失っているようなケースにおいて，保全管理人にバトンタッチするという運用ができればと思います。

山田　密行型であり緊急性があっても，資料が不十分で即日開始決定ができないという事案でも保全管理命令を活用できると思います。また，密行型でいきたいものの，取り込み詐欺と言われるのを防ぐために仕入れは止めたいという場合にも保全管理命令を活用できるように思います。

野村　今後は，前向きな選択肢として，破産における保全管理命令の活用も考えていったほうがよいですね。

③ 破産申立て前の事業譲渡

破産申立て前の事業譲渡

野村　破産申立て前に事業の全部若しくは一部を第三者等に譲渡することがありますよね。再生支援協議会などはいわゆる第二会社方式として「事業譲渡（若しくは会社分割）＋旧会社特別清算」というパターンの処理が一般的になっているようですが，「事業譲渡＋破産」というパターンも散見されます。破産申立て前の事業譲渡について，どのように考えるべきでしょうか[1],[2]。

石岡　まず，財産換価は基本的に管財人の職務であって，不要な財産換価を破産申立て前に行うべきではないことは大前提として押さえておく必要があります。「事業譲渡」は，有機一体的資産の譲渡であり，いわば「究極の財産換価」なわけです。申立て前の段階での事業譲渡については，このような観点からも検討する必要があります。合理性・相当性を欠く事業譲渡は許されるべきではないし，ましてや申立代理人や関与したコンサルタントが報酬目的に事業譲渡を行うことなどはもってのほかだと思いますね。

中川　破産開始決定前の申立代理人の役割は基本的に「財産保全」です。申立て前の事業譲渡については，「財産保全」の観点からも相当性があるかどうかという検討が必要かと思います。なお，平成26年改正会社法（23条の2）では，詐害的事業譲渡に対しては譲渡会社が破産していなくても残存債権者を保護する規定も新設されています[3]。

野村　厳しい指摘が続きましたが，「よい事業譲渡」や「よい会社分割」を目指しているわけで，それは，究極の「財産保全」といえると思いますよ。

---

[1]　破産手続申立て前の事業譲渡への対応について，髙井章光「事業譲渡，事業継続における対応」債管157号（2017年）21頁以下参照。

[2]　事業再生の手段として破産手続の積極的な活用を提言するものとして，多比羅誠「事業再生手段としての破産手続の活用」園尾隆司ほか編『新・裁判実務大系（28）新版破産法』（青林書院，2007年）32頁以下参照。

[3]　坂本三郎ほか「平成二六年改正会社法の解説」商事法務2049号（2014年）23頁等参照。

破産申立て前の事業譲渡の有益性と許容性

八木　石岡さんや中川さんのおっしゃるとおりかと思いますが，事業停止による事業価値の毀損や従業員の離散などを避けるという意味もあり，事業価値を維持したまま事業譲渡するには，破産申立て前に行うことが有益な場合もあると思います。

籠池　法的手続に入ってしまえば，事業価値の低下は避けられません。破産によって信用やブランドも傷つきますし，法的手続でいったん取引が止まったものを正常取引に戻すのは大変です。破産手続前に事業譲渡をすることで事業価値の毀損を避ける意味合いは大きいです。

山田　法的手続の中で事業譲渡する場合には，どうしても手続的な制約を受けますし，時間もかかります。当事者としては，簡易・迅速に事業譲渡したいというニーズがありますから，それならば破産手続前にしておきたいという気持ちになるのはよく理解できます。もちろん，「財産保全」という観点からも説明が付くようにすべきことは当然です。

石岡　法的手続に入ってしまえば事業価値が毀損するというのはそのとおりですが，それだけで申立て前の事業譲渡が許容されることにはなりません。これが許容されるためには，対価の相当性が求められることはもちろん，事業譲渡のスキーム（承継債務の選択等）自体の合理性・相当性が検証されなければならないと思います。

髙松　少なくとも，申立て前の事業譲渡に関しては，このまま破産申立てをするよりも，この時点で譲渡しておくほうが妥当であり，管財人からも異論が出ないだけの合理的理由がある場合に限るべきであると思います。

清算価値保障原則

野村　資産換価は原則的には管財人の職責ということですが，事案によっては事業価値の毀損を避ける目的などから，破産手続前の事業譲渡も許されることがあるということでしょうか。先ほど「財産保全」という話も出ましたが，その意味でも破産手続前の事業譲渡を検討する場合，破産における清算価値は保障すること，これは原則ということでよろしいでし

ょうか。

石岡 いわゆる「清算価値保障原則」との関係ですね。ここでいう「清算価値保障原則」とは、事業譲渡せずに破産申立てをした場合の破産手続における債権者に対する配当率を下回ることは許されないという理解でよろしいでしょうか[*4]。

久米 その意味で清算価値保障原則に反してはならないという点に異論はないと思います。いわゆる「濫用的会社分割」として問題となった事案では事業価値の算定において承継債務をマイナス計算等することにより、破産手続における清算価値を下回る対価となることが典型例として問題視されました。もちろんこの原則は事業譲渡の場面でも堅持されるべきで、破産手続における清算価値を下回る対価での譲渡は許されないと思います。

八木 私もその点は同意見で、清算価値を下回らないことを当然の前提としています。破産せざるを得ない場合において、破産手続では事業用資産の切り売り、場合によってはスクラップや産業廃棄物にしかならないような低廉若しくはマイナスの価値といわれるものについて、何とか「事業が生きている」段階で価値を見出せないかという観点で考えています。いわゆる「事業のリサイクル」という視点です。

籠池 清算価値保障原則は、もっぱら事業譲渡後の会社に残存する債権者の関係で問題になりますが、残存債権者にとっても、会社が事業譲渡せずに破産した場合よりも有利な配分を受けられるのであれば、基本的には不利益はないといえます。要するに「どの債権者にとっても、少なくとも損はない」というのは、破産申立て前の事業譲渡の最低条件であって、債権者の誰かが不利益を被るのであれば、それは詐害的事業譲渡だということは皆さん同意見だと思います。その意味で、清算価値保障原則は基本的にはマストの条件だといえるかと思います[*5]。

＊4 破産手続申立て前の事業譲渡における「清算価値保障」の考え方については、髙井・前掲＊1・債管157号23頁以下参照。

＊5 「パネルディスカッション・中小企業の再生と弁護士の役割－全国倒産処理弁護士ネットワーク第13回全国大会（仙台）」債管147号（2015年）55頁〔髙井章光発言〕参照。

譲渡対価の相当性

野村　清算価値保障原則がクリアされているということを前提としても，事業譲渡の対価の相当性は問題になりうると思われますが，その点はいかがでしょうか。

籠池　清算価値保障原則さえクリアしていればいくらで売却してもよいかといえば，もちろんそれはダメで，譲渡対価は適正な価額であることが必要です。ただし，適正な価額というのは一義的に決められるものではなく，相当程度幅のあるものにならざるを得ません。買い手が複数見込める事案であれば，入札等によって手続的に価額の適正性を担保することもできますが，地方の零細事業の場合，そもそも買い手を見つけるのが困難なことが多く，入札等にまで至りません。そのような場合には，事業価値の評価書などで価額の適正性を裏付ける必要があると思います。

桶谷　事業用資産が低廉な価格で譲渡されている場合はもちろん，事業価値（営業権）を考慮せずに事業の全部若しくは一部が譲渡されている場合も否認の問題が生じると思われます。事業価値（営業権）の算定は難しい面がありますが，それなりの事業規模であれば国税庁の財産評価基本通達に基づく簡便な算定方法のみならず，いわゆるDCF法などによる事業価値算定を公認会計士等の専門家に依頼して客観的な事業価値の把握に努めるべきと思います。場合によっては管財人側においても，譲渡対価の相当性の判断のため中立な公認会計士等の専門家に譲渡対価の相当性について検証してもらうことも必要かもしれません。

髙松　譲渡対価の相当性についてはいろいろな見方があり，相当な価格の判断は非常に難しいのですが，資産の譲渡であれ，有機一体的な事業譲渡であれ，申立代理人としては，「この方法によるこの価格であれば管財人も納得するであろう」ということを想定しながら，価格を決定していくことが必要だと思います。この座談会の冒頭でも話題になりましたが，まさしく破産管財人目線（→21頁）をもって処理することが開始決定後の無用なトラブルを防ぐことになると思います。

プレパッケージ型の検討

野村　譲渡対価の相当性についてのエビデンスの準備の話もありましたが，譲渡対価の相当性については，幅もありなかなか難しい部分だと思います。管財人にとっても，事後的に価格の相当性について検証することが難しい事案も多いと思われます。譲渡対価が不相当ということになれば，管財人も否認権行使の検討をしなければなりません。円滑に事業譲渡を行うためには申立人側としても否認リスクを軽減する工夫も必要と思います。この点について，どなたかご意見はありませんか。

久米　否認権行使に対する対応という点であれば，裁判所と申立代理人と管財人候補者と事前に打ち合わせをして，スポンサー会社を決め，事業譲渡契約書も申立て前に締結し，双方未履行のまま破産開始決定を受けて管財人が履行を選択するという方法も考えられますね。

野村　いわゆる「プレパッケージ型民事再生」類似の方法ですね。裁判所と管財人候補者と申立代理人が事前相談をして，対価の相当性なりスポンサー選定の手続も説明して，管財人候補者の納得を得て全部お膳立てするという方法ですね。例えば事業継続の許可申請書のドラフトを申立代理人が作成して，管財人にこれで進めてほしいと繋ぐわけですね。

破産管財人に履行選択してもらうことのメリット

石川　東京では申立て前に契約して，履行選択で管財人にやってもらう形にすることは比較的知られている手法です。双方未履行の状態にしておいて，管財人に履行を選択してもらうことによって，否認リスクを最小限にするというメリットが考えられます。

八木　管財人は，否認しないという消極的な意思決定ではなく，積極的に履行選択という意思決定をすることになります。言い換えれば，管財人が当事者になることにより，否認権の問題ではなく管財人の履行選択の問題になるということです。

山田　管財人候補者の段階で，事前に許可申請も準備することにより開始決定と同時に許可をもらえるように工夫することも検討してよいと思いま

す。事業継続の許可は，開始決定と同時に出してもらわないといけませんから，申立書類のドラフトをもらった時点で許可申請書類の準備を進めておけば，開始決定と同時にすべて実行するということも可能だと思います。時間がかかるようであれば，保全管理命令の利用も検討すべきでしょうね（→174頁）[6]。

債権者間の平等

中川　破産手続前の事業譲渡については，たとえ対価が相当であったとしても，残存債権者と承継債権者との間で著しい不平等が生じないか注意する必要があると思います[7]。この点については，その後の論説などでは制限的に解釈する動きもあるようですが[8]。

山田　「対価が相当であったとしても，残存債権者と承継債権者との間で著しい不平等が生じないか注意する必要がある」との見解も，言わんとするところはわかりますが，清算価値が保障され，対価が相当であれば残存債権者にとっては事業譲渡における損はないはずです。

久米　ただ，金融債権者の間で不平等が生じるなど，債権の性質が同じ債権者間で不平等が生じていたり，事業に必ずしも必要と考えられない債務が承継されてその部分が実質的に譲渡金額から控除されることを正当化するのは難しいと思います。

石岡　「事業譲渡」である以上，商取引債権を承継するのは当然だと思います。そのことによって，事業価値が維持されるのですから。問題は，これとは分類を異にする金融債権者間の平等性だと思います。一部の金融債権者についてのみ譲渡先が承継し，対価を減額させ，残存金融債権者の権利を害したというのが，「濫用的会社分割」の問題だったはずです。

籠池　債権者間の平等の問題は，要は「承継する債務の選択」が合理的かどうかという話なのだと思います。事業価値を構成する重要な要素の一つに

---

[6]　保全管理人による事業譲渡が利用される具体例については，髙井・前掲＊1・25頁以下参照。

[7]　最判平成24・10・12民集66巻10号3311頁の須藤裁判官補足意見，難波孝一「会社分割の濫用を巡る諸問題」判タ1337号（2011年）20頁参照。

[8]　金融法委員会「濫用的会社分割に係る否認要件とその効果についての中間的論点整理」金法1996号（2014年）13頁参照。

取引先の存在があげられますが，商取引債務を承継することによって「のれん」が維持されるのが，事業譲渡の大きなメリットです。その意味で，商取引債務はいわば事業と一体となっているわけですから，商取引債権者が完全な満足を受けたとしても，それは「のれん」を維持するための当然の前提だともいえます。「のれん」が維持されることによって，残存債権者に対しても事業価値の一部が還元され，その結果として破産清算した場合よりも多くの配分を残存債権者が得られるのであれば，それに対して異を唱えるのは合理的ではありません。結局，残存債権者にとって清算価値保障原則が充たされていることが最低限の条件で，「承継する債務の選択」に不合理な点がない限り，単純に配分の差異に着目して，承継債務者と残存債務者との間の平等性を問題にすべきではないと考えます。

石岡　おっしゃるとおりだと思います。今のお話の前提ですと，「承継する債務の選択」が合理的かどうかの判断は，承継する事業に必要な債務か否かというメルクマールによることになるのでしょうかね。

籠池　基本的にはそのような考え方ですが，実際には事業譲受人の選択に依拠せざるを得ないという面はあるのでしょうね。ただ，第三者スポンサーが事業譲受人である場合，承継債務の選択は，買い手目線でシビアになされるのが通常ですから，特段の事情がない限り，合理的に選択されているのだろうという推測は働くと思います。

事業譲渡に関する債権者の同意

石岡　いわゆる第二会社方式としてなされる，「事業譲渡＋旧会社清算」というパターンの処理は，旧会社の残存債権者の同意を得た上で行うもので，旧会社の清算は特別清算で行うのが通常と思います。「事業譲渡＋破産」の事案は，残存債権者の同意はどうしているのでしょうか。このような事案は，残存債権者の同意を得て行うのが本来のあり方だと思うのですが。会社分割ができる前は，事業譲渡の手法が多く利用されていましたが，会社分割ができたことにより，組織法上の行為だから否認・詐害行為取消しの対象にならないとして詐害的行為が全国で行われたわ

けです。その後,「濫用的会社分割」として問題となったのは,皆さんご案内のとおりで論文も文献も多く出ておりますし[*9],最高裁判決も出ていますよね[*10]。

八木　全債権者の同意を得られる,若しくは同意を得られそうな事案は,石岡さんがおっしゃったように破産手続ではなく,特別清算が基本だと思いますし,私的整理でも何とかなる事案ですよね。問題は債権者の同意を取るには時間がない事案などで,事前に債権者の同意を取ることができない事案をどうするかという問題だと思います。

山田　時間をかけて説明しても,譲受先に債務が承継されない債権者の同意を得るのは実際問題として難しいと思いますよ。

髙松　確かに現実には難しい場面もあるとは思います。ただ,破産申立てが控えている場合には,「事業譲渡を行うことによって破産では換価が困難である営業権等の換価も可能となり,その分破産財団を増額できる可能性が高いこと」などを丁寧に説明して何とか納得してもらう努力をする必要はあると思います。この点をおろそかにすれば破産手続においてもいろいろと問題点が出てくると思いますよ。

籠池　債権者への情報開示などを行って,事前同意を得た上で事業譲渡するのが望ましいし,原則形態であることは,そのとおりだと思います。ただ,ここでの問題は,債権者の事前同意を得ることが,否認対象行為とならないためのマストの条件なのかという点ですよね。その点については,清算価値保障原則・スキームの相当性等の要件を充たしている限り,否認対象とはならず,債権者の事前同意はマストの条件ではないと考えられると思います。他方で,清算価値保障原則や価格の相当性等の要件を充足しているかどうかというのは,事業価値の評価とも絡んでいろいろな見方ができるので,この適正性を担保する意味で,債権者の事前同意があることが望ましく,事前同意を得ている場合には清算価値保障原則や価格の相当性等の要件は基本的にはクリアしていると見てよいと,こ

[*9] 土岐敦司＝辺見紀男編『濫用的会社分割』（商事法務,2013年）,第一東京弁護士会倒産法研究部会編『会社分割と倒産法』（清文社,2012年）参照。
[*10] 最判平成24・10・12・前掲[*7]参照。

のような関係性になるのではないかと思います。

破産管財人による事後チェック

野村　籠池さんの話は，債権者の同意があるということは，対価の相当性や実質的な平等も含めた債権者間の平等が債権者により事前チェックされているということですよね。ただ，債権者の事前同意がない場合は破産申立てをして管財人のチェックを受ける必要があると思いますが，この点についてはいかがでしょうか。

石岡　一つの方法は，先ほど話が出た「プレパッケージ型」で破産開始決定前に管財人候補者の事実上のチェックを受ける。このような方法でチェックすることも考えられると思います。「プレパッケージ型」での申立てが難しければ，破産開始決定後に管財人による事後チェックに委ねるという流れになると思います。

久米　石岡さんのおっしゃるとおりと思います。事業譲渡や会社分割をして旧会社は放置。これはあり得ない処理だと思います。事情により債権者の事前チェックができなかった事案は事後的に管財人による事後チェックは不可欠だと思います。

中川　管財人による事後チェックにより，清算価値保障原則が守られているかの確認もできますよね。低廉な譲渡であれば，否認権行使などで修正を図り価格の相当性を確保することもできます。

八木　私は，破産手続開始決定後に管財人によって事業譲渡をした場合に比して同等額若しくは高額で事業譲渡がされていたと管財人が判断できれば特段否認する必要はないと思います。一般的に破産手続に至った場合の事業譲渡価格よりもまだ事業が生きている間，つまり破産申立て前に譲渡するほうが事業譲渡価格は高く評価される傾向にあると思いますし，破産申立て前に事業譲渡をする利点はこの点にあると思っています。管財人の事後チェックにおいては，破産に至った場合に生じる事業価値の減価も考慮する必要があります。

籠池　申立代理人としては，破産管財人が否認権行使を検討しなくてもよいように譲渡対価の合理性を裏付ける資料を揃えておくことが望ましいの

でしょうが，事業価値の評価は，どうしても見解によってずれが生じうるので，申立代理人側としては，事業譲渡先については念のため管財人による否認権行使のリスクや追加の財団組入れが求められることがあることは説明すべきといえますね。

赤字の事業

野村　収支が赤字の事業についてはいかがでしょうか。事業用資産の把握以外に独自の事業価値を観念できますか。

久米　赤字の事業であっても収益が上がる事業のみを事業譲渡している例もありますし，リストラをすれば収益が黒字化することも考えられます。また，優良取引先などがあり，事業自体に独自の経済的価値がある場合も考えられます。ですから，赤字であったからといって一概に事業価値や営業権がないと考えることは妥当でないと思います。

桶谷　やはり，事業を譲り受けて事業を継続するということは，事業に価値を見出しているからこそ行われることが多いと思います。ですから，赤字の事業だからといって安易に価値がないと考えるのは妥当ではないと思いますよ。

山田　「収支が赤字の会社＝事業の価値がない」と安易に考えてはならないという警鐘は理解できます。しかし，管財人が「事業を譲り受ける者があるなら，何らかの価値があるはずだ。この対価は安いぞ！」という思い込みや先入観をもつことは危険です。確かに，譲受人には独自の目論見があるでしょう。しかし，その目論見そのものが数字に換算できなければ，それは度外視せざるを得ないです。

籠池　直近の収益が赤字か黒字かだけで，事業価値を一概に判断できるものではないというのはそのとおりですね。ただ，地方の中小零細企業の場合，事業価値を見出しうるような事業は少なく，多くの場合は，専属的下請取引の維持や従業員の雇用維持を目的とした取引関係者による救済的な色合いの濃い事業譲受けだったりします。そのようなケースでは，簿価で承継してもらえれば御の字というか，大変ありがたいというのが正直なところです。まさにケース・バイ・ケースですね。

親族等に対する事業譲渡

野村　親族や親族が設立した法人に対して事業が譲渡されている事案も散見されますが，管財人の事後チェックにおいて譲渡先の属性によって管財人としての判断が変わることがあるのでしょうか。

髙松　譲渡対価の相当性などは幅があるとはいえ，ある程度客観的に定まるものですから，本来，譲渡先の属性によって管財人の判断が変わることはないというのが論理的な結論なのでしょうね。しかし，やはり親族，特に配偶者が実質的な経営者だったりすると「怪しい」と思われがちで，債権者の反発も厳しくなる傾向にあると思います。

中川　譲渡手続の正当性や譲渡対価の妥当性は当然として，やはり，最終的には「債権者の目から見てどうか」というところも，管財人がどのようなスタンスで臨むかというところに影響するのではないですかね。髙松さんがおっしゃるとおり，特に親族などへの譲渡は「うさんくさい」と感じる債権者が多いでしょうから，管財人としても厳しくチェックしなければならないと思います。

合理性・相当性担保のために

石岡　いずれにしても，資産の換価は原則的には管財人に委ねるべきという基本原則を忘れないようにすることがまず大切だと思います。その上で例外的に破産申立て前に事業譲渡を検討する場合は，破産手続における清算価値保障原則を満たすことを大前提として，譲渡のスキーム自体の合理性・相当性についても当然意識した上で，手続の公平性・透明性を確保するよう努力することが重要と思います。

野村　石岡さんのご指摘を前提にして，事前に債権者の同意が得られない場合は，管財人の事後的チェックを意識して，債権者や管財人にしっかりと説明が付くようにしておくこと，これはマストといえますよね。その上で管財人による否認権行使のリスクを最小限にするため，双方未履行契約にして管財人に履行選択をしてもらう「プレパッケージ型」の検討や場合によれば保全管理命令の活用などの工夫も必要ということですね。

第5章　申立代理人の役割と義務・責任

1　申立代理人の役割とは

申立代理人の役割とは

野村　法人の自己破産申立てを中心に，申立代理人，破産管財人双方の立場から各場面を見てきましたが，ここでは，自己破産申立てにおける申立代理人の役割について見ておきたいと思います。申立代理人については，最近，義務や責任の問題といった暗い後ろ向きの話題ばかり議論されている感じがしますが，義務や責任については後ほど議論するとして（→210頁），ここでは，すべて前向きな話をしたいと思います。受任して破産申立てをして開始決定を早く受けて保全した財産や資料を破産管財人に引き継ぐという，その本論のところは当たり前のことですね[*1]。本論については，河野さんに密行型とオープン型の申立代理人のTo Doを作成いただきました（図表1，2）。ありがとうございます。その上で，申立代理人の役割というのはいっぱいあると思うのですよね。後で，申立代理人の心構えの話題もやりますが（→207頁），思いつくところをお願いします。

心のケアが大切

桶谷　破産者・債務者の心のケアというか，落ち着かせて手続を安心して進めてもらうというのが役割としては一番大きいのではないかと思います。そこさえやってしまえば，変な言い方かもしれませんがあとは事務的な手続の進め方ですので，あまり気を遣わなくてもよいと思います。

[*1]　法人破産申立て実践マニュアル10頁以下参照。代表者の決断の尊重につき，同52頁以下参照。

図表1　申立代理人の To Do(1) —— 密行型

```
┌─────────────────────────────────────────────────────────────┐
│　　＜相談＞　～破産は不可避の状況～                          │
│□十分な聴き取り                                              │
│　→その会社のヒト・モノ・カネの動きを具体的にイメージできるように│
│　　どんな会社なのか、製造業なら何をどこから仕入れ何を造るのか、小売業ならどこから仕│
│　　入れどこへ売るのか等                                      │
│□資金繰りをチェックして、事業停止日を検討                    │
│　→事業停止日までに申立費用（予納金と申立代理人報酬）が確保できるなら密行型│
│　　（なお、費用は従業員の解雇予告手当・給料まで確保できることが望ましい）│
└─────────────────────────────────────────────────────────────┘

┌─────────────────────────────────────────────────────────────┐
│　　＜相談継続・申立準備＞　～情報管理を徹底して進める～      │
│□即時の対応を要する事項・混乱を生じるおそれのある事項の洗い出し│
│□財産保全                                                    │
│　→預貯金は債権者たる金融機関に異変を察知されないように注意  │
│　→現金は残高管理の徹底（流出防止）                          │
│　　自動車・在庫・機械・備品等の動産は所在を把握              │
│□協力者の選定・確保（ただし、情報漏洩に注意）                │
│□債務状況確認                                                │
│□必要資料収集・預かり（管理人が即時に業務を開始するために必要なものを確保）│
│□裁判所に申立ての事前相談（**必須！**）                      │
│　→事前相談の日程調整・事前相談メモの作成・送付              │
│　→遅くともXデーの数日程度前には事前相談ができないと即日開始決定は困難│
│□可能なら事業所等現場確認（ただし、情報漏洩には注意）        │
│□管財人候補者と打ち合わせ                                    │
│□Xデー当日のスケジュールと役割分担を決定                    │
└─────────────────────────────────────────────────────────────┘

┌─────────────────────────────────────────────────────────────┐
│　　＜Xデー＞　～この日1日で事業停止・申立て・開始決定まで～ │
│□取締役会開催、破産申立てを決議（最終決断）、議事録作成      │
│□委任状・委任契約書作成                                      │
│　┌─────┐　　┌─────┐                                        │
│　│事業停止│～│破産申立て│                                    │
│　└─────┘　　└─────┘                                        │
│□(@現場) 従業員を解雇（解雇予告手当と給料支払）、破産申立ての説明│
│□(@現場) 現金確保・現場保全（必要なら申立代理人が現場に張りつく）│
│□(@申立代理人事務所) 金融機関に相殺禁止や自動引落停止依頼を連絡（FAX）│
│□(@裁判所) 申立書の提出                                     │
│　　　　　　　　　受任通知不要　破産申立てをした旨の通知で足りる│
├─────────────────────────────────────────────────────────────┤
│　　＜破産手続開始決定＞                                     │
│□管財人に引継ぎ                                              │
└─────────────────────────────────────────────────────────────┘
```

図表2　申立代理人の To Do (2) ── オープン型

＜相談＞　～破産は不可避の状況～

☐十分な聴き取り
　→その会社のヒト・モノ・カネの動きを具体的にイメージできるように
　　どんな会社なのか、製造業なら何をどこから仕入れ何を造るのか、小売業ならどこから仕入れどこへ売るのか等
☐資金繰りをチェックして、事業停止日を検討
　事業停止日までに申立費用が確保できなければオープン型

＜Ｘデー＞　～事業停止　この日から申立代理人が矢面に立つ～

☐取締役会開催、破産申立てを決議（最終決断）、議事録作成
☐委任状・委任契約書作成

　　事業停止

☐従業員を解雇、破産申立ての準備に入ることの説明
☐現場保全、必要に応じて告知書貼り出し
☐受任通知発送（必要に応じて）（ただし、債権調査票が揃う必要はない）
☐相殺禁止・自動引落停止依頼（FAX）
☐売掛先に対する振込先変更依頼書発送

＜申立準備＞～申立費用が確保でき次第申し立てる～

☐財産保全
　→現金及び通帳等預かる／売掛金は回収を継続（ただし、回収口座に注意）
　→自動車・在庫・機械・備品等の動産保全（申立費用調達のため必要な範囲で換価）
☐従業員対応
　→可能な限り解雇予告手当と給料支払／解雇に伴う健康保険や雇用保険等の手続
☐不要なリース物件は返還（受領証を受け取る。PCは経理関係のデータの扱いに注意）
☐賃借物件の処理
　→明渡完了（現状有姿での明渡しの合意含む）すれば予納金が低額になることも
☐不要な契約は解約（ただし、管財業務に支障がないか確認する）
☐必要に応じて、裁判所に申立ての事前相談

＜破産申立て＞
☐事案によっては、開始決定までに管財人候補者との打ち合わせ

＜破産手続開始決定＞
☐管財人に引継ぎ

野村　その心のケアというのが、皆さんにどうやったら伝わるでしょうか。

桶谷　これまで私は、自殺寸前の人に何度か関わったことがあり、実際に亡くなった方もおられますので、そこはちょっと生々しすぎるかもしれませんが、でもそれだとわかりやすいのかなと思います。

久米　私自身も破産の相談に来られた法人の代表者が自殺された経験があります（→465頁）。本当にショックでしたし、何か他にできることはなかったのかなと反省することしきりでした。

石川　弁護士になりたての頃、研修で、相談に来た代表者が自殺したという話を聞いて、自分なりに衝撃を受けましたね。

　　　代表者の中にはうつ状態の人がそこそこおられます。その人はとにかく励ます。極論すると、返すものも返せなくなってと言われたときに、そんなもの銀行は儲けているのだから返さなくてよいのです、破産は権利ですから、何の後ろめたさもありません、と言うことがあります。割合的にはそういう方が多いと思います。他方、中には来た瞬間に怪しいというか、笑いながら、これって妻に名義を移したら大丈夫ですかとか言ってきて、こちらがダメと言うと、じゃあ離婚した形にしておいて財産分与だったら大丈夫でしょうかとかポンポン言ってくる人もいますね。そういう人には、それはダメという話をします。このように、2パターンあると思っていて、人によって分けるのですが、基本はやっぱり、心のケアという意味では、そこは大事なんじゃないかなと思います。

隠し事をさせない

石川　それと、隠し事をさせないということですね。私はよく言うのですが、私には全部話せ、そうしたら何とかする、絶対とはいわないが何とか考える、裁判所と管財人を説得する理屈をあなたと一緒に一生懸命考える、でも後で私に隠していたことが出てきた場合はもう救えないよ、と。

野村　私もよく言いますね、護ってあげるためには全部話してほしいと。ここで喋ったことはそのままは表に出ないのだからまずは喋ったほうがいいよ、それを聞いて護る方法を考えてあげるから、という話ですね。

山田　申立代理人は、依頼者からの委任を受けた受任者の立場ですから、依頼

者の味方です。味方するためには，信頼してもらい，何でも話をしてもらえる関係作りは大切ですね。それでもなかなか依頼者に全部は話してもらえません。経済的窮境という弱い状況にある以上，ある意味当然かもしれません。それが人間だと思います。とにかく弁護士が適切な発問をして聞き出すこと。きちんと聞いて嘘を言う人は少ない。しかし，聞かないのに進んで辛いことや不利なことを話す人も多くないです。

野村　何気ないやりとりの中や資料を見ている中で，ふとした瞬間に，あれっ？て思うことがあり，その後はうまく聞き出せるかですね。できるだけ喋ってもらえる雰囲気作りも大切です。責めたって仕方ないわけですから。

急かさない，追い込まない

八木　自分でも反省している事案ですが，初めてか2，3件目ですかね，もうダメだから早く破産手続に入って事業停止したほうがいいよ，これ以上やって周りの人に迷惑をかけるのはやめたほうがいいよと言ったことがあります。社長さんには1分1秒でも事業を継続したいという気持ちがあるのに，それをわかっていなかったのです。相談を受けて，もう破産しかないですなどと説得していたら，後日奥さんから電話があって，主人が薬品を飲んで自殺を図りましたと。一命は取り留めましたが。早期に整理したほうが望ましいという弁護士の話は，社長も理屈では十分理解していると思うのですが，どこかで宝くじでも当たるかもしれないなどと思っていて，本当に費用もなくなるくらいにならないと相談に来ないのですよね。

寄り添い，アドバイスする

野村　その反省は今に活かされているわけですね。

八木　今なら給料も払えるメリットがありますよ，でもここの支払を過ぎてしまうとこの点やあの点はできなくなりますよと対比をし，そこは最終的にはあなたのご判断ですよと，さらにここを過ぎてしまうと費用も何もなくなってしまうので僕はやれなくなりますよというところで話をするようにしています。メリット・デメリットをできるだけ具体的に示し

た上で，とにかく急かさないということだと思います。早くやったほうがいいに決まっていることを，腹に落ちていない人にいくら言っても，財産を隠すとか，言うことを聞いてくれないと思います。やっぱり無理でしたと思ってもらったところで初めてスタートが切れるのであって，弁護士の考え方を押し付けるのはよくないなと思いました。

野村　経営者として腑に落ちて，腹を括って自ら決断をしてもらうということなのでしょう。弁護士から押してしまってはいけないのでしょうね。

籠池　とはいえ，ある程度リードはしないといけないのでしょうね。パニックになっているでしょうから。どうしたらいいかわからないところで弁護士にアドバイスを求めてきているのですから。私は単純に，私が社長さんの立場であればこういう風にしますよ，なぜならばこういうメリットがあるから，こういう面からしたらこういう手続しかないから，という形でアドバイスします。自分の考えることを普通に説明し，あとは社長さんが決断するかどうかだけれども，自分だったらどうするかという，自分の身に置き換えるのが一番説明しやすいですね。

野村　選択肢を見せてあげて，このときはこうなるよ，その先はどうなるよというのをうまく表現し，選んでもらうしかないのでしょうね。

山田　「水飲み場まで連れていくことはできるが，水を飲ませることはできない」という古い諺があります。同じように，手続を示し，水飲み場までは連れていくけど，その水は美味いぞ，酸っぱいぞというのは示すけど，それで最後に飲む勇気があるかどうかはやっぱり経営者なのですよね。

野村　心のケアも含め，寄り添い，決断を待つわけですが，もちろん，代理人が当事者化してしまってはいけないわけで，弁護士として，客観的な立場から見ていないといけないわけですよね。

しょせんゼニ金の問題

籠池　破産なんて，しょせんはゼニ金の問題（民事の問題）ですよね。財産隠匿などして犯罪行為になるとゼニ金の問題ではすまないわけですからね。僕だったらそんなことは絶対しない，という。普通の人であればその点は理解してもらえると思いますが，難しいですかね。

桶谷　ゼニ金の話だということをわからない人もおられますし。

久米　責任感の強い経営者の方ほど従業員のこと，取引先のこと，親族のこと，家族のこと，いろんなことを考えすぎてしまうのですよね。倒産局面でこれらのことを経営者一人で全部受け止めることは不可能ですよ。ただ，ある程度は考えてもらわないと困ることもありますが。

野村　いろんなことがごちゃ混ぜになってしまい，すっきりしないわけですが，とどのつまりどうなの，といえば，しょせんはゼニ金の問題であって，命の問題ではないのですよね。

信頼関係をいかに築くか

野村　破産管財人は，破産申立てがなければ選任されることもない立場と指摘しましたが[*2]，申立代理人も委任されなければ，破産申立てができません。依頼者と申立代理人の二者間の関係は，委任契約ですからね。

八木　そうです。依頼を受けるまでが重要ですね。受けた後は，やってはいけないことをさせないというだけですが，最初のところの役割が大きくて，そこを自分に任せてもらえるというところまでが最も大切です。時間もかかりますしね。

籠池　そこが信頼関係なのでしょうね。人それぞれかもしれませんが，どういう言い方をすれば伝わるか。信頼してもらえれば手続を任せてもらえるのだと思います。

桶谷　顧問会社であるとか，以前から付き合いのある方だと説明がしやすいですが，破産の場合，いきなり税理士さんなどに連れてこられた方もおられますしね。先ほどのお話にあったように，自ら来る人だともう腹を括っているのでしょうが，税理士に連れて来られたような方だとちょっと。

野村　誰かからの紹介で来られて，もう切羽詰まっていて，という人だとね。その中で信頼してもらえれば，後は早いと思いますが。

山田　とにかくきちんと説明することだと思います。手続選択，各手続のメリット・デメリット，留意点，弁護士費用・裁判所の予納金，家族や従業

[*2] 法人破産申立て実践マニュアル6頁参照。

員への説明方法，連帯保証人への謝罪の仕方，破産手続開始決定後の生活等，経験談を踏まえて，一所懸命説明します。言葉を尽くして説明すること，それが依頼者の決断をサポートすることに繋がると思います。

鈴木　依頼者への熱意ある説明とともに，臨床心理的にみても，依頼者にしっかり耳を傾ける（「聴く」）ことも重要です。依頼者の置かれた状況や，弁護士にたどり着くまでの苦労や生活面の悩みなどを理解しようとする態度は，依頼者の「どうせわかってもらえるはずがない」という不信を解き，また，言いにくいことを話してもらえるためにも重要ですね。

誠実な債務者は救ってあげたい

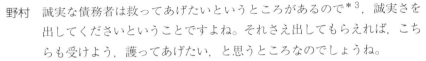

野村　誠実な債務者は救ってあげたいというところがあるので*3，誠実さを出してくださいということですよね。それさえ出してもらえれば，こちらも受けよう，護ってあげたい，と思うところなのでしょうね。

山田　ただそこで，これまで誠実でなくても，これから誠実にしようとする人も含めてね。広い意味の誠実性ということですね。

野村　過去のことは叩けばいくらでも出てくるわけでしょうから，それも含めてこれからは，ということですね。

籠池　そういうスクリーニングを経て手続をやっている以上は，やっぱり懲罰的には扱ってほしくないですよね。それなりに誠実な申立人ということなのだから，やたら懲罰的な運用をされるとみんな逃げてしまうわけですよね。なので，禊をしようとしている誠実な債務者であれば，救済する方向で考えてあげるべきなのでしょう。

受任したらスピード重視

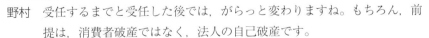

野村　受任するまでと受任した後では，がらっと変わりますね。もちろん，前提は，消費者破産ではなく，法人の自己破産です。

桶谷　ひたすらスピーディーに申立ての準備をするのみです（→27頁）。他の事件は後回しにして，一日でも早く自分の手から離れるようにしますね。

＊3　倒産法を知ろう292頁参照。

中川 やると決まったら,今度は我々の仕事ですから,一気にやる,というのが原則ですね。保全と一緒ですよ。保全でちんたらやるなんてあり得ませんからね。

野村 皆さん早く破産申立てしようという点は共通しているのですが,申立てまでに時間がかかっているのも悲しいかなわが業界の現実ですよね。

久米 私は「仕事は借金」だと思っていますので,早く返済したいし,まして遅延損害金なんて発生させたくないって思うのですよ。

髙松 それ共感できますね。破産申立ては早くすべきものという意識が定着してほしいですし,物理的にも早く申立てができるように工夫したいですね。また,スピード感重視ですから,自分だけで抱えずにチームを組んで一気にやることも大事だと思います。

山田 作業量の多い事件だと,事務所の弁護士や事務職員に残業や休日出勤をお願いします。かなりの集中力が必要な仕事ですので,申立てが終わったら,十分な慰労も必要ですね。

野村 このスピード感重視という点を同業者に何とか伝えたいです。ほんと切実な思いとして。そして,スピード感重視の中で,あれこれと段取りを組んで適切な破産申立てを行う,「段取り力」[*4]が大切だということを感じ取ってほしいですね。

説明を付ける

野村 申立代理人は,とにかく説明を付けることが大切だと思っています。資料があるならそれを付けて出し,資料がないならないなりに説明し,裁判所,破産管財人にわかってもらえるようにすることですね。不利なことでも,先に出し,申立代理人としての説明を付けてフォローしたほうが結果的には依頼者の利益になると思いますよ。

山田 管財人を担当していると,「そこは破産者本人に聞いてくれ!」と言わんばかりの対応をする申立代理人や「自分は知らないから……」と消極的な申立代理人がときどきいます。申立代理人に「答え」を求めている

＊4 法人破産申立て実践マニュアル15頁参照。

わけではなく，申立代理人の目を通した検討材料を求めているのです。
石川　管財人をしていて，申立代理人の主張で困るのは，「可哀想ですよね」というだけのもの。可哀想だという感覚はわかるけれど，代理人なのだから理屈の説明を付けてほしいと言います。何らかの説明があれば，そういう説明も成り立ちうるよね，という形でフォローも可能ですから。
野村　依頼者である債務者の味方でありたいという立場から理屈を立てるのが弁護士ですからね。職業柄理屈を付けないといけないですね。
八木　まあ，100パーセント通る理屈ばかりではありませんけれどね。
野村　確かにね。苦しいなあ，というときと，それは許容できるなあ，というときがありますから，当然そのあたりを考えながらですが。
籠池　理屈の部分が難しくても，何か事情を書いて出してほしいのに，それもしない人がいますからね。それくらいの努力はしてもらいたいですね。
髙松　自由財産拡張のときにありますよね。特に99万円を超えて拡張してほしいという場合（→255頁）には，それなりの事情を書いてほしいですね。可哀想なのはわかるのだけど，どういう事情があるのかといったあたりを書いてくれればと思うことはありますね。
石岡　個人の場合でいうと，やはり免責（→271頁）と自由財産拡張の場面が申立代理人の果たす役割の大きいところですよね。
野村　そうです。そこは申立代理人ががんばらないといけないよ，ということはいつも伝えているところですし，ここでも強調しておきたいです。

開始決定後もフォローする

野村　開始決定を受けたら仕事はお終い，という感じの方もおられますが，破産管財人への引継ぎ，説明が終わった後でもフォローは大切ですね。
久米　石岡さんから先ほど免責の話が出ましたが，特に免責不許可事由があるような場合は，申立代理人としては開始決定後の家計管理も含め手続終了まで丁寧なフォローが必要な場合が多いと思いますね。個人の場合，免責許可決定が確定しないと破産申立てをした意味がありませんからね。

申立代理人は，最後まで破産者の味方でありたい

野村　申立代理人の役割として，適正・迅速な破産申立て，管財人との協働・連携を重視しておりますが，申立代理人と管財人は厳然とした立場の違いがあり，申立代理人は，依頼者の利益の擁護者の立場があります*5。

山田　経済的窮境にある人は弱い。個人でも法人でも同じです。その人の経済生活の再生の機会を得たいという希望に応えるべく，破産申立事件を受任した以上，その信頼に応えたい。味方でありたい。その一点ですね。

野村　護ってあげようと受任したわけですから，最後までやり遂げたいですね。

申立代理人のやりがい・醍醐味

野村　最後に，申立代理人のやりがいや醍醐味についてお願いします。

桶谷　法人についても個人についても，破産の申立代理人のやりがいは，依頼者に感謝されることです。借金のため眠れなかったけど，弁護士に相談して気持ちが落ち着いたとか，肩の荷が下りたとかです。死ぬことを考えていたけど死ななくてよかったと言われたこともあります。

八木　手続が終わってしばらくした後に会った時に，表情が明るくなって，新しい仕事に取り組んでいるという話を聞くと，うまく再スタートをきれたのだなと感じることもあり，弁護士冥利に尽きるなと感じますね。

石岡　Xデーをこちらで選べるような場合に，ソフトランディングかハードランディングかも，申立代理人の力量ですし，やりがいにも繋がりますね。

野村　申立てをするとき，自分がこのまま管財人ができたらなぁ，と思うときがあります。特別清算は，申立代理人が清算人代理となりDIP型の清算手続ですが*6，破産でもDIP型があってもよいなぁと思いつつ（→492頁）。

山田　次々と迅速かつ適正に決断する。これが申立代理人の仕事です。そのような仕事は他にありません。

野村　Xデーに修羅場になってしまうという事案もときにはありますが，立ち直って，笑顔が見られるようになるとやっぱりうれしいですね。

＊5　法人破産申立て実践マニュアル15頁参照。
＊6　法人破産申立て実践マニュアル10頁参照。

② 申立代理人と破産管財人の協働・連携

初動における申立代理人と破産管財人の協働・連携

野村　次に，破産事件における申立代理人と破産管財人の協働・連携について見ておきたいと思います。ここでも当然，自己破産申立てが前提ですね。

山田　申立代理人と管財人の連携に関していえば，申立代理人から管財人への引継ぎと説明が重要だと思います[*1]。これがうまくできると管財人の初動がスムーズにいくと思います。私は，いろいろな研修で，事前相談のないケースにおいては開始決定後24時間以内に，申立代理人は管財人に連絡し，債務者を同行して当該事件のポイントや引継資料の説明を行うべきであると話しています（→67頁）。

髙松　山田さんがおっしゃるとおり，申立代理人から管財人への的確かつ速やかな情報提供はスムーズな管財業務の遂行にとって極めて重要だと思います。この情報提供は，できる限り開始決定前の早い段階で行うとより効果的であると思います。管財人候補者が選定された段階で，申立代理人と管財人候補者双方が積極的に情報交換を行うのがよいと思いますね。

山田　私は，事前相談の段階でも，申立代理人がどんどん管財人候補者にアプローチするように勧めています。スタート段階で申立代理人から管財人への引継ぎがうまくできると両者の信頼関係が醸成され，管財人を中心とした迅速かつ適正な管財業務を実現できると思います。

髙松　必要性があれば，管財人候補者からも，申立代理人にアプローチすべきですね。管財人候補者は，開始決定前の段階では，当然法的な権限はありませんが，近く管財人になる者という立場で，積極的に関与していくことも重要だと思います。情報は求めた者が掴みます。

野村　両者の存在のタイムラグを埋める努力が大切ですね[*2]。

---

*1　引継ぎについては法人破産申立て実践マニュアル242頁以下参照。
*2　法人破産申立て実践マニュアル13頁参照。

申立代理人から破産管財人へのバトンタッチ

石川　冒頭でも出ましたが（→21頁），申立代理人と管財人の双方が互いの目線で考えて行動することが，申立代理人から管財人へのスムーズなバトンタッチに繋がり，よりよい管財業務の遂行を導くのだと思います。

久米　申立代理人から管財人へのバトンタッチについては，陸上のバトンリレーを想像するとよいと思います。先行するランナー（申立代理人）が近づくと次のランナー（管財人）は徐々に走り出す（事前相談等）。両者走りながら，タイミングを合わせてバトンを渡す（開始決定時の引継ぎ）。バトンを渡した後も走ってきたランナーはしばらくバトンを渡したランナーを追走し（資料の追完・補足説明），徐々にスピードを落とし，やがて止まります。もちろん，申立代理人の説明義務の履行や破産者へのサポートは続きます。バトンを受け取った次のランナー（管財人）はトップスピードで走り出せます。

髙松　とてもわかりやすい表現だと思います。逆にスムーズなバトンタッチができずにまごまごしていると，管財人はトップスピードで走り出せず，のろのろとしたスタートになってしまいます。下手をすると後ろに戻らなければならないこともあり得ますね。

桶谷　申立代理人と管財人の連携という観点からすると，申立業務を行う法律事務所と管財業務を行う法律事務所が分離しつつあるという点が気になります。破産申立ては多数行うが，破産管財人の経験がほとんどない法律事務所が各地に増えてきていることが懸念されます。申立業務と管財業務の両方を経験すれば，よりスムーズな連携が生まれると思います。

髙松　私も申立側と管財人側の分離という点は問題だと思っています。ただ，破産の事件数が減少してきている中で，申立代理人と管財人の両方を経験するのも難しくなってきていますよね。管財人経験のない弁護士が破産申立てを行う場合，管財人経験者を申立てのアドバイザーに入れるのも一つの方法ではないかと思っています。

野村　互いの置かれた立場を踏まえつつ，同じ方向を向いて進む場面であって，それは申立代理人としても依頼者を護ることに繋がると思いますね。

開始決定後に関与しない申立代理人

野村　先ほど申立代理人の役割のところでも少し出ましたが（→198頁），いつも残念に思っているところとして，申立代理人の業務（役割）は開始決定が出たら終わりという認識をもっている弁護士が昔から少なからずおられるように思います。皆さん，いかがでしょうか。

八木　悪意はないと思いますが，開始後の業務は管財人の仕事なので申立代理人は関与しないという考え方の代理人が少なくないように思います。私が管財人の事務所に引継ぎに行こうと思っても，「破産者本人と話をすればよいので申立代理人は来なくて結構です」と言われることも多いです。

野村　破産者の代理人となる場合には，可能な限り破産者を護ってあげようと思いますし，管財人から「来なくて結構です」と言われても，私が代理人として説明しますと言って絶対に行きますね。

石川　開始決定後は無関心という感じの弁護士をそれなりに見かけます。私が管財人として申立代理人に各種説明を求めると，「そんなのは本人に聞いてください」という弁護士も結構います。申立代理人にも説明義務（40条1項2号）があることを理解し，開始後も協力してもらいたいですね。

久米　神戸では，通常，管財人への引継ぎには申立代理人が同席しますので，管財人の立場で破産者に対し，「あなたの利益を守るのは申立代理人であり，何かあれば申立代理人と相談してほしい」という説明をしていますし，申立代理人に対しても「開始決定後も引き続き協力をお願いします」と伝えています（83条1項，申立人に対する協力要請につき規則26条2項）。

申立代理人が関与しない理由は

八木　先ほども述べましたが，悪意なく先輩やボスの仕事を見て，開始後の管財業務に関与する必要はないと思っているのではないかと思います。また，申立代理人としては，開始後の管財業務に協力することについて，そもそもモチベーションが上がらない方もいるようですね。

中川　個人の申立ての場合，申立代理人が何もしなくても9割以上が免責許可

になりますしね。また，一般的に破産事件においては終了時報酬をもらえないので最低限のことだけやっておけばよいと考える弁護士もいるように思います。実際に法テラス案件において，開始決定後に一生懸命破産者のために活動をしても終了時報酬には全く反映されませんしね。

山田　それは違いますよね。代理人である以上，普通は管財人に対し，自分の依頼者のことをよろしくお願いしますという思いを持つのではないでしょうか。それから申立代理人としては，管財人との良好な人間関係を作っておくことも重要だと思いますよ。

石岡　管財人経験がある申立代理人であれば，自分が手がけた申立案件については，きれいに清算してもらいたいと考え，それを念頭において，準備・申立て・管財人への引継ぎを行うはずだと思うのですがね。

籠池　それに，債権者集会において，債権者も代理人の立ち振る舞いは見ていると思いますよ。債権者から，「あの代理人はできる」と思われれば，その後の仕事もしやすくなるのではないでしょうか。

八木　いい加減な対応をする申立代理人に対しては，裁判所や管財人の対応も厳しくなるので，開始決定後も適切に関与したほうがよいと思います。

申立代理人の関与（法人の場合）

野村　申立代理人と管財人の協働・連携について少し考えてみたいと思いますが，破産手続開始後の申立代理人の関与について，まずは法人から。

八木　繰り返しになりますが，法人破産でも代理人の関与は必要ですよね。

石岡　ただ，私は，法人に関しては，管財人として申立代理人に何らかの作業等を依頼したことはほとんどないように思います。

籠池　法人の場合，申立代理人に何かやってもらうよりも，管財人が自分でやったほうが早い場合もありますしね。

髙松　事案によるかもしれませんが，開始後の申立代理人の関与が，円滑な管財業務の遂行に寄与することもあると思います。売掛金に関し，開始後に正確な存否や金額を調査してもらったことがあります。開始決定当初，現地確認や電話対応等で繁忙を極めていたためとても助かりました。

久米　申立書の売掛金目録は，開始決定より随分前の情報に基づいて記載され

ていることも多いので,申立作業と並行して開始決定前後までに申立代理人が正確な売掛金の計算を行ってくれていると確かに助かりますね。

中川 ほかにも,代表者があまり協力的でないような場合には代理人が責任をもって開始後も必要な情報を管財人に提供してほしいですよね。

申立代理人の関与(個人の場合)

野村 では,個人の場合はいかがでしょうか。

石岡 個人の場合は,私は,管財人の立場で,免責不許可事由に関する破産者の主張を申立代理人に書面で提出するよう要請することもあります。

久米 免責不許可事由が認められる場合,開始決定後に申立代理人が破産者とともに管財業務に協力していくことにより裁量免責事由になる可能性が高まることがあると思います。申立代理人が免責に関する報告を行うことはとても重要だと思いますし,申立代理人がきちんとした報告をしてくれれば,管財人としても免責に関する意見書を書きやすくなると思います。

桶谷 破産開始後に新たな財産が見つかった場合などは,申立代理人に対し,申立書に記載できなかった理由を書面で報告してもらいたいと思います。自由財産拡張の申立てに関しても,状況に応じた理由書を提出してもらいたいと思います。

髙松 換価業務に関してですが,不動産の任意売却に関し,申立代理人が破産者家族の引っ越し先等を積極的に探してくれたため,速やかな任意売却が実現できたというケースもありました。

野村 個人の場合は,開始決定後も免責許可に向けたフォローが必要になると思いますが,法人の場合,申立代理人が管財人に対して,きちんとした引継ぎをしてくれれば,そう問題はないようにも思います。

破産管財人候補者の役割

野村 次に,管財人候補者と申立代理人の協働・連携について考えてみたいと思います。先ほど,開始前であっても管財人候補者として関与していくのがよいという話が出ましたが,みなさん具体的な経験はありますか。

八木　管財人の打診を受けた場合には，裁判所に了解を得たうえで，できるだけ早期に申立代理人と電話で協議し，開始決定直後の対応が必要な事項の確認，事案のポイントに対する認識の共有，開始決定後の対応における申立代理人への依頼事項の確認などをするようにしています。

石岡　清算業務の態勢をどう組むのかについて協議することは必要です。労働者の処遇について協議することもよくあります。予告解雇にするのか即時解雇にするのか（→68頁），事前に相談することは有用だと思います。

野村　管財人候補者として，申立代理人に対し，管財業務に必要な情報を求めたり，必要な調査を指示したりという話はよく耳にすることだと思いますが，皆さんの中で，さらに踏み込んで管財人候補者として，開始決定前に申立代理人の業務等に関与したというケースはありますか。

髙松　生鮮品等早急に換価が必要な場合等，申立代理人がやむを得ず開始決定前に資産換価を行う場合に，後日否認の問題が生じないようにするために，管財人候補者として申立代理人と売却代金等に関する協議を行ったことがありました。また，賃借物件の処理について，管財人候補者として解約等をお願いしたこともありました。

籠池　申立代理人として関与した案件ですが，開始決定前に預かり在庫の引揚げ要請が債権者からあったのですが，管財人候補者に確認を求めたところ，引揚げの立会いも兼ねて在庫状況を確認したいとのことで，快く引き受けていただけました。管財人候補者としても，効率的な財産換価のためには開始後の初動が肝心なので，できるだけ早い段階で現場状況を確認したいという意向を持っていることが多いと思います。

八木　事業継続の可能性を検討していた小売業の事案において，管財人候補者として事業継続を行った場合の資金繰り，営業体制の確保などを確認するために，申立ての1週間前くらいに，申立代理人，代表者夫妻を交えて長時間の打合せを行ったことがあります。その結果，申立て当日の夕方に開始決定を受け，店舗の一部について，業務委託先にスムーズに引き継いでいただき，1日も休むことなく当該店舗の営業を継続することができました。

山田　複数の公共土木工事を請け負っていた会社の管財事件において，管財人

候補者として，開始決定前に市役所等の関連部署を訪問し，担当者と工事現場の安全確保に関する打ち合わせをしたことがあります。管財人候補者として，役所においても事前に現場を確認し，事故が発生しないように注意していただきたい等といったお願いをしたところ，役所の担当者から，開始決定前に情報を得られてよかったと言われ，その後の管財業務がスムーズに進んだことがありました。

野村　権限という意味で限界はあるにせよ，適正迅速な管財業務を目指す上では，可能な限り開始前にも管財人候補者として関与するのがよいですね。

開始決定後の申立代理人関与のメリット

野村　申立代理人が開始決定後も関与すると，いろいろとメリットがあるということがわかりましたが，さらに話を進めるとどうなりますか。

髙松　開始決定後も申立代理人がきちんと協力していくという運用が根付いてくれれば，必ずしも詳細な申立書や報告書等が必要ではなくなり，受任から早い段階での申立てが可能になると思います。速やかな申立てが実現できれば，事業譲渡の可能性等を含めて様々なメリットが生まれてくると思います。ただ，いい加減な申立書や報告書でよいという趣旨ではありませんので，誤解のないようにお願いします。

桶谷　破産事件の数が減少しており，管財業務を経験できる機会も減っています。申立代理人が開始決定後の管財業務の一部に関与できるとなれば，管財人経験のない弁護士にとって，経験を積むためのよい機会になると思っています。そう思って若手の申立代理人に声かけしているのですが，いつも断られており，非常に残念に思っています。

久米　なるほど。申立代理人のサポートを嫌がる管財人はまずいないと思いますので，申立代理人の立場で管財業務の経験を積むという発想はとてもよい考えだと思います。

野村　申立代理人も管財人も，期するところは，当該破産事件の適正・迅速な処理ですので，互いに良好な関係を保ちつつ，必要な情報共有やハード面での協働・連携を図って，よりよい管財業務を実現したいですね。

③ 申立代理人の心構え

申立代理人の心構え十箇条

野村　「申立代理人の役割とは」（→189頁），「申立代理人と破産管財人の協働・連携」（→200頁）について見てきましたが，ここで「申立代理人の心構え」と題して，皆さんの思うところをお願いしたいと思います。とっかかりとして，私が『倒産法を知ろう』の中で書いた「申立代理人の心構え十箇条」をお示しします[*1]。最近，研修会の最後に紹介することが多いのですが，お説教ではなく，自らが申立代理人となる場合の戒めとして書いたものです。

> 一，依頼者によくよく説明すべし
> 一，事業停止の影響を考慮すべし
> 一，財産を保全すべし
> 一，破産管財人の目線でも考えるべし
> 一，速やかに申立てすべし
> 一，必要な情報を申立書や引継書に盛り込むべし
> 一，破産管財人候補者が決まれば，すぐに連絡し，面談日の日程調整をすべし
> 一，破産管財人事務所に自ら出向いて，速やかに引き継ぐべし
> 一，破産管財人に適切に説明すべし
> 一，個人債務者の場合，依頼者の免責許可決定確定までフォローすべし

申立代理人の心構え

桶谷　申立代理人の役割のところでも指摘しましたが（→189頁），破産の相談に来られる依頼者には，自殺を考えている方が少なくありません。弁護士の些細なひと言にも敏感です。安心感を与える，余裕を感じさせる，この弁護士に依頼すれば大丈夫だと思ってもらえるよう，心がけています。

久米　私も，通常の相談は結構リスク説明からすることが多いのですが，破産

[*1]　倒産法を知ろう291頁，法人破産申立て実践マニュアル54頁以下参照。

の相談については，リスク説明よりもまず安心して落ち着いていただくことを優先させています。特に法人破産の場合は，取引先や従業員のこと，果ては家族のことまで相談者は頭の中が不安と心配で一杯だと思いますので，「何とか解決できる」という安心感を先にもってもらうことが重要だと思います。

野村　安心感，とても大切ですね。

髙松　破産申立てを依頼される方で，破産法上の問題点が全くないという方はほとんどいないと思います。しかし，せっかく破産をしてリセットするのですから，リセット後に少しでも自信をもって生活できるよう隠し事や後ろめたいことをせずに，正々堂々と手続を全うさせてあげたいと思っています。

中川　私も同感です。ミスのない人はいませんし，窮境の混乱の中で常に正常な判断をできる人は稀だと思います。ダメなことはダメとお伝えしますが。

八木　私は，相談者に対して，受任前の段階で，私にすべて正直に話していただきたいこと，手続では絶対に嘘はつけないし，つくべきではないことを，最初にお話しします。法人については，ルールの中で可能な範囲で，経営者の家族の最低限の生活費，従業員の給与を確保し，混乱を招かずに速やかに清算手続を進めること，個人については，依頼者の経済的更生のためには何が望ましいかを考えて，手続負担も考慮しながら，方針を決めるようにしています。

石川　先ほども指摘しましたが，隠し事せずにどうやって正直にすべて話してもらえるのかという点は私も結構気を遣っています（→192頁）。あとで裁判所や管財人にばれた場合は手続がすべて無駄になること，事前に話してもらえれば，大抵のことは何とかフォローできる（するための最大限の努力をする）ことは伝えます。倒産事件に関する依頼者（法人であれば代表者）の受け止め方は本当に人によって違っていて，中には，破産することは人生を否定されるような捉え方をしていて，自殺でもしてしまうのではと心配するような人もいれば，破産する原因を金融機関や取引先に転嫁して，被害者意識の強すぎる人，偏頗弁済や資産の隠匿を考えて

いる人，お金さえ払えばあとは弁護士がやってくれると勘違いしている人など様々ですから，野村さんが指摘する心構えは共通認識として，依頼者ごとに対応を考えています。

山田　「リスクをイメージして，温かく聞き出せ！」ですね。経済的な窮境にある人は弱っています。弱っている人は，とくに自分に不利だと思うことや都合の悪いことは話したがりません。後になって，申立て直前の偏頗弁済や財産隠匿を発見して，債務者に対し，「なんで話してくれなかったの！」と言っても仕方ありません。いろいろな場面を想定して，債務者から聞き出すこと。きちんと聞いて嘘をつく人は多くありません。厳しく言ってはうまくいきません。親身になって聞き出すことです。それが申立代理人の実力だと思います。私もたくさん失敗しました。反省と自戒を込めて。

野村　ほんと，そう思います。

石岡　まず，自分が手掛けた事件であれば，きれいに清算したい，してほしいと思いますよね。できれば被害を及ぼす範囲と程度を小さくし，ソフトランディングさせたいと思います。それは，代表者の意向とも合致するのが通常のはずです。その上で，できるだけ早期に，スムーズに管財人に引き継ぐよう心がけます。そうして，こちらが想定していた方向で清算業務を進めてもらえれば幸いだと思います。

籠池　申立代理人としては，依頼者の心情に寄り添いつつも，適正な清算のために，法律専門家としての客観的な目線をもって，依頼者にとっての真の利益を擁護するよう努めることが大切だと思います。

野村　申立代理人においてもバランス感覚は大切ですね。

小川　「私の気持ちは弁護士さんにはわからないでしょ！」と破産する会社の代表者に言われました。弁護士は，代理人となって何度も破産申立てを経験しますが，大切に育ててきた会社を失う代表者にとっては一生に一度あるかないかですから，その気持ちに対する想像力が欠けていたころの話です。想像力と気配りも大切ですね。

野村　本書全体に皆さんの思いがちりばめられていることと思います。

④ 申立代理人の義務・責任

申立代理人の義務・責任が議論される背景

野村　ここでは，破産の申立代理人の義務・責任について議論します。義務や責任を強調しすぎると，申立代理人を萎縮させてしまいますが，多くの裁判例も出されていますので，避けては通れない問題だと思います。

　このテーマについては，平成28年10月に札幌で開催された全国倒産処理弁護士ネットワーク全国大会で取り上げられました。理論的な問題は，この全国大会の基調講演やパネルディスカッションを読んでいただくとして[1]，この座談会では，もっと実践的な議論をしたいと考えます。

桶谷　この全国大会の基調講演で伊藤眞教授は，申立代理人の義務・責任が論じられてこなかったのは，学者の怠慢だとおっしゃいました。そうではなくて，そもそも，義務・責任を議論すべき事案自体がほとんどなかったのだと思います。

髙松　私は，普通の弁護士が普通に仕事をしていれば，起こることのない問題だと思うのですが，そうでないケースがあるのも事実だと思います。

石岡　もともと，この問題が顕在化したのは，受任後特別の事情もないのに長期間申立てがなされずに放置され，その間に資産の散逸・流出等があったというケースだったわけです。しかも，その程度が看過できないほどであり，申立代理人の対応も好ましからざるものだったことから，申立代理人の責任追及ということにつながったのだと思います。ですので，単なる「ミス」ということではなかったと理解しています。ところが，こうした責任を認める判決が出たことによって，何かミスを見つけては代理人の責任追及に走るような管財人が出てきて，中にはちょっと行き過ぎじゃないかというような裁判例が出たりするわけですよね。やっぱり行き過ぎた責任追及をする例が増えているのでは，という問題意識を持っています。

---

[1]　基調講演及びパネルディスカッションについては「特集　破産申立代理人の地位と責任－全国倒産処理弁護士ネットワーク第15回全国大会〔札幌〕」債管155号（2017年）4頁以下に掲載。

石川　全く同じ感覚ですね。責任を強調しすぎると，申立代理人が萎縮して，法的整理ではなく破綻した会社を放置する選択をしてしまいます。破産手続を使いやすくしたい（→462頁）という私たちの方向性と逆行します。

申立代理人の責任が問われる場面

野村　そもそも，申立代理人の義務・責任が問われるのは，どのような場面で，どのようなきっかけでしょうか。

石岡　まず，遅延による期間経過によって関係者の権利を害することがあります。例えば，正当な理由なく破産申立てが遅延して，解雇後6ヵ月が経過し，未払賃金立替払制度が使えなくなった等です。これは，現に弁護士賠償責任保険の適用例[*2]があります。

髙松　3ヵ月を経過して，労働債権が財団債権でなくなってしまった，という場合も，優先債権に落ちたために弁済を受けられなくなったとすれば，責任が生ずる可能性があると思います。

野村　ただ，それを話し出すとなかなか厳しい事案もありそうですね。

石岡　一番問題になっているのが財産散逸・流出ですが，その中でも，正当な理由なく破産申立てが遅延し，期間制限にかけてしまった，というのは一つの類型だと思います。申立ての遅延によって，正常の売掛金債権を消滅時効にかけた，過払金返還請求権を消滅時効にかけた等です。

久米　破産事件に限らず一般の事件でもそうですが，期間の徒過だけはどうすることもできないので，注意が必要だと思います。

石岡　そして，これ以外の文字どおりの財産の散逸・流出ですね。受任後に，財産が費消されてしまった等です。これも，申立代理人が関与してなされた場合と，債務者が行った行為について申立代理人が責任を問われる場合があります。これが，現在，財産散逸防止義務として議論されている問題だと思います。

籠池　その中には，法律的に見解が分かれる問題もあります。例えば，所有権留保のついた商品や車両を担保権者に引き揚げさせてよいかという問

[*2] 全国弁護士協同組合連合会編『弁護士賠償責任保険の解説と事例【第5集】』（全国弁護士協同組合連合会，2014年）49頁。

題等です。これもケース・バイ・ケースの判断ですので，間違った判断をしてしまう場合があります。

申立代理人の助言・指導に債務者が従わなかった場合

野村　申立代理人の行為そのものについて責任が問われるのはともかく，債務者が申立代理人の助言や指導に従わず財産散逸・流出行為を行った場合に，代理人が責任を追及されるケース[*3]については，どう考えますか。

山田　例えば，破産申立て前の相談時に，弁護士が債務者に対して債務者所有の自動車や重機を売却してはいけないと言っていたにもかかわらず，債務者が勝手に売却したと想定します。廉価売却による詐害行為や売却代金による偏頗弁済の問題が生じます。

中川　山田さんが示した事例は，債務者自身が申立代理人の助言や指導に従わなかったので損害が生じたケースですから，申立代理人の責任を問うべきでないと思います。

桶谷　債務者が事業停止前の法人なら，事業継続中の法人の行為を申立代理人がすべて把握できるわけではありません。また，法人の代表印を預かるわけにもいきません。申立代理人ができることには限界があります。

髙松　事業停止後の法人なら，代表印や通帳など法人の重要品は申立代理人が預かって保管すべきでしょうが，預かったとしても法人代表者の行為を常時監視することはできません。この場面も，やはり限界があります。

野村　ただ，受任前に預かれませんよね。義務の話になっては困ります。

石岡　倒産場面において申立代理人の置かれる立場・状況も様々だと思います。これを一緒くたにして，何でも申立代理人の責任追及に向かうのはちょっと乱暴だと思います。

桶谷　破産者と申立代理人は委任関係であり，破産者を指導監督する上下関係にあるわけではありません。申立代理人が間違った助言をすれば責任を問われるのは当然ですが，正しい助言をしたのに破産者がそれに従わなかったことで責任を問われるのは，極めて例外的なケースに限られるの

[*3] 東京地判平成25・2・6判時2140号（2012年）23頁参照。

ではないでしょうか。

野村　しかし，そもそも，申立代理人が賠償責任を負う，という場合の根拠は何なのでしょうね。

籠池　一番問題となっているのは，破産管財人が申立代理人に損害賠償請求するケースですが，この場合，その根拠は何か，管財人はどういう立場でこの権利を行使するのか，という点が実はよくわかっていません[*4]。破産者との委任契約に基づくものなのか，債権者に対する不法行為あるいは信義則等に基づくものなのか，これに伴って，管財人がどういう立場でこの権利を行使するのか，このあたりは理論的にはあまり詰められていないところだと思います。

受任通知発送の有無による区別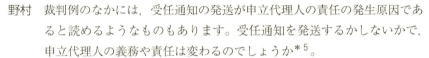

野村　裁判例のなかには，受任通知の発送が申立代理人の責任の発生原因であると読めるようなものもあります。受任通知を発送するかしないかで，申立代理人の義務や責任は変わるのでしょうか[*5]。

山田　理論的な説明は難しいのですが，受任通知を受け取った債権者は，申立代理人を信頼して，権利行使を控えるのですから，その権利行使を控えている間に発生した破産財団の減少は申立代理人に責任をとってもらいたいというのが素直な理解だと思います。

髙松　ただ，受任通知を発送していなくても，申立代理人が受任して関与している間に発生した損害であれば，申立代理人の責任が問題となりうるので，受任通知発送の有無で分けるのは，あまり実益のある議論ではないように思います。受任通知を発する前であっても，申立代理人が財産を散逸させて結果として債権者の配当が減少すれば責任問題は発生すると思います。

[*4]　岡伸浩「『財産散逸防止義務』再考」伊藤眞ほか編集代表『倒産法の実践』（有斐閣，2016年）25頁以下参照。

[*5]　高木裕康「受任通知送付後の申立代理人の責任について」自正68巻3号（2017年）35頁参照。この号では，「破産手続申立代理人の権限とその責務をめぐる諸問題」と題する特集が組まれていますので，黒木和彰「個人破産の申立代理人の権限と責務～免責決定の意味を再度考える」同43頁，中森亘「法人破産の申立代理人の役割と法的責任」同51頁も参考にしてください。

石岡　私は，債権者に対して受任通知を出すことは，衡平な清算への期待を生じさせるものと思います。したがって，その後は，信義則上，誠実かつ衡平に対応すべき義務が生ずる，という考え[*6,*7]にシンパシーを感じます。これによって，直接債権者に対する賠償義務を導くという意味ではありませんが，後述の不法行為の要件を検討する上では，一つのメルクマールとして考慮に入れてよいのではと思っています。

籠池　受任通知を出したからといって，直ちに債権者に対する信義則上の義務を負うことになるのでしょうか。石岡さんは直接賠償義務の根拠となるものではないとおっしゃいますが，信義則という曖昧な要件だけに，いったん債権者に対する義務というものが認められてしまうと歯止めがかからず大変危険だと思います。

野村　理論的な面についてはいろいろ議論があるところです。全倒ネット札幌大会でも議論がなされたところですね[*8]。ここでは，これ以上の深入りはせずに，先に進みたいと思います。

裁判例について
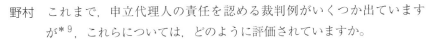

野村　これまで，申立代理人の責任を認める裁判例がいくつか出ていますが[*9]，これらについては，どのように評価されていますか。

石川　下級審裁判例の中には，代理人が漫然と止めなかったということを指摘するものがあります。その規範が独り歩きして使われるリスクがあると思います。

籠池　平成21年の裁判例[*10]も，結論はともかく，財産毀損の大半は債務者本人の行為によって生じているのに，これに直接結びつく申立代理人の具体的な過失評価根拠事実が摘示されていない点や，申立代理人の不作為と財産毀損との間の因果関係に係る事実も認定されていない点など，理

[*6]　注釈上117頁参照。
[*7]　加藤新太郎「破産手続開始申立代理人の財産散逸防止義務」NBL1079号（2016年）118頁参照。
[*8]　全倒ネットでは，申立代理人の義務・責任についての出版（『破産申立代理人の地位と責任』）が予定されています（2017年秋発刊予定）。
[*9]　一連の裁判例については，法人破産申立て実践マニュアル296頁以下参照。その後公刊された裁判例として，千葉地判松戸支判平成28・3・25判時2337号36頁。
[*10]　東京地判平成21・2・13判時2036号（2009年）43頁参照。

由付けには疑問があります。
八木　判決文の事実認定には書いていないけれども，おそらくこれはいけないという背景事情があるのではないでしょうか。申立代理人の責任を認めるべきという価値判断が先にあったのではないかと思います。
石岡　中には，結論としては申立代理人の責任を認めてしかるべきという事案が確かにあったと思います。ただ，その理由付けとして，一般論としてこう言われてしまうとちょっとたまらないなぁ，というものがあります。
籠池　そういう意味合いで一般化はできない裁判例ですよね。ただ，その問題と，先ほどから出ている申立代理人として本来なすべき行為とは別問題です。これは，分けて考えないといけないと思います。
久米　石岡さんや籠池さんのおっしゃるとおりで，これらは事情判決と理解すべきです。裁判例における規範定立の部分は非常に厳しい印象があり，この規範定立の部分のみが一般化されてしまうと申立人にとっては厳しすぎる結論となることもあるのではと危惧します。

申立代理人として心がけていること

野村　申立代理人として，責任を問われないために，心がけている点はありますか。
桶谷　一日も早く破産申立てすることです。限られた時間の中で多くの業務を同時並行で行うことが多く，法律的に難しい判断を迫られる場合もあります。多少のミスは仕方がないと覚悟して，早期の破産申立て，スピード優先で申し立てます。
山田　「ミス」という言い方は少し抵抗がありますね。事後的客観的に評価すれば誤っていたと評価される場合であっても，申立代理人の行為の当時の状況を判断の基礎にすれば，義務違反を問われることは，まずないと思います。
久米　申立代理人としての経験からすれば，結果論でものを見られても困りますよね。あとから「こうすればよかった」と言うのは簡単ですが，限られた時間の中で申立て準備の渦中にいる弁護士にとっては，すべての可能性を検討しながら手続を進めることはそれほど簡単なことではあり

ません。
中川　責任を問われないためには，依頼者との連絡を密にすることも大切です。なかには，精神的に不安定な状態の依頼者もいます。また，そういう状態にある依頼者を喰い物にしようと狙っている輩もいますからね。

破産申立てまでに時間を要する場合

野村　迅速な破産申立てを心がけるとしても，どうしても申立てまでに時間を要する場合があります。オープン型が典型例ですが（→28頁），この場合に注意する点は，どこですか。

久米　破産申立ての準備に時間がかかるほど，財産散逸の危険性が高まるのは間違いありません。財産散逸の防止に関しては依頼者との連絡を密にして，依頼者の行動を把握しておく，通帳や印鑑など重要な財産を預かるなどの対応くらいしか思いつきません。

石岡　懲戒事例を含めて，責任問題が発生する場合の多くに，破産申立ての遅延が絡んでいますね。申立ての遅延は，依頼者の問題という場合もありますが，弁護士に問題がある場合もあります。申立代理人は，できるだけ速やかな申立てを心がけることが重要だと思います。

破産管財人としての責任追及

野村　実際に，管財人として申立代理人に対して損害賠償請求をしたことがある方はいらっしゃいますか。

桶谷　あります。事案の内容を具体的に申し上げることはできませんが，損害賠償請求をして，訴訟提起前の和解で解決できました。申立代理人を相手方とした懲戒請求も検討しましたが，そこには至らず和解で終わりました。

野村　管財人として，責任追及するかどうかの判断の目安はどのように考えていますか。

久米　管財人の立場から見た場合，自分や他の弁護士も同様の行為をするかもしれないと感じたら，申立代理人に責任追及しようとは思いません。これは，単に弁護士同士がかばい合っているのではなく，弁護士に対して

通常求められる注意義務を果たしていたかどうかという法的判断の問題です。

籠池　裁量の余地のあるような場面では，なかなか責任追及はしにくいと思います。一定程度覊束されていて，裁量の余地のない場合，例えば期間徒過や法令違反行為など，このような場合はアウトだと思います。会社の経営判断原則と同じような話だと思うのですが。

石岡　同感です。先ほども出ましたが，後から考えて，結果的に誤っていたと判断されたというだけでは足りませんよね。当時の状況で，その判断が専門家として合理的裁量の幅を逸脱するようなものだったか，という観点で判断されなければならないと思います。結局のところ，本当に責任追及すべきケースというのは，故意又は重過失のような場合に限定されるのではないでしょうか。

髙松　おっしゃるとおりだと思います。ただ，結果が重大だと重過失までいかなくても責任を問われる可能性は出てくるかもしれないですね。

野村　次に，否認対象行為の受益者が存在する場合，受益者から回収できなかったときに，申立代理人に請求するという点についてはいかがですか。100請求して，そのうち60回収できたときに，40について申立代理人に請求するということはありうるのでしょうか。

中川　申立代理人が役員報酬の支払を容認していた点を問題にしていた裁判例がありましたよね。

籠池　東京地裁の裁判例ですね[11]。これらがあるから，そういう考えが出てくるようになってきているのでしょうね。しかし，60で和解をすることを了としているわけだから，残る40を申立代理人に賠償請求するというのは何となく矛盾しているような気がして，違和感がありますね。

山田　申立代理人が，共謀とか加担とかしていた場合は，申立代理人の行為が不法行為等の要件を満たしているとして，法的責任が認められるのは，やむを得ないと思います。

石岡　その不法行為の要件なのですが，申立代理人が積極的に加担した場合な

---

[11] 東京地判平成21・2・13・前掲[10]・東京地判平成26・8・22判時2230号（2014年）48頁参照。

らともかく，否認行為がなされたことが簡単に申立代理人の注意義務違反等と認定され，安易に申立代理人の責任追及の方向に向かうことには違和感があります。申立代理人のどのような行為が不法行為に該当することになるのか，要件論については再検討がなされるべきと思います。

石川　ある研修会で講師の先生が「申立代理人が漫然と受任通知を送付したところ公租公課庁が売掛債権について差押えをしたという事案について，管財人として申立代理人から報酬のうち相当額について破産財団への組入れをさせた」という話をしていました。滞納処分をされたことで管財人が売掛金を回収して破産財団を構成することができなかったとしても，もともと公租公課庁の滞納税金は財団債権（あるいは優先的破産債権）として一般の破産債権よりも高いプライオリティが認められているわけです。漫然と受任通知を送った申立代理人の行為が不適切であったことは事実ですが，不適切な行為とそれによって誰にどんな損害が発生したのか，申立代理人にどんな法律上の義務違反があるのかは，きちんと切り分けて考えないといけないと思います。

野村　申立代理人においては，債務者や代表者などに十分な説明をして，申立遅延や財産散逸等が起きないように注意すべきことは当然でしょうが，申立代理人の責任範囲については，抑制的に考えるべきということでしょうか。その意味では裁判例等の射程範囲についてもよく検討する必要がありますね。

⑤ 弁護士倫理・ヒヤリハット（申立代理人編）

日弁連の『倒産処理と弁護士倫理』

野村　弁護士倫理の問題に入りたいと思います。この問題に関しては，平成25年に，日弁連の倒産法制等検討委員会で，『倒産処理と弁護士倫理』という書籍を出版しました。石岡さんと私が編集委員としてこの本の出版に関与しましたが，まず，石岡さん，ひと言お願いします。

石岡　倒産処理の場面では，多数の利害関係人が登場します。そして，その利害が複雑に絡みあうことも稀ではありません。一般事件のように，代理人として依頼者の権利を擁護する，というだけでは適切な処理とはいえません。あちこちの利害に目配りをしながら，事件の処理を進めなければならないと思います。こうして，近時，倒産処理を巡る弁護士倫理の問題（弁56条1項）や善管注意義務違反の問題（民644条・415条）がクローズアップされるようになりました。このような背景から，この本の出版に至ったわけです。

久米　倒産処理，中でも特に破産事件処理をめぐる懲戒事案は後を絶ちませんね。また，弁護士賠償責任保険についても，結構破産事件処理に関連した保険利用が多いと聞いたことがあります[*1]。

野村　善管注意義務関連の話題については，申立代理人の義務・責任（→210頁）のところで取り上げましたので，ここでは弁護士倫理に絞って議論し，最後にヒヤリハットについても触れたいと思います。

利益相反

野村　まず，破産申立ての相談を受けたときに，債権者や債務者の中に依頼者や顧問先が含まれている場合，どうしていますか[*2]。

山田　顧問契約は，通常，弁護士と企業との間で，月額報酬やタイムチャージ

[*1]　全国弁護士協同組合連合会編『弁護士賠償責任保険の解説と事例【第5集】』（全国弁護士協同組合連合会，2014年）参照。
[*2]　倒産処理と弁護士倫理14頁参照。

等の報酬体系で，継続的に法律相談や契約書の審査等の相談を受ける契約です。当該債務者（相談者）に対する請求，あるいは当該債務者からの請求について相談に乗っていた場合は別として，単に顧問契約があるというだけでは，「職務を行い得ない事件」（弁25条，弁護士職務基本規程27条・28条）には該当しないのが普通だと思います。当該債務者の破産申立ての事件を受任してもよいと思います。

久米　私は，公正を期するために，顧問会社と当該債務者（相談者）との間の債権債務の内容や金額の多い少ないにかかわらず，事件の受任を控えると思います。幸い現在は金融機関の顧問もしていないので，相談を受けた者の債権者に含まれていたという問題に直面したことはないです。

中川　利益相反について，弁護士法25条の解説によると，同条の「相手方」は形式的なものでは足りず実質的利害相反が必要で，例えば自己破産の申立人と破産申立てをする債権者とは，同条1号にいう「相手方」ではないとした裁判例もあります[*3]。ただ，債権者の上位に顧問先などがあれば，公正らしさを疑われぬよう，私はさすがにその事件は受任しないと思います[*4]。

申立ての遅延

野村　破産申立てに関する懲戒事例として，一番多いのは，申立ての遅延に関する事案ではないでしょうか。

石岡　大きな類型として，①破産申立てを受任したにもかかわらず，長期間，場合によって何年間も申立てをしなかったというケース（依頼者から懲戒請求されるケース），②申立てを遅延している間に財産が散逸・消失してしまったケース（例えば，過払金返還請求権を消滅時効にかけたとして依頼者から懲戒請求されるケース等），③受任通知を出しながら長期間放置し，問い合わせにも誠実に回答しないということで，債権者から懲戒請求される

[*3] 東京高決昭和39・3・13東高民時報15巻3号（1964年）51頁，日本弁護士連合会調査室編著『条解弁護士法〔第4版〕』（弘文堂，2007年）185頁参照。

[*4] 場面は異なりますが，最決平成29・10・5裁判所ウェブサイトは，破産管財人を原告とする訴訟において，破産者の依頼を承諾したことのある弁護士が被告の訴訟代理人として訴訟行為を行うことが，弁護士法25条1項に違反すると判断しました。

ケースなどがあるように思います。

山田　依頼者からの懲戒請求の場合，依頼者との委任契約の事務の遂行に関する義務違反が，品位を失うべき非行であり，債権者からの懲戒請求の場合は，申立てを遅延したことは，債権者等の利害関係人や破産財団の利益を害し，品位を失うべき非行があると考えるのですね（弁56条１項）。

髙松　申立ての遅延については，「百害あって一利なし」だと思います。やむを得ず破産申立てまでに時間がかかるケースもあろうかとは思いますが，油断しているとあっという間に時間は経ってしまいますので，常日頃から速やかな申立てを心がけておくことが重要だと思います。申立てを遅延しているうちにどうにもならなくなり，依頼者に対して「申立て済みである」とか「破産手続は全て完了した」などと虚偽の説明を行わざるを得なくなり，重大な問題になったというケースもあるようです。

石岡　ひいては，免責許可決定書等の公文書偽造などの犯罪につながる例も，残念ながらあります。

久米　申立ての遅延については，先ほど石岡さんがおっしゃったように，依頼者からの懲戒請求以外にも近年話題になっている申立代理人による財産散逸防止義務違反との関係でも問題が生じそうです（→★211頁）[*5]。申立てが遅延すると自ずと財産散逸のリスクも高まってきますよね。

債務者の否認対象行為への対応

野村　話は変わりますが，依頼者が否認対象行為を行っていたことが発覚したところ，依頼者から黙っていてほしいと頼まれたらどうしますか。

石岡　破産者代理人の破産法40条１項２号による説明義務と弁護士法23条による守秘義務との相克です。大変，難しい問題です。守秘義務は，弁護士にとって弁護士たる所以ともいうべき基本的な義務ですから[*6]，理論的には守秘義務が優先すると一応考えられます。ただ，現実的には，

[*5]　東京地判平成21・２・13判時2036号（2009年）43頁は，会社から自己破産の申立てを受任した弁護士が２年間申立てを放置した場合において，破産財団の損害につき弁護士の不法行為責任が肯定された事例です。

[*6]　倒産処理と弁護士倫理49頁参照。

裁判所や管財人に対し「守秘義務があるから話せません」と言って，代理人を継続することはなかなかできませんよね。

山田　債務者には破産申立てをする義務はありませんから，破産者が破産手続のメリットを重視し，自らの意思で申立てをしている以上，破産手続の中で管財人等に対する説明義務を果たすべきであり，申立代理人もその延長線上で説明義務を負います。ここでは，「説明義務」と「破産手続における弁護士の守秘義務」との間の優劣の決着はついていると思います。

髙松　山田さんのように割り切るかどうかは別として，いずれにしても弁護士は受任の時点で，管財人等に対する説明義務について依頼者に説明しておく必要がありますね。そうすれば，委任事務の遂行中に依頼者から否認対象行為を秘匿して欲しいと頼まれても「当初から説明しているように説明義務がありますので，秘匿できません」と言うことができます。

中川　私は，受任契約書に，「裁判所・破産管財人に対する説明義務があるので，依頼者にとって不利益な事項についても，報告せざるを得ない場合がある」との条項を入れています[*7]。もっとも，私は，山田さんのように割り切っているわけではありませんが…。

野村　弁護士が「説明義務があり秘匿できません」というのに対し，依頼者がどうしても秘匿してほしいと納得しない場合はどうしますか。

髙松　辞任ですね。もっとも，守秘義務は委任契約終了後も存続すると解されていますし，説明義務（40条1項2号）は「代理人であった者」にも準用されます（同条2項）から，辞任後に管財人から追及されると非常に厳しい立場になることに変わりはありません。依頼者に対し，破産制度の趣旨はもちろんのこと，免責不許可になる可能性や場合によっては詐欺破産罪にも該当する可能性があること等をきちんと説明して，破産者側から自発的に申告するよう説得することが一番大事だと思います。

野村　それから，当然のことですが，弁護士に守秘義務があるということと，違法行為に加担することとは別問題ですよね。この点も，確認しておきたいと思います。

＊7　倒産処理と弁護士倫理50頁参照。

弁護士の辞任

野村　辞任という話が出ましたが，説明義務との関係での依頼者との意見の相克の場合以外に，弁護士がいったん受任したものの，辞任せざるを得ないという場合もあるかと思います。皆さんの経験では，いかがですか。

山田　法人及び経営者個人の破産申立事件について，いずれも受任通知発送後に，何とか法人の分の弁護士費用及び予納金は準備していただいたのですが，個人については準備できず，了解を得て辞任させていただいたことがあります。法人事件で辞任したことはありません。

石岡　法人で，いったん受任したのに辞任したという経験はありません。もちろん，法人でも個人同様，信頼関係の問題があり，辞任もやむを得ない場合はあると思いますが，法人の場合には，債権者・債務者等関係者も多く，辞任してしまうとその後の清算に大きな支障を来たしてしまうことが多いように思います。

野村　個人破産の場合はいかがですか。

石岡　個人の場合，辞任にあたり，後見的見地からの配慮が求められることがあります。個人の債務整理事件における安易な辞任に警鐘を鳴らす裁判例も出ているところです[8],[9]。

久米　私も法人で辞任という経験はありませんが，個人の破産事件は以前，依頼者と連絡が取れなくなってやむなく辞任したケースがあります。

石岡　受任後，過払金の回収は行ったが，その後些細なことを理由に辞任し，回収した過払金の清算をきちんとしない，というケースで懲戒になっている例もあります。

髙松　安易な辞任は許容すべきではないと思いますが，やむを得ない場合もあると思います。とにかく依頼者と話ができれば信頼関係を回復して問題の解決を図ることも可能ですが，連絡が取れなくなるというのが一番困るケースではないかと思います。何度電話しても手紙を送っても連絡が

---

[8]　倒産処理と弁護士倫理74頁，東京地裁立川支判平成23・4・25判タ1357号（2011年）147頁参照。

[9]　神戸地裁伊丹支判平成19・18・28判タ1284号（2009年）328頁参照。

取れず,相当期間が経過したというケースでは辞任もやむを得ないと思います。
石川　辞任やむなしの事案があるのは事実ですが,依頼者から解任された場合や合意の上委任契約を解除した場合はともかく,弁護士側から委任契約を解除した場合に,不利な時期に委任契約を解除された(民651条2項)といったクレームを出されないように注意は必要だと思います。

ヒヤリハット

野村　次に,ヒヤリハットについて検討していきたいと思います(→398頁)。まずは破産申立ての準備期間中の財産保全からいかがですか。
石川　会社名義の自動車を従業員がそのまま使っていたことがありました。幸い従業員の人が素直な人ですぐ返却してくれました。従業員との関係でいえば会社名義の携帯電話を従業員が使用していたこともありました。これも番号をそのまま使いたいとのことで料金はすべて清算することを前提に契約者名義を変更しました。
野村　財産目録の関係はいかがですか。
山田　法人は再生手続をし,代表者は破産した事件において,代表者の預金の調査漏れがありました。代表者の説明は,「妻が自分の知らないところで自分名義の預金をしていた」ということです。債務者の家族にもきちんと確認するよう指示しなければならないと思いました。
久米　山田さんと同じく,未分割の相続財産など,本人もはっきりと把握できていない資産があったりしますね。自宅の火災保険の解約返戻金なども見落としがちな資産です。
石川　久米さんの言うように本人の認識が乏しい財産ってありますよね。ゴルフクラブを1回も手に取ったことがないのに付き合いで会員権をもっていたこともありますね。管財人が気づいてくれましたが。
野村　債権者の関係はいかがですか。
石川　法人の債権者として記載していたら,代表者個人に対する債権だと主張していると管財人から連絡を受けて,個人の債権者としても追加したことがありますね。個人の場合は免責の問題があるので債権者漏れは注意

が必要で，悩んだら載せることでよいのかもしれません。

野村　破産者の保証人関係でもヒヤリハットはありますね。

桶谷　破産を申し立てる会社の保証人が，代表者だけでなく他にもいたというヒヤリがありました。そのまま破産申立てしていると保証人の口座も凍結・相殺されてしまい，明日からの生活費にも困ることになりかねませんでした。幸い，申立て直前で気づきましたのでヒヤリで済みました。

野村　他に保証人がいないか何度も確認したほうがよいですね。

山田　個人破産の申立ての際に，債務者が知人の賃貸借契約の連帯保証人になっていたことをすっかり忘れていて，債権者一覧表から漏れてしまい，後に，賃貸人から債務者に対し，破産後に発生した未払賃料について連帯保証債務の履行を求めて訴えられたことがあります。債務者としては，これは破産債権であり，「知りながら」債権者名簿に記載しなかった（253条1項6号）わけではなく免責の効力が及ぶと争いました。しかし，第1審判決（公刊物未掲載）では，連帯保証債務は破産債権であるとされたものの，「知りながら」とは「債権の存在を覚えていたがあえて記載しなかった」などというのではなく，「債権の発生原因が生じた当時その原因事実を認識しながら」の意味であり，非免責債権であると支払を認容され，控訴審にてその趣旨に従って和解をしました。

石岡　関連ですが，債権者申立ての場合，個人の債務者代理人は，免責許可の申立てをしないといけませんね（248条1項）[*10]。重要な点ですが，見落とされがちだと思います。

石川　債権者申立てついでにいうと，自由財産拡張の申立てもですね[*11]。

野村　ヒヤリハットを防ぐには，先輩方の経験談をしこたまため込むことが大切ですよね。また，ヒヤリハットは，失敗にならないようにフォローが必要です。フォローができてこそのヒヤリハットですし。常日頃から，防止策も考えつつ，チェックを怠らないことです。自戒も込めて。

＊10　破産管財実践マニュアル66頁，498頁参照。
＊11　破産管財実践マニュアル67頁，278頁参照。

6 申立代理人の報酬

申立代理人の報酬の定め方

野村　申立代理人の報酬は難しい問題です。話しにくい問題ですが，率直な意見交換をお願いします。

山田　依頼者と申立代理人の関係は委任契約であり，申立代理人報酬は委任契約によって本来自由に定められるはずです。しかし，弁護士は，その社会的地位と職責に鑑み，経済的利益，事案の難易，時間及び労力その他の事情に照らし，適正かつ妥当な弁護士報酬を提示しなければならず（弁護士職務基本規程24条，弁護士の報酬に関する規程2条），かつ，弁護士は報酬基準を作成し，事務所に備え置かなければなりません（弁護士の報酬に関する規程3条1項）。そして，破産事件の申立代理人の報酬は，債権者一般の共通の引当てとして近々に形成される破産財団とパイを分け合う関係にあるわけですから，配当を期待する債権者にとっても破産管財人にとっても了解することができるものでなければなりません。そのような意味で適正かつ妥当な報酬でなければなりません。

石川　具体的には，申立代理人報酬は，①会社の資金繰りの状況，②負債総額，債権者数及び事件の種類，③申立ての準備に要する時間，④申立て後に要する手間などを総合的に考慮して着手金の額を決めるとされます[*1]。

法人・個人事業者の破産申立ての着手金

野村　法人・個人事業者の破産申立ての着手金は，どうでしょうか。

石川　『新版 ガイドブック弁護士報酬』には，「誤解をおそれずに」としながら，破産手続等の着手金の標準額を挙げていますね。負債総額1000万円から5000万円は50万円から100万円，負債総額5000万円から1億円は100万円から200万円等とされています。

山田　当事務所の場合は，債権者数が著しく多い場合や事業継続型や産業廃棄

---

*1　吉原省三＝片岡義広編著『新版 ガイドブック弁護士報酬』（商事法務，2015年）285頁参照。

物処理などの特別な事情がない場合には，事案の難易は負債総額に応じて，例えば，事業者の債務者による破産手続開始の申立ての場合，負債総額1億円未満は80万円，1億円以上3億円未満の場合は160万円を着手金として定めています。もっとも，債務者にお金がないことも多く，経済的資力に乏しいなどとして減額することもあります。辛いなと思うときもありますが，やむを得ないことですね。

八木　私は，法人は100万円以上，個人事業者は50万円以上を基本にしており，債権者数や事業継続希望などの事情で適宜増額しています。

久米　私も事案によりますが，八木先生と同じような相場観です。個人事業者でもそれなりの規模になると法人と同程度になりますし，法人破産でも申立費用の捻出が厳しい場合で，規模や事務処理の程度によっては減額調整をすることもありますね。

中川　インターネットでは，報酬の安さを売りにしている事務所も目につきますが，安ければいいというものではないと思います。

髙松　依頼した弁護士の能力で結果は大きく異なるというのが実態だと思いますが，一般の方は倒産事件に関する弁護士の能力を比較することができないのが悲しい実情ですね。

中川　依頼者の利益を最大化しようと思うと，最新の情報を手に入れるとともに，短時間で集中した事務処理ができる体制も必要になりますね。民事訴訟なら，事件が来てから勉強しても間に合うこともありますが，生きている法人の事業再生・倒産事件は，相談がきてから勉強したり，事務所の体制を整えたりするのでは間に合いませんからね。

報酬の考慮要素

野村　先ほど，石川さんから申立代理人報酬の考慮要素を紹介してもらいましたが，それ以外にも，考慮要素になる事情がありますよね。

石川　負債総額が大きくなくても営業中の会社の事業を廃止して申立てを行う場合，在庫商品等の財産や帳簿等の資料の保全，取引先や従業員対応などに時間や労力を要しますので，これらは増額要素になると思います。

山田　法人破産の場合，申立て前の事業譲渡，事業の廃止，従業員の解雇等の

対応があれば，申立代理人に要求される業務内容が大きくなります。
髙松　さらに債権者数が通常のレベルを超えるようなオープン型申立ての場合は，臨時雇用や特設電話の開設等も必要となりますので，増額要素になると思います。
中川　反社会的勢力への対応が必要になる事件も，増額要素にしてよいように思います。
石川　イソ弁時代のボスから教わったことですが，弁護士は，適正な報酬（着手金）がもらえなくても，受けるべき事件があるのだから，もらえる事件では適正額をもらってよいと思います。過大な報酬は論外ですが，もらえる事件であえて，安く受任する必要はないと思います。
桶谷　増額要素もありますが，手元の現預金があまりに少なく，また，早期に回収できる売掛金等がないような場合には，実際には，弁護士の報酬基準どおりいただけないこともありますね。

予納金が申立代理人着手金の参考とならなくなったこと

野村　以前は，裁判所への予納金が法人等の申立代理人の着手金の参考になるという考え方もありましたね。
石川　確かに，以前はありました。予納金は，管財人の最低限の報酬の担保となっており，負債総額や事案の難易度等に応じて増額されていたので，その部分を借りていたわけですね。もっとも，申立代理人の業務と管財人の業務は全く違うのですから，「それでよいのかな」と思うときもあります。
八木　申立代理人の適正報酬額を考慮する際に，予納金額を参考にすべきという考え方は，弁護士申立ての場合の法人の予納金がほぼ一律に30万円とされている福井地裁の運用を前提にすれば，あり得ません。
中川　少額予納管財が広まっていく中で，管財人の業務の省力化が図られ，反面，申立代理人の担うべき役割が広がっています。管財人の負担を軽減することを前提に予納金を低廉化していくという少額予納管財のコンセプトからすれば，申立代理人報酬を予納金にリンクさせて考えると，以前よりも，二重の意味で低額化してしまい，結論として不合理です。

個人事業者以外の個人の破産申立ての報酬

野村　個人事業者以外の個人の破産申立て，いわゆる消費者破産の場合には，皆さんどうお考えですか。

石川　『新版 ガイドブック弁護士報酬』には，消費者破産については，任意整理や個人再生とともに，多重債務事件の着手金・報酬金の相場として，着手金20万円，報酬金20万円としていますね。

中川　日弁連が行った2008年版アンケートでは，消費者破産の着手金は，約半数が30万円前後，4割近くが20万円前後としており，9割近くが20万円から30万円前後としています。報酬金は，約3分の2がもらわないと回答していますが，約4分の1が10万円から20万円前後としており，若干ですがそれよりも高い金額の回答もあります。

八木　私は，消費者破産の着手金は，原則として30万円にしていますが，法律扶助の収入要件を満たす場合は，費用に充当できる過払金がない限り，扶助事件にすることが多いので，その場合には概ね半額になります。

久米　私も事案によりますが，20万円から25万円程度を標準にしています。

桶谷　私は30万円程度を標準にしています。

野村　ところで，法人の場合には，資産は破産管財人に全部引き継ぎ，法人格が消滅するので，成功報酬を受領する余地はないと思いますが，個人破産の場合に免責を得た成功報酬をもらっている方はおられますか。

一同　もらっていません。

中川　免責時点で成功報酬を請求する弁護士がいると聞いたことがありますが，大部分が免責決定を受けている状況を考慮すると，成功報酬を受領することは妥当でしょうか。

桶谷　名目が報酬金でも，合計額が妥当なら許容されてよいのではないでしょうか。破産に限らず多重債務事件では，弁護士費用を分割払いにする必要があることも多いですが，開始決定後に着手金名目ではもらえないので，実質的な分割払いとして，報酬金をもらうこともおかしくはないと思います。法律的に理屈を付けるのは難しいですが。

石川　ガイドブックに報酬金の定めがあることには，強い違和感がありました

が，報酬全体として40万円と考えれば，合理的な水準だと思います。

申立代理人の報酬には幅がある

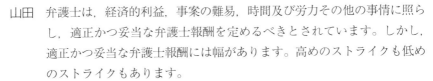

山田　弁護士は，経済的利益，事案の難易，時間及び労力その他の事情に照らし，適正かつ妥当な弁護士報酬を定めるべきとされています。しかし，適正かつ妥当な弁護士報酬には幅があります。高めのストライクも低めのストライクもあります。

八木　破産管財人は，申立代理人の業務が適切に遂行されている限り，よほどのことがなければ代理人報酬の金額を問題にはしないのではないでしょうか。

籠池　私もそう思います。申立代理人の報酬が自分の感覚よりもちょっと高いな，と思っても，申立代理人がきちんと破産申立てをしてくれて，破産管財人の業務に協力してくれていれば，申立代理人報酬を問題視はしないです。

桶谷　申立代理人の報酬否認が問題になった事案は，申立代理人が必要な財産保全をしていないなど，申立代理人として行うべき対応をしていないということが背景にあると思います。ただ，申立代理人の義務としてどこまでやらないと債務不履行や善管注意義務違反となるかの議論を避けるために，報酬の相当性を問題にしているのが実情と思います。

石岡　実際に申立代理人報酬が否認されるのは，申立代理人の業務内容に問題があるか，著しく報酬が高い場合に限られるのでしょう。しかし，否認されない範囲であれば，いくらでももらっていいということにはなりません。一昔前は，申立代理人がいくらもらっているか，あえて詮索しないという雰囲気がありました。しかし，今は違います。申立代理人は，自分の報酬額が明らかになることを前提に，それが全体的バランスの上で相当な額といえるのかを考えなければならないと思います[*2]。

山田　破産管財人の目線ですね。

＊2　倒産処理と弁護士倫理27頁以下参照。QA200問27頁以下・205頁以下参照。

申立代理人の報酬が否認された裁判例

野村　申立代理人の報酬については、最近、管財人の否認権行使が認められた裁判例がいくつかあります＊3。破産管財人として、申立代理人報酬が高いと思ったときには、まずは、申立代理人と協議しますよね。

髙松　否認請求や訴訟を起こすのはよほどのことで、まずは、申立代理人と協議して、報酬の一部を任意に破産財団に組み入れるように求めます。何度か経験がありますが、いずれの事案も、大半の弁護士が「それは高すぎるだろう」と思うような金額でしたので、申立代理人と協議して返還していただきました。

桶谷　私も同様の経験がありますが、否認訴訟まで提起したことはありません。

久米　否認訴訟が提起され、しかも、訴訟上の和解もできず判決に至るというのは、破産管財人と申立代理人とが尖鋭的に対立している事案なんでしょうね。私だったら、破産管財人と見解の相違があっても、否認訴訟になる前にいくらか返還して訴訟は回避すると思います。

八木　申立代理人の報酬が不当に高額であると破産管財人が判断したというのは、申立代理人の業務内容が受領した報酬に明らかに見合わないということであり、判決の事実認定の範囲で書かれている破産事件の規模や申立代理人の一般的な事務負担と申立代理人報酬を比較してもあまり意味がないと思います。

野村　裁判例では、裁判所が適正な申立代理人報酬がいくらであったかが認定されていますが、請求認容額を判断するための必要から認定されただけであり、判決で認定された申立代理人の報酬額をもって、同種事件の申立代理人報酬の適正額であるということはできませんね。公刊物に掲載されている裁判例もいくつかありますが、判決で認定された金額だけが独り歩きしていくのは困りますね。

＊3　東京地判平成22・10・14判タ1340号（2011年）83頁は、法人の破産申立て事件において、申立代理人が迅速な申立てよりも無用な財産の換価回収行為を優先させたとして、債務者と弁護士の合意した報酬額294万円のうち126万円（消費税込み）を上回ることはないとして差額の168万円の否認請求を認めました。なお、法人破産申立て実践マニュアル300頁以下参照。

併存型事件における費用のあり方

野村　法人と代表者の両方の破産申立てを行う場合において，一方に資産（現預金）があって，他方にはないという場合があると思います。この場合，例えば，法人の資産から代表者の費用や予納金を支出することがよいのかということが問題とされることがあります[*4]。株式会社とその代表取締役の双方の破産の申立代理人となった弁護士が，会社から代表取締役の着手金を受領することは，会社に対する不当利得が成立するとされた裁判例もありますが[*5]，どう思いますか。

石川　強い違和感を覚えます。私は法人と代表者はセットで申し立てるべきであると考えているので，そのために一方に費用がないのであれば，他方からそれを捻出することは常識的な範囲であれば認めてよいと考えています。不当利得のほかにも否認権云々を言う人がいますが，否認権が究極的には債権者の利益のためにある制度だとすれば，法人と代表者の両方が申し立てられて，破産管財人が双方の事件を同時に調査できることは適正な事件処理のために不可欠で，債権者の利益にも適うと思います。もちろん，貸借関係があればその返済を受けたとして，なければ役員報酬として受領した等のある程度の理屈が立つような配慮はしますが，基本的には流用について破産管財人は杓子定規な対応をしてほしくないと思っています。

山田　石川さんと同意見です。そもそも中小企業は小規模事業者の場合，法人と個人の財産は混同しています。赤字の法人であれば，代表者は定期定額であらかじめ定めた低い給料すら受け取らず，歯を食いしばってがんばる代表者の方も多いです。このような場合，弁護士費用の流用の局面においては，一体的に処理をすることについて不当と非難することはできないと思います。

石岡　そもそも，この大阪地判の事案は，法人の代表者が代理人の指示で「個人の申立ての着手金」との認識のないまま法人の資金を代理人口座に振

[*4] QA200問27頁以下参照。
[*5] 大阪地判平成22・8・27判時2110号（2011年）103頁。

り込んだというものです[*6]。このテーマの先例としては,極めて限定的に捉えるべきと思います[*7]。

久米　私は申立代理人側で関与する場合は,裁判所や管財人から指摘されることを想定して,流用を極力しないようにしておりますが,管財人の立場では柔軟な対応をしています。石川さんのお話でもありましたが,代表者の弁護士費用は,最後の役員報酬相当額から支出したという説明などで対応したこともあります。

髙松　私も基本的に石川さんがおっしゃったとおりだと思っています。ただ,申立代理人も「流用して何が悪い」という対応ではなく,とりあえず理屈がつくような対応を行えば,目に余るような金額でない限り,大半のケースは無難に落ち着くのではないかと思います。

野村　中小企業の法人と代表者の資産が事実上一体という実態もあり,破産管財人としても,費用の流用を問題にすべきではないと思いますが,申立代理人としては,資金移動の根拠について破産管財人に説明できるようにしておくことが重要ですね[*8]。

[*6]　原審(大阪簡判平成22・4・13判タ1343号(2011年)150頁)は,「代表者は,申立代理人からの指示により,個人・法人の峻別の意識もなく40万円を振り込んだ」と認定しており,「個人の着手金を40万円とする旨の合意」の存在が否定されています。委任契約書も作成されていない事案でした。

[*7]　倒産処理と弁護士倫理37頁参照。

[*8]　法人破産申立て実践マニュアル18頁参照。

第6章　個人債務者の破産に関する諸問題

1　事業者と非事業者

事業者と非事業者の区分でイメージする

野村　ここまでは，法人の自己破産申立てを中心に見てきましたが，ここからは，個人債務者の破産に関する諸問題を見ていきます。法的には，法人と自然人（個人）しかないわけですが，「個人破産」というと何が思い浮かびますか。

石川　まずは，サラ金とかカードのキャッシングで破産する，いわゆる「消費者破産」のほうを思い浮かべますね。

野村　そうですよね。何も厳密なことを言いたいわけではなく，イメージしやすくするにはということで，事業者と非事業者で区分したほうがわかりやすいと思うのです。法人も入れていうと，法人と法人代表者や他の取締役ら，それと個人事業者が「事業者」で，いわゆる消費者が「非事業者」です。法人と自然人の区分からいうと，法人代表者ら，個人事業者，消費者はすべて自然人ですね（図表1）。

石川　まあ，イメージだからそれでよいと思いますよ。法人と法人代表者らはセットになりやすいけど，法人代表者らは個人だから個人破産の面も考

図表1　事業者と非事業者の区分のイメージ

	法　人	法　人
事業者	法人代表者ら	自然人 （個人）
	個人事業者	
非事業者	消費者	

えないといけないし，個人事業者は，個人だけど，事業者だから法人で見てきたところが関係してきますしね。

野村　これからいくつか見ていくテーマを検討する際，ひと口に個人債務者といっても，その属性，①法人代表者ら，②個人事業者（→286頁），③消費者を考慮したほうがわかりやすいと思いますね。

個人事業者の場合の悩ましさ

野村　個人債務者の個別のテーマを見る前に，ここでは個人事業者（個人事業主）の特殊性というか難しさ，悩ましさの話をしておきたいと思います。①法人代表者らであれば，債務は基本的に法人の債務の連帯保証債務で，③消費者であれば，債務は生活費などから生じ，別途給与等の収入があることが多いですが，②個人事業者の場合，自らが事業の経営主体であり，自らがすべての債務を負う関係にありますね。鈴木さんは，個人事業者の場合につき様々検討されているわけですが，問題点の頭出しをお願いします。

鈴木　個人事業者は，法人代表者とも，消費者破産とも異なる要素があるにもかかわらず，顧みられにくかった存在といえます。法人代表者とは違い，主債務者として責任が重く債務関係からの脱退が難しく，破産しても租税債務など事業による非免責債務が残る問題点があります。野村さんも指摘されましたが，給与所得者と異なり事業収入が不可欠な糧となっており[*1]，また，親族や知人が連帯保証人になっていることも多いため，破産によりその事業による収入が絶たれて生活が困難になることから破産手続の利用を躊躇することもあります[*2]。身内への事業譲渡等が合理的な事案がある反面，帳簿や金銭管理が適切でなく，資産処分，とくに事業の継続や譲渡の場面で不透明な処理もされやすい事案もあり

[*1] 例えば，経営者保証に関するガイドラインでは「個人事業主」も「中小企業・小規模事業者等」に含まれるとされ（「経営者保証に関するガイドライン」Q&A【A. 総論】Q 3），個人事業者の保証人には利用のメリットがありますが，個人事業者本人の主債務の整理場面では原則として利用できず，そのほかにも個人事業者には利用できる合理的な私的整理の方法が限定されています。

[*2] 自営・家族従事者の自殺者は年間約1500人といわれています。また，原則として消費者としての保護対象から外れることも問題と思われます。

ます。

野村 法人の場合，法人代表者は法人との切り離しが可能ですが，個人事業者の場合，完全に一体化している点で切り離しがなかなか難しいですね。

久米 個人にとって，破産は最大の再生ツールだと思いますが，給与所得者についてはストレートにあてはまっても，個人事業者は経済的再生については，難しい側面がありますよね。運よく就職などができればよいものの，破産後の生計をどうするかがそもそも難しい問題ですよね。

八木 そこで，個人事業者の事業継続希望が出てくるわけですが，これまで事業の赤字が破産原因になっているような場合は事業を継続したところで経済的再生にも繋がりませんし，個人事業自体が黒字で一定の収益性がある場合は，事業価値の問題などもあり悩ましいところです。

山田 破産後の生計に関しては，事業の継続を希望する個人事業者もおられますが，私は，破産後も事業継続を希望する個人事業者の方に対し，「いったん知り合いの会社に雇われてみたら」という提案をします。真面目に事業をやってこられた方なら必ず誰かが手を差し伸べてくれます。そこで雇われて事業環境や知り合いの経営のやり方をじっくりと観察してから，元の事業で再出発しても遅くないと思います。

個人事業者はいったん廃業すべきなのか

野村 私が弁護士になった頃（平成10年）は，個人事業者は廃業しないといけない，という大前提があったように思うのですが。

籠池 その商売で失敗したわけですから，法人と同様で，事業停止したら廃業ということになりますよね。

野村 それが，ある頃から，その大前提が変わってきたのか，個人事業者で破産後も事業を続けつつ管財事件で対応し，さらには，極めて零細な場合，同時廃止も可能といった方向に進んでいった感じがします。一人親方で，買掛，売掛がほとんどなく，請負とはいえ，毎月の生活費を稼ぐくらいという場合なら，給与所得者とどんな違いがあるのか，という考慮ですね。

桶谷 事業継続を希望する個人事業者に関する留意点については，いくつかの

文献でも紹介されています*3。

髙松　売掛金もなく，給与所得者と実態が変わらないというのであれば，同時廃止でそのまま事業を継続してよい事案もあると思います。事業価値といっても何もないでしょうし，工具類があっても，差押禁止動産（民執131条6号等）で本来的自由財産でしょうから。しっかりと説明ですね。

鈴木　差押禁止財産は本来的自由財産ですが，差押禁止財産の判断については，「破産者の事業の継続又は生活の維持を困難にするおそれ等があるもの」を基準にすべきだと思います。内科医にとってレントゲン撮影機の不可欠性を認めた裁判例もあります*4。

個人事業者のグラデーション

野村　ひと括りに「個人事業者」といっても，これまた様々あり，一人親方から法人に近いところまでグラデーションがありますから，事業継続についてもどの規模感でイメージするかによっても異なってきますね。

久米　事業規模の観点からは，①一人親方や職人など，②家族経営，③従業員数人，④それ以上，事業の収益（所得）の観点からは，(i)赤字，(ii)ほぼトントン，(iii)年間数百万円程度，(iv)年間1000万円以上といった感じで場面分けができるでしょうか。医師等の破産による資格制限のない資格の有資格者や芸術家，デザイナー等の純粋に個人の才能に依拠している場合はまた違った側面がありますよね。

石岡　事業規模が④となれば，「個人事業者の事業継続」というよりは，法人の事業継続と同様に考えるべきだと思いますね（→164頁，178頁）。

山田　私は，個人事業者はいったん廃業が原則だと思いますが，先ほどの場合分けでいけば，事業規模が①若しくはせいぜい②で，収支が(i)から(iii)の範囲で，就職や他の仕事に就くことが難しいのであれば，給与所得者と

＊3　QA200問76頁，はい6民79頁参照。また，宮崎地裁における事業継続を希望する個人事業者の破産手続の問題点に関する協議結果について，島岡大雄「宮崎地方裁判所（本庁）における倒産事件の処理の実情」金法1982号（2013年）78頁以下で紹介されています。

＊4　東京地八王子支判昭和55・12・5判時999号（1981年）86頁参照。債務者が内科，小児科を専門とする医師であり，機械はその一台しかない等の事情のもとで，レントゲン撮影機が民事執行法131条6号の差押禁止動産にあたるとしています。

のバランスもあると思いますので，原則事業継続を認めても問題ないと思いますよ。収支が(i)若しくは(ii)で経済的再生が果たせるのかという問題はありますが。

野村　他人の保証債務や事業以外の債務が主たる破産原因の場合などは，事業自体は黒字の事案もありますが，事業を継続しても苦しい状況が続くだけということも十分あり得ますね。

申立代理人の検討事項

野村　破産手続予定の個人事業者から事業継続の希望が出された場合において，申立代理人側で検討すべき事項や注意点はありますか。

山田　そもそも，事業を継続することによって生計を維持できるかという観点からの検討も重要だと思います。先ほど野村さんがおっしゃったように，事業を継続しても苦しい状況が続くだけということであれば，廃業するという選択肢を選ぶべきだと思います。

鈴木　破産開始決定後の取引継続の見込みについての検討や，事業用資産について民事執行法131条6号の差押禁止動産にあたるかどうかについての検討も不可欠だと思いますね。

石川　売掛金と買掛金などの債権債務の切り分けも検討すべきと思います。開始決定時における債権債務の切り分けは特に重要です。また，売掛金は原則として定型的な拡張適格財産とはいえないことにも留意が必要だと思いますし，先ほどの場合分けで事業規模が③以上で収支が(iii)から(iv)となると営業権の評価の問題になることもあります[*5]。

野村　そう，この切り分けの説明がしっかりとできれば，必ずしもいったん廃業すべし，とはならないのだと思います。もちろん，その説明をどう付けるかというのが申立代理人として考えどころですね。

八木　加えて事業継続を希望する場合は，申立代理人としては，裁判所に対して早期に事前相談して，管財人候補者と打ち合わせするなどして，スムーズに手続が進行できるようにすべきだと思いますね。

[*5] 管財手引148頁・151頁，はい6民81頁，破産管財実践マニュアル298頁参照。

破産管財人による検討事項

野村　個人事業者の事業継続が希望される場合，管財人としては，どのような点から検討する必要があるでしょうか。

中川　管財人としては，①そもそも事業継続を認めるか否か，②認めるとして，事業用資産の継続使用を認めるか否か（破産財団と自由財産の切り分け），③先ほど石川さんが指摘されたように，売掛金，買掛金の切り分け，④事業継続に必要な契約関係の処理が必要だと思います。

石岡　規模や収支状況によっては，法人の事業継続や事業譲渡と同じような問題が出てくると思います（→178頁）。事業による利益等を検討して，使用されている事業用資産の価値を把握し，事業価値を算定するなどして，本人や親族による財団組入れや事業用資産の買取りを求めていくということになると思います*6。

桶谷　個人事業については，第三者に譲渡の可能性があるかという観点も必要だと思います。個人の能力に全面的に依拠する芸術家やデザイナーのような場合は第三者に対する事業譲渡が困難なので，事業規模が多少大きくて収益が(iv)，つまり1000万円以上となっても，多くは事業継続を認める方向になるのでしょうね。事業用資産の価値は別途検討するとして，事業自体については財団組入れを求める根拠も見つけにくい気がします。

有資格者の場合

久米　医師や歯科医師，美容師などの有資格者については，個人の能力による部分も大きいのですが，事業譲渡がされたりすることもあるので，事業継続については法人の事業譲渡に準じて，「破産者個人に事業を譲渡する」と構成して　事業用資産の価値を把握したり，破産開始決定時における事業価値を算定したりして，破産者本人に財団組入れを求めることも検討するとよいと思います。私も管財人を務めた医師と歯科医師の事

＊6　財産換価446頁参照。

案で一定の金額を財団組入れしてもらった経験があります*7。
八木　医師，歯科医師，美容師などは資格制限がありませんし，患者さんや顧客が付いていれば，事業継続を強く望む破産者もおられるでしょうね。

破産申立て前の事業譲渡

野村　個人事業についても，申立て前に親族や第三者に事業が譲渡されていたりすることもありますね。

山田　例えば，現地を確認すると商店街の自宅兼店舗の個人商店で，地元では名の通った同じ屋号で破産者の娘が店主となって営業していて，破産者も手伝っていた事案などの場合はどうでしょう。

久米　法人の破産申立て前の事業譲渡と同じ問題は生じると思います（→178頁）。個人事業についても法人と同様「事業」と評価すべき有機的一体性を持っていれば，事業譲渡も概念でき，事業価値というものが観念できる場合もあるので，場合によっては清算価値保障原則との関係や否認権の問題も出てくると思います。

髙松　特に配偶者等の近親者が同様の事業を継続している場合は，債権者の理解が得られにくいこともあり，利用されている事業用資産の価値や収益等を精査して，事業価値を慎重に算定をする必要があると思います。

桶谷　とはいえ，ここでも規模次第の面があり，事業価値の算定自体が困難で，資産の積み上げプラスアルファくらいとなることも多いですね。

山田　それはそれで説明が付くわけですよね。申立代理人としては，何らかの説明を付けるという観点で，考えたほうがよいでしょうね。

野村　破産申立前の事業譲渡のところでも議論しましたが（→178頁），親族による事業継続も含めて，ほんと，このあたりは債権者や管財人を納得させるだけの説明を付けるということに尽きると思いますね。

---

*7　歯科医師について，PRACTICE175頁，美容師について，同179頁参照。

② 同時廃止と管財の振り分け

個人破産における最大の関心事

野村　個人破産において，同時廃止で終われるか，管財事件となるかは最大の関心事かと思われます。

久米　そうですね。最低予納金が20万円といったラインに下がってきたとはいえ，債務者にとってその負担は大きいですから，申立代理人の立場からすると，同時廃止で処理できる案件は，同時廃止にしていただきたいですね。

中川　同時廃止か管財かについては，統計資料*1を見ると，歴然としています。管財人選任率は，10年前が約20パーセントだったのが，昨年（平成28年）は40.6パーセントと約2倍になっていますね。高知でもここ数年で飛躍的に個人の管財人選任率が高くなっています。

石岡　さらにその前は，管財人選任率は10パーセントにも満たなかったわけですから，統計的に一緒に入っている法人が全件管財事件になっている点を除いたとしても，隔世の感がありますね。

野村　個人の管財事件の予納金が50万円程度必要とされた時代からすると，東京地裁の少額管財，大阪地裁の小規模管財の導入により，最低予納金が20万円になり，それが全国的にも導入されていったということは大きなことだったわけですね。それと，次に見る自由財産拡張制度です（→251頁）。管財事件しか自由財産拡張は認められない運用ですからね。

同時廃止基準見直しの動き

野村　平成17年に現行破産法が施行されましたが，今も指摘した自由財産拡張制度が導入され，同時廃止基準がどうなるのかが気になるところでしたが，各庁で自由財産拡張の運用基準が検討される際，同時廃止基準とは切り離して検討されましたので，現金が99万円まで引き上げられた

---

*1　福島法昭＝比良香織「平成28年における倒産事件申立ての概況」NBL1098号（2017年）33頁以下。最近10年間の管財人選任率については，同36頁参照。

点を除くと旧法下と大きな違いはなかったといえると思います[*2]。その後，各地で同時廃止基準の見直しが徐々に進んでいきましたが，今年になって，その動きが一気に進んでいるように思います[*3]。

石岡　仙台高裁管内では，仙台地裁が，今年になって，東京地裁に近い感じで，現金33万円の基準になりました。どんな議論があったのかはわかりませんが。

野村　東京地裁が，今年4月から，現金に限ってですが，従前の20万円ラインを33万円に引き上げました。

石川　東京地裁の申立代理人向けの即日面接通信では，この現金の点を除き，従前の運用と変わることはないとアナウンスされています。

八木　東京地裁は，もともと20万円以上の財産があれば原則管財事件という基準でしたから，現金につき33万円まで拡大されたという点は，基準の見た目としては同時廃止になりやすくなったわけですね。

石川　見た目はそうですが，管財人選任率が下がることはないと思います。

石岡　東京地裁はそうでしょうが，仙台地裁の場合，基準としては本来的自由財産の99万円の保有が認められていたわけで，見た目はかなり変わりました。実際のところはわかりませんが，基準だけを見ると，管財に回りやすくなるでしょう。

野村　おそらくですが，全国的な傾向としては，これまでの基準の見た目が変わり，その意味では，基準としては管財に回りやすくなる方向で変更されていくように思います。当然のことながら，ほとんどの事件が資産不足で基準の範囲内ということなら，管財人選任率が変わることはほとんどないのでしょうが。見た目の形式的な振分基準と従前から行われていた資産調査等の実質的判断のミックスということですね。

[*2] 平成17年5月当時のデータをまとめたものとして，小松陽一郎＝野村剛司「新破産法下の各地の運用状況について―同時廃止および自由財産拡張基準全国調査の結果報告」債管109号（2005年）94頁以下参照。

[*3] この座談会は，平成29年7月1日に開催されました。その後の動きは，末尾（→250頁）に追記しています。

大阪地裁の基準見直し

野村　大阪地裁も今年の4月に基準の見直しが発表され、10月1日以降の申立てに新基準が適用されることになりました。この本が出版されるころには、新基準の運用が始まっていることになります。

山田　おさらいの意味で、大阪地裁の従前の基準を説明いただけますか。

野村　端的にいうと、大阪地裁の基準は、按分弁済の基準でした。①現金と普通預金の合計が99万円以下の場合、按分弁済の必要はなく、同時廃止が可能、②それ以外の財産は、項目ごとに見て、20万円未満の場合、按分弁済の必要はなく、同時廃止が可能だが、20万円以上の場合は、その全額を按分弁済することで同時廃止が可能、③現金及び普通預金並びに20万円未満の財産の合計が99万円を超える場合、99万円を超える部分を按分弁済することで、同時廃止が可能というものでした。その際、④直前現金化、普通預金化については、現預金化前の財産と見て判断します[*4]。

山田　どのような見直しがされたのでしょうか。

野村　まず、①按分弁済を廃止することになりました。次に、②現金と普通預金の合計が50万円まで引き下げられました。そして、③項目ごとの20万円基準は維持しつつ、直前現金化は問わないこととし、行き過ぎた直前現金化は従前どおり資産調査型で管財移行する可能性があります[*5]。

久米　99万円ラインが50万円に半減したわけですね。神戸地裁も基本的に大阪地裁とほぼ同様の見直しがされ、今年の6月に発表され、同じく10月1日以降の申立てに適用されることになりました。

野村　東京地裁が20万円を33万円に、大阪地裁が99万円を50万円にそれぞれ変更したことから、各地に影響を及ぼしているようですね。

髙松　福岡地裁も今年の6月に発表され、東京地裁に近い33万円基準になりました。10月1日以降の申立てに適用されることになっています。

野村　確か、福岡は総額50万円基準でしたよね。

[*4]　詳細は、はい6民35頁以下、個人の破産・再生手続299頁以下参照。
[*5]　詳細は、「はい6民です　お答えします vol.214」月刊大阪弁護士会2017年4月号85頁以下参照。

髙松　そうです。ただ、基準は変わっても、管財移行する事案は少なそうです。

野村　現時点で公表されているのは、この程度でしょうから、大阪地裁の新基準を検討材料として、議論していくことにしましょう。

　　　その前に1点だけコメントしておきたいのですが、大阪もとうとう按分弁済を廃止することになりました。諸先輩方が編み出し、普及を図ってこられた方法で、予納金との関係でやむを得ない措置であったわけでしょうが、それはそれで合理的なやり方だと思っておりました。私は、按分弁済が当然という世代の終わりのほうかもしれませんが、按分弁済って何？という時代になったのですよね。ほんの十数年でね。

本来的自由財産である99万円までの現金の取扱い

野村　さて、まずは、本来的自由財産である99万円までの現金（34条3項1号）の取扱いです。東京地裁だと33万円で3分の1、大阪地裁だと50万円で約半分というラインでしかないわけですね。

籠池　破産法216条1項にいう「破産財団」に本来的自由財産が含まれているのか、含まれていないのかですが、当然、含まれないですよね。

野村　当然そうですね。この点は、東京地裁も大阪地裁も本来含まれないという説明です。

中川　なぜ99万円までの現金のときに同時廃止にならないのでしょうか。

野村　気になるところですよね。この点、大阪地裁の新基準の説明では、50万円を超える場合、現金と普通預金の合計が99万円を超えたり、20万円以上の他の個別財産を所持していたりする蓋然性が否定し難く、管財に移行するのだ、とされています。端的に言えば、事実認定として、破産法216条1項の破産手続の費用を支弁するのに不足すると「認めるとき」にあたらないというわけですね。

籠池　その「蓋然性」ですが、申立代理人がいわば反証を尽くせば、同時廃止になるということですよね。

山田　そのとおりで、給与所得者などは、毎月の収入が決まっているので、家計収支表などによってどう見ても99万円を超える現金がないことが明らかな事案では、反証ができるのではないかとも思えますね。同廃基準

は，債務者のストックに着目していますが，フローの観点から「認めるとき」について認定することは有力ですね。

野村　6民と司法委員会との懇談会での説明では，今回の新基準は形式的な基準であって，現金と普通預金の合計が50万円を超えるときはいわば一律管財移行する感じでした。もちろん，始まってみれば，いろんなやり取りが繰り広げられそうですが。

石川　私は，「破産財団をもって破産手続の費用を支弁するのに不足すると認めるとき」という文言と最低予納金の20万円をリンクさせていることがそもそも問題だと思います。それから同廃基準については33万円とか50万円とか数字ばかり注目されていますが，その他の管財類型に影響が出ないのかもきちんと議論しておいたほうがよいと思っています。

野村　それはそのとおりで，破産財団の概念と最低予納金に見合う20万円相当の財産が現にあるかという話は別の話ですね。

　私は，自由財産拡張制度ができたときから主張しているのですが，自由財産拡張制度の趣旨を同時廃止でも考慮すべきと考えています＊6。次でも見ますが，自由財産拡張の運用基準で原則拡張相当の範囲内なら運用は確立していますし（→251頁），裁判官，裁判所書記官のチェックで十分なわけですね。また，個別執行では，66万円までの現金が差押禁止動産とされていますが（民執131条3号），包括執行である破産がなぜ個別執行より酷な結果となるのか理解できませんね。

普通預金の取扱い

野村　大阪地裁だけの特徴ではありませんが，普通預金を現金と同視しています。従前から，普通預金が「財布代わり」として利用されている社会実態を配慮してほしいと要請し，許容していただいている点ですが，新基準でも現金と平仄を合わせ，合計して50万円という基準になりました。

山田　経済的な側面から考えるその発想が大阪らしいなと思いますね。

野村　現行法が自由財産拡張制度を採用する前には，預金債権を自由財産にで

＊6　野村剛司「続・破産手続のさらなる合理化－あるべき利害調整の実現を目指して－」『続々・提言 倒産法改正』（金融財政事情研究会，2014年）181頁以下参照。

きないかという議論がされていて、やはり立法的には難しいということで、今の制度になったわけですが、立法趣旨から考えてもよい運用だと思いますよ。

石川　それは自由財産拡張制度の趣旨からしても、よい運用だと思いますね。

野村　大阪の新基準の説明の際、現金で50万円を超えて所持されている同時廃止申立ては月に数件あるかというくらいで、新基準になってもほとんど管財事件は増えないということでした。とはいえ、給料日や年金支給日を跨いでしまうと、現金及び普通預金の合計が50万円を超える事態は容易に発生しうるわけで、これまでなら99万円という枠内で安全だったのが、形式的な判断をされると困るなあと思っております。

直前現金化の問題

野村　大阪地裁の新基準では、先ほど紹介したとおり、直前現金化は原則問わないが、行き過ぎた直前現金化は問題視するということになっています。

久米　直前現金化を問わないのは、それはそれでよいわけですが、「行き過ぎた直前現金化」というのはどのような場合を想定しているのかあまりよくわかりませんね。

野村　大阪でもその点話題にしましたが、直前現金化の問題というよりは、現金化した後の使途を見ているのだと思いますね。基本的に直前現金化としてイメージされるところは、保険ですね。保険の解約返戻金は保険会社が明確に示すわけで、対価性には何も問題がありません。問題は、その先で、どう使ったか、有用の資なのか、という話ですね。

久米　そのとおりで、神戸地裁では、直前現金化については、「裁判所が必要と認める場合には、経緯・使途について説明を求めて、その結果財産調査型の管財事件として取り扱われることがある」との説明がされています。結局、「行き過ぎた直前現金化」というのはその経緯と使途の説明が付くかという点に尽きるのではないかと思っています。

石川　もともと、東京地裁では直前現金化はあまり問題にしていない運用をしていると思います[*7]。そもそも、資産をどのようなもので保持するのか、それをいつ現金化するのかは破産者の自由であり、その点を問題視

する発想がおかしいと思います。現金化すると費消しやすいとか、現実には資産隠匿のおそれがあるという面は否定しませんが、それは、現金の使途が合理的に説明できるかという問題であって、「行き過ぎた直前現金化」という問題ではないと思います。

野村　そうですね。先ほども指摘しましたが、直前現金化自体が問題ではなく、現金化された後の使途の問題ですね。

八木　個別項目20万円と直前現金化不問が併用された場合には、容認される範囲の直前現金化をすることで、同時廃止基準を満たすような調整をすることができますね。申立代理人が基準を熟知しているかどうかで、微妙な事件が同時廃止で終えられるかの結論が変わってきます。破産申立てに限ったことではありませんが、弁護士の小手先のテクニックで結論が変わってよいのか、という問題もあるとは思いますね。

桶谷　直前現金化で同廃基準を調整できるのは事実ですが、これは弁護士のテクニックとは少し違う問題だと思います。要は20万円以上の当該資産を残したいが、同廃処理を優先課題として選択すると現金化を強いられる。それが破産者の経済的再生という観点から妥当なのか、合理性があるのか、そういう問題だと思います。

個別財産が積み重なった場合の扱い

野村　大阪地裁の新基準では、今の按分弁済を廃止したことに伴い、総額99万円のダブルスタンダードもなくなりました。見た目、20万円未満の個別財産が積み重なった場合も同時廃止になる余地があることになります。ただ、従前どおり、ある程度のラインで管財移行すると思いますがね。

山田　そこが気になりますよね。名古屋の現行基準は、個別財産総額40万円以上で管財移行となっていますが、大阪の新基準については、どの程度のラインで管財移行するのか気になりますね。

久米　神戸地裁の場合、新基準では総額100万円以上は管財移行とされていま

＊7　従前の東京地裁の振分基準については、管財手引31頁以下参照。

すので，明確といえば明確ですね。

石川　東京地裁では20万円未満の資産が積み上がって一定額を超えたら管財事件とするというような基準はなかったと思いますし，今後も変更はないと思います。もっとも，例えば，19万円の資産が10個で合計190万円として同時廃止で申し立てられた場合に他にも財産を有しているという疑いを生じさせて管財事件になる可能性が高いのは従前もこれからも同じだと思いますよ。

野村　形式的な基準はクリアできるように見えても，実質的な判断が加わりますから，基本的には従前どおりの運用だろうと思いますが，見えにくくなりますね。

総額基準への影響

野村　東京地裁は20万円基準，大阪地裁は99万円基準という括りをした場合，総額基準の庁も多くありますね。総額40万円，50万円，60万円といったところがあり，私はこれを中庸路線と言っておりますが，今回の動きの中で，この中庸路線の庁まで基準見直しとなるのかが大きな関心事ですね。先ほどの話で，福岡地裁は，基準見直しとなりましたね。

八木　福井地裁も総額基準ですが，裁判所から示された見直し案は，大阪地裁の新基準とほぼ同様のものです。野村さんのおっしゃる中庸路線の庁にも影響していくと思います。

野村　総額基準の庁に，個別資産20万円基準を入れていく点ですが，そもそも大阪の個別資産20万円基準についても長く改善を求めてきました。この基準は，20万円未満は資産ではないとみなし，20万円以上になるとその全額を資産評価するわけですが，20万円を超過した部分を資産評価することで，先ほども指摘した自由財産拡張制度の趣旨を入れ込むことができるのではないかと思うのですよ。

八木　やはり，先ほど見た個別財産の積み上げの問題なども含め，やり方次第で結論に大きな差が出るというのは，相当ではないと思います。解約返戻金が30万円の生命保険があって，直前に11万円の契約者貸付を受けて現金化すればゼロ評価ということには，異論も多いと思います。今の

第6章　個人債務者の破産に関する諸問題　②　同時廃止と管財の振り分け　249

　　　野村さんの話にあった，「みなし」が適用されるのでしょうが。
野村　先ほどから出ているとおりで，どうもテクニックに走っていく感じがしてならないですね。保険の契約者貸付を調整弁に使うくらいなら，総額枠の中で，そのまま保有していても大丈夫なようにしてもらいたいです。また，昔からの問題点として，退職金見込額の8分の1が基準を超えた場合ですね。前借りでもしない限り，現金化されるものではありませんので，ここを20万円基準で処理するのは困るのですよね。管財事件ならある程度自由財産拡張で調整できるところですが，同時廃止でも総額枠で調整させてほしいところです。
八木　東京地裁や大阪地裁の新基準の最大の問題は，予測可能性が損なわれることです。私は，法テラスを利用した個人破産申立てが多いのですが，生活保護受給者以外の予納金立替をしないという法テラスの現在の運用では，同時廃止が見込まれるかどうかは受任の可否にも直結しますが，「この財産を直前現金化すれば同時廃止でいける」と判断して手続を進めたときに，「行き過ぎた現金化」と裁判所に言われると本当に困ります。
野村　確かに，法テラスにも影響してきますね。
八木　総額方式であれば，直前現金化の問題は生じません。福井地裁も大阪地裁の新基準とほぼ同様の基準への変更を予定していますが，今後，全国的に運用基準が近付いていく方向であるならば，手続の予測可能性と基準の明確性からすると，将来的には，全国的に現在の福井地裁のように総額基準に一本化するほうが望ましいと私は思います。
桶谷　私も総額基準に一本化するのは賛成です。ただ，地域によって物価も違うので，基準となる「総額」は，各地で違いがあってもよいと思います。
野村　もう10年以上前ですが，同時廃止基準を見直すとした場合，今出た総額方式がベターだと考えました。やはり，その際に参考になるのは，個別執行の際の差押禁止動産の66万円のラインですね。何度も言いますが，包括執行の破産が個別執行より債務者にとって酷になる結果というのが，どうしても解せないのですよ。
籠池　そうですね。形式的な基準としては，そのあたりの総額枠とし，実質的

な基準で事案ごとに調整ということでよいと思うのですが。

野村　同時廃止基準の話題の際は，理論とフィクション（みなし）と政策判断がない交ぜになると指摘してきました。

　　　時代の流れとはいえ，各地でよくよく議論と対話を重ね，予測可能性があり，平等性のある，よりよい運用基準が策定され，個別の事案についても妥当な処理がされることを祈りたいと思います。

【座談会後の動き】

　座談会（平成29年7月1日）後の動きで，公表された情報が入っているのは次のとおりです[*8]。

　今回の執筆者の範囲では，千葉地裁は，平成29年11月1日から，東京地裁と同様に，現金が33万円となりました。また，名古屋地裁は平成30年1月1日から，現行の総額40万円基準が個別財産20万円基準へ変更となるとともに，普通預金は現金と合計して50万円が基準となります。福井地裁も，同じく平成30年1月1日から，名古屋地裁の新基準とほぼ同様に基準となる見込みです。

　また，平成29年9月29日に開催された近弁連の意見交換会において確認されたところとして，秋田地裁は，平成29年4月1日から，仙台地裁と同様の基準になっています。また，奈良地裁は，同年12月1日から，大阪地裁の新基準と同様の基準になります。

　傾向として，いわゆる少額管財の最低予納金20万円を参考に，個別財産20万円基準を前提として，現金は33万円（東京地裁）か50万円（大阪地裁）を判断のラインとし，預貯金のうち普通預金を現金と同視する，直前現金化は問わない，20万円未満の個別財産が積み重なり多額となったときは管財移行するという方向にあると思われます。

　現在，全国各地で基準改定に向けた協議が進んでおり（協議が始まった段階の地域もあります），今後の動向を注視しておく必要があるでしょう。

[*8]　座談会から平成29年9月29日開催の近弁連の意見交換会までの間の情報となります。

③ 自由財産拡張制度

個人破産の改正事項の目玉

野村　次に，自由財産拡張制度について見ておきたいと思います。なんといっても，自由財産拡張制度は個人破産の分野における改正点の目玉でしたね。

石川　個人が破産をすると，財産の全部を召し上げられてしまうというイメージが蔓延していましたが，一定程度の財産は残せるということが明らかになったのは大きな意味があり，改正の大きな目玉ですね。

野村　もともとは，東京地裁の少額管財や大阪地裁の小規模管財において，個人債務者の経済的再生の観点から，換価を要しない財産や破産財団から放棄するラインを運用上の工夫として設定していたことが始まりで，いろいろと検討された上でできたのが，現行法の自由財産拡張制度です。

「ぶっこみ99万円」基準

石川　自由財産拡張については，大阪地裁の運用基準[*1]が影響を与えていますよね。大阪の基準が策定された経緯について説明してもらえますか。

野村　まず，改正点として，破産者の経済的再生，生活保障の観点からは，法定された本来的自由財産である99万円以下の現金と差押禁止財産（34条3項）だけでは十分でないことから，自由財産の範囲の拡張という制度を設けたわけですね（同条4項・5項）。しかし，規定自体は抽象的にならざるを得ませんので，運用の指針として運用基準が作られたわけです。当時，大阪で目指したのは，予測可能性と平等性の観点から，原則として99万円までに拡張相当となるようにしようとしたわけです。その中で出てきたのが，「ぶっこみ99万円」という表現でした。

石川　野村さんからあまり品がないので別のよい表現がないかと言われたこともありますが，99万円までは原則拡張を認めるという制度の本質を端的に表していて個人的にはよい表現だと思います。

---

*1　大阪地裁の自由財産拡張制度の運用基準は，運用と書式70頁，破産管財実践マニュアル282頁参照。

野村　大阪らしい言い方だといわれますね。私自身は大阪人ではありませんが。それはさておき，大阪地裁の基準は，現行法施行前に全国に発信しましたので，かなり真似してもらえましたね*2。そして，今では，経営者保証ガイドラインにおいても，99万円までの財産は当然残せるという前提で考えられています（→448頁）。

99万円までは柔軟に対応

石川　大阪地裁の運用基準はシンプルでよいと思うのですが，拡張適格財産とそれ以外の財産が分けられている点で，拡張適格財産以外の財産についてはどのような基準で判断しているのですか。

野村　拡張適格財産以外の財産については，相当性の要件を課すことにしています。ここの意味合いは，拡張適格財産は，通常，個人債務者が有している財産で，当然に総額99万円までは拡張を認めようね，とするものです。責任財産として期待しないでということですね。

石川　私も少し誤解していたのですが，相当性の要件は拡張適格財産以外の財産で問題となり，拡張適格財産についての99万円以内の拡張については「相当性」の判断も不要との理解でよいのでしょうか。

野村　そうです。そして，拡張適格財産以外の財産についても，総額99万円の枠内であれば，かなり柔軟に認められるようにしていますね。実は，今の大阪の基準は二代目ですよ。何とか総額99万円の範囲を維持できるようにし，99万円超の拡張には，不可欠性の要件を課すことで，個別対応しようということになっています*3。

石川　私個人としては「拡張適格財産」という概念を限定列挙的に使うことについては消極的な意見を持っています。99万円以下の現金が本来的自由財産とされた趣旨からすれば，原則として，本来的自由財産と合わせ

---

*2　全国調査の結果については，小松陽一郎＝野村剛司「自由財産拡張制度の各地の運用状況－自由財産拡張基準全国調査の結果報告と過払金の取扱い」債管118号107頁以下（平成19年9月当時のデータ），小松陽一郎＝野村剛司「新破産法下の各地の運用状況について－同時廃止および自由財産拡張基準全国調査の結果報告」債管109号94頁以下（平成17年5月当時のデータ）参照。

*3　野村剛司「自由財産拡張をめぐる各地の実情と問題点」自正59巻12号（2008年12月号）53頁以下に当時何を考えて何を重視していたのかを説明しています。

て99万円までの財産については、種類を問う必要性は乏しいのではないでしょうか。例えば、有価証券といっても投資信託や従業員持株会の株式なんかは、99万円枠内では柔軟に拡張を認めてよいと思いますね。

野村　先ほども指摘しましたが、柔軟に対応することでよいと思いますよ。

各地の運用基準

石川　大阪の総額99万円基準はかなり浸透していると思いますが、皆さんの地域ではどうでしょうか。

久米　神戸と大阪の基準に異なりますが、実務上の運用は大阪基準に近いという印象があります。最終的には管財人の判断次第のところもありますが、私は99万円の範囲内であれば比較的柔軟に対応するほうだと思います。これまで特段裁判所から指示等を受けたことはありません。

八木　福井では、以前は大阪地裁の運用に近い内容ではあるものの、独自に作成した運用基準があったのですが、平成24年に運用を見直した際に、大阪地裁の『運用と書式』との相違点を一つずつ検討した結果、『運用と書式』のとおりでよいという結論になり、大阪地裁の運用と同一の基準で運用されています。

野村　運用基準がどうであれ、立法趣旨を考慮した柔軟な処理が全国的に行われていれば、ありがたいです。いいものを作れたと思っていても、時の経過とともに徐々に劣化していく感じがしていますので、劣化しないように、常にメンテナンスを怠らないようにしないといけないですね。

自由財産拡張を求める方法

野村　自由財産拡張は、法文上は職権でも可能ですが、実務上破産者の申立てによっていますが[*4]、どのような方法で行うことになっていますか。

石川　千葉では、もともと、拡張適格財産で総額99万円以内に収まる場合は、特段説明は不要ということで、多くの場合は破産申立書の財産目録の備

[*4] 例えば、大阪地裁の破産申立書では、申立ての趣旨において「別紙財産目録記載の財産のうち、同財産目録の自由財産拡張申立欄に■を付した財産について、破産財団に属しない財産とする。」としています（運用と書式356頁参照）。

考欄に拡張希望と書いてあれば，自由財産拡張申立てが行われているという前提で対応し，他方で，99万円枠を超える場合や拡張適格財産以外の財産について拡張を求める場合は別途，拡張申立書を提出するという運用だと理解しています。

野村　その運用は特に変わっていないのですか。

石川　最近，拡張適格財産かつ総額99万円以内でも別途拡張申立書の提出を求められたという話を聞いたことがあります。拡張希望であることは明示してありますので，この場合に別途申立書を求めることは意味がないと思っています。

桶谷　札幌では，拡張申立書を原則として提出しています。拡張決定について裁判所から明示の決定書は出ませんので，この拡張申立書を銀行や保険会社に提示して，破産者が自由財産として引き出したり，解約したりする場合に使うこともあります。

野村　拡張申立書という形式にこだわる必要はない話で，財産目録における記載で拡張申立ての意思が明確なら特に問題ないでしょうね。

自由財産拡張決定方法

野村　今，桶谷さんからもありましたが，拡張決定の方法についてはどうでしょうか。東京，大阪を始めとして，管財人が拡張を相当であると判断した時点で黙示の拡張決定があったとする運用が多いと思いますが。

久米　神戸も同じで，黙示の拡張決定ということで，集会時に提出する財産目録に拡張済みの記載をして拡張の手続は終了です。

桶谷　札幌では，「拡張決定されました」と，裁判所から，管財人と申立代理人に電話があります。それが拡張決定の行い方ですね。

石川　千葉は，原則として拡張が相当な場合は，管財人が拡張相当である旨の意見を述べた時点で黙示の拡張決定があったという扱いが当初の運用であったと理解しています。

野村　当初はということは，今は運用が変わっているのですか。

石川　財産状況報告集会で拡張決定を行うように変わりました。

野村　それはまたどういった理由からでしょうか。

石川　黙示の拡張決定という概念について裁判所は消極的で拡張決定は明示で行うべきだということではないかと思います。東京地裁の20万円以下の財産に関する換価不要基準を千葉も使っているのですが，それはとりもなおさず，20万円以下の財産については，黙示の拡張申立てと黙示の拡張決定が行われていると説明するはずですが，拡張の場面では黙示の決定は使いたがらないようです。

野村　また，不合理な。生活に使っている預金も財産状況報告集会まで拡張決定しないということでしょうか。自動車も不都合ですよね。

石川　おっしゃるとおりです。理屈の上では開始決定時点で自動車が使用できなくなりますし，仮に事故があれば運行供用者の責任も生じてきます。車両に関しては，財産状況報告集会前に拡張申立て→管財人が相当である旨の意見を述べて，裁判所がその時点で明示の拡張決定，あるいは，管財人が車両放棄許可申請→放棄許可という形で対応することになるのだろうと思いますが，迂遠だと思います。

野村　黙示の決定は運用上の工夫ですが，仮に明示の決定とする場合でも，財産状況報告集会まで待つ必要はなく，早期に決定してほしいですね。

99万円を超える拡張が認められる場合

石川　99万円を超えていても必要不可欠な財産であれば，自由財産の拡張が認められます。実務上は，破産者が高齢であったり，病歴があったり，闘病中だったりしている場合は，保険の解約返戻金について99万円を超えて拡張が認められているケースは珍しくないと思います[*5]。

久米　ご家族に高齢で病弱な方がおられ治療費等も相当かかるという事情があった事案で，その旨の上申書が申立代理人から提出されましたので，総額150万円程度まで自由財産拡張を認めた経験があります。

小川　破産者本人が難病に罹患していた件では，診断書や病気に関する文献，拠出した治療費や薬代の領収書等を提出して，多額の入通院治療費が必要になるということを疎明して，130万円全額の自由財産拡張を認めて

[*5] 考慮要素や実例につき管財手引145頁以下参照。実務〔破産編〕377頁以下参照。

いただいたことがあります。
髙松　病気等ではありませんが、破産者の子供さんの進学費用（入学金その他）について、進学が迫っていたこともあり、関係資料を確認した上で、必要額について拡張相当の意見を出して、意見どおりに裁判所が認めたという経験があります。
野村　いろいろと情報を集めていると、何となく150万円くらいまでかな、という感じがしていましたが、先日、200万円を超える拡張を認めました。高齢、癌の闘病中、形成された預金は保険給付金ということで、責任財産性の観点から認めました。申立代理人の先生には詳細な上申書と資料を提出いただきました。

交通事故の被害者の場合

野村　99万円超の自由財産拡張というと、交通事故の被害者の場合がありますね＊6。
石川　破産者が交通事故の被害者で加害者に対して損害賠償請求訴訟を提起して係属中に破産して、私が管財人として受継して、和解しました。1600万円強で和解して、和解金を破産財団に組み入れた上で、1500万円について自由財産拡張を認めて破産者に返還したことがあります。
野村　それは凄いですね。意見書にはどのようなことを書いたのですか。
石川　例えば、治療費は、実務上は保険会社から病院に直接支払われるので破産財団に取り込まれないとか、慰謝料はもともと行使上の一身専属性があるし、金額が確定しても一身専属性が失われないとする学者の見解があるとか、後遺症逸失利益は将来分については開始決定の前後で切り分けることが可能とか休業損害も将来分は開始決定の前後で切り分けられ、かつ開始前の分は労働債権が転化したものと理解でき、労働債権については4分の3差押えが禁止されているとか、損害項目ごとに一応の理由付けをしました。
山田　野村さんに誘われこの問題につき書きましたが、弁護士側で柔軟な解決

＊6　破産管財実践マニュアル289頁以下参照。

を考えるべき論点ですね*7。

石川　事故の発生が破産手続開始の前後で結論が大きく異なることには強い違和感があります。交通事故の損害賠償金について破産財団に取り込んで配当原資となることについて債権者に期待可能性があるのか，という視点で考えた場合に，それはないのではないかと思います。

99万円以内でも拡張不相当とされる場合

石川　私は直接経験していませんが，99万円以内なのに拡張について消極的な意見が出されたという話を聞いたことがあります。拡張適格財産にもかかわらず認められないというのは困りますね。

野村　それは困りものですよね。そうならないために，大阪の基準では，拡張適格財産を挙げ，総額99万円枠は原則拡張相当としたわけですからね。そこは維持したいところです。ただ，別の観点から，本来的自由財産である差押禁止財産が多額にあった場合は別考慮が働きますね。

久米　その点で，本来的自由財産である小規模企業共済の解約返戻金が500万円以上あった事案について，預金の一部，50万円中30万円程度を財団に組み入れていただいて財団債権を按分弁済した経験があります。

石川　申立代理人の事案ですが，小規模企業共済が800万円あった破産者について現金と預金，保険で99万円までの拡張を認めてもらいました。現金であれば99万円までは他にどれほどの差押禁止財産があっても保有できるので99万円まではうるさく言わなくてよいと思っています。

八木　その話ですが，法人代表者の場合，小規模企業共済をそのまま維持されていた場合と解約した場合とで，天と地の差が生じますよね。

直前現金化を巡る問題

野村　自由財産拡張に関しても直前現金化が問題視されるケースがあるようですが，自由財産拡張で総額99万円基準を採用していれば，悪質な濫用的直前現金化でないかぎり，特段問題視する必要はないはずですが*8。

---

*7　山田尚武「交通事故の被害者の破産」個人の破産・再生手続83頁以下参照。
*8　破産管財実践マニュアル300頁参照。

桶谷　札幌は，直前現金化された財産は現金化する前の資産の性質で判断する運用です。札幌では「本籍説」と呼んでいます。今はこの運用ですが，将来は変わるかもしれません。
　　　これとは別の話ですが，破産手続開始後，自由財産拡張決定を受ける前に退職して，実際に退職金を受領した場合，破産財団に組み入れるべき財産は退職金の8分の1か，4分の1かという問題があります。どちらの結論もありうる問題ですので，自由財産拡張決定は早期に得ておく必要があると考えています。

石川　直前現金化について現金化前の資産の性質で判断するのであれば破産手続開始決定の直前に退職して，退職金を受領した場合は現金の前の退職金として判断しないといけないはずですよね。4分の3は差押禁止だから破産財団は構成しないと考えないと筋が通らないと思うのですが，そういう運用をしている裁判所は聞いたことがありません。

八木　直前現金化されたとしてもそれを有用の資として使用することは許容されていますよね。

石川　申立費用・予納金，常識的な範囲の生活費，医療費は問題となることはまずないと思いますが，私が悩んだ事案は教育費，それも大学院の入学金です。これが高校であれば悩むことはなく，大学の入学金でもよほど高額でなければよいという感覚ですが，大学院はどうかなあと。

野村　結局その事案では認めたのですか。

石川　一部破産財団への組入れも頭をよぎりましたが，最終的には有用の資として費消したことを認めました。特殊な理系の学部でその学部の卒業生はほぼ100パーセント大学院に行くことを考慮しました。

後日発見された資産と拡張

石川　破産手続開始時に漏れていた資産については，原則として拡張を認めない運用が一般的でしょうが[*9]，実際には柔軟に検討しているところではないでしょうか。

＊9　運用と書式71頁，破産管財実践マニュアル300頁参照。

久米　実務上は柔軟な取扱いをすることがあり，私は管財人の立場では故意の隠匿などでない限り，結構拡張を認めていますよ。

石岡　記載漏れがうっかりミスの場合は柔軟に対応することが多いですよ。ただ，認識していなかった資産である以上は経済的再生に必要ないでしょ，と言われたら抗弁しにくいのも事実ですので，申立代理人としては注意したほうがよいと思います。

髙松　おっしゃるとおりだと思います。ただ，うっかり漏れの場合，柔軟に対応できるかどうかは金額にもよると思いますので，破産者の再生のためにどうしても拡張が必要な場合には，申立代理人として，漏らしてしまった理由や必要性をしっかりと説明することが大事だと思います。

野村　申立代理人としては，通常あると予想される財産については，徹底的に調査しておいたほうが依頼者を守る観点ではよいでしょうね。申立代理人，がんばれ！と実践マニュアルにも書きましたね[*10]。ほんと，そう思いますよ。

免責不許可事由や否認対象行為と拡張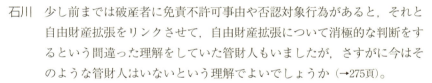

石川　少し前までは破産者に免責不許可事由や否認対象行為があると，それと自由財産拡張をリンクさせて，自由財産拡張について消極的な判断をするという間違った理解をしていた管財人もいましたが，さすがに今はそのような管財人はいないという理解でよいでしょうか（→275頁）。

久米　神戸でも裁判所と弁護士会で共催した未経験・初心者向け管財人研修会においてもその点については講義で触れていますので，そのような誤解をしている管財人は，今はいないと思います。

野村　明確に書いてあるのですが[*11]，誤解しやすいのでしょうね。

自由財産拡張制度の本質を理解し，正直者が不利益を受けない運用を

野村　石川さんは東京や千葉の若手から自由財産拡張に関する相談を時々受けることがあるようですが，何か思うところはありますか。

[*10]　破産管財実践マニュアル681頁以下参照。
[*11]　運用と書式69頁，破産管財実践マニュアル278頁参照。

石川 一番多い相談は，99万円以内の拡張について厳しい意見を言われたということです。99万円までの現金が本来的自由財産とされた趣旨は3ヵ月分の生活費は破産しても手元に残してあげようということです。他方で破産する人が99万円もの現金を持っていることは少ないです。預金や車，保険などの資産に分けて持っています。でも，本来的自由財産とする現金以外の個別資産を明示することは立法技術的に難しいことから自由財産の拡張制度を設けて対応することにしたわけです。ここで大切なことは「99万円の現金」ではなくて「99万円相当額の財産」については破産者の手元に残してあげようということです。そうだとすれば，99万円までの拡張は原則として認められるべきであり，99万円以内の拡張が認められないのは，極めて限られた場合だと考えるべきです。

野村 それはそのとおりです。

石川 また，開始決定時での判断を杓子定規に行うと給与や賞与の振込時期が開始決定の1日前か1日後かで拡張の範囲が異なる可能性がありますが，それは妥当でないと思います。教育費も有用の資として認められるケースが多いと思いますが，資産を処分して支払済みの場合と破産手続開始後に支払をする場合では異なった扱いをされることがあるように思われます。そのためにあえて支出してから破産申立てをしたほうがよいという判断が蔓延すれば，早期に申し立てるというインセンティブがなくなるように思います。正直者が不利益を受けるような運用や考え方は控えてほしいと思います。

野村 自由財産拡張制度は，制度の立法提案がある前から検討に関与していましたので，ほんと他人事じゃないのですよね。弁護士側が大切に育んでいき，柔軟な判断を裁判所に認めてもらえるよう働きかけ続けないといけないとつくづく思います。

④ 破産と家族・家庭

破産の視点から見た家族・家庭への相対立する視点

野村　破産者に家族がいることも多く，法人代表者を含め，破産を選択し決断する際，家族の顔が思い浮かび，家族にできるだけ影響を及ぼしたくないでしょう。役員報酬がなくなり，今まで通りの暮らしはできず，会社を破産させたという周囲からの非難や内心の葛藤もあるでしょう。逆に，会社の資金繰りのために家族の資産も取り崩して繋いできた場合，家族からすると，破産してもらってほっとしたと思う場合もありますね。

石川　真面目に頑張ってきたけど会社を破産させるしかなかった，責任は自分にあるから家族にまで影響を及ぼしたくないという，債権者への責任と家族への責任を両立させたいという破産者の動機が強い性善説的見方が相応しい事案だけでなく，うまく財産を家族に逃がして見つからないようにしようとか，この機会に離婚して財産を逃がそうという動機がある性悪説的見方で捉えないといけない事案もあります。

野村　私は，「明るい倒産」，「明るい破産」でよいと言い続けており，誠実な債務者は救いたいのですが，逆に破産者が債権者の配当等に充てるべき資産につき，家族を隠れ蓑にして隠匿することもあり，このような行為には債権者の理解も得られず，毅然とした対応が必要になってきますね*1。

破産者名義だが出捐者が親族の資産の扱い

野村　親族間でありがちな資産の名義と実質のズレですが，保険契約者は破産者だが保険料は親が支払っている場合などは，昔からの問題点ですね*2。

中川　預金や自動車についても名義と出捐者が違うこともあります。

鈴木　小規模事業と代表者の資産区分以上に，家族内での財産の混同が激しく実質的に誰の資産かという感覚と法的権利の整理が難しいですね。

籠池　不動産や普通自動車が破産者名義であれば，実態は異なるという通謀虚

---

*1　倒産法を知ろう292頁参照。
*2　破産管財実践マニュアル128頁，145頁，294頁，はい6民31頁以下参照。

偽表示は管財人に対抗できず財団帰属と扱ってよいのでは。
野村　そこは基本的にそうなりますね。

婚姻中の他方配偶者の財産

鈴木　ただ，破産者名義であっても婚姻中の夫婦資産は利害が特殊で，同様に扱うのに躊躇があります。離婚前の財産分与請求権は未発生の期待権に過ぎないという整理が一般的ですが，実質的には夫婦共有財産との観点からすると，それでは配偶者に酷な場面もあると思うのです。

野村　しかし，未履行の場合，不動産が破産財団に帰属するかは，原則として登記・登録が第三者対抗要件である以上，難しいところですね[*3]。ただ，この手の話題は，破産財団増殖に偏って，破産者の財産として全部寄せてしまおうみたいな話になりかねないので，留意したいところですが。

桶谷　関連するかわかりませんが，夫の破産申立てをした事件で，妻の父親が長年介護してくれた御礼として妻に贈与した妻名義の預金について，管財人から「夫婦に贈与した」として，財団に組み入れるよう求められ，結果的に預金額の8分の1程度で和解したことがあります。

山田　解せませんね。それは，妻の特有財産でそもそも離婚しても財産分与の対象にすらならないと思いますよ。

髙松　破産者とのバランスを失するような形で破産者の配偶者にそれなりの預金や資産がある場合，管財人としては追及したいと思うこともありますが，事情は様々あり，なかなか簡単にはいきませんね。

破産者以外の親族名義の資産の扱い

野村　破産者以外の親族の名義の資産の話になりましたが，何かおかしいと思う端緒がない限り，それぞれの名義人の財産と扱っていると思います。

久米　例えば，未成年の子ども名義の預金や保険はよく見かけるところです。普通預金の場合には出捐者だけでなく通帳管理者が誰かも勘案して預金者認定すべきといわれますが[*4]，帰属主体の認定だけでなく，家族

---

*3　財産換価143頁以下参照。
*4　財産換価244頁参照。

への贈与の可能性*5 も検討すべきですよね。

中川　贈与であって破産者の資産ではない場合が多いものの，危機時期以降の無償行為なら，否認権行使をして破産財団に復させる場合もあります。

髙松　破産者の子ども名義の預金は出捐者が破産者であることも多いですし，何百万円もあれば，やはり気になりますが，時期や事情をよく確認しないといけませんね。

鈴木　未成熟子や独立生計が困難な家族がいる場合にその生活基盤まで覆さぬ配慮も必要だと思います。破産の直前期の支出は許されないでしょうが，資産形成目的が明確で，親（破産者）の資産と混同がなく恣意的運用がない等分別管理されて特定性が満たされ，詐害性がなければ，子どものためという目的から破産財団を構成しないと扱ったり，財産の流出に見えても不当性なしとして否認権行使を控えたりする対処も可能ですし。

野村　ここでも，破産財団増殖だけでなく，過度に破産者以外の財産に寄せてしまっていないか，十分な検討が必要ですね。

破産前に離婚すべきかとの問いへの対処

中川　相談時に，配偶者に迷惑がかからないように，「離婚したほうがよいですか」と訊かれることや，そのような意識からか，破産者が弁護士に内緒で危機時期に離婚し，財産分与として多額の財産を渡していることもあります。

野村　ありますね。相談時に離婚したほうがよいかと訊かれたらどう答えますか。

八木　離婚しないと夫の負債の請求を妻にされると心配している相談者もいて，明示の保証がなければ，実務的には*6 心配しなくてよいと伝えています。

久米　そのとおりで，連帯保証などしていない限り，夫婦関係と債務負担はリンクしませんよね。ごく稀に，消費者破産の債権者が，配偶者に民法761条の日常家事債務の連帯責任を追及する場合もあるそうですから一

＊5　財産換価280頁参照。
＊6　なお，生活費のための借入れの場合には，日常家事債務として夫婦の連帯責任が問題になり得ますが，貸金業者等からすると税務処理上の問題が生じて意思に沿わず実益がないと指摘する見解として，北澤純一「夫婦の倒産事件における支払不能とそのおそれについて」判タ1280号（2008年）8頁参照。

応注意したいところではありますが。
山田　「愛想が尽きたら仕方がないが，破産を理由に離婚することはない」，「人生山あり谷あり。苦しい時に一緒にがんばるのが夫婦です」と説明します。破産の相談時に「離婚したほうがよいでしょうか？」と訊く人はもともと離婚する気はないでしょうから，離婚なんて考えないようにと。

財産分与後の破産と否認

中川　「離婚したほうがよいですか」の問いの本音は財産保持かもしれませんね。
鈴木　離婚よりも離婚に伴う財産分与や慰謝料を支払って配偶者や子どもを守れないかに主眼がある方が多いと思います。会社が窮状に陥ったら代表者が真っ先にすることは離婚だと勧める異業種の方も多いのですよね。
野村　破産直前の財産分与*7の例もありますが，経験談をお願いします。
小川　法人代表者である夫が，支払停止後に夫単独名義のマンションを妻に財産分与により譲渡した事件の管財人をしました。夫婦関係は完全に破綻して，妻は経理の手伝い程度で法人の経営には関与していませんでした。
野村　その事例ではどう対応されましたか。
小川　法人債務の夫の保証債務と運転資金のための債務は夫婦共有財産から控除せずに夫婦共有財産を算定してその2分の1で財産分与をし直すこととしました。マンションを妻に取得させるのは過大だったということになり，任意売却の上，財産分与として清算金を支払いました。

家庭裁判所の2分の1ルール

中川　今の点ですが，「2分の1相当額の財産分与であれば相当性がある」*8とよくいわれますよね。
鈴木　民法改正要綱の2分の1ルールは家裁実務で定着していますからね。
中川　わかりやすい基準ですが，破産の場合も妥当するのか違和感があります。
野村　どんな違和感ですか。
中川　清算的分与では生活費など婚姻生活維持のための借金は分与対象資産か

＊7　倒産法を知ろう230頁参照。
＊8　倒産と訴訟36頁参照。

第6章　個人債務者の破産に関する諸問題　　4　破産と家族・家庭　　265

　　ら控除されるものの*9，それ以外の負債は夫婦共有資産から控除されずに配偶者に資産だけ半分持っていかれると，どうなのかなぁと思うのです。
野村　会社関係の借金が多額なのに，資産だけは持っていけるのはおかしいという感覚ですね。頷けなくもないけど，その感覚は気になりますね。
山田　財産分与の2分の1ルールは，財産分与における，清算的要素，扶養的要素，慰謝料的要素のうち，清算的要素のことでしょう。負債がある中，財産だけ持っていくというのはけしからんという話だけでもないのではないでしょうか。
鈴木　詐害性がなく過大でない財産分与も履行時期によっては偏頗行為否認の検討が必要です。ただ，破産者への信用供与と，財産問題が絡むとはいえ，家族・親族関係の清算とは，保護の必要性や優先順位への配慮も違います。生活保障や家族の貢献の破産法秩序内での公平な清算も必要です。
髙松　積極財産だけを見れば，離婚しないで破産すると，破産者名義の資産は妻の寄与を考慮せずに財団に組み込まれ，離婚して財産分与してから破産すると，内容次第では否認の対象にならないこともあり，どっちがお得かという話になりますね。ただ，消極財産も無視できない場合がありますので，これを絡めて考えると非常にややこしい話になってきますね。
野村　そこもおかしな話になるのですよね。鈴木さんもご指摘のとおり，夫婦共有財産について配慮されてもよいと思うのですよね。とはいえ，この点はさておき，実際に離婚し財産分与されていた場合に限定しましょう。
中川　すいません。その場合，具体的にはどう対応したらよいのでしょうか。
野村　財産分与については，清算分は基本的に2分の1ルールでよいと思います。ここに介入しすぎるのはバランス的によろしくないでしょう。2分の1を超える部分は，扶養的要素，慰謝料的要素を勘案して過大かどうかを検討することで，2分の1超も許容できる場合があるでしょうね。イメージとして，鈴木さんに作成いただいた**図表2**を参照してください。鈴木さん，ありがとうございます。また，債務が多いのに資産だけ持っ

---

*9　秋武憲一ほか編著『離婚調停・離婚訴訟〔改訂版〕』（青林書院，2013年）182頁参照。

図表2　財産分与額算定の原則パターンのイメージ

原告名義の資産	原告名義の共有負債		分与後も原告資産	
	原告名義の特有資産			
被告名義の資産	財産分与対象の婚姻関係財産	×0.5 →	原告に対する財産分与額	＋慰謝料 ＋扶養的（補償的）財産分与
			分与後も被告資産	
	被告名義の特有資産			
	被告名義の共有負債			

　　　ていくのかという疑問については，小川さんの紹介事例のような法人代表者の連帯保証は，配偶者は基本的に関係ないはずですね。
山田　法人代表者か消費者破産かでも違いがあるように思いますね。
野村　消費者破産でも負債の形成原因を見るべきでしょう。ギャンブルや投資といった配偶者と無関係な債務もあります。すべてにいえるのは，時期，有害性，不当性，債務の形成原因という諸要素から，経済的な破綻に際して財産分与に仮託して財産減少行為といえるかは別途検討が必要ですね。一律の答えがないから面白い，というか，悩ましいわけですがね。

親族が絡む財産隠匿や否認対象行為

野村　財産分与[*10]以外の，親族が絡む財産隠匿や否認対象行為はいかがですか。
石岡　実際の事案は千差万別で，本人や代表者が本当に財産隠しの目的で隠匿したり，他に移転したりしたような悪質な場合は厳しく対応すべきですが，そこまで悪質でなく，判断が難しいケースも多いように思います。
野村　では，会社と代表者が破産した場合，事業停止の数ヵ月前に代表者が保険を解約して返戻金を子どもに贈与したという場合はどうでしょうか。

[*10]　権利者側の破産については，一身専属性の点から破産財団帰属性が主な課題となります。個人の破産・再生手続96頁以下，家庭事件研究会編『ケース研究』328号（公益財団法人日本調停協会連合会，2017年）3頁以下等参照。

籠池 無償否認の要件を満たす支払停止前6ヵ月以内より前でも，詐害行為否認の要件を満たせば，詐害行為否認を検討するのでしょうね。

久米 詐害行為否認の場合は親族が会社の経営状態を知っていたかが鍵ですね。同居していても会社に関わっていなければ知らないこともありますし。

髙松 支払停止より6ヵ月以上前の行為に関する詐害行為否認については，金額が比較的高額で主観的要件の立証が容易である場合以外は，否認権行使を行うかどうかについて，かなり慎重に判断しています。

山田 子どもへの贈与は扶養義務との関係で無償行為ではないこともあります。

鈴木 子どもが病気したり，離婚のため出費がかさんだりした場合，家族関係上の義務の履行との評価のほか，不当性がないといえる場合も多いです。

破産による係属中の家事事件への影響

野村 実体法に続いて手続法の話題も検討したいですね。

籠池 家事手続中の破産とかですかね。家裁は家裁の思いがあるようですが。

鈴木 係属中の家事事件等が一方当事者の破産によってどう影響を受けるかと関連して，管財人が破産財団の権利義務を確定させるためにどうすべきかという点[*11]ですね。議論のある点も多く，その都度家裁と相談することになります。離婚事件では互いに離婚給付を請求することもありますが，破産手続との関係では権利者か義務者かを整理する必要があります。

野村 離婚後の事案ではなく，離婚訴訟中の義務者の破産管財人に選任された事案では，家裁は，開始決定の時点で離婚していない以上，附帯請求されている財産分与請求権はまだ抽象的にさえ発生していないので中断の問題も生じないだけでなく，受継もできないとの見解でしたね。

鈴木 夫婦間でも資産形成に対する離婚前の権利性を認めない見解ですね。

野村 離婚後に財産分与審判が行われている場合には，財産分与請求権が抽象的には発生しているので管財人が積極的に対応できます。ところが訴訟をしてまで離婚を求めてそこで財産分与請求をしている場合には，管財

[*11] QA200問101頁参照。

人は関与できません。とはいえ，後者は実質的には条件付権利と等しい面がありますから，開始時点で離婚していないというだけでこの取扱いに差が生じることには違和感があります。

鈴木　財産分与は離婚しないと発生しないけど，財産分与と慰謝料の請求がされている事案は多く，大半の慰謝料は離婚前の原因の破産債権ですよね。

野村　離婚訴訟に慰謝料請求が併合した場合，その部分で中断して債権認否で異議があれば受継となるため，家裁は，離婚と離婚給付をワンパックで扱っているのに，慰謝料請求があると中断となってしまい面倒そうです。

鈴木　破産債権となりうる場合，裁判所は指定済みの期日の実施の点で中断するかが重要でしょうが，管財人は中断よりも離婚に付随する事項を管財人が関与できるよう受継すべきかのほうが重要ではないでしょうか。

野村　管財人の関与がないまま判断されないようにだけはしてほしいですね。このあたりも鈴木さんにいろいろとまとめていただきました（**図表3**）。ありがとうございます。

遺産分割未了の相続財産の扱い

野村　遺産分割未了の相続財産があった場合，どのように処理していますか。

桶谷　①破産者の相続分に相当する資産等を財団組入れしてもらい破産財団から放棄，②相続分や特定の財産の持分を親族に譲渡，③管財人が共同相続人とともに遺産分割協議の当事者となる，といった処理でしょうか[*12]。

髙松　今の②は，相続分ごと譲渡すると譲渡時点で判明していない遺産の持分も譲渡することになりますので，少し慎重に行う必要があると思います。

久米　私は①の方法によることが多いです。高額な相続財産の経験が少ないのでそうなってしまうのですが。②の経験もありますが，③はないです。

野村　では，遺産分割調停における破産管財人の参加[*13]について，各地の家裁はこれについて破産管財人の参加を認めていますか。

一同　（頷く）。

鈴木　平成22年の登記先例で，相続開始後の破産手続開始決定の場合に破産

---

*12　破産管財実践マニュアル209頁参照。
*13　破産管財実践マニュアル209頁，Ｑ Ａ200問94頁参照。

図表3　義務者の破産の場合

請求（債権）の内容			債権の性質（破産債権性）、中断の有無、受継の可否等	破産手続内の係争中の債権確定手続
離婚の可否、親権者の指定、面会交流			影響を受けない。	
慰謝料	開始決定時に義務が確定していた場合		破産債権として行使	確定→配当／確定せず→破産債権査定申立て
慰謝料	開始決定時に義務が確定していなかった場合	民事訴訟	訴訟は中断（44条）→開始決定前の原因による債権は破産債権として届出	確定→配当／確定せず→債権者が訴訟の受継申立て（127条）
慰謝料	開始決定時に義務が確定していなかった場合	家事調停	多数説：中断しない。有力説：不成立の扱いにすべき（森1160頁）→破産開始前の原因によるものは破産債権として届出※ただし、自由財産からの支払いは可能なため破産者本人は当事者適格は喪失しない。	確定→配当／確定せず→（調停不成立の場合には）破産債権査定申立て
財産分与	確定していた財産分与請求権		破産債権として行使（最判平成2・9・27判タ741号（1991年）100頁参照）	確定→配当／確定せず→破産債権査定申立て
財産分与	確定前の財産分与請求権		通説：離婚成立前は期待権にすぎないため、破産債権届出ができない（段階的形成権説、最判昭和50・5・27民集29巻5号641頁参照）。段階的形成権説に立ちつつ、離婚成立後で調停申立等を通じ財産分与請求権が行使がされている場合、一身専属ではなく破産債権としての権利行使を肯定する見解がある。もっとも、どのような場合に破産債権としての権利性を認めるか見解の対立がある。	債権届出できないというのが通説だが、段階的形成権説に立ちつつ、離婚成立後の財産分与請求については、調停申立等があればよいという見解（島岡206頁）や調停等の成立を停止条件とする停止条件付債権として届出可能との見解（森）がある。
婚姻費用・養育費	合意済みの破産債権性		開始決定前の期間分→破産債権（ただし、非免責債権）開始決定後の期間分→破産債権ではない	開始決定前の期間分については、確定→配当／確定せず→破産債権査定申立て
婚姻費用・養育費	調停・審判中の破産		開始決定前の期間分→破産債権（ただし、非免責債権）調停等は中断しない（家事44、258条）。審判では義務者が財産管理権を失っているので管財人が受継し、調停では義務者が手続を継続できるとの見解がある（森）。	開始決定前の期間分については、確定→配当／確定せず→家事調停等の受継の申立て
婚姻費用・養育費	調停・審判中の破産		開始決定後の期間分→破産債権にならないので、義務者を相手方として調停等が継続	

〔参考文献〕　森宏司「家事調停・審判手続中の当事者破産」伊藤眞先生古稀祝賀論文集『民事手続の現代的使命』（有斐閣、2015年）1159頁、山本克己「人事訴訟手続（離婚事件）と破産手続の開始　財産分与を例に」徳田和幸先生古稀祝賀論文集『民事手続法の現代的課題と理論的解明』（弘文堂、2017年）717頁、木内道祥「破産と離婚」個人の破産・再生手続96頁、島岡大雄「非訟事件の当事者につき倒産手続が開始された場合の非訟事件の帰趨」倒産と訴訟198頁。

管財人の当事者適格を認めたことが契機になり,この運用が普及しました。
中川　管財人が遺産分割調停を申し立てた事案で,他の相続人が分割を渋ったため,任意売却の中間処分*14を利用して換価できたことがあります。
髙松　相続分の価値が高額で,かつ他の相続人との任意協議が困難な場合は,中川さんのように管財人として遺産分割調停の申立てを検討せざるを得ません。ただ,調停では特別受益や寄与分等の主張がなされ,解決までに長期間を要することが多く,申立てを慎重に判断する必要があります。

家族への配慮と精神的支援

野村　最後に,精神的な面はいかがでしょうか。破産による代表者の家族や破産者の家族への影響をどう捉え,家族への配慮はどうされていますか。
久米　代表者も破産によって精神的に不安定になることは多いですが,家族への影響も大きいです。会社の経営状態を代表者から知らされていない場合も多く,「突然お父さんの会社が破産した」,「お父さんが破産した」という局面に直面するので,代表者本人のみならず,家族への配慮も必要でしょうね。申立代理人が家族に配慮するのは勿論のこと,管財人も,否認権行使や自宅の任意売却など,なかなか辛い場面はあると思いますが,家族に対する精神的なダメージなどにも配慮して管財事務を遂行する必要があると思います。
山田　私は子どもの頃,「金のないのは首がないよりつらい」という話を聞きました。会社の破産は経営者にとってつらく,情けなく,恥ずかしいことでしょう。しかし,家族,特に将来のある子どもには,つらい状況をくぐり抜けこれまでの経営にけじめをつけ,再生する姿を見せることはとても大切なことです。家族への最も大切な配慮だと思いますね。
野村　倒産と家族は深遠なテーマだろうと思います。ともかくバランスよく処理したいところですね。あまり締めになりませんが。

---

*14　家事事件手続法194条2項。片岡武ほか編著『新版 家庭裁判所における遺産分割・遺留分の実務』(日本加除出版,2013年)370頁参照。

5 免　　責

免責不許可事由の再確認

野村　それでは，次に免責です。石川さんは『注釈破産法』で免責を担当されましたし*¹，全倒ネットの研修会でパネリストもしておられましたよね*²。

石川　免責調査型や免責観察型という類型の管財事件は，比較的経験の浅い弁護士が担当することが多いと思います。野村さんはロースクールの講師もしているのでわかると思いますが，免責は破産法を選択していてもあまり勉強しないところなので誤解している弁護士が少なくないです。

野村　典型的な誤解としてはどのようなものがありますか。

石川　典型というか，基本中の「キ」でいえば，252条1項各号の免責不許可事由が限定列挙であることを知らない弁護士もいましたよ。

野村　そうなのですよね。免責は誠実な破産者への特典ということだけ耳学問で知っていると，破産者が何か不誠実な行為をしていると，免責不許可事由があるとか免責調査だとかいう人がいますよね。

石川　否認対象行為と免責不許可事由を混同している人もいますね。申立代理人が免責不許可事由ありとし，裁判所からも免責調査型とされた事件につき，免責不許可事由はない旨の意見書を書いたことが複数回あります。

髙松　免責不許可事由に関する誤解としては，特に1号から3号について，主観的要件を十分に検討せずに「免責不許可事由あり」と判断される方がいらっしゃるように思います。

石川　免責不許可事由の有無は事実認定なので，認定できるか認定できないかの二者択一です。証拠上は薄いが疑わしいという場合に管財人に協力すれば不許可事由はないことにするとか裁量免責を認めるといった主張をする管財人がいるようですが，理解が間違っていると思います。

---

*1　注釈下663頁以下参照。
*2　『特集　破産免責制度における理論と実務　パネルディスカッション　免責許可・不許可の考え方』債管154号（2016年）141頁以下参照。

誤解しやすい免責不許可事由

野村　誤解しやすい免責不許可事由にはどのようなものがありますか。

久米　法人の代表者が法人の費用負担で高級クラブに通ったりするなどしていた場合は，4号の「浪費」と誤解されやすいですね。個人の資産の減少はなく，個人としては債務の負担もしていない場合であれば，4号の「浪費」には該当しません。

石川　あるクレサラの研修会で，講師の先生が，破産手続開始後に親族や友人に返済すると免責不許可事由に該当するという発言をされていましたが，これも誤解ですね。手続開始前であっても免責不許可事由に該当するのは非本旨弁済だけです。また，6号の帳簿の変造も破産者が作成主体となるものに限られ，法人が作成すべきものを代表者として変造しても免責不許可事由には該当しません。いずれも誤解しやすいところですね。

中川　慎重な検討が必要な例としては，代表者が法人の財産を不当に減少させた行為についての裁判例[*3]がありますけれど，これはかなり特殊な事案で，この裁判例をどこまで一般化できるのかには疑問があります。この裁判例については，石川さんがいろいろと指摘しておられますね[*4]。

裁量免責を検討するにあたり破産管財人が考慮すべき要素

野村　次に，管財人の立場から検討していきたいと思います。免責不許可事由が認められる場合で，裁量免責の可否を判断する際，管財人としてのスタンスや考慮はいかがでしょうか（→310頁）。

石川　私の考えは研修会で説明した加点方式ですが，皆さんはどうですか。

髙松　基本的に石川さんと同意見ですが，破産手続開始後の破産者の態度が一番のポイントだと考えています。経済的に困窮した状態に置かれれば，誰しも多少は悪いことをすると思いますし，細かいことをあまり責めても仕方がないと思っています。もちろん事案にもよりますが，破産者が自分のしたことをきちんと理解し，反省して更生意欲を示せば，基本的

[*3]　東京高決平成26・3・5金法1997号（2014年）112頁参照。
[*4]　前掲*2・150頁〔石川発言〕，注釈下671頁参照。

には免責を許可してよいと思っています。逆に，開始後に必要な説明等を行わず，あるいは事実を隠蔽し，管財業務に協力をしないといった場合には，厳しく対応せざるを得ないと思っています。

久米　私も同じ意見ですね。程度にもよりますが，基本的に開始決定前の免責不許可事由は，開始決定後の破産者側の対応如何で裁量免責が認められることも可能になると思います。ただ，開始決定後に行われた免責不許可事由該当行為，具体的には破産法252条1項8号，9号，11号等に該当する行為は免責不許可意見に繋がることが多いと思いますね。

石川　『注釈破産法』の252条を執筆するときに裁判例を検討しましたが，裁判官が執筆した判例タイムズの二つの論文が参考になります*5。裁判所は債権者に対する「情報の配当」という視点を重視しており（→306頁，314頁），破産手続開始後の説明義務違反，業務妨害等は裁量免責を否定する重要な考慮要素になっていると感じました。

免責に関する意見を述べる債権者に対する対応

野村　免責不許可事由があることで集会が荒れた経験がありますか。また，そのような場合の管財人の対応に関して工夫されたことがありますか。

髙松　破産者が投資詐欺のようなことを行っていた事案で，債権者集会が荒れたことがありました。このときは，「免責に関する詳しい意見書をお願いしたい。私も裁判所もしっかりと読ませいただきますので」という説明をして，その場は収まりました。

久米　髙松さんと同じような事案を経験したことがありますが，債権者自身が「非免責債権」の問題と「免責不許可事由」を混同していることもありますね。その場合は「非免責債権」と免責との関係を丁寧に説明するとそれなりに納得いただけることもあります。

野村　免責不許可事由に関連して，債権者や利害関係人から管財人の事務所に連絡が来ることがあると思いますが，どのように対応されていますか。

---

*5　原雅基『東京地裁破産再生部における近時の免責に関する判断の実情』判タ1342号（2011年）4頁及び平井直也『東京地裁破産再生部における近時の免責に関する判断の実情（続）』判タ1403号（2014年）5頁参照。

石川　本当に免責不許可事由に関することであれば丁寧に聞き取ることを原則としています。債権者申立事件で証拠があるというので直接会ったことが一度あります。法律上の証拠ではありませんでしたが。長い時間をかけて，破産者に対する感情を主張する債権者については，私に話したことは一切事件記録に残らない旨説明して，書面での主張を促しています。

破産管財人の免責に関する意見書作成のポイント

野村　免責に関する意見書を作成する際に気を付けている点はありますか。

桶谷　まず，どの案件にも共通することですが，管財人が免責不許可の意見書を書いて，免責不許可決定がなされた場合，破産者から即時抗告をされる可能性があります。ところが，即時抗告を審理する高等裁判所では，破産者からの異議申立理由は提出されますが，管財人からの反論や追加主張は予定されていません。そのため管財人の意見書は，事情を知らない高裁の裁判官が一読で理解できるような内容にする必要がありますし，破産者からの反論を想定した内容にしなければなりません。

石川　私自身は不許可の意見を書いたことはありませんが，不許可とする場合には単に免責不許可事由が認められるという理由だけでは当然ダメで，裁量免責も相当でない理由を説得的に書く必要があると思います。

久米　やはり，免責不許可事由に関する客観的な証拠による裏付けが必要だと思います。一度だけ免責不許可意見を書いて即時抗告もされず確定した事案がありますが，破産者の説明を書面化したり，裁判所における聴き取りを調書化してもらったりして，裏付け証拠を丁寧に作成しました。

野村　裁判所と免責に関する意見が異なったことがありますか。

石川　明確に違ったことはありませんが，私は裁量免責でよいと考えていたので，その旨の意見書を書く旨打診したら，裁判所は債権者の反応を気にしているようでした。そこで，管財人として債権者の意向を確認して，裁量免責に反対する債権者はいなかったので債権者から即時抗告は出ないと思いますという報告をしたところ，裁判所が納得してくれたことがあります。

免責不許可の意見書や裁量免責の判断が難しい場合の意見書

野村　これまで免責不許可の意見書を書いた経験はありますか。

髙松　1件だけあります。破産者から「通帳を紛失した」との申告がなされていた口座を調査したところ、既に支払不能と考えられる時期に高額の出金がなされていたものの、破産者がその点に関する説明を拒んだという事案です。11号に該当するものとして免責不許可の意見を書きました。

久米　先ほど紹介した私の事案は、もともと数千万円の使途不明金があり、本人は「競艇等のギャンブルやキャバクラ等で豪遊して費消した」と説明していた事案ですが、実際は財産隠匿若しくは親族等への偏頗弁済等が強く疑われた事案でした。たとえ破産者本人の説明が正しくても、4号違反で免責不許可意見を書ける事案だったのですが、管財人や裁判所に対しても非協力的で説明の変遷もある事案だったので、少なくとも破産者の説明でも4号に違反し、かつ8号、9号、11号にも違反するという内容で免責不許可意見を書きました。

團　1号違反の事案で、即時抗告になった場合に破産者の反論に耐えうるために、破産者にとって有利な事情は漏れなく記載し、有利な事情を最大限考慮しても裁量免責は認められないことを、意見書で説明しました。

野村　逆に、かなり厳しい免責不許可事由があるものの裁量免責で意見を書いたという経験はありませんか。

團　ブラックリストに載ったことを認識しつつ、新たな借入れをするために何度も養子縁組をしては新規に借入れをし、ローンを組んで不動産等も購入したという事案について、関係者に利用されていた面もあり、関係者と離れて新しい生活を送っていること等を考慮して、裁量免責相当の意見を書いたことがあります。

免責不許可事由と自由財産拡張制度の関係・新得財産からの組入れ

野村　さすがに免責不許可事由があるから自由財産拡張について不相当という意見を述べるような管財人は、もういませんよね（→259頁）。

石川　昔はいたようですが、今はさすがにいないと信じたいですね。

髙松　ご批判もあろうかとは思いますが，裁量免責の加点事由として，自由財産拡張の申立ての取下げや，拡張相当財産の組入れを示唆するということはあります。

石川　それは新得財産からの組入れや積立てを裁量免責の加点事由として考慮するのと同じで，免責不許可事由の有無と自由財産拡張をリンクさせているわけではないので，ありうる処理だと思います。

免責観察型における破産管財人の業務

野村　免責観察型[*6]において，家計簿を付けさせる等，実践マニュアルに記載していること以外に，管財人として何か行っていることはありますか。

石川　騙されやすい感じの人には，どうして騙されたのか，今後どういう点に注意して生活していくのか，という点についての決意を文章に書いてもらったことはあります。また，依存症と思われる人について，代理人を通じてカウンセリング等の検討を勧めたことはあります。

野村　債権者集会の場で，管財人として破産者に対し，免責に関する説示をすることはありますか。

石川　破産者が自覚に乏しいと感じるときには，裁判官とは別に説示することも偶にあります。

免責と申立代理人の役割・依頼者との関係

野村　ここからは申立代理人の立場で検討していきたいと思います。今回，依頼者に対して免責で確認・説明・指示する事項を山本さんに一覧表でまとめてもらいました（**図表4**）。ありがとうございます。みなさんは申立ての準備をする中で，免責についてどのように説明していますか。

石川　通常は自己破産の意味を説明する中で免責について説明しています。免責不許可事由があると免責が受けられないこともあります。例えば，このような場合ですと典型例の説明をしています。

髙松　私は，免責不許可事由の内容だけではなく，「たいていのことであれば，

＊6　運用と書式315頁以下，破産管財実践マニュアル495頁以下参照。

図表4　免責で確認・説明・指示する事項（申立代理人として）

確認事項

- ☐ 免責不許可事由の事情聴取
- ☐ 預貯金通帳・取引履歴
- ☐ クレジットカード利用明細
- ☐ 所有不動産の登記
- ☐ 家計収支表の不自然さ
  （※　想像力を働かせましょう。）

説明事項

- ☐ 免責制度について
- ☐ 各免責不許可事由について
- ☐ 裁量免責について
- ☐ 非免責債権について
- ☐ 今後，免責不許可事由に該当する行為をしないこと（※　免責不許可の事例として，受任後の破産手続への非協力や説明義務違反も多いので，この点に十分注意しましょう。）

〔同時廃止事件の場合〕
- ☐ 申立て時に確認して，適切に報告し，免責不許可事由非該当や裁量免責相当の理由をきちんと主張できるように検討・準備しておきましょう。
- ※　申立て後，裁判所から質問や指示があれば，適切に対処しましょう。

〔管財事件の場合〕
- ☐ 裁判所や管財人への説明義務，指示の遵守，手続への協力等
- ☐ 管財人への転送郵便物で免責不許可事由が判明する可能性があります。
- ☐ 親族・債権者・利害関係人からの意見や連絡等によって免責不許可事由が判明する可能性があります。
- ※　申立て後，管財人から質問や指示があれば，適切に対処しましょう。

指示事項・検討事項

- ☐ 家計収支表の作成
- ☐ 伝え漏れがあれば，速やかに報告すること（※　申立後も同様です。）

〔浪費等の免責不許可事由が明らかな場合〕
- ☐ 日々の家計簿作成の検討
- ☐ 反省文・理由説明書作成の検討
- ※　反省文・理由説明書は，基本的に作成することによって自省してもらい，今後の意識を変えるために行うものです。

〔ギャンブル等の中毒症状が認められる場合〕
- ☐ クリニック受診の検討
- ※　指示としては，本人の意思を尊重し，あくまでも検討を促す程度でしょう（本人に受診意思・意欲がなければ効果に乏しいと思われます）。

素直に申告して，管財業務に協力すれば裁判所は免責を許可してくれるが，事実を隠したり，必要な説明を拒んだりすると免責不許可の可能性が極めて高くなるので，問題がありそうなことは予め全部話してください」という説明をしています。なお，受任後（相談を受けた後）に免責不許可事由に該当する行為がないように，「これこれこういうことは絶対にやってはいけませんよ。もしやったら辞任させていただきますからね」と念入りに説明しています。

野村　目的要件とか主観的要件は一般の人には理解しにくいところですが，説明に際して工夫している点はありますか。

石川　はじめから主観面を確認するのではなく，まずは借入れや返済の経緯等の生の事実を聞くことで，危機時期以降の資産売却の有無とか，友達や身内への返済の有無などの客観的な事情を把握して，そのうえで目的要件や主観的要件について説明しながら，事実を確認しています。

免責不許可事由がある場合の手続選択（個人再生）

野村　相談を受けている中で免責不許可事由があることで破産申立てを回避して，例えば個人再生に方針転換をしたことはありますか（→285頁）。

石川　重篤な免責不許可事由があり裁量免責も難しい場合には，破産を避けて個人再生を検討します。負債の大半をキャバクラで知り合った女性につぎ込んだという事案で，個人再生を選択したことがあります[*7]。

髙松　免責不許可事由に該当しそうな事情があり，かつ，ある程度安定した収入がある場合は個人再生を勧めています。人それぞれ考え方はあると思いますが，免責不許可事由がありそうな債務者に対しては，「法に従って可能な限りの弁済を行ったほうが気分的にもよくありませんか。」と話すと，たいていの債務者から「個人再生でお願いします」と言われました。

八木　ただ，開始決定前の免責不許可事由については，本人が真摯に反省していれば，ほとんどの場合，裁量免責相当となると思います。そうした点

[*7]　前掲*2・153頁〔石川発言〕参照。

も踏まえて，手続選択を検討しています。

同時廃止と裁量免責の関係——東京高決平成26年7月11日の評価

野村　仮に，免責不許可事由がある場合にそれが軽微でも管財事件として申し立てますか。同時廃止の申立てを選択することもありますか。

久米　この同時廃止と裁量免責の関係については，気になる決定[*8]がありますね。石川さんがこの決定の規範が独り歩きすることについて警鐘を鳴らしていますが[*9]，同感です。

石川　同時廃止ではおよそ裁量免責を受けることができないという結論は賛成できません。ただし，軽微ではない不許可事由がある場合は管財事件としたほうがよいというのが私の考えです。

裁判所からの取下げ勧告

野村　免責観察型や免責調査型を希望して申立てをしたところ，裁判所から，個人再生に切り替えるように勧められたことがありますか。

久米　私が管財人候補者として，債務のほとんどが浪費（風俗店に対する支払）により形成された事案に関与した際に，裁判所が申立代理人に取下げ若しくは個人再生手続への切替えを示唆していたことがありました。

石川　昔，審尋期日で，裁判所から破産申立ての取下げと個人再生の申立てを勧められたという話を聞いたことはありますが，最近は聞かないですね。どの手続を選択するのかは申立人側に選択権がある以上（→281頁），好ましい姿ではないですよね。もっとも，免責不許可事由が重篤である場合に，裁量免責が得られない可能性も含めて検討した結果ですか？と釈明するのは許容範囲内だと思います。

破産申立書にどこまで記載するか

野村　免責不許可事由やその該当可能性について申立書にどこまで記載していますか。問題ない場合は「無し」だけでもよいと思うのですが，微妙な

[*8]　東京高決平成26・7・11判タ1407号（2015年）109頁参照。
[*9]　前掲*2・153頁〔石川発言〕参照。

場合にどこまで記載しますか。

髙松　私は,客観的に免責不許可事由に該当しそうな事情があれば,基本的に記載するようにしています。主観的要件や目的要件については,人によって判断が異なる可能性がありますので,とにかく「不利な事情を隠している」と疑われないようにしたいと思っています。

久米　私も同感です。その上で,やむを得なかった事情を書いたり,偏頗行為などについては「偏頗行為に該当する可能性はあるが,免責不許可事由には該当しない理由」などを記載したりして,できるだけ当初からフォローするようにしています。

破産管財人及び申立代理人の立場からそれぞれに望むこと

野村　管財人の立場から免責に関して申立代理人に望むことはありますか。

石川　個人にとって自己破産は経済的再生のための究極の手段です。そして,それは免責を受けることができて初めて達成されるものです。代理人はそのために存在するといっても過言ではありません。債権者から免責に関する意見が出たり,管財人から指摘を受けたりしたのであれば,全力でそれに対応してほしいです。偶に「裁判所と管財人のご判断にお任せします」ととてもドライな発言をする代理人がいますが,違和感があります(→202頁)。あと,破産手続開始後の説明義務違反や協力義務違反は重大ですので,この点は破産者をしっかり指導してほしいです。

野村　申立代理人の立場で管財人に対してはどうでしょうか。

中川　石川さんは,問題のない事案においては破産者性悪説に立たないと指摘*10していますが同感です。やたらに細かい指摘をする管財人もいますよね。

石川　免責観察型で管財人がやるべき本質的な行為は何なのかを考えてほしいです。それを忘れて重箱の隅をつつくようなことは避けるべきでしょう。

野村　個人の経済生活の再生の機会の確保を図る破産法の目的や趣旨を理解して行動することが大切ということですね。

＊10　前掲＊2・155頁〔石川発言〕参照。

6 個人再生と破産

個人再生も破産も再建型

野村　それでは，ここでの最後のテーマとして，個人再生と破産について取り上げます。法人の場合は，事業を継続できるかという観点が重要でしたが，自然人，個人の場合，特に消費者の場合は，いかがでしょうか。

桶谷　まさに，破産と個人再生の手続選択について書いたことがありますが[*1]，現行法は，手続選択の場面において個人再生と破産免責とを選択する自由を有しているとされています[*2]。いずれの手続も，個人債務者の経済生活の再生を図るという共通の目的がありますね。

野村　破産は清算型とはいえ，機能面からみても，免責制度がある個人破産は，個人債務者にとって再建型の手続だといってもよいと思いますね。
　　　個人再生については，全倒ネットでQA本を作りましたし[*3]，個人再生シンポも行いました[*4]。それと，山田さんと私で新基本法コンメの個人再生のところを書きましたね[*5]。

久米　個人債務者の債務整理の方法としては，大きく①任意整理（債務整理，私的整理），②特定調停，③個人再生，④破産がありますが[*6]，弁護士としては，①任意整理から検討し，③個人再生を検討した上で，それがダメなら最後に④破産を選択するという考え方を聞いたことがあります。

石川　法律的には再生手続が破産手続に優先すると規定されていますが，それは再生手続と破産手続が競合した場合の規定であって，どちらの手続を優先して選択すべきということを規定したものではありません。手続選択として，個人再生前置主義ではないということですね。基本は依頼者

---

*1　Ｑ Ａ200問2頁以下参照。
*2　債務者の選択に委ねる制度となった点につき，条解1625頁参照。
*3　全国倒産処理弁護士ネットワーク編『個人再生の実務Ｑ＆Ａ100問』（金融財政事情研究会，2008年）。
*4　個人の破産・再生手続194頁以下にその反訳が全文掲載されています。
*5　山本克己ほか編『新基本法コンメンタール 民事再生法』（日本評論社，2015年）542頁以下参照。
*6　倒産法を知ろう266頁参照。

である債務者の意向から考えるのではないでしょうか。依頼者が破産を希望して，問題なく免責が受けられるのに，収入があるからといって個人再生を勧めることはしないですよね。もちろん，選択できる手段を説明することは当然の前提ですが。

山田　将来収入からの負担がなく，相対的に短期間で決着するのは破産です。今は給料等を見込めたとしても，再生計画どおり弁済していくとなると，別に家族の収入があるなどしないと潤いのある生活もできませんし，貯金をすることも難しいでしょう。全くゆとりがなくなると，病気やけがをした場合や老後のことも心配です。債務者の方の弁済意欲，年齢，職業，健康状態，家族に収入があるか等の状況を総合的に考慮して，個人再生を選択するか，破産を選択するか考えることになりますね。

野村　個人再生なのか，破産なのかは，森本さんに両者の対比をまとめてもらいました（**図表5**）。ありがとうございます。結構，フラットに考えるということもありなのかな，と思いますね。法人では破産は最後の最後ですが。この点，以前，日弁連で手続選択の研修会をやりましたが[*7]，個人再生も破産もできるとき，破産を勧めるという方が多かったですね。

八木　それはそうでしょう。勧めるというか，説明すれば，依頼者は自ずと破産を選択している感じですね。

髙松　私の経験では，両手続を説明すると個人再生を選択するほうが多かったですね。破産をせずに，法の定める範囲でできる限りの弁済を行うということが債務者の精神的な自信に繋がるようです。

個人再生を選択したほうがよい場合

野村　保険外交員[*8]や警備員などの資格制限のある職業の方の場合には，破産を選択できないから個人再生を選択するということがありますね。こういう消去法的な選択ではなく，積極的に個人再生を選択したほうがよい場合はありますか。もちろん典型例として，住宅ローンのある自宅を

[*7]　個人の破産・再生手続248頁以下にその反訳が全文掲載されています。
[*8]　保険業法307条では破産手続開始決定は必要的取消しにすぎませんが，復権まで内勤で対応してもらう事案もあるものの，就業規則によって開始決定を解雇事由とするところもあります。

図表5　個人再生と破産　対比表

項目	破産	個人再生	留意点
負債総額の上限	なし	あり（再生債権総額（住宅資金貸付債権，別除権行使により弁済を受けることが見込まれる再生債権を除く）が5000万円以下）	個人再生について，再生債権総額が上限を超える場合には，通常再生も検討要
債務者本人による返済	なし	あり　再生計画に基づく弁済（最低弁済額については，基準債権総額に基づく算定額，清算価値保障原則，給与所得者等再生手続については可処分所得の2年分の要件あり）	個人再生の選択にあたっては，履行可能性の検討，弁済意欲の確認要　なお，滞納公租公課の弁済可能性についても検討要
弁済原資	破産財団（破産手続開始決定時の財産，新得財産からの弁済不要）	将来収入が基本	再生手続開始決定時の財産を弁済原資の一部とすることもある
財産保有	本来的自由財産・自由財産拡張の範囲内で可	可，ただし，清算価値保障原則あり	個人再生については，否認対象行為の清算価値上乗せに注意
職業	資格制限がある職業あり（特定保険募集人及び警備員など）	なし	個人事業者が小規模個人再生手続を選択する場合は，別途検討要
自宅	処分が原則（管財人による任意売却，競売手続等）	住宅資金特別条項の適用により住宅を保持することが可能	住宅資金特別条項の適用については，要件充足の検討要
債権者同意	不要	再生計画案について，小規模個人再生手続では消極的同意要，給与所得者等再生手続では同意不要	小規模個人再生手続の選択にあたっては，可決要件を満たすかにつき検討要
免責	免責不許可事由あり	再生計画認可決定の確定により再生計画で弁済する旨定められた部分以外は免責	破産の選択にあたっては，不許可事由該当性・裁量により免責許可決定がなされる可能性の検討要

桶谷 依頼者が破産はどうしても嫌だという場合があります。聞こえが悪いという理由で破産を拒む場合もありますね。弁護士から破産のメリット・デメリットを丁寧に説明すれば，納得して破産を選択することもありますし，それでもやっぱり破産はしたくないという方もおられますね。

石川 破産すると戸籍に載るとか選挙権がなくなるとかいう誤解も未だにあります*9。あとブラックリスト（信用情報）に載るから破産は嫌だという人もいますが，個人再生を選択しても載るのですよね。そう考えると住宅資金特別条項（住特条項）の利用や資格制限がないのに個人再生を積極的に選択する場合は少ないと思います。それでも依頼者が個人再生でお願いしたいといえば選択しますが。

髙松 破産に対する多くの誤解があるのは事実だと思いますが，他方で，それでも破産は避けたいというのも，多くの債務者の偽らざる本音だと思います。それまで毎月十数万円の支払をしてきた債務者から「個人再生であれば月3万円弱の支払だけでいいのですか，破産を避けることができるなら個人再生でお願いします」と言われることも多かったですよ。

山田 一部だけでも返済したいという考えの依頼者なら，その考えを尊重したいと思います。大切なことだと思いますし，その人の経済的な再生にとってはそれが一番いいのだと思います。しかし，個人再生の弁済期間中に返済が困難になったとき，やっぱり破産のほうがよかったと後悔することがあり得ますね。特に，個人再生と破産のメリット・デメリットは丁寧に説明します。

野村 結局は，ちゃんと説明し，依頼者に選択してもらう，ということですね。

自宅を残したいなら個人再生

野村 では，個人再生を使う典型例としての住宅ローンが残っている自宅がある場合はいかがですか。この場合は，住特条項を使うわけですが。

石川 自宅を保有している場合には，保持を希望するのであれば，まずは個人

---

*9 破産した際の不利益につき，倒産法を知ろう195頁参照。

再生を検討すると思います。継続的な収入がある場合で，個人再生の仕組みや住特条項を説明すれば多くは個人再生を選択しますね。もちろん，住宅を手放して住宅ローンからも解放されたいという場合は破産を選択すると思います。その意味で，債務者の意向や意思確認は大切ですね。

山田　私は「自宅を残したい」という債務者の方には，「なぜ残したいか」，「残しても生活は成り立つのか」，「弁済計画の他に住宅ローンの返済をしても生活に潤いにあるのか」と，自宅を残すことに懐疑的な話をきちんとします。名古屋にいる自分の目線ですが，今，戸建てもアパートも賃貸物件はたくさんあります。所有の戸建てに住んでいても，賃貸アパートでも結構やっていけるものです。2階建の戸建ては夫婦二人では広いともいえます。自分の家族構成やライフスタイルを考えながら，「今，自宅を守る必要があるのか」よくよく検討してくださいと言いますね。

石岡　自宅を守りたい，と言いますが，破産でも例外的に守れる場合がありますよね。子ども等に買える資力がある場合には，破産しても管財人から時価で買うことができれば[*10]，住宅ローンに加え再生債権を払い続けるよりも経済的にはメリットがあるということもあります。こうした方法との比較も検討する必要があると思いますよ。

野村　自宅を残すという一事をみても単純な話ではないわけですね。

免責不許可事由が相当程度ある場合

石川　それから，免責不許可事由が相当程度あり，裁量免責も厳しいなと思った場合に個人再生を選択したことがあります（→278頁）。この辺の皆さんの感覚はどうでしょうか。

桶谷　誠実に破産申立てして説明すれば，よほどのことがない限り，免責不許可にはならないと感じています。ですが，依頼者への説明は慎重にせざるを得ませんので，結果として依頼者が個人再生を選択した件はありますね。安全策の選択です。

八木　実際，破産手続開始前の免責不許可事由であれば，本当に反省していな

[*10]　破産管財実践マニュアル188頁参照。

いケースは別にして，深く反省していれば，基本的には裁量免責を得ることができると思いますから，破産を選択することでよいと思います。

野村　ここは弁護士によってスタンスが微妙に異なるところかもしれませんね。かなり慎重派か計算した上で行ってみる派かという感じでしょうか。

法人代表者の場合

野村　これまでは，基本的に消費者を念頭に置いてきましたが，小規模な法人の場合だと，法人の債務の連帯保証人である法人代表者の債務整理を個人再生で行うことも考えられますね。

籠池　無担保債権5000万円以下の制限はありますが，その範囲内でいけるなら，どこかに再就職して収入を確保できれば，個人再生は可能ですね。

野村　役員報酬がなくなるので，収入の確保が先決ということですね。

石川　この点，経営者保証ガイドラインが使いにくい場合に，例えば，法人代表者自らの教育ローンやカードローンといった個人債務が多い場合には，保証債務のみを経営者保証ガイドラインを使い整理して（→456頁），プロパー債務は個人再生を使い，将来収入で弁済するという使い方が今後はあり得ると考えています。

野村　私もそれはあってよいと思っています。組分けをして，経営者保証ガイドラインと個人再生をミックスできると事業再生の一選択肢になると思います。ただ，組分けには法改正が必要かもしれませんが（→487頁）。それと，個人再生には清算価値保障原則があるのもネックですね。

個人事業者の場合

野村　本書では，個人債務者には，これまでに見た消費者，法人代表者らに加え，個人事業者があり，それぞれ考えようということにしています（→234頁）。ここで，個人事業者の小規模個人再生を考えたいと思います。

桶谷　個人事業者が小規模個人再生を利用したい場合，当然のことながら，事業を継続していますね。問題はそこなのです[*11]。買掛金，売掛金があ

---

*11　鹿子木康ほか編『個人再生の手引〔第2版〕』（判例タイムズ社，2017年）73頁以下，79頁以下参照。

る場合，どこかで区切るわけですが，通常再生なら，再生手続開始申立ての同日に弁済禁止の保全命令が出て，開始決定も早いですし，その間の買掛金は共益債権化の承認で払うことができ，すなわち事業継続が可能となります。ところが，個人再生の場合，受任通知から申立てまでにどうしても時間がかかり，同じようにできないのですよね。

野村　まさにそこがネックなのですよ。事業継続のためには，仕入先等の商取引債権を何とかしたいわけですね。ただ，幸いなことに，共益債権化の承認（民再120条1項・2項）や少額債権の弁済許可（民再85条5項）は適用除外となっていませんので，うまく使うことで対処できるといいなあと思っております*12。問題提起としてね。

履行可能性

野村　個人再生を申し立てるときに悩む点に履行可能性の判断がありますね。

石川　どうも申立代理人や個人再生委員を務める弁護士の感覚と裁判所の感覚が違う気がするのですよね。

桶谷　毎月定額の給与所得が見込めるサラリーマンなどの勤め人なら悩みませんが，収入が安定しない個人事業者の場合は悩みますね。

中川　個人事業者の場合，履行可能性の根拠資料として事業計画に似たものを作ります。過去数年間の収支を基礎に，今後の収支計画を作って，履行可能性を示すようにしていますね。

髙松　代理人としてもいい加減な申立てはできないと思いますので，相談者のライフプラン（ライフイベント）を聴き取って，履行可能性を考えておくべきだと思います。今後3〜5年間の弁済期間中に，子どもの進学費用（入学金など）の支払がある等，多額の出費がありそうかどうかについても，きちんと聴き取っておく必要があると思います。

中川　石川さんの論考*13ですと，履行テストの積立てを行えていれば履行可能性があると疎明されたとの基準が示されています。この考え方がわかりやすくていいなと思います。ただ，事案ごとに注意も必要ですね。

---

*12　山本ほか編・前掲*5・547頁以下参照。
*13　個人の破産・再生手続152頁参照。

再生計画に基づく弁済の方法

野村　話は変わって，再生計画に基づく弁済は，どのようにしていますか。

桶谷　私は，依頼者から私の預り金口座（依頼者ごとに作成）に送金してもらい，債権者への弁済は，私の預り金口座から自動送金で行っています。

久米　私も同じで，依頼者が返済困難な状況になったらいち早く察知できます。

石川　私は基本的には再生債務者自身に払わせています。

野村　私もそうですね。ただ，弁済がなかったときの連絡窓口は代理人事務所にしておき，対応していますね。督促係みたいで嫌なときもありますが。

中川　私は，そもそも受任は再生計画認可決定確定までとしています。

桶谷　それも一つのやり方でしょうね。それぞれのやり方があるところです。

再生計画に基づく弁済が困難になったとき

野村　3年から最長5年の計画弁済期間中に，弁済が困難になる事態もありますね。私は，幸いなことに，最後の1年間くらい督促係をして乗り切ったくらいで済んでいるのですが。

桶谷　債権者に個別に連絡して，リスケしてもらうことはありますが，再生計画の変更（民再234条）やハードシップ免責（民再235条）までいくことはないですね。

久米　私は，以前私とは別の先生が個人再生手続を行った事案で，債務者が計画弁済中に職を失ったことから，「破産申立てをしたい」という依頼を受けて破産申立てしたことがあります。これは，特段当時の見通しが甘かったというわけではなく，やむなく職を失ったというケースでした。

野村　それは仕方ない話ですね。

個人再生の実践マニュアルは？

中川　ところで，野村さんと石川さんは，個人再生の実践マニュアルを作成中と伺いましたが。

石川　新宅さんと3人でコツコツと書いていますよ。コツコツとね。

野村　何とかまとめたいのですよね。乞うご期待！

第7章　債権者申立て

債権者申立て利用の場面・類型

野村　債権者申立ての事件数は、近年の推移をみても、年間500件前後です[*1]。全体の破産申立件数からみれば少ないですが、破産申立権は債権者に認められた切り札的な権限で、自己破産にはない独自の役割や特徴があるといえるでしょう。これまで、破産管財人の立場からの債権者申立事件の注意点をまとめたり[*2]、法人代表者が死亡した場合の対処法の一つとしての債権者申立てを紹介したりしたことはありますが[*3]、実際、どのようなケースで債権者申立てが利用されているのでしょうか。

團　主な目的別に整理してみました（図表1）。ただし、債権者申立ては単一の目的でもってなされるわけではなく、複数の目的が重複している場合がほとんどですから、ここで類型として挙げたものは、あくまで整理のための主な目的別の類型という趣旨で理解していただければと思います。

野村　ありがとうございます。順番に見ていきたいと思います。

違法な活動停止目的の申立て──債務者の財産管理処分権の剥奪

籠池　実務家目線でいうと、債権者申立ての重要な機能は、直截に「債務者の財産の管理処分権を剥奪すること」にあります。債務者が財産を隠匿しようとしているとか、違法な事業活動を行っていてすぐにでも活動を止めさせないといけないとか、そのような場面が典型的には想定されますね。そのあたりは、詐欺商法や違法商法による消費者被害事案で債権者

[*1]　統計につき、倒産法を知ろう12頁参照。
[*2]　破産管財実践マニュアル65頁参照。福田大助『債権者申立の破産事件に関連する諸問題』自正61巻8号（2010年）43頁以下も参照。
[*3]　法人破産申立て実践マニュアル287頁以下参照。

図表 1　債権者申立ての目的による分類

目的	動機	破産申立てを行う理由	問題となる事例
違法な活動の防止・停止	①違法な事業活動の停止 ②財産散逸・隠匿の防止	債務者の財産の管理処分権を剥奪する	債務者の違法な事業活動（消費者被害案件，他社の商号等を模倣しての違法営業等）
債権回収	早期に確実な債権回収	①債務者との任意交渉が困難 ②債権償却も可能 ③買受人の選定に関与しうる	①金融機関からの担保不動産の任意売却による回収目的での申立て ②不動産の商事留置権者による任意売却の際の回収目的での申立て
債権回収	包括執行による債権回収	管財人に管理処分権を移すことにより，破産財団の増殖を図れる	①個別執行が不奏功に終わり，その他の財産が不明 ②事業自体に価値がある（事業譲渡的処理も見込める）
債権回収	債務者から個別に債権回収（和解狙い）	債務者が破産を回避すべく，申立債権者に返済する可能性がある	①個別執行が不奏功に終わり，その他の財産が不明 ②個々の債権額が必ずしも大きくない
管財人の権限行使に期待	経営実態等の事案解明型	債務者の経営実態が不明若しくは不透明，個別執行が不能若しくは不適切→管財人に管理処分権を移転させる必要	①債務者会社の経営実態が不明 ②反社会的勢力が経営に関与
管財人の権限行使に期待	経営者責任追及型	管財人の調査を経た上で適正に債権回収（債権者のコンプライアンスの観点）	①経営権をめぐる争いの後，旧経営陣から申立て ②反社会的勢力の関与が疑われる場合 ③不正行為が社会問題化した場合
管財人の権限行使に期待	否認権行使型	管財人の否認権行使による適正・公平な配分	①執行妨害的行為があった場合 ②廃業前に一部債権者に偏頗弁済 ③資産隠匿が行われた場合
損金処理	債権の償却（経済的メリット）	税務上損金処理（貸倒損金算入）を行うことが可能	債権額が高額で，債権者が黒字会社

※債権者破産申立ての目的・動機は単一のものではなく，複合するのが通常です。

申立てが多く見られることにも顕れています。

中川　確かに債権回収だけであれば個別執行でも可能ですからね。債権者申立ての本来的な利用は、悪質な債務者への対抗措置として、その財産管理処分権を剥奪して債権回収を図るという、債権者にとっての最後の切り札的な位置付けになると思います。実際、悪徳業者や反社会的組織など違法性や反社会性を帯びた活動を行っている債務者に対して、債権者申立てをすることが多い印象がありますね。

野村　消費者被害事案で債権者申立てが多く見られるという話ですが、それはそのとおりで、別の論稿[*4]でも書きました。このような事案では、債権者申立てをすることによって、社会全体として、更なる被害の発生を防止するということも重要です。また、消費者被害事案では、被害者間の平等を確保する必要があるとともに、個々の被害者の債権額は僅少なケースが少なくないこともあって、集団的な被害回復を図る必要性が高く、その意味で債権者申立てが適しているということもできますね。

債権回収目的の申立て ── 債権者による個別の権利行使が難しい事案が多い　

團　債権者申立ての大きな目的の2点目として「債権回収目的」を挙げてみました。やはり債権者が予納金をいったん負担してでも、あえて債権者申立てをするのは、破産申立てすることが「債権回収」に繋がりうるという、経済的メリットがあることが大きいのではないでしょうか。

髙松　「怒っている債権者」という場合も多いですが、債権者申立ては数百万円単位で予納金が必要な場合もあるので、単に「怒っている」だけでは申立てまでは至りませんよね。やはり債権者申立てに至る場合は、最低限の合理的な目的があると思います。

桶谷　単に債権回収だけの目的であれば、債権者は個別執行を利用すれば自分だけ優先的に回収できるわけですから、わざわざ他の債権者と平等弁済になる上に、配当まで時間を要する債権者申立てをする意味はさほど大きくはありませんよね。債権回収目的の類型で債権者申立てが利用され

＊4　野村剛司『消費者問題と破産』破産法大系Ⅲ468頁以下参照。

る場合は，一筋縄では債権回収が困難なケースが多いと思います。
久米　確かに，債権者申立ての事案は，関係者や関連法人等への資金流出の形跡があったり，財産隠匿行為や偏頗行為が多数あるため否認権行使を要する事案であるにもかかわらず債務者の事業や財産状況の実態が非常に不透明であったりして，個々の債権者の個別の権利行使では到底対応できず，破産管財人に資金の流れの全容を把握してもらわないといけない場合などが多いですよね。

担保不動産等の任意売却目的の申立て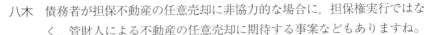

八木　債務者が担保不動産の任意売却に非協力的な場合に，担保権実行ではなく，管財人による不動産の任意売却に期待する事案などもありますね。

籠池　不動産の任意売却目的と思われる事案を経験したことがあります。担保権者としては，買受希望者もいることから，担保不動産競売よりは任意売却によって，できるだけ高額で処分したいということだったと思います。事業停止前に整理屋が入っており，任意交渉での解決は難しい事案で担保物件以外に財産は何もない状態でした。整理屋の責任追及も検討しましたが，手続の早期処理を優先したいという債権者の意向もあり，任意売却を実施し，最終的には按分弁済して異時廃止で終えました。

石岡　私も，サービサーが債権者申立てした事案ですが，債務者が非協力的で，複数の担保不動産があったことから，その任意売却が主目的であった事案を処理しました。

山田　私は不動産に商事留置権を有する建築業者が自らの請負代金を回収するために債権者申立てをした事案を経験したことがあります。建築業者は，当該収益ビルを占有していたのですが，開始決定により管財人の管理下に置き，管財人の私は当該物件を任意売却し，債権者申立てを行った建築業者に請負代金を支払いました。

髙松　担保不動産競売と比較すると，任意売却のほうが高く処分できるというのもありますし，地方の金融機関としては，事前に予定された価額で，自行と付き合いのある特定の買受希望者を任売に参加させることができるというのは，いろいろな面でメリットがあるのだと思います。破産

手続であれば，残債権もスムーズに償却処理できますしね。
野村　破産手続になった場合，必ずしも担保権者が連れてきた買受希望者に予定価額で売却できるとは限りませんが，その点はいかがでしょうか。
籠池　確かに，管財人としては，処分価額の適正性をチェックする必要がありますが，オーバーローン物件の場合では，一番の利害関係人である担保権者自身が処分価格を相当と判断しているわけですから，ひと通り適正性のチェックを行った上で，処分価額が不相当だとする特段の事情のない限りは，任意売却を進めてもあまり問題はないように思います。

事業譲渡目的の申立て

石岡　債権回収目的の類型としては，食品メーカーでしたが，代表者がメインバンクに敵対的だったことから，メインバンクが管財人による事業譲渡を目的に債権者申立てしたケースがあります。管財人として事業継続し，譲受先を探して事業譲渡しました（→165頁）。
團　私も，債務者がホテル業の事案で，申立債権者から，収益物件として高額換価するために，事業継続してほしいとの希望があった事案に関与したことがあります。破産手続開始決定後，直ちに封印執行して管財人の管理下に置き，事業継続許可をもらって，約3ヵ月営業して不動産を任意売却しましたが，事業価値を見込んだ高値で処理することができました。
野村　収益物件のある事案や，事業継続価値の見込める事案だと，債権者申立てには，債権回収の極大化を図る上でも，個別執行にはないメリットがあるということになりそうですね。
八木　個別執行の場合だと，どうしても債務者に管理処分権が残ることになるので，収益執行等をするにしても，回収の手段・方法に限界があります。この点，破産手続であれば，管財人が債務者財産全体の管理処分権を保持するので，賃料等の収益から回収することもできますし，不動産の任意売却もあれば，管財人による事業継続ができる場合には，事業価値を維持したまま，事業譲渡の方法によって高値で処分することもできるという点で個別執行にはない大きなメリットがあるといえますね。

和解狙いの申立て

野村　債権回収目的の類型の中で，和解狙いの申立てと思われる事案もよく見られますよね。和解狙いの類型とそれ以外の類型とではどのような違いがあるのでしょうか。

髙松　和解狙いは，実際は債務者に破産してほしくないが，他の債権者に先んじて回収したいという目的で債権者申立てする場合ですね。回収のために強烈な圧力をかけるという感じですね。これが功を奏するケースもあり，管財人候補者のまま取り下げられたという経験もあります。

石岡　最近，消費者金融業者に対して過払金請求権で債権者申立てがされて，私が管財人候補者として打診を受け準備したという事案がありましたが，最終的に，消費者金融業者が支払って和解して取下げで終わりました。この和解狙いの申立ては，意外に多いと思います。

久米　私も債務名義を持っている債権者が和解狙いで債権者申立てした事案で管財人候補者として手続に関与したことがあります。この事案は債務者が「親族の協力を得て未分割の相続財産を含む資産を売却して支払う」と約束したにもかかわらず，その手続が進まないことに業を煮やした債権者が申し立てたという事案でしたが，結局1年ほど延々と審尋を行って債務者が資産を処分して債権者に全額支払って取下げになりました。

野村　管財人候補者としては，徒労に終わるわけですね。

濫用的申立て・偏頗弁済との関係

籠池　一般論としては，自らの債権回収を有利に進める目的で威嚇手段として債権者申立てを行い，申立ての取下げを交渉材料として利用するのは，いわゆる濫用的申立てとして棄却事由（30条1項2号）にあたると思うのですが，この点はどのように理解されているのでしょうか。

髙松　確かに単なる威嚇目的の申立ては棄却事由にあたると思いますが，これは裁判所が破産を開始するかどうかの判断を行う段階での話にすぎません。債権者も債務者も破産開始を望んでいないのですから，結局，水面下で和解処理され，事前に取り下げられれば，裁判所として関知する

ところではなく、それで手続としては終了ですね。

八木　本音は和解狙いで回収を極大化したいけど、開始決定が出て管財人により財産換価して配当になれば、それはそれでよいという場合もありそうですね。その場合は棄却事由があるとはいえないと思います。

籠池　債務者がその後破産手続開始決定を受けることになれば、危機時期の偏頗弁済として否認リスクの問題は残りますね。その点は如何でしょうか。

八木　和解できなかった場合に破産手続開始決定を受ければ偏頗弁済を受けておらず、通常否認の問題にはなりません。回収後に申立てを取り下げた場合や申立権の消滅により申立て却下となった場合には、回収の時点では支払不能について善意ともいえますし、その後に否認請求を受けるというのも結論として不合理ですので、その後の申立てによる破産手続開始決定があった場合でも、否認されることはないと思います。

破産管財人による資産調査等を目的とした債権者申立て

籠池　債権回収目的の類型は、債権回収に非協力的な債務者に対して債権者申立てを行い、債務者財産に管財人の財産管理処分権を及ぼすことで債権回収に繋げるというのが、基本的なパターンだと思います。債権回収の目的もあるのでしょうが、その前提となる債務者財産の把握が困難である場合には、管財人による資産調査等を目的とした申立てもありますね。

桶谷　債権回収に困る事案としては、代表者が行方不明のケースとか、債務者会社が整理屋に乗っ取られているケース、株主・役員が対立して会社の経営機能が不全であったりするケースなどがあります。債権回収の目的もあるのでしょうが、そもそも財産の管理処分権の行使主体である経営者が不在であるといった場合には、管財人に管理処分権が移転して資産調査等の権限行使が行えるようになるので、有効な事案もありますね。

髙松　資産調査という意味では、債務者が自然人の場合には、結構有効だと思います。金融機関等の債権者も、自然人については法人ほど資産を把握できていないため、資産調査目的の債権者申立ては比較的有効であり、私は、債権者申立てをしたことも管財人になったこともあります。

経営実態等の事案解明目的の類型

籠池　債務者法人の経営者が急に変わって経営実態が不明になったり，反社会的勢力等が経営に関わったりして管財人に管理処分権を委ねる必要がある場合に債権者申立てが利用されることがありますよね。

八木　多数の若者からお金を騙し取った元暴力団員が債務者のケースで，消費者系の弁護団が債権者申立てを行った事案の管財人に選任されました。

石岡　債務者の代表者が問題のある人物で，財産隠匿行為等もあったことから，サービサーが債権者申立てをした事案があります。この事案では，県警とも協力して詐欺破産等で告訴し，関係者複数が逮捕・立件されました。

團　債務者が，唯一の資産である所有ビルを売却して音信不通になり，財産隠匿が疑われたことから，債権者申立てがされた事案があります。管財人代理として関与しましたが，債務者会社の株主と経営陣が総入れ替えになっていました。売買代金の流れを解明した上で，損害賠償請求訴訟を提起するなどして破産財団の回復を図りました。

破産管財人による関連会社等に対する債権者破産申立て

籠池　経営実態等の事案解明に関連して，管財人が破産会社の関連会社等に対する債権者申立てをすることもありますね。先ほども出た経営実態が不明な事案や反社会的勢力が関与する事案では関連会社等への資金流出や財産移転があったりしますので，管財人が関連会社等の財産管理処分権を保持することで，財産調査や債権回収に繋げることもありそうですね。

野村　私もそのパターンの債権者申立てを経験しました。会社更生事件で，事業譲渡を実行する際，更生会社の事業価値の中核を構成する知的財産権の一部が代表者名義になっていました。その代表者は収監されていたのですが，その知的財産権を確保するためもあり，代表者に対する債権者破産申立てが行われ，代表者の破産管財人とともに事業譲渡が実行されました。民事再生の管理型の事案では，再生会社の実質的な関連会社に財産があったのですが，関連会社の代表者が処理に非協力的だったので，やむなく債権者申立てにより破産手続を通じて回収したことがあります。

石岡　管財人として事業譲渡するにあたり，一部資産が関連会社名義だったため，管財人として関連会社に対し債権者申立てをしたことがあります。決定後，関連会社の管財人と協力して事業譲渡を実行しました。もともとの事件が債権者申立てであり，代表者の協力が望めない事案でした。

山田　管財人として元代表者を同じくするグループ子会社の債権者申立てを検討したことがあります。債務者会社が破産申立てする少し前に代表者を解任したという特殊な事案でした。債務者会社からグループ子会社に多額な資金が流れておりましたので，グループ子会社から資金を回収するためにグループ子会社の債権者申立てを検討しました。

経営者責任追及型

野村　経営権を巡る争いがあった場合，旧経営陣から現経営陣に対する責任追及目的で債権者申立てがなされたりすることもありますよね。経営陣に対する責任追及は，先ほど石岡さんや團さんがおっしゃったように経営実態等の事案解明型のケースでもよく見られますね。

久米　経営陣の内紛があった事案で，経営から排除された元代表者が債権者申立てした事案の管財人を経験したことがあります。元経営陣側からは現経営陣が会社の資産を不当に流用している可能性があるなどの主張がありましたので，金の流れや資産調査，役員責任の追及が可能か等の事情を調査しました。経営実態の事案解明と経営者責任追及は重なることが多いですね。

籠池　債権者側で関与した事案として，診療報酬の不正請求を行った上，不正受給金の返還を免れるために財産の隠匿を図った医療法人に対して，債権者申立てを行ったケースがあります。近時の傾向として，不正・違法絡みの事案，とりわけマスコミ報道等で社会問題化したような事案では，コンプライアンス重視の観点から，回収可能性はさておき，不正追及ないし事案解明のために債権者申立てに及ぶという発想が出てきているのではないかと思います。

中川　破産手続であれば，破産管財人による財産調査をしっかりと行うことができますし，先ほど話のあった関連会社の破産処理も可能ですね。否認

制度や役員責任の追及のほか，解明された事実関係の如何によっては罰則の適用による刑事事件の追及もできるという点で，不正追及・事案解明の目的にはうってつけですね。

野村　確かに，債権回収目的での債権者申立てというと，そこまでするのかという目で見られがちで，躊躇しがちかもしれませんが，不正追及・事案解明目的での債権者申立てというと，コンプライアンスの観点から積極的に取り組むインセンティブが働きそうですね。

否認権行使型

籠池　債権者申立事案では一部債権者に偏頗弁済があったり，資産隠匿があったりすることも多く，管財人による適正・公平な配分を求めて管財人による否認権行使などを期待する申立てもあるのではないでしょうか。

八木　私は，宗教法人の境内の不動産の代物弁済を否認して破産財団に回復した上で事業譲渡したという経験があります。

髙松　サービサー申立ての事案で，複数の会社に不正な資金流出がなされていた事案において，訴訟を含めた否認権行使により，相応額の回収を行ったことがあります。

石岡　私は，不公平な私的整理を是正するために債権者申立てがなされた管財事案の経験があります。

山田　私的整理の是正には応じてもらえたのですか。

石岡　比較的大口の債権者が20社くらいで債務者財産を分配していたのですが，返還を求めたところ何とか全社から応じてもらうことができました。

損金処理目的の類型

髙松　損金処理目的の類型については，私の感覚としては，意外と活用されていない印象です。例えば，回収困難な債務者に対する1億円の債権回収の相談を受けた際，債権者破産申立てを提案しても，費用が数百万円かかるという話をすると，申立てをしますという債権者はほとんどいません。しかし，破産申立てを行えばその時点で税務上債権の50パーセントの損金処理を行うことができます。十分に利益を出している債権者に

とっては，税負担の軽減効果を考えれば，債権者申立てをして，損金処理を行った方が絶対に得なのに，なかなかそのような発想にはならないみたいですね。他社を破産させることに対する抵抗感もあるのかもしれません。
桶谷　一般の税理士には，債権者申立てをして，損金処理するという発想はありません。一般の税理士にも債権者破産が認知されれば，もっと活用の幅が広がるのではないかと思いますね。
鈴木　ましてや相談に対応した弁護士にはそういう視点はさらに少ないですね。不動産関連や大規模の損害賠償事件など債権額が大きい場合には要検討材料のはずですがね。
野村　桶谷さん，鈴木さんの公認会計士目線が出てきましたね。

債権者申立ての予納金

野村　先ほど高松さんからも予納金の話が出ましたが，債権回収目的等の類型の場合，やはり費用対効果という側面がありますから，どうしても債権者としては予納金が気になりますね。この点は，いかがでしょうか。
籠池　債権者申立てのケースでは，一般的に予納金の基準は高額に設定されています。高松地裁では，債権者申立ての場合，自己破産の場合に比べて一律50万円を加算することになっており，法人の場合，最低でも100万円程度かかることになっています。程度の差はあるかと思いますが，他庁でもおそらくほぼ同様の扱いではないかと思います[*5]。
山田　事案や規模にもよりますが，名古屋地裁でも「最低150万円から200万円」という感触ですよね。確かに，自己破産の場合に比べると予納金は高額に設定されている印象はありますね。
八木　しかし，債権者の予納費用の返還請求権は，破産法148条1項1号の優先する財団債権になりますから，破産財団が形成された場合には，破産管財人の報酬に次ぐ第2順位で償還を受けることができます。私が先ほど紹介した，境内不動産の代物弁済を否認した事案では予納した債権者

[*5]　東京地裁の最低額は70万円（実務〔破産編〕150頁参照），大阪地裁の最低額は，法人100万円，自然人70万円とされています（運用と書式323頁参照）。

に予納金を返還し，一般債権者に配当までできましたので，債権者らに大変感謝されました。この点は，一般の債権者にはあまり知られていないのではないでしょうか。それなりに財団形成ができれば返還の可能性も十分見込めるのだということが認知されれば，債権者申立ても，もっと活用されるのではないかと思います。

久米　私が管財人をした債権者申立ての事案でも，何とか資産を換価して申立債権者に全額予納金を返還できた事案がありました。

中川　担保不動産の任意売却目的の類型に関しても，うまく財団の拡充を図ることができれば予納金の返還の可能性もあるわけですし，複数の不動産の競売には100万円以上かかることも多いので，むしろ競売と比べて安上がりだということもできますね。

債務超過・支払不能の認定

野村　債権者申立てのハードルとして，債務超過・支払不能の立証の問題がありますが，この点はいかがでしょうか。

髙松　私が債権者申立てを行った事案においては，債務超過・支払不能に関する裁判所の認定は，結構，厳格な印象がありますね。申立人が金融機関等ではなく，一般の債権者だったからかもしれませんが。

石岡　債権者側が弁済期にある債権の存在を立証できれば，支払停止や支払不能でないことを，債務者側が基本的に反論しないといけないようにも思うのですが。

籠池　決算書でそこそこの簿価債務超過であれば，破産要件の債務超過を認定してもらえることが多いと思いますよ。

髙松　金融機関は決算書を持っていると思いますが，一般の債権者は，なかなか簡単には決算書を入手できませんからね。

籠池　会社法上，債務者は計算書類の備置義務があって（会社442条1項・2項），債権者は閲覧請求権がありますから（会社442条3項），一応そのような規定の活用も考えられると思います。

保全管理命令の活用

野村　債権者申立ての事案では審尋が入り，申立てから開始決定までそれなりに時間がかかる事案も多いと思いますが，その間に財産が散逸したりする可能性もありますよね。

久米　そのような場合では，保全管理命令の利用が考えられますね（→174頁）。

石川　その点，東京地裁に早期に開始決定を出すため，保全管理命令はあまり利用しない扱いと聞いたことがありますよ。

髙松　債権者申立事案では基本的には債権者側が破産原因を疎明しなければなりません。債務者が争う姿勢を見せる場合，裁判所は時間を与えざるを得ませんので，債務者に財産管理を任せておけないケースでは，保全管理命令を発令せざるを得なくなると思いますが。

中川　債権者による破産申立てがなされた後，開始決定前に法人の事業譲渡がなされ，開始決定時点では，破産会社の資産が事業譲渡先に不法占拠された事案では，破産申立後，速やかに保全管理人が選任されるべきだったと思いますね（→174頁）。

野村　保全管理命令は，債務者に対する送達により効力が生じますから，送達できるように準備することも必要ですよね。

髙松　そうなのですよ。そして送達後速やかに保全管理人が会社に入らないと保全管理の効果が半減するので，送達と会社に入るタイミングを上手に調整しておく必要があります。

債権者申立て事案の管財処理上の諸問題

野村　管財人として処理上苦労した点などはありますか。

山田　まず，資料の確保や財産の保全について，自己破産の申立てより苦労しますよね。開始決定後直ちに債務者会社に赴くわけですが，会社資料の廃棄等を防ぐために封印執行も真剣に検討したこともあります。

久米　資料や財産の確保が難しい理由としては，やはり，破産者や代表者の協力を得にくいということですよね。債務者側に代理人弁護士が就任しないこともありますし，代表者に連絡が付かないということもあります。

髙松　弁護士も複数体制で財産の保全や資産・資料の散逸防止をしなければならない事案もありますよね。

法人代表者や従業員からの協力を得る方法

野村　先ほども久米さんから指摘がありましたが，債権者申立ての事案では，法人代表者や従業員からの協力を得ることは難しい面がありますよね。

山田　管財人のスタンスとしては公平感が大事だと思います。私は，おまえけしからんやつだなという態度ではなく，公平感をもって接するように心がけています。債務者側は被害者意識のかたまりになりがちですから，言い分は聞きますよというスタンスで行ったほうがよいと思っています。

髙松　こちらが気を遣って行っても敵対的意識で臨まれることが多いですね。公平感をもって行っても協力を得るのになかなか苦労します。

桶谷　私は，対従業員との関係では，債権者申立てと自己破産申立てで対応を変えたことはありません。対代表者との関係では違うことが多いですが。

籠池　ケースによって違うと思うのですが，反社会的勢力に近い会社の場合は，従業員も違法行為に手を染めていることが多いので，その点は気をつけて対応する必要があるのではないかと思います。場合によっては従業員に対して賠償請求することもありますしね。

債権者集会時の留意点

籠池　自己破産事案との違いとしては，裁判所や債権者への報告書については，情報管理に気を遣いますね。事案にもよりますが，報告書などに詳しく書きすぎると手の内が知られてしまうようで「今後の方針」などについての記載方法には注意しなければならないと思いますよ。

石川　債務者代表者のいる債権者集会では話せないことがあれば，申立債権者に個別で情報提供することもありますよね。

野村　事案によっては集会を開催しない方式（非招集型）にして，申立代理人には，その都度書面は見せずに口頭で丁寧に説明するという方法をとったことがあります。やはり，債権者申立事案はいろいろと問題がある事案が多いので，情報統制を慎重にせざるを得ない場合が多いと思いますね。
　債権者申立ては文献も少ないテーマの一つかと思いますが，参考になる話でしたね。

第8章　破産管財人の活動

1　破産管財人の役割とは

破産管財人の役割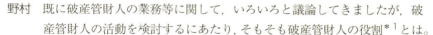

野村　既に破産管財人の業務等に関して，いろいろと議論してきましたが，破産管財人の活動を検討するにあたり，そもそも破産管財人の役割[*1]とは。

髙松　破産管財人の役割を端的にいえば，破産という経済的破綻状態をできる限り円満に処理する役割ということになると思います。ただ，破産事件には，様々な利害関係人が登場するため，管財人は関係者の利益調整を図ることが重要な任務となる上，管財事件における関係者は多様であるため，利益調整役としての管財人の役割は，相対する関係者や場面によって異なる複雑なものとなります。

野村　ひと言で管財人といっても，時と場合によって，いろいろな役割を果たさなければならないということですね。

髙松　おっしゃるとおりです。管財人は，あるときは債権者の利益の代表者的役割を果たし，別の場面では破産者の地位の承継者・破産財団の代表者的役割を果たし，また別の場面では第三者的立場となり，場合によっては経済社会を平穏に保つための社会的役割も果たさなければならないと思います。管財人はそれぞれの場面に応じて適切な役割を果たさなければならないため，個々の事務処理能力だけでなく，大局的な視点，つまり事件全体を見通して，関係者全員の利益を上手に調整していく能力が必要となります。今回の座談会で何度か出てきている「バランス感覚」がとても大事になります。

---

*1　法人破産申立て実践マニュアル8頁以下参照。

財団増殖と他の利益のバランス

野村　債権者の利益の代表者的役割の点で、管財人は、財団の増殖を図り、債権者にできるだけ多くの配当を実施するということが大切な任務であることはもちろんです。しかし、これは絶対的なテーゼなのでしょうか。

籠池　財団の増殖にファーストプライオリティを置いてしまうと、公平性、適正性を置き去りにして、間違いを起こしてしまうおそれがありますよね。

石岡　以前は、裁判所も含めて、破産財団をできるだけ増殖させることが大事で、そのため支出もできるだけ節約すべき、という雰囲気の時代があったと思います。しかし、今はそういう時代ではありません。コンプライアンスが求められる時代です。ですから、経費をかけてでも、きちんとした処理をすることが求められると思います。回収の面でも、他の利害関係人の正当な権利を害してまで財団増殖を図るというのは、破産管財人として相当な行為とはいえないように思います。

髙松　適正な換価行為と行き過ぎた換価行為の見極めが大事ですし、管財人は、常にそういう意識をもって業務にあたる必要がありますね。そして、換価業務に限らず、管財人は、細かい処理や細かい点にこだわりすぎずに、大局的な視点で業務を遂行することが大事だと思います。

久米　おっしゃるとおりだと思います。「メリハリをつけて事案を適切に取捨選択すること」がとても重要なことだと思います。

石岡　破産管財人には責任がありますが、権限もあります。しかし、この権限を過信してはいけないと思います。あくまでも、多数の利害関係人が存在し、いろんな利害が絡み合っている中で、それらの調整を図りながら清算業務を進めるという認識が必要だと思います。

中川　少し話がそれますが、以前、高知の金融機関の方と話をしたとき、回収率だけではなく、破産会社の資産処分等に関する相応の調査もしてほしいと言われたことがあります。その金融機関の方は、通常は回収率を優先するだろうが、破産手続の適正性や事案解明も重視しているとね。

債権者との関係

野村　管財人は場面に応じた多様な役割を果たさなければならないということですが、まず、債権者との関係ではいかがでしょうか。

髙松　管財人の役割の中で一番大きなウエイトを占めるのは債権者の利益の確保だと思います。ただ、単なる債権者の代理人ではありませんので、破産者その他の利害関係者の利益も考慮しながら職務を遂行する必要がありますし、債権者間の利益調整を図る必要もあります。場合によっては個々の債権者と対立することもありますし、債権者の利益を犠牲にしてでも破産者その他の関係者の利益を確保する必要もあります。

桶谷　確かに管財人は、換価業務においてはできる限り債権者への配当を多くするよう努力しますが、債権調査において届出債権に異議を述べる場面等では、個々の債権者と対立することになりますね。また、自由財産拡張の場面では、債権者の利益よりも破産者の利益を優先することもあります。同じ事件の中で、同じ当事者に対して、敵にも味方にもなるというのは、通常の弁護士業務にはない特徴ですね。

石川　債権者が破産手続の重要なステークホルダーであることは間違いなく、債権者の利益に配慮するという視点は大切だと思います。他方で自然人の場合、破産者の経済的再生という視点も大切ですし、法人でも債権者以外にもステークホルダーはいます。もっといえば債権者間でも利害対立はあるわけです。一部の債権には法律上のプライオリティが認められていることもありますが、優先順位があるのだからそれに従えば足りるともいい切れません。このような利害調整は正解がなく難しい問題ですが、逆に管財人としてやりがいがあることだと思います。

債権者対応

髙松　債権者の利益確保が管財事件の大きな目的であることは間違いないところです。まずは、債権者の利益確保を念頭に置いて職務を遂行しなければならず、債権者に対しては、できる限り丁寧な対応が求められると思います。ただ、管財人は個々の債権者の利益だけではなく、債権者全体

や他の関係者の利益も考慮しなければならないので，一部の債権者にあまり肩入れしすぎてもいけません。個々の対応の仕方はその場その場で判断するしかありませんが，少なくとも他の債権者や関係者から公平性を疑われないような対応を心がけるべきだと思います。

桶谷　そのあたりは，私もいつも悩んでいるところですし，特に債権者数が多い事件においては悩みが大きくなります。やはり公平性を維持するためには，債権者との間である程度の距離を保つ必要もあると思っています。私は，債権者の対応について悩んだときは，ひとまず「全債権者に同じ対応ができるのか」ということを考えるようにし，特定の債権者に対する特別サービスと思われないようにと考えています。

髙松　債権者集会に出席しなかった債権者から，求めがあれば集会で配付した資料を提供していますが（→379頁），集会の内容や換価状況を事細かく尋ねられたり，配当に関する意見を書面でいただきたい等と言われたりすると，数十人あるいは数百人の債権者から同じことを言われたら対応できるかと考えます。

石川　旧法下になりますが，東京地裁で始めた少額管財制度について園尾隆司裁判官の「債権者には情報を配当するのだ」という言葉に感銘を受けたことがあります（→273頁，314頁）。なので債権者に対する情報開示についてはできるだけ応じるように心がけています。他方で，集会に出席しないで電話で事細かく聞いてくる債権者に対して対応する必要があるかといわれれば疑問もありますね。桶谷さんの特定の債権者に対する特別なサービスと思われないようにという意見には共感できます。もっとも個別の事案においては特定の債権者に対して他の債権者にはないような情報提供をしたほうが事件がスムーズに進行する場合もあることも否定できません。ここもまさに管財人のバランス感覚が問われるところだと思います。

石岡　管財人の報酬は，最終的には債権者への配当原資から出ているわけです。ですので，債権者からもらっているともいえるのです。この点は意識する必要があると思います。私は，債権者からの情報提供の求めに対しては，できるだけ応えてあげるようにしています。

破産管財人の善管注意義務

野村　次に,一歩進んで,申立代理人の義務・責任はよく問題になりますが,破産管財人の善管注意義務(85条1項)については,どのように考えますか。

籠池　管財人の清算業務に関していえば,適正性や公平性,そして債権者の経済的利益の確保が求められる一方で,近時の破産手続においては,迅速性も強く求められているように思います。しかしながら,迅速性を優先しすぎて,適正な換価を怠ると今度は善管注意義務違反を問われかねません。適正な換価行為と迅速な手続遂行との調整がとても重要になってくると思います。また,先ほどから出ているとおり,財団増殖第一主義であってはならず,換価業務も管財事件全体のバランスを見ながら適切に処理していくことが重要だと思います。

髙松　善管注意義務違反が認められると,その損害賠償請求権は,「破産財団に関し破産管財人がした行為によって生じた請求権」(148条1項4号)となりますから,財団債権にもなりますし,さらには,破産管財人個人が損害賠償義務を負うことになりますので(85条2項),厳しい話です。

担保価値維持義務

石岡　破産管財人の善管注意義務が問われた最判の事案*2などは,考えさせられますね。管財人としては,財団増殖のためと思ってやったことなのでしょうが,いかにもバランスを欠いた行為だと思います。その他,下級審裁判例でも,管財人としてここまでやるかと思うような事例*3が最近見受けられますね。気をつけたいと思います。

---

*2　最判平成18・12・21判タ1235号(2007年)148頁は,破産管財人が破産者を賃借人とする建物賃貸借の賃料等をあえて支払わず,敷金に充当する処理をして破産財団の増殖を図ったことが,敷金返還請求権に質権の設定をしていた質権者との関係で,目的債権の担保価値維持義務に違反するとして,破産財団には不当利得が成立するとしました(ただし,管財人の善管注意義務違反は否定)。

*3　札幌高判平成24・2・17金法1965号(2013年)130頁は,破産管財人が自ら不動産の任意売却を実施したにもかかわらず,別除権者から不足額確定報告書の提出がないとして,別除権者に対し何らの対応をしないまま,当該債権を除斥して配当を実施した事案について,管財人の善管注意義務違反を認めました。

野村 最判の事案は、賃料を支払うだけの財団があるのに、あえて賃料を支払わず敷金に充当させたという事案ですね。皆さん、どう考えますか。

髙松 個人的には、この管財人は、財団増殖のために頑張ったのだろうなと思います。結果として、敷金の質権者の権利を害したと判断されましたが、微妙な判断だったと思います。この事案では、一般の破産債権者の利益確保の役割と破産者の承継人としての立場と担保権者の利益が絡み合い、その利益調整を慎重に判断する必要があったわけですが、判断に迷う場面では、管財人は一歩引いて全体の利益を見通しながら考えることが大事なのだろうと思います。

中川 しかし、財団に十分な現金があるにもかかわらず、あえて賃料を払わずに敷金に充当、ということを普通やりますか。

籠池 どうせ質権者に持っていかれるのであれば、財団増殖を目指そうと考える管財人はそれなりにいると思いますね。この事案のような方法が相当であるとは思いませんが、破産手続上、担保権者は優遇されているので、少し譲歩してもらえないかという議論はあってもよいと思います。

石川 結論は仕方ないが、管財人が担保価値維持義務を負うという理屈は賛成できないというのが平成18年最判に対する意見です。破産管財人のスタンスに立って考えた場合に、当該管財人の行為をすべて否定するのは躊躇しますね。一般債権者に配当するために権利の強い債権者に譲歩してもらうという発想は間違っていないように思うのです。ただし、債権には法律上のプライオリティがあるので、その権利を破産管財人の価値観だけで侵害してはダメだとは思いますけど。そこを調整することがまさに管財人に求められている職責ではないでしょうか。

久米 この最判には才口千晴先生の補足意見が付されており、破産管財人の善管注意義務について言及されていますので、熟読する必要がありますね。

担保不足額の確認

野村 札幌高裁の事案は、破産管財人が自分で任意売却を実行しておきながら、別除権者が不足額確定報告書を提出しないことから、配当から除斥した、という事案ですよね。管財人としては、どうすべきだったのでしょうか。

桶谷　実務的には、別除権者が不足額確定報告書を提出するというのが、もはや確立した慣行ですよね。これを提出しない別除権者のミスじゃないのかと思うのですが。

石川　不足額を証明する責任は別除権者にあるわけですから、受戻しの金額を被担保債権にどのように充当したのかは別除権者から情報をもらわないと破産管財人にはわかりませんよね。そうだとすれば、任意売却したのだから破産管財人は不足額を確定できるだろうという考え方は賛成できません。しかし、本件では破産管財人がひと言別除権者に不足額確定報告書を出してくださいと言えば済んだ話ですよね。電話を1本すれば足りることを考えると本件の破産管財人の対応には疑問が残ります。

石岡　これが、私人間の紛争で、依頼者の代理人としての行動であれば、依頼者の利益のために最大限努力するということでよいのでしょう。そのためには、敵失も利用してよいのかもしれません。しかし、破産管財人はそういう立場ではありません。この意味では、職権主義的といいますか、本来あるべき姿に落ち着かせる、ということを心がけるべきと思います。

野村　担保権者の権利との調整の問題は、悩ましいものがありますね。ただ財団増殖を最優先に考えるのではなく、担保権者を含めた利害関係人の利益に配慮しつつ清算業務を行わなければならないということですね。

破産者の経済的再生を図る役割

野村　ところで、先ほど管財人には破産者の再生の機会を確保する役割があるという話が出ましたが、この点については皆さんどのように考えますか。

石岡　破産法第1条に、目的として「債務者について経済生活の再生の機会の確保を図ること」が掲げられていることを忘れてはいけないと思います。

中川　管財人は、破産者が相応の生活を維持できるように自由財産の範囲拡張に関して適切な意見を述べ、免責についても、破産者の経済的再生を念頭に置いて、適切な意見を述べる必要があると思いますね。

石川　この点、破産者の経済的再生は本来申立代理人の役割ですよね。まずは、申立代理人が頑張るのが基本です。他方で、本人申立ての場合や申立代理人が見落としている場合は、公正中立という本来の立ち位置を踏み外

さない範囲で管財人が破産者の経済的再生のためにアドバイスすることは必要だと思っていますし、実際、アドバイスをしたことがあります。

久米　例えば、免責調査においては、免責不許可事由があっても、誠実な破産者に対しては、破産者の非を単に追及していくのではなく、裁量免責の方向に誘導していくことも大事なのではないでしょうか（→272頁）。

髙松　自由財産拡張であれ免責であれ、本来認められそうにないものを無理矢理認めてやるというのは管財人として行き過ぎだと思いますし、他の関係者の利益を侵害する可能性もあると思いますが、普通にやれば認められそうなものについて、指導や助言を行うことはむしろ破産法の趣旨に沿うものですよね。ただ、債権者の利益確保の場面で破産者その他の関係者の利益を忘れてはならないように、破産者の利益を確保する場面においては、債権者等の利益の確保も忘れてはならないと思います。

石岡　例えば、公租公課についても、破産財団で負担すべきものかどうか見解が分かれるものがあります。これも、財団増殖が最優先だと、できるだけ財団が負担しない方向で考えがちです。しかし、個人の場合、財団で負担しないとなると、非免責債権として破産者個人の負担になることが多いでしょう。それでよいのか。それで、破産者の経済的更生はできるのか、との点にも配慮すべきだと思います。

破産管財人の社会的責任

野村　そのほか、破産管財人の社会的責任ということもいわれますね。この点について、皆さん、どのように考えますか。

石岡　先ほど述べた点と関連しますが、破産管財人は法人の清算を行う公的機関として選任されている以上、公益性があり、社会的責任を負っている立場にあると思います。その清算過程で社会的な要請から破産管財人に一定の措置を講ずることが求められることはやむを得ないものと思いますね。廃棄物や危険物等、近隣住民に危害を及ぼす可能性があるという場合が典型です。このような場合、債権者への配当よりも、社会的要請のほうを優先せざるを得ないと思います。

野村　例えば、産業廃棄物の処理などは、どうされていますか。

髙松　産業廃棄物やPCBなど，環境に影響を及ぼすような危険物がある場合，何より優先して処理する必要がありますね。この点，破産管財人が産業廃棄物の排出事業者責任を負うかどうかが争われた裁判例[*4]もありますので，「排出事業者」に該当するか否かは別にして，少なくとも管財人は，法令に従った適切な処理をすることが必要ですね。

石岡　私は，PCB含有が疑われるようなものがある場合，費用をかけても，できるだけ検査するようにしています。

桶谷　ちょっと違いますが，北国は雪害についても注意する必要がありますね。

野村　確かに，雪の問題は大変ですよね。以前，野村さんは不動産の放棄の時期は年末が検討時期というけれど，北国では違うよと指摘を受けました。

石川　私は，「社会的責任」という広範で曖昧な概念で重い責任を負わせられることには強い違和感があります。PCBや廃棄物について被害が出ないようにあるいは損害が拡大しないように努力するのは当然でしょう。他方で，管財人ができることは破産財団の規模等に左右されます。20万円の予納金しかない事件で一体管財人に何を求めるのでしょうか。行政に引き継げと言いますが，そんな簡単にわかりました，引き継ぎますと言ってくれるのでしょうか。あるいは一度は行政に直談判に行かなければならないのでしょうか。「社会的責任論」という言葉を使って法的義務が導かれることを危惧しています。

髙松　私の感覚では，管財人は，社会的責任を完全に全うしなければならないというわけではなく，社会的責任も無視できないという認識です。そして，破産会社の清算を実行するのは破産管財人しかいないわけですので，破産管財人としてできる範囲でやる，ということではないでしょうか。

野村　皆さんがおっしゃるとおり，管財人は単なる私人ではなく，債権者や破産者のみならず公益確保の役割も担う立場ですので，大きな視点と繊細な思考を交えながら，公平な業務を心がけることが大事ですね。

[*4]　岐阜地判平成24・2・1判時2143号（2012年）113頁参照。

② 破産管財人の心構え

破産管財人の心構え十箇条

野村　「破産管財人の役割とは」(→303頁)を見てきましたが，破産管財人の活動を検討するにあたり，破産管財人の心構えを見ておきたいと思います。冒頭の「感覚の共有」(→16頁)や既にいろいろな箇所にちりばめられていますが，ここでも最初にとっかかりとして，私が『倒産法を知ろう』の中で書いた「破産管財人の心構え十箇条」をお示ししますね[1]。中でも，私自身は，バランス感覚が大切だと思っております[2]。

一，事件の見極めをすべし
一，速やかに着手すべし
一，スケジュール管理すべし
一，公平，公正を旨とし，バランスよく処理すべし
一，優先順位に注意すべし
一，債権者，利害関係人には丁寧に応対すべし
一，拙速な処理にならないよう，必要に応じてじっくりとやるべし
一，報・連・相すべし
一，細心の注意で検討し，大胆に決断すべし
一，手続上のミスがないよう，チェックすべし

破産管財人の心構え

桶谷　弁護士の仕事には依頼人がいて，依頼人の意向に沿って仕事をしなければなりません。でも，破産管財人には依頼人がいないといわれます。自分の判断で仕事ができますが，破産管財人はいわば「国家機関」です。その権限行使と判断は，常に慎重であるべきと心がけています。

髙松　管財人は，事件全体を総合的に見て，ありとあらゆる所に目を配りながら，最良の解決へ導く必要があると思っています。破産者の経済的再生，

---
[1] 倒産法を知ろう290頁参照。
[2] 破産管財実践マニュアル672頁でも，バランス感覚が大切と指摘しています。

債権者及び関係者の利益，民事・執行・労働・家事・刑事その他各種法律等の駆使，関係士業や業者との連携，利害関係者との交渉，監督者である裁判所の視点，管財人代理や事務員の業務状況の管理・監督等を総合的に考慮ないし判断しながら，業務を遂行しなければなりません。管財人は何度やっても緊張の連続ですが，あまり考えすぎても前に進みません。最後は「細心かつ大胆」という言葉に尽きると思います。

野村　「細心かつ大胆」のところは，「破産法や関係法令，判例，運用等を踏まえて慎重に検討を重ね，すわりがよく，説明がつくよう，最後は大胆に決断しましょう」と書きました。

髙松　理論と実務の調和ですね。悩みながら落ち着かせているわけですが。

八木　管財業務は，他の業務と比べても，初動が大事と考えています。管財人の打診を受けてから開始決定までが，私にとっては一番大事な時間です。特に，密行型や事業停止から間もない事案では，一部でも事業として生かせる部分がないかを考えます。開始決定までにやるべきことを抽出し，開始決定後の日程調整や事務局への対応指示を行います。開始決定を受けたら，新たに得られた情報によって方針を修正しつつ，やるべきことを淡々と進めていきます。管財人打診の時から準備を進めて上に登っていき，開始決定と同時に滑り降りるジェットコースターのイメージです。

野村　突然連絡があり，管財事件は始まりますからね。

髙松　そうです。そして，まずは現場から。

石岡　「公平・公正・社会的責任」を意識します。一時期，大規模庁ではスピードが特に重視されていたようですが，私は，早く処理するというよりは，処理の適正さを重視します。ただし，自己保身に重点を置く考えには賛成できません。場合によっては，大局的見地に立って大胆に判断し，行動することが求められると思います。それこそが，倒産事件，特に管財人の業務の醍醐味だと思います。昔，先輩から「管財人には責任もあるが，権限もある」と言われたことがあります。

久米　八木さんの「初動の大切さ」，石岡さんの「公平・公正・社会的責任」，いずれも非常に大切だと思います。その上で，優先順位の切り分けを行って，取捨選択することも大切だと思います。誤解を恐れずにいえば，

「重箱の隅をつつかず，片目をつぶる勇気」も必要だと思います。これは高松さんや野村さんの「細心かつ大胆」にも通じることかもしれません。破産事件は法的問題から事実上の問題まで問題の総合デパートのようなもので，だからこそ破産手続に至っているわけです。限られた時間の中でどの問題点を重点的に取り組むか，そのメリハリとバランス感覚が重要だと思います。また，「バランス感覚」には法的なバランス感覚に加えて経済的・倫理的な観点からのバランス感覚も必要ではないかと思います。

野村　学生時代，民事訴訟法の林屋礼二先生の授業で，「公平，公正，迅速，経済」と教わり，受験生時代のノートの最初にも書いていたのですが，破産手続でも同じだなあ，とつくづく思います。単に迅速だけでもよくないし，これらをバランスよく配合して活動することが大切だと思いますね。今回，そのノートを見返してみて，ずっと同じことを考えているのだなあと思った次第です。

河野　「公平，公正，迅速，経済」，すばらしい標語だと思います。破産管財業務は，どうも「迅速」が独り歩きしている感じがして嫌ですね。早けりゃよいという話ではない，ということで，自戒も込めて。

石川　倒産事件に限りませんが，立場の互換性を大切にしています。破産管財人の立場で，破産者の行為や申立代理人の活動を批判したり，否定したりするのは簡単ですが，自分が申立代理人だったら，どうなのか？という視点で考えてほしいですね（→21頁）。その上で，問題ありと考えるのであればそれは管財人の立場で主張してよいと思います。あとは，債権者に対する情報開示です。私が管財事件をやり始めた頃（旧法時代）に東京地裁で少額管財制度が始まりました。財団がなく配当できない事件をどうして管財事件にするのかという問いに当時の園尾隆司裁判官が言った「情報を配当するのだ」という言葉がとても印象に残っています（→273頁，306頁）。ここでいう情報の配当には純粋な情報の提供だけではなく，皆さんが指摘するように公平，公正，適切に事件が処理されたという意味も含まれているのだと思いますので，その点も意識しています。

中川　自分自身が心がけていることは，まずはメリハリと滞留させないことで

す。以前，近弁連の意見交換会で，確か山田さんが「管財業務はたくさんの皿回し」とおっしゃっていたと思いますが，まさにそうだなと思います。具体的にはさっさと財産目録を作って全体を見渡すことかと思います。次に，裁判所との綿密な報・連・相です。結局「管財人のご判断で」といわれることも多いですが，裁判所に伝える中で自分の考えが整理される効果もありますので，最低月1回くらいはコミュニケーションするようにしています。あとは，既に出たとおり，単に財団増殖だけを至上命題にしないことです。破産はみんなが満足できる制度ではないという割り切りもどこかで必要かと思っています。

籠池　そうですね。破産管財人にとってのファーストプライオリティは，破産財団の極大化を図ることではなく，破産法第1条に示されるとおり，利害関係人の権利関係の適切な調整を図り，適正かつ公平な清算を図ることです。破産管財人は，様々な利害関係人の利益に目配りしつつ，公正不偏のスタンスで，無理のない「丸い清算」を目指すことが大事だと思っています。「丸く清算する」は，元ボスの田原睦夫先生の言葉です。

山田　「鬼手仏心」。私は管財人として，財団増殖を目指し，迅速・公平さを重視するほうだと思います。開始決定後，破産者の自宅について「早いと1ヵ月遅くても3ヵ月内にはご自宅を明け渡してくださいね」とさらっと言います。債権者や担保権者に「ダメなものはダメ」と厳しく言うこともあります。甘くない管財人だと思います。しかし，根本として，破産者の置かれた窮境や損失を被って本当に困っている債権者に対する人間としての思いやりは大切なことだと思っています。そうでなければ，破産者が心を開き，債権者が信頼を寄せる，いい管財業務はできないと思います。管財人の手には大きな権限があって，時として「鬼の手」です。「鬼の手」がある以上，「仏心」として債務者や債権者に対する優しい気持ち（少し恰好よすぎますが）が必要だと思います。

野村　もう一ついえば，自分の判断や行動が他の案件に影響しないかと考えることが大切ですね。緩く対応したら，相手方にはそれが当たり前のようになってしまう危険性があるということです。よく考えて行動ですね。

　　　読者の皆さんもいろいろと参考にしていただけたらと思います。

③ 管財業務のスタッフ

管財事件は管財人だけでは進まない

野村　管財業務は，管財人一人ではできないといってよいと思います。管財業務のスタッフと呼ぶべき補助者，専門家の協力が必要ですね。管財業務のスタッフの種類と役割については書いたところを確認いただくとして[*1]，この座談会では具体的な工夫や苦労を話していただきましょう。

桶谷　裁判所が管財人を選任するとき，管財人に就任する弁護士の力量はもちろん，その弁護士が所属する法律事務所の事務職員の力量も含めて判断していると聞いたことがあります。

八木　特に地方では，裁判所書記官が個々の事務所の事務職員の能力を把握しており，事務職員の能力を見て，事件を配点しているという実情があると思います。実際，私がそれなりの管財事件を担当させていただけているのも，事務所に優秀な事務職員を多数抱えていることが評価されていると認識しています。

久米　顔の広いことも管財人にとって重要だと思います。腕のよい専門家を知っていること，ニッチな分野の取扱業者にたどり着けることも，管財人が頼りにされるには重要です。フットワークが軽く，費用についても柔軟に対応していただける専門家の方々がいれば本当にありがたいですね。

髙松　大きな事件になると複数の弁護士でチームを組んで取り組むこともあります。それ自体は別のテーマとして取り上げますが（→412頁），別々の法律事務所に属する弁護士がチームを組んで仕事をする場合，別々の法律事務所に所属する事務職員もチームの一員となりますので，他の事務所の事務職員とのコミュニケーションも大事になってきますね。

桶谷　管財人がすべての業務を行うことを否定的に評価しませんが，業務のアウトソーシングを適切に行うことによって，より迅速に，より的確に管財業務ができます。スタッフの活用を積極的に進めていきたいですね。

＊1　破産管財実践マニュアル57頁以下，70頁以下，QA200問169頁以下参照。

法律事務職員に任せる部分

野村　まず，管財人の事務所内の話として，皆さんは，どのような作業を事務職員にお願いしていますか。

桶谷　弁護士として判断する必要のない作業の多くを事務職員にさせています。例えば，配当手続は配当表の作成から配当実施報告まで任せています。別除権者への配当の可否判断など，ごく限られた部分を除けばルーティーン業務ですので，事務職員に任せるほうが安心です。

久米　基本的には判断を伴わない形式的な部分は事務職員，判断を伴う部分はすべて弁護士が対応しています。債権調査も形式的な部分は事務職員にお任せしますが，実質的な判断は弁護士が行います。

髙松　私も基本的には久米さんと同じですが，多少は判断を伴う仕事もお願いしています。例えば電話対応については，相応の受け答えをしてもらっています。事務職員には申し訳ないと思っていますが，毎日100件以上の問い合わせがあった事件において，的確な電話対応をしてもらい大変助かったことがあります。また，債権認否についても，事務職員がひと通り目を通して問題点や資料不足等を指摘してくれますし，集会資料を含めた各種書類についても，事務職員と共同して作成している感じです。そして私のミスを事前に指摘してくれたりするのが何より助かります。何ものにも代え難い宝だと思っています。

野村　ほんと大切な存在ですね。大事にしたいです。

八木　私は，髙松さんと久米さんの中間でしょうか。新しい判断を事務職員に任せることはありませんが，従来の指示で必然的に結論が出るようなところは，事務職員に暫定的に答えてもらっています。ただ，債権回収に関しては，直接相手方とやりとりすることで回収の可能性の感触を得たいのと，即断をすることが多いことから，すべて私が対応しています。

山田　申立代理人からの資料を引き継ぐ際に弁護士と一緒に立ち合ってもらっています。事件全体を一緒に見渡せるようにするためです。また，事務所の若手の弁護士を管財人代理として選任していますので，管財人である私と若手の弁護士，そして事務職員でチームを組んで対応します。

八木　例えば、開始決定当日の作業としては、管財人口座開設、口座届出、私が作った売掛金請求書に金額等を差し込んで完成させる作業があるほか、債権者からかかってくる電話には、主張内容をファックスなどの書面で送ってもらうように誘導する対応をお願いしています。私は、開始決定直後は、こちらから話したい先としか電話で話さないことが多いです。

髙松　それから、大型事件等の場合には、臨時的に手伝ってくれ、かつ、破産のことをある程度理解している事務職員がいると大変助かります。事務職員に関するネットワークもとても大事だと思います。

野村　それも大切です。事務職員同士も仲よくしておいてもらっていますね。

法律事務職員の指導、育成

野村　では、そのような事務職員の指導や育成はどうしておられますか。

桶谷　管財業務は、事務職員にとっても関心の高い分野です。管財業務に関する事務職員向けの書籍も出版されていますし[*2]、弁護士会で行う管財業務研修は、他の分野に比べても人気が高い研修ですね。

野村　私も10年ほど事務職員向け研修を担当していましたが、皆さん熱心です。

中川　管財業務にはルーティン化できる業務が多いですから、事務職員に任せることのできる分野を増やしていくことができます。一度、一緒に仕事をすると、次回からは事務職員に任せることができます。あまり、指導とか育成というより、一緒に作業する中で覚えてもらっています。

髙松　私も、何か具体的な指導や育成をしているというわけではなく、個々の事件処理を通じて、自然に指導・育成しているという感じです。事務職員も、管財業務に関しては、経験を積むごとにやりがいを感じるようで、経験とともに自ら積極的に関連書籍を手に取るようになります。そういう姿をみると非常に頼もしく思います。

籠池　一方で、事務職員がわからない問題を弁護士に尋ねると「裁判所に聞きなさい」という弁護士がいますね。これは事務職員との協働ではなく、

[*2]　『法律事務職員応用研修テキスト(4)破産管財』（日本弁護士補助職協会、2016年）など。

八木　福井には，そういう弁護士も結構いますが，事務的なことでちょっとイレギュラーなものが生じたときに，弁護士として判断がつきかねることを，事務職員を通して裁判所書記官に聞いていることが多いように思います。事務職員が作業する部分ですので，間に弁護士が入らないほうが却ってスムーズな気もします。書記官からの電話も，事務的な内容だと，私が電話に出ても，担当の事務員さんに代わってくれと言われたりすることもありますよ。

髙松　地方の事務所の事務職員は，破産以外にも様々な業務を抱えていますので，レベルアップもそう簡単なことではありませんが，少しずつでも破産の知識を高めてもらい，担当書記官ともそれなりの会話ができるようになると事務所全体の評価が高くなると思います。

山田　まずは，事務所内の円滑なコミュニケーションです。弁護士間，弁護士・事務職員間，事務職員間いずれも大切です。私はとにかく事務職員に事件の中身や悲喜こもごもの話をするようにしています。事前相談で三者面談があれば，その内容，債務者との打ち合わせをすればその骨子，裁判所と論点をめぐって話し合いがあればその概要を話します。次に，髙松さんの話にもあったようにきちんと調べる癖をつけるよう指導しています。名古屋の書式やマニュアル，野村さんたちの『破産管財実践マニュアル』，『法人破産申立て実践マニュアル』，全倒ネットの『QA200問』等の実務基本書は，事務職員の手に取りやすいところに置いています。よく読んで勉強していますね。

外部スタッフ――士業専門家

野村　では，次は，事務所外で，士業専門家についてですが，腕のよい外部専門家と知り合う工夫はありますか（→151頁，417頁）。

髙松　知り合いの外部専門家がいない場合は，ボスや先輩に頼んで紹介してもらうというのが一番確実ですね。

野村　確かにそれが一番安心ですね。ただ，新規開拓も必要ですよね。

桶谷　税理士に限っていえば，私は，破産会社の税務申告を破産会社の顧問税

理士に依頼するようにしています。ほとんどが初対面の税理士ですが，破産事件を通して，その税理士の説明がわかりやすいか，仕事のスピードがどうかなどがわかります。それをきっかけに，お互いに，仕事を依頼したり，依頼されたりという関係もできますね（→429頁）。

山田　私も複雑な給与計算が必要な場合や，未払賃金立替払制度を利用する際には元破産会社の顧問社会保険労務士の先生にお世話になることがあります。やはり，会社の事情をよくご存じの先生に依頼することができれば，手続もスムーズに進められる印象があります。

中川　ただ，破産財団が乏しい場合，士業専門家に依頼するのは気が引けますよね。

石岡　管財人報酬までなくなってしまうならともかく，専門家に任せられることは任せるほうがよいと思いますよ。登記も税務も専門外の弁護士がするとリスクがありますし。外部専門家への費用について，その額が適正なら，いくら財団が少なくても，裁判所も文句は言いません。

桶谷　私はそのリスクを冒すくらいなら，管財人報酬が減ってもかまわないので，専門家に任せます。私は公認会計士ですので法人税の申告書くらいなら自分で作れますが，管財人として申告書を作ったことはありません。破産財団の乏しい事件でも，裁判所から管財人が自ら申告書を作成してくださいと言われたことはありませんね。

野村　自分も一応対等に話ができるように知識をもった上でお願いし，任せっきりではなく，対話を重ねることで，チェックだけでなく，自分のスキルアップにも繋がると思いますね。

外部スタッフ──買取業者等

野村　信頼できる買取業者等を知っていることも重要ですね。「スタッフ」といってよいのかは人それぞれでしょうが。

桶谷　私は，数社ありますね。ありがたい存在です。

久米　管財業務の経験が豊富な先生にお願いして紹介してもらったり，信頼できる不動産業者から買取業者を紹介してもらったりしますね。買取業者も不動産業者も複数確保しておく必要がありますし，何より経験のある

先生や信頼できる業者からの紹介が一番間違いないと思います。

桶谷　破産した会社が取り扱う商品について自分に全く知識がない場合，破産会社の代表者に同業者の名前や連絡先を教えてもらったり，馴染みの買取業者に知り合いの業者を紹介してもらったりすることもあります。人と人との繋がりを辿っていく原始的な方法ですが。

中川　民事執行の現場で名刺交換して，業者さんと知り合いになっておくことは実践しています。執行官が依頼している業者は信頼できそうですからね。建物明渡しのカギ屋さん，車両引揚げのレッカー屋さんとか。

籠池　逆に，評判のよくない業者の情報も知りたいですよね。

髙松　委員会や研究会後の懇親会に参加するとそういう情報を得られたりしますね。不動産の任意売却に関し，入札を行って落札したのに「やっぱり購入しません」ということを複数回行った業者や名義変更手続をなかなか行わない車買取業者等いろいろあるようですね。

久米　中には対応や処理が杜撰な業者もいると聞くこともありますしね。事案によっては管財人の責任が問われることもありますので，安心できる業者を見つけるというのも我々の仕事の一部でしょう。

山田　以前，懇意な片付け業者の方に，管財人を担当する弁護士の中にはいろいろな人がいて，「お前ら業者だろ！言うことを聞け！」と言わんばかりの人もいるのですよ，という話を聞いたことがあります。管財人が威張っていたら，彼らがいい仕事をしてくれるわけありませんよね。それでは管財業務に影響が出ます。

野村　動産の買取りや明渡し等何でもやってもらえる，「何でも屋さん」の存在もありがたいところです。確保しやすい都市部と確保しにくい地方という面もありますが，近弁連の意見交換会でうまく繋がったということもありましたね。

八木　そうそう，ありましたね。担当した若手弁護士からは，小松陽一郎先生によい業者をご紹介いただき，うまく行ったという話を聞いています。

野村　その意味では，常にアンテナを張り巡らしておくことですね。それはスタッフだけに限らず，何事においてもですね。

④ 財産調査

法人と個人の違い

野村　換価業務の前提となる財産調査について検討します。財産調査のスタンスは，法人と個人で異なりますね。

八木　法人の場合，破産手続開始決定後は破産管財人に全ての財産の管理処分権が移転しますので，法人名義のままで財産を残しておくことに意味がありません。そのため，財産調査にあたっては，開始決定前に，名義変更や偏頗弁済などの方法により，法人の資産が第三者に不当に移転・流出していないか，という観点で調査をすることになろうかと思います。

中川　個人の場合は，それに加えて，破産手続開始決定後も，破産管財人が把握できない形で資産を保持しようとすることがあります。すなわち，個人については，資産の隠匿がないかも調査する必要があります。

法人の財産調査

野村　まずは，法人の財産調査は，どのように進めるべきでしょうか。

桶谷　基本的には決算書や法人税申告書添付の明細書に載っている財産を丁寧に確認するなどして，明細書記載の財産を見落とすことのないようにすることです。

八木　特に，申立代理人が受任してから破産申立てまでの期間が長い事案，申立費用の準備に問題がないのに時間がかかった事案については，注意が必要です。

石岡　法人の場合は帳簿があり，資産の明細があるのが通常ですから，直近の決算書・試算表を確認して，これに載っている資産が実際にあるのか否かを確認することが基本になります。実際には，帳簿上記載されていても現存しないものや，処分済みのものもよく見られます。そして，支払不能前後に不自然な資産の移動等がないか，を調査することになると思います。

久米　帳簿上存在している資産の有無は，本来，申立代理人が説明すべきこと

ですよね。これらについて合理的な理由なく漏れたりしている場合には，何か説明できない事情があったり，適切な確認がなされていない可能性もありますので，注意すべきだと思います。

野村　最初から疑ってかかるというのではなく，本来あるべき資料が提出されているか，説明されるべき事項についてきちんと説明がなされているかを確認するということですね。逆にいえば，申立側としては，これらをきちんと提出・説明するということです（→46頁，197頁）。

帳簿に載っていない財産

野村　帳簿に載っていない財産が見つかることもありますよね。

中川　法人名義の生命保険で，帳簿に資産として計上されていないものが，ときどきあります。その他，銀行口座からの保険料引落し件数よりも自己申告している保険の件数が少なく，他の保険の存在が発覚したこともあります。

山田　保険料を全額損金処理するタイプの保険でしょうね。これは結構あると思います。最近の保険商品には，解約返戻金は結構な金額になるのに，保険料が全額損金算入できるという節税効果を売りにしているものもありますからね。特に，保険料全額一括払いで支払済みのものは，見逃されがちです。

桶谷　前期の決算書に載っていたが，申立直近の期の決算書には載っていない，というものもチェックする必要がありますね[1]。処分の時期が危機時期だと，その代金の使途や行方も確認する必要があります。

危機時期における資産流出

野村　次に，危機時期における資産流出の有無は，皆さん，どのようにして調査していますか。

山田　基本的には，現金出納帳や預金口座の動きを追っていくしかないでしょうね。債権者や従業員から情報を得られることもあります。

---

*1　破産管財実践マニュアル134頁以下参照。

髙松　現金は難しいですね。日々現金が動く会社に関して，現金を抜かれると，それを把握するのは非常にやっかいですね。帳簿を見ても簡単にはわかりませんので，結局，現金を見つけるしかないですね。

八木　預金口座の入出金を丹念に見ていくと，資金繰りのサイクルがわかってくるので，そのサイクルから外れるイレギュラーなものから，調査や確認が必要な資金移動が判明することもありますね[*2]。破産手続が不可避となっている時期に親族従業員にのみ賞与を支給していたことが判明したときは，否認対象行為ということで，任意に戻してもらいました。

野村　会社によっては，事業停止直近の帳簿が作成されていなかったり，そもそも帳簿がきちんと作成されていないこともありますよね。

籠池　その場合は，ある資料から分かる範囲で調べるしかありません。ただ，管財人が解散事業年度の確定申告をするためには，帳簿を作る必要があります（→148頁）。税理士に依頼するなどして，預金通帳等客観的な資料から，ともかく一定のものを作ります。その過程で，不自然な資金の動きがわかることがあります。

石岡　危機時期の資産流出が見つかっても，否認対象となるかについては要件該当性をきちんと検討する必要があります。特に，事業継続中の行為については，債権者（受益者）の支払不能についての悪意の認定が問題になります。非義務行為については悪意の推定があるとはいえ，このあたりは，個々の事例で個別の判断が求められるところと思います。

個人の財産調査

野村　個人（ここでは，非事業者に限定します）の財産調査は，具体的にどのように進めますか。

久米　個人の場合，法人と違って帳簿がありませんから，回送されてくる郵便をチェックしたり，預金通帳の履歴等を丁寧に追うなどして，申立書に記載漏れの資産の有無を調査する，危機時期における資産流出の有無を調査することなどが基本になると思います。

---

*2　破産管財実践マニュアル133頁以下参照。

中川 破産者の申立てに至る経緯からみて，本来あるべきものが記載されていない，説明がない等の場合は，説明を求めます。例えば，手取り収入がかなりあり支払停止から相当期間を経過しているのに，現金がゼロと記載されている等です。

石岡 元公務員で数年前に退職金を受領しているのに，その使途について説明がなく，現預金がゼロとなっているとかですね。

野村 申立書を見ただけで，変だなと思われるようではいけませんね。先ほどと同様ですが，申立代理人のほうできちんと説明をすること，つけることですね（→197頁）。

回送郵便物のチェック

野村 回送郵便物は，法人・個人を問わず有力な情報源ですよね[*3]。

八木 回送郵便からは，株主総会の招集通知や配当金の通知をきっかけに，株式や出資金が見つかることがありますし，課税明細書が届いて不動産が見つかることもあります。それ以外にも，「なぜこんなところから郵便が届くんだろう？」と思って，破産者から話を聞いてみると，「忘れていた」などと言って，資産が見つかってくることがあります。郵便物のチェックは，とても重要だと思います。

久米 そうですね。私も回送郵便物のチェックにより，申立書には記載されていなかった自動車や預貯金，金融資産を発見したことがあります。

財産隠匿が疑われる事案

野村 財産隠匿が疑われる事案では，どのような調査が必要でしょうか。

中川 網羅的な銀行口座の照会や全銀協，JICC，CICの信用情報照会が有効であることが多いですね。信用情報の取得によって破産者が高価な貴金属やブランド品をクレジットで購入していたことが判明したこともありました。

石岡 クレジットで買ったものなら所有権留保物件ではありませんか。破産財

＊3 破産管財実践マニュアル132頁以下参照。

団に属するものではありませんよね。また，ブランド品等も，いったん使ったものだと，どの程度の価値になるのでしょう。

久米　未決済のものであれば石岡さんのおっしゃるとおりだと思います。しかし，既に決済されているものは別ですし，ブランド品も物によっては中古でも一定の価値がつくものもあります。また，これらを処分してしまったというなら，場合によっては免責の問題にもなりかねません。ただ，洋服や着物などは中古になるとほとんど値がつかないことが多いですね。

中川　保険会社，証券会社については，それぞれありそうな会社を10社以上選んで，任意の照会文書を送ります。破産直前に解約され，多額の解約返戻金が隠匿されていたことが発覚した事案もありました。

　車両については，普通自動車は県税事務所に，軽自動車・原付は市町村役場に，課税車両がないか照会しています。

髙松　少し特殊ですが，破産者や関係者の話に食い違いがあったため，資産調査の一環として，破産者及び関係者の審尋（8条2項）を行ったところ，その証言によって，現金の移動に関する重要な情報を得られたことがありました。このときの審尋は，大きな法廷を使って，通常訴訟の証人尋問のようなスタイルで行いましたが，意外に効果があるなと思いました。

石川　債権者から「破産者の住所から離れた場所で配偶者以外との女性と一緒にいた」という目撃情報があったので，目撃情報のあった地域の近隣の市町村やガス会社，電力会社にライフライン（上下水道，ガス，電気）の契約がないか照会したら，自宅とは別にマンションを借りていることがわかった事案があります。見つけられた資産は2〜3万円にすぎませんでしたが。

野村　弁護士会照会制度（弁23条の2）や調査嘱託を利用された方はおられますか。

籠池　弁護士会照会制度（23条照会）は利用したことがあります。自動車検査証（現在事項と履歴事項のいずれも）などを取るためには使えます。

石岡　第三者名義の資産（預金口座も含む）については，弁護士会照会ではなかなか出てこないのではないでしょうかね。

野村　より強力なのは裁判所の調査嘱託ですが。

中川　それに,調査嘱託に無料なのが魅力です。
髙松　ただ,一般的には,第三者名義の資産についての調査嘱託に関しては,裁判所は慎重な姿勢だと思います。それ相応の事情や資料がないと安易には認めてもらえないと思います。
團　唯一の資産といえる不動産が売却された後,多額の代金がどこにいったかわからないという事案で,売買代金,売買決済場所等について,管財人から不動産の買主に対する照会には回答が得られなかったため,裁判所に相談の上で,調査嘱託を行いました。その結果,銀行口座を介した破産会社から代表者個人への資金の流れが把握できたことがあります。
野村　それはうまくいきましたね。
團　裁判所に調査嘱託の相談をする前に,法務局や金融機関への照会等,できる調査は尽くしていました。事前に入念な調査をした上で,申立ての必要性を説明する必要があると思います。

個人の財産調査における配慮

野村　資産隠しが疑われるような場合は,詳しい調査が必要になるのは当然でしょうが,個人の財産調査についての基本的なスタンスについては,いかがでしょうか。
石岡　先ほどから出ているように,個人の場合,法人と違って帳簿がありませんから,本当に資産はこれだけなのか,という問題が常にあります。しかし,だからといって,管財人が網羅的に一から調査する,ということは普通しませんよね。
石川　破産者が財産を隠匿しているのではないか,と疑われる場合には徹底的に調査する必要がありますが,破産者のプライバシーにも配慮が必要であり,申立代理人や破産者の説明を信頼することも大事だと思います。怪しいなという端緒もないのに,破産者が絶対資産を隠しているという前提で,破産管財人の権限をフル活用して網羅的に調査するのはいかがなものかと思います。それでは,破産者や申立代理人との信頼関係も築けないと思います。
籠池　変だなと思ったら,まず本人に聞きますよね。それで,きちんとした説

明がなされて裏付けもあれば，それでよいし，説明もないし裏付けもないという場合には，管財人が直接調査しなければならないことになると思います。

山田 感覚の問題として，僕も先輩から教えてもらった鬼手仏心というのがあります。僕ら管財人というのはポンと通知を出せば，縁がないところでも答えてくれますが，非常に強い武器を持っているということは，逆にそれを使うことには慎重でなければならないと思います。

八木 ただ，隠匿が疑われる場合や申立書類が杜撰で申立代理人の財産把握が不十分だと判断した場合には，網羅的な調査も必要だと思います。

野村 いろんなご意見が出ましたが，個人の場合には，とにかく徹底的に調査すればよいというわけではなく，プライバシーなど法人では問題にならない面での配慮も必要だということですね。

破産者の自宅の確認

野村 個人の資産調査のために，破産者の自宅に行って財産がないかを確認しますか。

桶谷 札幌地裁で使っている着手時の管財業務点検表，1ヵ月前後までに何をしなさいというチェックリストに，自宅に高価品が有る無しの項目があります。行かなくていい場合の例示も札幌地裁の管財マニュアルに書いてありますが，私は全件行きます。

野村 大阪は全部は行かなくていいですよという風にしたんですよ。昔は，全部行って，間取りを書いて，家財道具も全部リストアップしてというのが，私が管財人になった頃の大阪のスタンダードだったんですが，おかしいからそんなのやめようということになりました。

石川 管財人が来るとわかれば，高価品も隠すでしょう。調査としては，ほとんど意味がないと思います。全件で個人の自宅に行くことが，スタンダードとか，管財人としてあるべき姿だというのであれば，それは発想が破産者性悪説，財産隠し犯人説が前提になってしまいます。

桶谷 私は行かないと気持ち悪く感じます。自宅に行って破産者と話をするほうが，管財人の事務所で話を聞くより，多くのことを聞き出せる気がし

ます。

久米　私は，財産隠しが強く疑われる事案や債権者からの情報提供や調査要求がある事案に関しては自宅に行って確認することもあります。ただ「自宅の動産類などを調べさせてください」と直接言うのではなく，例えば，「自宅の任意売却のために必要なので，自宅の確認をさせてくださいね」などという説明をして，任意売却に伴う現地確認の際に併せて状況を確認することもありますね。

八木　福井では，破産管財人が破産者の自宅に上がることはほぼないと思います。絵画や骨とう品などを持っているなど高価な動産があるかもしれない場合には見に行くかもしれませんが，石川さんが指摘したように，普通は隠すでしょうから，財産が見つかるということは考えにくいです。

野村　全国的には，自宅に上がっての財産確認まではしないのが一般的なんでしょうね。個人の財産調査については，法人のような帳簿がないことも多いので，破産者との面談が重要です。特に調査が必要だと判断した場合には，事案にもよりますが，弁護士会照会や調査嘱託も活用して，必要な調査を尽くすことになるわけですね。

【コラム3】キャッチコピー

　昨年（平成28年）12月，本書の企画をスタートするに当たり，執筆者からキャッチコピーを出してもらいました。出た順に並べています。ピンとくるか，人それぞれだと思いますが，思いが表れていると思います。お楽しみください。

　　使えるぞ，破産！　　破産，リアル！　　破産手続の可能性
　　運用，なんとなくをやめる！　　伝えていきたい管財人のスキルとマインド
　　倒産処理の現場は生きているのだ！　　破産手続のみらい
　　走りながら考える破産の現場　　破産実務最前線　　極めよう！破産
　　実務のさらにその先へ　　奥深き破産の世界にようこそ！　　なめるな破産
　　破産実務の全国的な工夫を知ろう！　　これからの破産実務
　　破産手続の積極的利用　　安心してください！みんな悩んでます！
　　だから工夫が必要です　　破産事件のダイナミズム

5 不動産の任意売却

不動産の管理

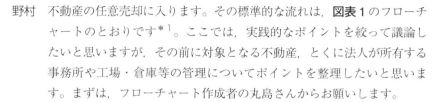

野村　不動産の任意売却に入ります。その標準的な流れは、**図表1**のフローチャートのとおりです[*1]。ここでは、実践的なポイントを絞って議論したいと思いますが、その前に対象となる不動産、とくに法人が所有する事務所や工場・倉庫等の管理についてポイントを整理したいと思います。まずは、フローチャート作成者の丸島さんからお願いします。

丸島　遅くとも開始決定後1週間以内には、現地調査をします。現地調査では、現況や管理状態、機械や在庫商品、フォークリフト等を確認したうえで、現場保全します。現地を調査して、実際に目で見ることによって、その場の「雰囲気」を感じることもできますし、書面ではわからない事情や問題点等がわかることもあります。現場を確認してはじめて防犯上の問題点を発見したこともあります。

山田　警備の契約が切れてしまっていることもありますね。

丸島　機械警備の場合には、電気と電話回線の確保も必要です。また、万が一に備えて、加入済みの保険契約を確認し、破産財団が許せば、破産管財人が新たに盗難保険に加入することも検討できると思います。

山田　私自身、牽連破産により、監督委員から管財人となったケースで、管財人就任後、工場の銅製の配線約600万円相当をごっそりと盗まれました。真っ青になりましたが、管財人就任時に火災保険に加入する際に特約の盗難保険（保険料はわずかです）の保険金が下り、損害は完全に填補され、事なきを得ました。銅線が危ないと聞いたのですが、盗難は他人事ではないなということで保険の重要性を痛感しました。

今井　なお、盗難保険については、コラム（→342頁）で少しまとめてみました。

野村　ありがとうございます。あまり気にしたことがない話題ですね。

丸島　盗難防止という意味では、告示書の掲示もケース・バイ・ケースだと思

[*1]　詳細は、破産管財実践マニュアル180頁以下参照。

図表 1 　不動産の任意売却の流れ

1．任意売却の準備
- □ 物件の権利関係と現状の把握・物件の管理
  ※ 個人宅の場合，明渡済みか否かを確認して明渡未了であれば退去時期を調整
- □ 市場価格の把握
- □ 担保権者の意向確認と売出価格の設定

2．買受希望者の募集
- □ 仲介業者を入れた募集，入札方式，管財人が直接買受希望者を募集する方法など
- □ 買受希望者の選定，売却価格の決定

3．配分表の作成
- □ 財団組入額（5％～10％程度を目安に）
- □ 担保権者への配分見込み額
- □ 売主側の登記費用　　□ 固定資産税　　□ 仲介手数料等

4．担保権者等との交渉
- □ 第1順位の担保権者や，後順位抵当権者・公租公課庁との協議・交渉
- □ 仮差押債権者への対応

5．売買契約書の作成・締結
- □ 現状有姿　　　　　　□ 公簿取引　　　　□ 境界確認義務免除
- □ 瑕疵担保責任免責　　□ 反社条項
- □ 裁判所の許可を停止条件　□ 手付金に関する取扱いなど
- □ 契約の締結時期・決済日時の調整

6．破産裁判所に対する許可申請
- □ 買受人選定の合理性，売買価格の相当性，配分の妥当性等を疎明

7．決済
- □ 必要書類の用意と持参書類等の事前確認
- □ 配分表と照合しながら，金銭授受，書面授受に脱漏がないか確認

8．任意売却後の処理
- □ 裁判所への報告，仮差押登記が残った場合にはその抹消手続

います。告示書は，常駐者不在を宣言しているようなもので，泥棒を招くという意見もあります。

買受希望者の募集

野村　買受希望者の募集にあたっては，不動産の売り仲介を入れるか，それとも管財人が直接買受希望者を募集するかが，まず問題となりますね。

山田　不動産の任意売却の方法については，弁護士ごとに様々なやり方があります。私は，入札を実施する場合は不動産の売り仲介は原則入れない，担保権者との交渉は管財人が担当し配分表も管財人が作成する，売買契約書は管財人が作成することが多いが買受希望者の仲介業者のひな型に従うこともある，売買契約の締結と決済は同時にする，というのを一つの私の型としてもっています。

久米　私の場合，売り仲介を入れることが多いですね。仲介手数料は売買代金から支払われるので，最終的に抵当権者の了解を得て適正な仲介手数料を支払い，その上で適正な額の財団組入額が確保できれば財団形成の上で問題はないと思います。売り仲介の業者にがんばってもらって少しでも高く売却できれば，財団の形成に資するともいえます。

石岡　優良物件で，管財人が黙っていても買い手がつく場合もありますが，地方では多くの場合そうではありません。管財人が買い手を探さなければならない場合に，仲介業者を使用することは当然と思います。

久米　ただ，私自身は原則として両手仲介（売主・買主両方から仲介手数料をもらうこと）は認めていません。もちろん，例外はありますが。

石岡　私も昔は抵抗があってがんばっていたのですが，売買代金から控除するということは担保権者が負担するということですから，今は担保権者が異議を唱えないなら許容しています。

野村　さて，話は変わりますが，不動産売却にあたっては反社会的勢力の排除も重要な問題ですね。皆さんはどのような工夫をされていますか。

八木　反社会的勢力に売却しないために，入札案内に反社会的勢力排除の旨を入れて契約書にも暴排条項を入れています。暴排条項に基づく解除の場合には代金全額を違約金としているので代金は返還しません。

山田　反社会的勢力の購入が予想された事案で，入札案内に現金一括払いを拒否する条項を設けました。融資があれば金融機関の反社会的勢力のチェックがあるので反社会的勢力の入札を防ぐことができたと思います。

入札方式のやり方

野村　入札方式の場合，①管財人を窓口にするか，②開札を公開するか，③入札保証金を差し入れてもらうかなどがポイントとなりますね。

山田　私は，管財人である自分が窓口となります。手間はかかりますが，かといってどこかの業者に仕切らせるのは私自身は躊躇するところがあります[*2]。また，公平性の担保のために，開札は公開します。開札の公開により，不動産仲介業者に「今回は買受けできなかったが次回はがんばろう」と思ってもらえるからです。入札保証金についてはより多くの業者に参加してもらいたい，入札によって先方に付与するのは売買に関する優先交渉権であると考え，ネガティブでした。しかし，高額物件のケースで最高価買受希望者が売買を辞退したため，次順位の買受希望者と交渉し契約締結に至ったというケースもありましたので，ケースに応じて適切に判断する必要があると思いました。

八木　私も売り仲介は依頼しませんが，入札要綱をある程度の数の不動産業者にファックスで案内しています。第三者への売却の場合には，短期間でトラブルなく公平に機会を与えて売却しなければならないので，入札要綱の作成には細心の注意を払う必要があります。特に，建物内動産の売却をする場合には動産と不動産の範囲の切り分けが重要です。入札保証金の受領はしていませんが，最高額入札者が辞退した場合の違約金条項は入れています。暴排条項については，先ほど申し上げたとおりです。入札後にトラブルが生じることがないように，担保権者には入札要綱の内容を見てもらうほか，財団組入率を一義的に決めておく必要があります。初めて入札方式を採用する際には，入札要綱の例を参考にしたり[*3]，経験のある弁護士に留意すべき点を聞いておくなどするとよいと思い

---

*2　財産換価105頁参照。
*3　破産管財実践マニュアル608頁参照。

ます。
髙松　入札要綱には，落札イコール売却ではなく，裁判所の許可や担保権者の同意が必要であることを明記しておくことも重要だと思います。
野村　入札に関連して，「失敗した」ないしは「危うく失敗しそうだった」というような経験のある方はおられますか。
森　不動産入札を実施して裁判所の許可を得た後に最高価買受人からキャンセルされてしまいました。入札保証金や違約金を定めていなかったため，手間と時間をかけたのが無駄になり，2番手に売ろうとしましたが，いろいろあって痺れをきらした抵当権者が競売申立てに至り，財団増殖の機会を逃してしまいました。入札で最高価をつけたので何としてもほしいのだろうという先入観が失敗のもとでした。

不人気物件を任意売却するための工夫

石川　買受希望者の募集を巡る議論についてひとこと言いたいのは，売れる物件をより高く売る方法ではなく，実際には，人気のない物件をどのようにして売るのかが大きな問題だということですね。
石岡　不動産の売却のしやすさは地域差が大きいですね。青森ではなかなか売れない物件が多いです。雪下ろしや雪解けを待っての現地見分などの「雪問題」もありますし，空き家問題もたくさんあります。
久米　兵庫では神戸市内など都市部はまだしも郡部に行けばなかなか売れませんね。農地や山林はかなり絶望的です（→348頁）。
八木　地方では，自宅などは親族に，田んぼや畑は隣地所有者にあたることが重要だと思います。隣地所有者に直接接触を図ると買ってもらえることもそれなりにあります。不動産を売るためには，とにかく自分の目で現場を見なければいけないと思います。
野村　そうした不人気物件の任意売却のコツはありますか。
久米　基本的には地道にやるしかないと思います。早期に募集活動に入り，不動産業者にもお願いし，広告等の宣伝活動をして，近隣の人にも声掛けをするなど地道な活動が大切だと思います。また，弁護士も，日頃から不動産市場の動向にも注意を向けておくことも大切ですね。

石岡　管財人が一人でできることには限度があります。人の力を借りることです。小さい物件でもこまめに動いてくれる，フットワークの軽い業者もいますよね。こういう業者を見つけておくことは大事だと思います。

河野　普通なら売却困難な物件を何とか買い手を見つけてくる，そういう仲介業者とつながっておくことが管財業務をやるにあたって結構重要ではないかと感じています。

鈴木　不人気物件に限る話ではありませんが，買受希望者の募集だけでなく，売り方も含めて，何ごとも仲介業者任せにせず，管財人で工夫することが重要だと思います。そのためには，やはり現地の確認や破産者からの聴取*4 も有益ですね。

担保権者等との交渉

野村　先ほど山田さんから，弁護士ごとに様々な不動産の任意売却の方法があるとのお話がありましたが，担保権者等との交渉と配分表の作成は管財人が担当するのが当然だと思っていました。これを不動産業者に任せてしまう管財人がいるとの話も聞きますね。

八木　管財人がすべきです。とくに担保権者との財団組入れを巡る交渉は重要で，管財人の腕の見せどころです。管財人が直接担保権者と交渉しなければ，いつまでたっても金融機関との交渉はうまくなりません。

石岡　配分表を管財人が作成しない，とは考えられないですね。

野村　担保権者の説得ができなかった事案はありますか。

中川　ある金融機関が任意売却に応じず競売申立てをしてきて，任意売却に応じない理由を尋ねたら，「昔，株主総会でなぜこの金額で任意売却に応じたのかと責められたので，以後，担保物件は満額回収でない限り競売処分に一本化した」ということを言われたこともあります。

野村　担保権者はすでに担保不動産競売の申立てを決断した後だから，という

---

*4　これによって破産法78条6項の意見聴取も兼ねることができる場合があります。売却しやすい物件でも，動産等と一体で売却すべきか，若干費用をかけて売りやすくしてから売却するのか，同業者が購入するメリットがあるのか，賃貸関係やライバル関係から他の業者に買われたくない相手がいるのか，近隣でこの不動産が利用できそうな者がいそうか，この不動産を活かす経済的メリットがある相手はいないか，についての情報が得られることもあります。

のがあるのでしょうね。

石岡　地銀とかですと，自己査定額よりも低い金額で任意売却に応じるというのはなかなか難しく，担当者レベルではこの金額で売るのは難しいとわかっていても，行内決済を通すには一度競売を経なければならないということがよくあります。

久米　兵庫県でも一部の金融機関で基本的に任意売却には応じてくれないところがあります。競売になってからも話を継続して売却基準価額が出てから初めて話し合いに応じてくれたこともあります。

八木　私は，開始決定が出て管財人になったらすぐに，担保権者にいくらくらいで査定しているかと聞いて，担保権者の評価があまりに高い場合は，そんな金額で任意売却するのは無理だから早く競売をやってくれと言います。競売で評価額が出たときが一つの任意売却のタイミングです。そのタイミングを破産手続中に間に合わせるためには，早く競売手続を申し立ててもらう必要があるので，こちらから催促して，競売を走らせておいて任意売却にもっていくようにしています。

近時の不動産競売の実情と担保権者の対応

石川　今までは，競売の評価額が出たら任意売却に応じてくれることが多かったのですが，最近は，それでも応じてくれない金融機関が増えてきたと思います。

髙松　最近の競売では，競売の売却基準価額よりも，かなり高額で落札されることがあるんですよね。知り合いの不動産鑑定士からも，この物件は基準価額の2倍，3倍で売れる，という話を聞くことがあります。

山田　私も，金融機関の担当者から，競売の結果が悪くないということを聞きました。競売物件を購入することに対する社会のアレルギーも減っているし，不動産競売物件情報サイト（BIT）で情報を広く浸透させ広く募るのでいい買い手が見つかる可能性が高い，また，財団組入れもない，と。我々は，任意売却のほうが競売よりも有利な価格で売却できるという認識ですが，最近は，必ずしもそうではないという可能性もあります。

野村　その点は大阪でもいわれていて，競落率も高いし，価格も高い。問題物

件だと思っていても複数の札が入っていい価格がつく場合もあります。だから担保権者のほうが担保不動産競売で行くと決めてしまっていたら，任意売却は難しいかもしれませんね。

八木　私の担当案件でも，大阪の投資用マンションでしたが，開始決定直後の最初の連絡の際に，任意売却の話をしたところ，任意売却自体をその場で断ってきた金融機関もありました。

財団組入額

野村　財団組入額は，登記費用や仲介手数料等の諸経費を除いて，売却価額の5パーセント以上と裁判所は指導しており，弁護士の間では概ねのコンセンサスを得ていると思います。しかし，3パーセントでやむを得ない時もある，いや10パーセントは確保すべきだ，という議論もあります。

山田　財団組入額については，一律のパーセンテージでは論じられないと思います。例えば，高額物件の売却価格5億円の5パーセント，2500万円の財団組入れはいいところかもしれませんが，苦労して売却した人気のない物件の売却価額300万円の場合，5パーセントの15万円では物足りません。10パーセントの30万円くらい確保したいですね。また，管財人が売り仲介も入れずに手間をかけて売却した場合と，売り仲介を入れた場合とは異なるはずです。担保権者が，売りの仲介手数料を負担しなくてよいわけですから，その分財団組入額を増額してほしいところです。

八木　場当たり的な対応では，金融機関との交渉に負けてしまいます。はっきりした目安があるとよいと思います。私は，最初の連絡の際に，私が全部仕切って金融機関がハンコを押すだけなら10パーセント，金融機関が全部お膳立てして私がハンコを押すだけなら5パーセント，双方で協力したらその間で協議しましょう，仲介手数料はかからないようにしますから，と伝えています。任意売却の前提条件であることを明確にするために，この点は，ファックスで送るようにしています。

髙松　他県のある裁判所では，財団組入率を売却価額の5パーセントとしたうえ，別除権者に応じてもらえない場合には放棄も検討するとの方針をとっていると聞いています。

石川 仲介業者が何とか買い手を見つけてきたが，売買価格の点で担保権者の了解が得られず，やむなく財団放棄したということが結構あります。しかし，財団組入額が折り合わず，財団放棄したという事例はありませんし，聞いたこともありません。

籠池 財団組入額にどこかで折り合っているのでしょうね。しかし，個々の案件で管財人が安易に財団組入額を引き下げれば，トータルとして管財人の業務に悪影響を及ぼすことには留意が必要です。

担保権消滅請求制度の利用

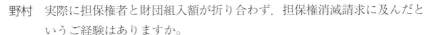

野村 実際に担保権者と財団組入額が折り合わず，担保権消滅請求に及んだというご経験はありますか。

中川 担保権消滅請求については，以前，3番抵当権者が満額回収しないと解除しないというおかしなことを言っていたので，担保権消滅請求も辞さないという姿勢を示して，折れてもらったことがありますが，実際に申立てにまで及んだことはありません。

籠池 私自身は経験ありませんが，担保権消滅請求については，結局のところ実際には利用せずに，利用を示唆して担保権者に譲歩させるという利用方法が一般的だと思います。

久米 神戸地裁でも管財人等協議会で毎年担保権消滅制度の利用状況の報告がありますが，本庁・各支部ともゼロという回答がほとんどですね。なかなか利用実績はないようです。

山田 担保権消滅制度を実際に利用するとなると3ヵ月程度の期間がかかりますし，なかなかその期間を待ってくれる買主を見つけるのも大変だと思います。特に第1順位の抵当権者が高額な売却金額に固執する場合については，さっさと競売申立てをしてもらえばよいので，それにもかかわらず，担保権消滅手続を利用するのはかなり場面が限られるのではないでしょうか。

八木 担保権消滅請求だと買主がいったんお金を入れないといけないという問題もあります。民事再生の担保権消滅請求は，中止命令をからませてできるのですけど，破産の場合は，最終，競売を申し立てられたら飛んで

しまうので、利用しづらいと感じています。
髙松　担保権消滅制度については、そういう方法があるということを担保権者に意識させて、管財人と担保権者のスムーズな協議を促進するというのが実務的な利用方法ですね*5。
野村　後順位が高額の担保解除料を要求している事案で、担保権消滅請求をしようと準備していたのですが、結局、先順位の担保権者が後順位の要求を飲んでしまったので、やりませんでした。担保解除料が安くなるというのが目指していた方向性でしたが、後順位がふっかけても１番が応じてしまうこともある。その場合は、財団組入れに影響しないのですよね。１番が自身が返済を受ける金額を減額する形で譲歩して終わりなので。

差押え等をした公租公課庁への対応

野村　公租公課庁が不動産を差押えや参加差押えをしており、管財人が差押え等の登記の解除の交渉をしても、公租公課庁がなかなかこれに応じない場合がありますね。公組公課庁による差押え対策はいかがでしょうか。
石岡　担保の余剰がないのに、がんばる公租公課庁は頭が痛い問題ですね。何とかその差押え等を無効化する方法がないかと思いますが。
髙松　無益な差押えは禁止されていますし（税徴48条２項）、無益な差押えは解除しなければならないとされています（同79条）。これを武器に公租公課庁と協議するしかないですね。これまで何度も苦労したことがあります。
八木　公租公課庁による差押えと担保権の優劣は、当該担保権が法定納期限前に設定されたものか否かで決まりますが、破産法における債権の優劣を考えると、公租公課庁の請求債権が財団債権であれば支払うのもやむなしと思いますが、優先的破産債権だったりすると相当抵抗があります。
久米　確かに、無益な差押えは禁止されていますが、「差押えの対象となる財産の価額がその差押えに係る滞納処分費及び徴収すべき税に優先する他の税金その他の債権額の合計額を超える見込みのないことが一見して明らかでない限り、直ちに当該差押えが違法となるものではない」と

---

*5　注釈下269頁、運用と書式158頁、破産管財実践マニュアル212頁参照。

いう高裁の裁判例がありますね[*6]。実際も差押えをした公租公課庁との交渉はなかなか難しいですね。

野村　差押解除料だけでなく、任意売却が成功した場合に、財団債権等で破産財団から優先回収できることも合わせ技で考慮してもらうとよいですね[*7]。

不動産の売買契約締結と決済

野村　最後になりますが、売買契約締結と決済について、留意すべき事項があれば簡単に整理しておきましょう。

山田　売買契約締結日と決済日は、同時にすることが多いです。買受人を決定すれば、担保権者とは事前に調整はできているので、あとは裁判所の許可申請をとるだけです。スピーディに処理できますので、両者を分ける必要性を感じません。また、契約締結をした以上、確実に売買代金を確保したいからです。

野村　その点は、場合によりますね。先に手付金をもらって契約を先行する場合もあります。買主に逃げられないようにする点もありますし、買主側が融資を受ける場合には、先に売買契約書の締結を求められますね。
　　　では、決済場所や決済日の設定についての留意点はありますか。

山田　決済場所は、買主が希望する金融機関の場合が多いです。買主が融資を受ける場合は当然そうなります。決済時間は午前中（例えば午前10時）に設定します。決済日の朝、司法書士が登記事項に変更はなく売主が確実に契約を履行できるか確認するため、また、司法書士が決済終了後直ちに法務局に申請することができるようにするためです。

丸島　売買代金の配分先について、現金受領を希望するか、振込による受領を希望するか、振込手数料の取扱いなどを事前に確認しておきます。振込先まで聞いておけば、起票済みの振込依頼書を持参することができます。これにより、当日その場で書くよりもミスを減らすことができます。現

[*6]　高松高判平成11・7・19租税事件訴訟研究会（法務省訴訟局内）『租税判例年報　平成11年度』（2001年）791頁参照。
[*7]　破産管財実践マニュアル196頁以下参照。

	金出しがある場合には，金種や内訳を確認しておきます。
石岡	送金方法・振込先等を記載した配分表を作り，事前に買主側に交付しておきます。振込依頼書も用意していきます。当日，買主が利用する金融機関にこの配分表を交付すると，決済がスムーズに行くと思います。
山田	決済のテーブルに着いたとき登記関係の書類は机の上に置いてもよいですが，印鑑の盗用のリスクを回避するため，管財人の印鑑は置いてはいけません。また，担保権者によっては，振込確認だけではなく着金確認もした上で抵当権の解除書類を交付する場合があります。この場合には，決済完了までに時間がかかることもあります。
野村	着金確認等に手間取り，時間が長くかかることがありますね。1時間から1時間30分くらいならよいのですが，3時間くらい要してみんなイライラしたこともありますね。センターを通さず，支店から直送金してもらえるよう事前に手配をしておくとよいですね。
丸島	担保権者が自社名で振り込む場合，着金確認を不要とすることも多いですね。弁護士としては，そのほうが助かります。
野村	弁護士は開始時間ちょうどに行ってしまいますが，15分くらいは早く到着すると決済がスムーズに進みます。売主となる破産管財人が到着しないと手続が始まりませんから。それと，許可証明書は便利ですね。
籠池	細かな点ですが，不動産売買契約書は買主用に1通作成して，買主に収入印紙を貼ってもらい，管財人は写しをもらうこととしています。写しには印紙は不要ですので，管財人は印紙代を節約することができます。
山田	不動産の任意売却には，数々の段取りと留意事項がありますね。不動産の任意売却の「リアル」という観点から，丸島さんに留意事項を「不動産の任意売却の心得十箇条」でまとめていただきました（→343頁）。いずれも実務の知恵がいっぱいです。
中川	いやー，リアルですね。
野村	丸島さん，ありがとうございます。不動産の任意売却も普遍的な話題ですが，ほんといろいろとあるテーマですね。

【コラム4】盗難保険

　破産管財人が破産財団に属する財産の保全・確保を行うに当たり（79条参照），盗難が起きてしまった場合に備え，リスク転嫁の手段として盗難保険を利用することが考えられますが，次の点に留意する必要があります。

　まず，企業（事業者）向け火災保険の一種の店舗総合保険（家計向け火災保険の一種の住宅総合保険でも同様）では，盗難被害も補償の対象となっていることがほとんどのようですが，まずは，総合保険が契約されている場合であっても，当該保険の目的物が建物なのか，設備・什器等なのか，商品・製品等なのか等を確認し，必要なところに付保されているか確認する必要があります。特に，法人の事業所や工場，倉庫等には高価値の物が置いてある場合が多いところ，商品・製品や資材等については，特約がなければ補償の対象とならないことが多いようですので注意が必要です。

　次に，一定の物について，保険の対象とするには特約等が必要な場合がありますので，対象物にも注意が必要です。一定の高価品については，破産管財人が直ちに引き揚げて換価，あるいは自らの手元で管理することが多いと思われますが，特約や保険証券への明記がなければ補償の対象にならないものもあります[*8]。

　以上を踏まえて保険の新規加入あるいは従前の保険契約の継続や変更の要否，保険期間（必要に応じて更新も検討）等を判断することになりますが，その場合，申立代理人からの引継ぎも参考にしながら（→61頁），①対象物の価値，②破産財団の状況と付保のコスト，③破産者の状況や対象物の性質等に応じた盗難リスクの高低といった要素を比較検討することになります。なお，一定の免責事由がある場合には保険金が支払われない場合もありますので[*9]，事案に応じて管財人自ら適切な管理を行い，盗難リスクの回避や低減を試みることも検討が必要です。

[*8]　一般社団法人日本損害保険協会ウェブサイト参照。
[*9]　前掲[*8]・ウェブサイト参照。

【コラム5】 不動産の任意売却心得十箇条

一，百聞は一見に如かず，物件のイメージをつかむべし

早期に現地を確認すべきです。遠方の場合であっても，最低限，早期にgoogleストリートビューや航空写真等で確認しましょう。

一，担保権者の目線聴取は早期にすべし

「客付きあっても担保解除できず」とならないよう，競売の予定や担保解除料（とくに後順位や公租公課庁）の考え方を早めに聴取しましょう。

一，共有者の存在に注意すべし

共有者が破産手続を取っていない場合には，共同歩調が必要です。

一，販売活動や売買代金の配分案作成は，破産管財人が主体的に行うべき

販売活動に対する管財人の関与度が大きければ，財団組入率向上の説得材料にもなります。また，管財人の腕の見せ所です。仲介業者への丸投げ厳禁。

一，司法書士とは早めに書面でやり取りをすべし

担当司法書士が破産手続に詳しくない場合は，管財人が適切にアシストを。個人破産者の転居にも注意。住所変更登記手続が必要になることもあります。

一，月末・年末・金曜日・偶数月15日の決済は避けるべし

金融機関が混雑している可能性があります。大安吉日も不動産決済に用いられる傾向にあるので，着金確認が必要な場合には注意が必要です。

一，決済場所には早めに到着すべし

「弁護士時間」は厳禁。遅くとも約束の15分前には到着すべきです。

一，決済中は，職印・書類から目を離すべからず

盗用防止。なお，破産管財人事務所の横判も持参すると便利です。振込依頼書は，事前に起票しておけば時間短縮・ミス防止につながります。

一，銀行窓口担当者には，着金確認が必要な旨を言付けるべし

「不動産決済用の振込です。着金確認を必要とするので，速やかに確認ができるようにお手配ください」「センターを経由せず，直振込にしてください」などと言付けると，迅速に対応してもらえる場合があります。

一，買主への適切な引継ぎを心がけるべし

鍵や必要書類（検査済証等）を引き継ぐ。火災保険の解約時期も要確認。

6　換価困難資産の換価

換価困難資産の換価

野村　財産換価は，破産管財人の最も重要な職務の一つです。管財人はできる限り「早く・高く・適正」に財産換価することを目指しているわけですが，なかなか換価に苦慮する財産もあります。換価困難な資産を創意工夫して換価することは管財人の腕の見せ所の一つですが，ここでは，換価困難資産の換価や換価の工夫について検討しましょう。

在庫商品

野村　まず，在庫商品について検討しましょう。早期売却が基本ですが，売却方法で工夫した例を紹介してください。

久米　通常はできるだけ複数の業者に依頼して相見積もりを取ったり，債権者や関係者に高く買ってくれそうなところを紹介してもらったりして，早期に高く売却するようにしますよね。でも，宝石などは一括で売却すると極めて安い金額でしか売れないので，管財人が個別にバーゲンセールなどをする場合があります。

石岡　老舗の本屋さんでしたが，大量の文具類・書籍（委託販売等[*1]を除き，買取分のみです）がありましたので，年末に1週間ほどバーゲンセールをやりました。大変な盛況で，結構な売上げになったほか，最終日の終了時にはなじみのお客さんが社長に花束を持ってきてくれました。老舗の閉じ方としては，よい終わり方ができたなと思ったことがあります。

山田　バーゲンセールをするときには，販売の人手の確保，案内の仕方，バーゲン価格の設定など，いろいろと工夫する点がありますね。また，石岡さんからも指摘がありましたが，書籍などは委託販売という形態もあり

[*1]　小売書店は販売会社である取次から書籍を仕入れますが，その形態は複雑です。多くは「委託販売」とされていますが，法律構成としては単なる「委託」の場合と「返品条件付売買」等の場合があります。しかし，後者の場合であっても取次は所有権留保を主張することが通常です。

ますから，その点の注意も必要ですね。

生ものや食品等の場合

石岡　生ものなどは換価困難ですね。管財人の立場からすると，できるだけ申立てまでに，売却を含めて処理しておいてほしいところですね。

八木　生ものや食品は，万が一，売却後に食中毒などが発生したら大きな問題になりますので，費用をかけてでも廃棄するのが無難だと思います。

髙松　あと，健康食品等の健康関連商品についても，売却を躊躇しますね。ネット等で同種商品について調査すると，結構，健康被害の記事が出ていたりしますので，身体に影響を与える可能性のある商品の売却はかなり慎重になります。何度か大量の健康関連商品を廃棄したこともあります。

什器備品

野村　一般的に什器備品などは換価価値が乏しく，換価が困難と思われますが，何か工夫できることはありますか。

八木　什器備品等の動産類は，入札方式での換価を原則にしています。あまり値段がつかないことが多いですが，予想よりもいい値段で売却できることもあるので，手間をかける意味はあると思っています。賃借物件の場合には賃貸人から早期の明渡しを求められるので，賃貸人と和解して明渡義務を免除してもらう代わりに所有権を放棄することもありますね。

久米　従業員が同種の事業を行う場合や，取引先に同種の事業を営むところがあったりすると，それなりの価格で買い取ってくれることもありますよ。

売却に許認可が必要な場合

中川　タバコや酒などは売却するのに免許が必要ですから，納入元に引き取ってもらうことが多いですね*2。

久米　医薬品についても，販売業の許可が必要なので，返品処理などをすることがよくあると思います。ただ，個人経営の薬局の管財人がある都道府

＊2　破産管財実践マニュアル165頁参照。

県の薬務課に確認したところ、医薬品販売業許可が廃止等されていないことを条件として売却が可能になることもあるようですよ[*3]。医薬品の換価・処分は、あらかじめ、都道府県の管轄部署等に確認するなどしながら慎重に進めるべきだと思います。

仕掛品

野村　仕掛品や原材料なども換価困難な動産であることが多いですよね。加工したほうが高く売却できる場合は、費用をかけてでも、外注等で加工してから売却をすることもありますね。

八木　仕掛品を完成させることにより、高く売却できる場合は、管財人による事業継続を検討する一場面ですよね（→164頁）。原材料などは納入元に買い取ってもらうこともあります。

桶谷　原材料や仕掛品、在庫商品などを債権者に売却する場合は、債権者から代金と破産債権を相殺したいという主張がされることがありますが、当然、相殺が禁止されるので（71条1項1号）、注意が必要ですね。

髙松　それと債権者に売却する場合は、価格にも気をつける必要がありますね。あまり低額で売却すると実質的な弁済ではないかと疑われる可能性もあります。入札等により価格の公平性を担保できれば問題ありませんが。

海外資産

桶谷　海外資産はそれなりに価値があっても、換価に相当な費用と手間がかかることがあるので、現地法も確認の上、実際に換価可能か費用対効果の関係で財団増殖が見込めるのかなど慎重に判断すべきと思います。

野村　アメリカの原野があり、売れないとほぼあきらめていたのですが、偶然日系の方が購入してくださったことがありました。

森　破産者が保有していた中国の銀行預金について、コンビニエンスストアのATMで毎日数万円ずつ払い戻して換価できたことがあります。

[*3]　PRACTICE178頁参照。

ゴルフ会員権

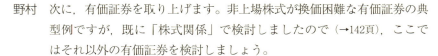

野村　次に，有価証券を取り上げます。非上場株式が換価困難な有価証券の典型例ですが，既に「株式関係」で検討しましたので（→142頁），ここではそれ以外の有価証券を検討しましょう。

籠池　ゴルフ会員権もなかなか換価に困難が伴うことが多いですね。買取業者に見積りを依頼して売却することも多いのですが，昨今は値が付くゴルフ場も少なくなりましたし，名義書換が停止されて第三者に売却ができない事案もあります。

山田　名義書換停止中の会員権の譲渡も厄介ですね。名義書換ができるようになった時点で書類を交付するという契約をすることもあるようですが，そのような不安定な権利は相当低額な売買金額になってしまいます[*4]。

桶谷　売却ができなくても，預託金返還請求権の行使によって換価できる場合もありますね。ただ，なかなか一括で返金に応じるゴルフ場は少ないですし，現実的には　減額して一括払いを求めたり，分割での返還合意を行ってサービサーに売却したりするなどの方法しかない場合もあります。

髙松　預託金の返還請求については訴訟を提起することもありますが，同種事案が係属していることも多いですので，訴訟による回収が可能かどうかについて，しっかりと情報収集しておくことも大事ですね。

野村　ゴルフ場の事案はそもそもゴルフ場運営会社が破綻して再生会社・更生会社となっている場合もありますね。私もゴルフ場の更生管財人代理をしたことがあり事情がわかるので，別の再生事件のゴルフ場に預託金を再生計画よりも減額して一括払いしてもらったことがあります。

出資金

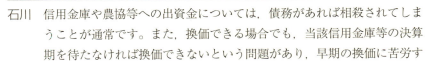

石川　信用金庫や農協等への出資金については，債務があれば相殺されてしまうことが通常です。また，換価できる場合でも，当該信用金庫等の決算期を待たなければ換価できないという問題があり，早期の換価に苦労す

[*4] 破産管財実践マニュアル157頁参照。

八木　信用金庫等の出資金は，まずは譲渡による換価を検討します。譲渡先を紹介してもらえることも多いです。譲渡による換価ができず，払戻期日が先になり，事件終了が遅くなる懸念がある場合には，破産者や代表者に対し，関係者から出資金相当額を組み入れてもらって，払戻金の振込先を財団組入者に指定するという方法も検討しますね。

山林，農地等

野村　最後に，不動産について検討したいと思います。典型的な換価困難な不動産と考えられる代表例としては，地方の山林，農地等ですが，これらについてはいかがでしょうか（→334頁）。

髙松　近隣の所有者や現地近くの不動産業者にあたっても売却できなければ，破産者やその関係者に買取りを打診してみますが，それでもダメであれば，結局放棄せざるを得ないと思います。ただ，熱心で腕のよい不動産業者に依頼すると，買主を見つけてくれることも意外と多いです。不動産業者に対して，さすがだなあと思うことも結構あります。

山田　売却困難だと思っても，現地に直接赴いて確認する等して，近隣の不動産業者と話をすれば，何とか換価できることもありますよ。最近はインターネットなどでも現地のおおよその状態を確認することが可能ですし，現地近くの不動産業者を探すこともできますので，遠方に所在する物件の場合はインターネットの活用も検討したほうがよいと思いますね。

籠池　農地は，買主が限定され売却に苦慮することがあるため，必ず現地を確認して，転用の可能性を検討する必要もあります。農地は隣地の農地所有者などが比較的買い受けてくれる可能性が高いですね。別荘地は現地に行くと管理会社があったりして，その管理会社に引き取ってもらえることもあります。

久米　農地は現地の農業委員会などに声を掛けると，地域の農業委員の方などが購入希望者を探してくれることがありますよ。私は，遠方の農地の事案でどうしても売れずに困っていた物件について，農業委員会の事務局を担当している市の職員の方が一生懸命買主さんを探してきてくださ

ったことがあります。

共有持分や未分割の相続持分

桶谷　不動産の共有持分や未分割の相続持分についても，換価困難な印象がありますが，いかがでしょうか。

中川　自宅等の共有持分等の場合には，一定の資産価値が認められますし，破産者や他の共有者が自宅等を残したいという意向を強くもっていることが多いです。このような場合には，他の共有者等に買い取ってもらったり，自然人破産の場合は一定の金額を財団に組み入れてもらって放棄したりすることが多いです。

久米　一定金額を組み入れてもらって放棄という方法は，共有持分や未分割の相続持分に限らず，先ほど検討した地方の農地や山林等の事案でも利用することがあります。

八木　確かに無担保不動産であれば，売れなかったとしても一定程度の固定資産評価が付いているので，処分が困難だからといって放棄して終わりという処理には抵抗があります。耕作者がいる農地などであれば，固定資産評価額を基準に財団組入れをお願いしています。それでも，あくまで通常の売買ができないことが前提なので，金額は柔軟に対応しています。

石岡　耕作者がいる農地などは財団組入れによる処理もよいと思いますが，破産者も使っていない山林等で，買い手がいないのであれば，結局は，財産価値としては「ゼロ」としかいいようがありません。放棄とともに一定の金員を組み入れさせるというのは理屈が立たないと思います。

別除権者が存在する場合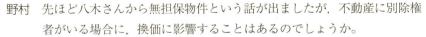

野村　先ほど八木さんから無担保物件という話が出ましたが，不動産に別除権者がいる場合に，換価に影響することはあるのでしょうか。

髙松　別除権者がいる場合は，別除権者と相談しながら任意売却を目指すことが通常です。別除権者が任意売却の購入希望者を見つけてきてくれる場合もあります。それから，別除権がある場合，大半のケースでオーバーローンとなっていますので，放棄の判断はしやすいと思います。

籠池　換価困難な不動産に別除権者がいる場合は，むしろ管財人として処理しやすい部分もあります。しかし，逆に不動産の価値自体は十分あり，任意売却の可能性が十分ある場合は，せっかく管財人が見つけてきた購入希望者と別除権者との間で売却価額が折り合わないとか，財団組入額などでどうしても折り合いが付かないなどの事情で逆に換価が困難になることもありますね。

破産管財人による競売申立ての利用

野村　ところで，破産法184条2項の競売申立てについてはいかがでしょうか。

久米　そもそも，任意売却の額が別除権の額を上回るのであれば，別除権者に全額弁済して任意売却を成立させればよいです。他方，オーバーローン物件では，競売申立てをしても財団増殖に繋がらないので，あえて管財人が競売申立てをする理由はありませんよね。ですから，管財人による競売申立ては，かなり利用する場面は限られるのではないでしょうか。

八木　特殊な事案ですが，共有登記になっている無担保土地について，共有者である行政機関への売却交渉が進まなかったため，裁判官の勧めもあって，競売申立てをしたことがあります。最終的には，売却基準価額の2倍以上の金額で共有者の任意売却ができ，競売申立ては取り下げました。なお，破産法184条2項の規定による場合は無剰余でも競売申立てができます（同条3項）。

借地権付き建物の換価

野村　破産者が借地上に建物を所有しているという場合，基本的には借地上の建物を借地権とともに任意売却することが望ましいと思いますが，賃貸人が借地権の譲渡を承諾してくれないことも多いと思います。皆さんはどのように処理されていますか。

山田　私はそのような場合には，裁判所に対し借地権譲渡の許可の申立てをし，借地権設定者の承諾に代わる許可を求めます（借地借家19条1項前段）。承諾料を支払う必要がありますが，許可を受けることが期待できます。

八木　申立代理人としても管財人としても絶対に避けるべきは，都心の借地上

に収益物件の建物を所有しているような事案で，何とか地代等も支払える状況において，借地契約の解除をしてしまうとか，債務不履行解除の主張を誘発するような行為でしょうね。ただ，福井では借地権に価値を見出して売却することは難しい案件が多いですが。

石岡　借地権付きで建物を売却できるかどうかを速やかに判断できる場合はよいのですが，売却の判断までに時間を要する場合，管財人として借地権を維持するために地代を払い続けるかどうかの判断は難しいですね。地方では，借地権付きで建物を売却できるケースは極めて少なく，解体撤去費用を負担するケースが多いので，私の経験上，管財人として地代を支払うということはほとんどありません。もちろん中心市街地の物件については払い続けることもあると思いますが，地代の支払を続けるかどうかの判断は，都心部と地方とで異なってくるように思います。

山田　建物の固定資産税評価額に満たないような価格になっても，可能な限り買主を探す努力をすべきだと思います。買主にとっては「お買い得物件」と思える可能性もありますし，最終的に建物を賃貸人に贈与したり，財団から放棄したりするよりましだと思います。

久米　地方ではそもそも借地権付き建物についての市場価値が乏しいこともあり，なかなか売却が難しい場面が多いと思います。店舗などの場合「居抜き」での引受先があれば，何とか什器備品も一緒に売却できることもありますが，稀ですね。

石岡　居抜きでの買受けは例外的だと思いますよ。通常は財団が乏しく地代の支払もままならず，例え保証金が入っていたとしても，保証金の返還すら受けられず，結局地主と原状回復義務免除などにより和解するなどして解決することが多いと思います。

野村　基本的には，財団増殖のために，借地権付きとして建物の売却を試みるのでしょうが（→356頁），なかなか難しいことも多いのが現実でしょうね。財団の毀損を防止するという観点も重要で，敷金・保証金の範囲内で交渉するようにして，かつ，できれば地主には借地権という権利が消滅することの利点やその後の費用負担の見込みを説明して若干でも財団増殖に協力してもらうということになりますね。

7 破産財団からの放棄

破産財団からの放棄

野村 先ほどは「換価困難資産の換価」（→344頁）の話をしましたが、換価困難な場合は財団からの放棄やむなしという場合も多いと思いますので、ここでは破産財団からの放棄について議論したいと思います。この問題に関しては、平成27年11月に福岡で開催された全国倒産処理弁護士ネットワーク第14回全国大会でもテーマになりましたね[*1]。まず、そのパネルディスカッションのパネリストを務められました山田さん、ひと言お願いできますか。

山田 財団放棄がよく利用される場面は、①債権等で著しく回収が困難な場合、②不動産の性質上換価が著しく困難と考えられる場合、③オーバーローン物件などで管財人の任意売却に担保権者が協力をしない場合、④動産類で換価が難しい場合、などが思い浮かびますよね。

久米 管財人は破産財団に属する財産について、当然「より早く、より高く、より適正に」管理・換価に努力するのですが、管財人が努力してもどうしても売れない物件や管理・換価に多額の費用がかかるなどの理由で、やむなく財団からの放棄を選択せざるを得ない場合もあります。管財人経験者はほぼ全員が財団からの放棄を経験したことがあると思います

籠池 破産法上は78条2項12号に「権利の放棄」という規定がありますので、破産財団からの放棄については、この規定が根拠になります。裁判所が許可して管財人が放棄することにより、自然人の場合は管理処分権が破産者に移転し自由財産になりますよね。また、法人の場合は管財人の管理処分権限や責任が清算法人へ移転すると考えるべきなのでしょうね。ただ、通常の法人破産の場合、清算法人について、清算人は選任されて

[*1] 平成27年11月に開催された全国倒産弁護士ネットワーク第14回全国大会（福岡）における基調講演・沖野眞已「所有権放棄の限界－『財団放棄』をめぐる議論の整理のために」については、「特集　破産手続における放棄に関わる諸問題」債管151号（2016年）4頁以下、パネルディスカッション「破産事件における管理・換価困難案件の処理をめぐる諸問題－特に法人事件について考える」については、同18頁以下参照。破産管財実践マニュアル176頁、213頁参照。

いないので，管理等に問題が生じることもありますよね。

自然人破産の場合

野村　今，「自然人の権利の放棄」と「法人の権利の放棄」という話が出ましたが，まず，自然人破産の場合，どのような場面で破産財団からの放棄を検討し，どのような工夫をされていますか。

久米　破産財団からの放棄を検討する場面は，はじめに山田さんがおっしゃった①から④の類型があり，基本的には法人の場合と変わりはないと思います。ただ，自然人破産の場合には，先ほど籠池さんがおっしゃったように，放棄によって財産が破産者の自由財産になるという結論があるので，換価の代わりに破産者等に一定の金額を組み入れてもらってから放棄をするということがままあります。

山田　保険の解約返戻金がある場合などで，解約返戻金の額によっては自由財産拡張が難しい場合などは，超過分を財団に組み入れていただき，財団から放棄という方法を使うこともありますね。これは，換価困難ではないけれど，破産者にとっても保険契約を維持できるという利点がありますし，財団にとっても解約して回収するのと同じ結論が得られるので，債権者の納得も得られるという側面がありますね。

髙松　自動車や株式なども，金額によっては財団組入れ後放棄という方法をとることがありますね。

中川　さらに，個人事業主である破産者が事業継続を希望している場合に，什器備品や機械工具類などは，通常，本来的自由財産であることが多いですが，本来的自由財産とはいえない資産については，破産者の親族等に買い取ってもらうという方法や，破産者から一定程度組み入れてもらって放棄という方法を使う場合があります。

久米　「換価困難資産の換価」のところでも議論しましたが（→348頁），不動産については，「自由財産拡張」というには抵抗がある事案で，親族や関係者にも売却ができない場合は，一定程度の財団組入れと放棄という方法をとることが望ましい場合もあると思います。

桶谷　売却の見込みが立たない財産は「無価値」，場合によっては「マイナス

の財産」というべきものかもしれませんが，債権者の納得の問題も無視できませんので，理念上一定程度の財産性が認められる場合や破産者の継続事業に要する資産については，破産者に一定金額を組み入れてもらって放棄する方法を検討したほうがよい事案もあると思います。

髙松　おっしゃるとおりだと思います。ただ，破産者がどうしてもお金を準備できないという場合は悩ましいですよね。破産者に組み入れてもらっても配当率への影響がほとんどないというケースでは，手続の迅速処理も無視できませんので，債権者集会等において「時間をかけて換価しても配当率にはほとんど影響しないので，速やかに手続を完了するほうが債権者の皆様にとってもメリットがあると思い，放棄したいと考えています」という趣旨の説明を行って，債権者の理解を得るようにしています。

法人破産の場合

野村　次に法人の財団放棄については，いかがでしょうか。先ほど籠池さんからも指摘がありましたが，通常の管財事件においては清算人が選任されているわけではないので，特有の問題も生じかねませんよね。

髙松　法人破産の場合，管財人が破産財団から放棄すると，事実上管理者不在の財産が発生してしまうことから，できる限り代表者の親族や関係者等に買い取ってもらうよう努力するのが相当だと思います。ただ，そうはいっても，換価困難な資産を抱えて手続を遅滞させることも問題であり，実務的には放棄やむなしというケースも少なくないと思います。

團　どうしても換価できなかった大型機械を財団から放棄したとき，放棄後の管理責任を誰が負うかが問題になったことがあり，元代表者に放棄後の管理をしてもらうことを検討したことがあります。

山田　そうですね。この点は昨今問題となっている破産管財人の社会的責任[*2]という観点からも重要な問題だと思います（→310頁）。有害物や産業廃棄物が存在する不動産などについても換価が不能だからといって安易に放棄すると個人破産の場合以上に問題となることが大きいと思

＊2　破産管財人の社会的責任については，永石一郎「破産管財人とCSR」一橋法学4巻2号（2005年）337頁以下参照。

います。

不動産の財団放棄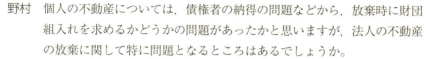

野村　個人の不動産については，債権者の納得の問題などから，放棄時に財団組入れを求めるかどうかの問題があったかと思いますが，法人の不動産の放棄に関して特に問題となるところはあるでしょうか。

桶谷　放棄を検討する場面においては，特に個人と法人の違いはないと思います。ただし，先ほども話がありましたが，法人破産の場合に不動産を放棄すると，管理主体が不在となることが多いので，できる限り放棄という選択は避けるべきだと思います。

八木　固定資産税・都市計画税の関係で，12月を目処に不動産放棄を検討するという点も，個人，法人ともに共通だと思います。ただ，法人の場合は，放棄の2週間前までに担保権者に通知する必要があるので（規則56条），年末に慌てることのないように注意が必要ですね。

籠池　管財人が不動産を放棄した後，担保権者が競売申立てを行う場合や，競売中の不動産を管財人が放棄した場合，特別代理人の選任が必要になります（民執20条，民訴35条・37条）。また，放棄後の不動産を任意売却する場合などには清算人の選任がなされますよね（会社478条2項）。その場合は管財人が特別代理人やスポット清算人（→397頁）に選任されていますか。

野村　特別代理人は，担保権者が誰を候補者にするか選択しますよね。大阪では管財事件継続中は，管財人以外の弁護士が清算人，管財事件終了後は元管財人が清算人に就任することが多い印象があります。

賃貸不動産の財団放棄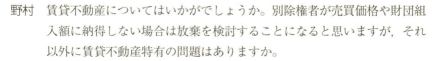

野村　賃貸不動産についてはいかがでしょうか。別除権者が売買価格や財団組入額に納得しない場合は放棄を検討することになると思いますが，それ以外に賃貸不動産特有の問題はありますか。

桶谷　賃貸不動産は，賃料が入ってくる一方でエレベーターの保守管理など，物件の管理責任も生じてくるので，その点が悩みどころとなる場合もあります。別除権者による物上代位によって賃料が入ってこないのに管

責任のみ負う場合には、早期に任意売却が成立して財団組入れを期待できる場合以外は、放棄を検討することになりますね。

髙松　大型ビルやマンション等の管理は本当に大変です。管理会社は、賃借人から夜中でも呼び出されることがありますね。賃貸不動産の管理の大変さは十分に心得ておく必要があると思います。

石岡　逆に、賃料収入があるけれども、担保権者は物上代位もせず、担保権者が希望する金額では任意売却できないという物件も困ります。その物件の処理しか残っておらず、そのために事件をいつまでも継続するのも相当でないという場合に、テナントを集めて話し合い、共益費の管理方法等を決めた上で、担保権者に物上代位権の行使で賃料債権を差押えしてもらい、放棄して競売に委ねたという経験があります。

借地上の建物の財団放棄

野村　借地上の建物はいかがでしょうか。「換価困難資産の換価」（→350頁）のところでも触れましたが、特に地方の場合、換価は難しいですね。

山田　できる限り財団放棄は避けたいですね。放棄後も地主は管財人に対し建物の撤去を求め続けることも考えられ、また、地主が自分で建物を撤去しようとすると交渉の相手方がなく清算人選任の手間も生じます。

石岡　財団からの放棄に関して注意すべきことは、地主と和解などができなかった場合、結局建物の収去費用は財団債権になり、それは、建物を財団から放棄したとしても同じだということです。財団に全くお金がなければよいのですが、ある程度財団が集まった場合はこの財団債権を無視することはできません。私は、借地上の建物（百貨店）について、せっかく収集した財団の大半を使って解体撤去したという経験があります。借地上に工場がある場合などは解体撤去費用も莫大になりますよね。

野村　百貨店の事案は建物の担保権者にはどのように説明されましたか。

石岡　担保権者には回収見込みがないことを理解していただき、無償で担保権抹消に応じてもらいました。

籠池　結局、管財人としては和解しないと仕方がないと思います。管財人が、放棄したから責任を負いませんと主張して法的に耐えられるかという

と，厳しいのではないでしょうか。だから場合によっては若干財団から費用を支出しても，和解での解決が合理的だと思います。

借地上の建物の放棄後の責任

野村　石岡さんからもご指摘がありましたが，借地上の建物の所有権を放棄した場合でも収去明渡義務と賃料相当損害金は財団債権として残ってしまうと思われますが，その点いかがでしょうか。

髙松　かなり以前の大阪高裁の判決＊3でこの点に触れたものがありましたね。賃貸借契約が解除された後と思われる事案で，管財人はあとは放棄すればよいというものです。どちらかというと責任はないという方向の判断ですね。ただ，この大阪高裁の判決には批判的な見解もあります＊4。

野村　大阪高裁の事案は開始決定前にすでに解除されていて，明渡しができておらず放棄すればよいという事案でしたね。

石岡　管財人が財団から放棄したから，また，53条解除したからといって，建物が存在している以上，建物収去・土地明渡義務は負い続けるのではないでしょうか。建物を放棄したからといって，責任を免れることにはならないと思います。財団がない場合はまだしも，財団がそれなりにある事案では，建物及び借地権を放棄したからといって，これを放置して他に配当してしまうのは大変危険だと思います。

野村　そこが難しいところですね。破産財団が乏しければ，いわば開き直りも可能ですが，財団がそれなりにある場合は，ぎりぎりまで地主と交渉して何とか処理したいところですし，何とかなっているのかなと思います。

不動産に危険物質等が存在する場合

野村　先ほど山田さんから管財人の社会的責任という観点からご指摘がありましたが（→310頁），例えば，破産財団に属する土地に産業廃棄物等が多

＊3　大阪高判昭和53・12・21判時926号（1979年）69頁は，管財人が建物所有権，敷地占有権を破産財団から放棄することにより，土地明渡義務を免れ，かつ将来の賃料相当損害金支払義務を免れるとしました。

＊4　この点については大コンメ338頁では，目的物を放棄しても賃借人の義務は財団債権になると解されるとあり，条解637頁がこれを引用しています。

数放置されていたり，汚染物質があったりして，除去費用等を考えると購入希望者が現れる見込みがなく，市場価値としては無価値であるという場合はどのように処理されますか。

髙松　まず，どの程度の危険性があるのかにもよりますが，まさに周辺住民の生命身体に具体的な危険が生じている場合には，財団の大半を費やしてでも早急に処理すべきだと思います。差し迫った危険がある場合は，管財人の報酬相当分に食い込んでも行わざるを得ないと思います。なお，財団に処理費用が全くないこともあると思いますが，一定の要件を満たせば，公費による危険物の処理がなされる可能性もありますので（廃棄物の処理及び清掃に関する法律19条の8），危険物の処理にあたっては，監督官庁である都道府県と十分に協議することが重要だと思います。

久米　担保権者がいる事案で危険性除去のための費用を財団で負担した結果，任意売却が可能になるくらいまで市場価値が回復した場合，担保権者がその分得することになりますよね。私は，そもそも危険性の除去については，破産管財人も費用負担すべきだとは思いますが，担保権者にも負担を求めるべきだと思います。また，財団負担により不動産が市場価値を回復したのであれば，その分は担保権者から価値が上がった分の財団組入れを求めるなどの対応をすべきだと思います。

石岡　任意売却できる場合は，売却代金の中から，通常の財団組入5パーセントのほかに，危険物処理費用分として財団組入れしてもらうことは可能だと思います。そのように処理したこともあります。危険物処理費用が高額になる場合には，100パーセント回収は困難なことが多いですが。いずれにしても，任意売却できれば，一定額を担保権者に負担してもらうことができます。しかし，任意売却できず，競売になった場合は，回収は無理だと思います。それは，やむを得ないと思います。

八木　担保不動産内に大量のメッキ廃液が入った容器が保管されていた事案で，任意売却はできなかったのですが，担保不動産競売になる場合に備えて，担保権者にメッキ廃液の処理費用の相当部分を負担してもらったことがあります。

野村　実際上，管財人としてできることとできないことがありますね。

8 役員責任の追及

役員責任追及の前提

野村 それでは、役員責任の追及のテーマに移ります。統計上、破産手続において役員責任査定申立て（178条）[*1]までされる事例は多くはないようですが、破産管財人として、どのような場合に検討しますか。

籠池 まず、当然のことながら、対象役員が破産していない場合ということが前提になります。役員責任査定の申立ては、役員が任務懈怠に基づく損害賠償義務に応じない場合に利用される手続です。対象役員が破産しているのであれば、その破産手続の中で、対象役員に対する損害賠償請求権は破産債権として債権届出・調査・確定手続を通じて確定され、破産管財人が役員の財産の換価回収を行い、配当手続を通じて法人に還元されることになりますので、役員責任追及のための格別の手続は要しません。ただ、実際のところ多くの配当も見込めないでしょうから、特段何も権利行使しないことが多いです。破産したことで一種のけじめをつけた感があるのでしょうね。

髙松 役員責任追及を検討する場合としては、法人の倒産原因について役員に看過し難い任務懈怠がある、けれども、その役員は自己破産もしていないし、経営破綻についての責任を認めず損害賠償にも応じない、なおかつ、役員に相当程度の資力があり損害賠償請求権の回収可能性が見込まれる、といったケースであり、事例としてはかなり少ないですね。

任務懈怠の類型

野村 役員責任が問題となる任務懈怠の類型はどうでしょうか。

籠池 ①役員等が会社資金を私的に流用していたり、会社の帳簿上、仮払金等の未清算金や使途不明金が多額にあるようなケース、②粉飾決算絡みで、分配可能額を超えて違法配当をしていたり、本来は納める必要のない法

[*1] 破産管財実践マニュアル178頁、QA200問171頁以下参照。

人税等を納めているケース，③過大な役員報酬を支給していたり，親族間・同族会社間で利益相反取引を行っているケース，④破産申立直前に，財産を廉価処分したり，懇意先にのみ偏頗弁済しているなどの否認対象行為ないし財産散逸防止義務違反が問題となるようなケース，⑤投資詐欺など，もともと違法目的の会社であったり，業法違反等で顧客から預かったお金を目的外に流用するなど，事業目的や事業運営に違法性が認められるケース，⑥乱脈経営や重大な経営判断の誤りによって多額の損失を出し，倒産原因を創出したようなケース，などが挙げられます。

山田 ⑤のケースですが，金融商品取引法違反が指摘されていた会社の管財事件において，破産会社の代表取締役社長と会長について，役員責任を追及しました。代表取締役社長とは，役員責任査定申立ての中で和解が成立しましたが，会長については損害請求訴訟を提起し，第1審勝訴判決，被告の会長は控訴せずに確定しました。最終的には，社長にも会長にも資力がほとんどなく，わずかな回収をしただけにとどまりましたが。

髙松 一般論として役員責任の追及を行うのは，違法性が明らかで，かつ，立証が容易なケースであり，その意味で①～⑤の類型が多いのだろうと思います。⑥の類型は，経営判断が問題となることから，立証は容易でなく，それほど多く見られるケースではないでしょうね。上場会社の破綻事案や一般消費者を巻き込んだ大規模倒産事案では，一般投資家や一般消費者等に与える社会的影響の大きさなどに鑑みて経営責任が厳しく問われますので，そのような観点から，役員責任の追及が検討されることもあります。

役員責任追及の端緒

野村 破産管財人としては，どのような端緒で役員責任の追及を検討することになるのでしょうか。

久米 神戸地裁の破産申立書式の引継書には，偏頗弁済の状況や役員査定請求の要否についての確認欄がありますので，まずは，その記載の確認を行います。申立代理人の先生がしっかりと聴き取りをしていただいて，引継書にもその旨記載があればよいのですが，管財人が独自に調査・確認

する必要もありますよね。

籠池　私は，基本的には，決算書，税務申告書，会計帳簿等の財務関連書類から，役員責任に結びつくような事実の有無をチェックします。例えば，①の使途不明金や，未清算の仮払金等は，決算書をみればわかりますし，②，③の粉飾決算についても同様です。④の申立直前の財産処分等については，記帳処理されていないことも多々ありますが，帳簿上はあるはずの財産がなくなっているわけですから，それを端緒として聴き取りや取引証憑をもとに，事実を詰めていくことになります。⑤や⑥については，様々なケースがあり，一概にはいえませんが，債権者や従業員その他関係者からのリークがあることも多く，それを端緒に事実関係の調査を行うこともあります。このようにして得た客観的な資料を踏まえつつ，役員からヒアリングを行い，事実関係を確認することになるのが一般的だと思います。

桶谷　法人名義のクレジットカードの利用履歴をカード会社から取り寄せて，私的流用の証拠を集めたこともあります。

山田　管財人を担当したある株式会社は，約束手形の不渡りを出して倒産したのですが，不渡りを出した前年に剰余金の分配をし，かつ法人税を納めていました。籠池さんの②の分類であり，役員責任が成立することは一発でわかります。

役員責任に関する対応 ── 申立代理人を通じた和解的解決の検討

野村　役員責任を基礎づける事由が判明した場合，破産管財人としては，どのように対応することになりますか。

山田　まずは，申立代理人に対して，その旨を説明し，理解を得て，役員の損害賠償に関する和解等の解決を図ることができないか検討します。申立代理人と見解が異なる，申立代理人の説得に応じないなど，役員が任意の賠償に応じないということであれば，役員責任査定申立てや訴訟提起等を検討することになります。

野村　いきなり査定申立てや訴訟提起等に及ぶことはしないのですね。申立代理人は対象となる役員の直接的な代理人ではないですが。

山田　確かに直接の代理人ではありませんが，やはり最初は法人の申立代理人を通すのがスジだと思っています。客観的証拠から明らかであるように見えても，何かしらの抗弁，反論等があることも考えられますので，その防御の機会を与えるという意味があるのと，もう一つは申立代理人との信頼関係を保つ意味でも，そのようにすべきだと思います。

籠池　私も同様の考えで，不必要に役員や申立代理人と対立的になるのは，よくないと思います。管財人に求められるのは，適正な清算という目的に向けて，より迅速かつ確実に，事実を解明し，回収に結びつけるということです。そのような観点からすると，役員側の主張にも耳を傾けつつ，私財提供等の方法で役員責任を果たすよう説得し，任意にその履行を受けることが，最もその目的に合致しています。査定申立てというのは，役員責任追及のための一手段にすぎず，必ずしもこの手続によらなければならないわけではなく，私財提供や，債権放棄など，事案に応じて様々な責任の取り方があって，まずは申立代理人を通じて，任意の履行を促すのが適切だと思いますよ。

野村　申立代理人の立場から見た場合は，いかがでしょうか。

籠池　申立代理人は本来そういう間をとりもつ役割を担うべきだと思いますね。管財人に対して役員責任に関わる事実関係や財産関係を誠実に説明することを通じて，代表者の利益を擁護する。管財人としても，代表者側から事実関係等に関する説明が誠実になされる限りにおいては，責任の程度や，回収可能性等を勘案して適切な落としどころを探る。場合によっては，債権者に対して，役員責任に関する代表者側の反論や回収可能性などの消極要素に言及しつつ，和解処理等の方向性について理解を得るよう努める。これが丸く清算するということだと思います。

場合によっては保全から入ることも

髙松　事案としては，稀だと思いますが，私は，役員の預金について仮差押えを行ったうえで（177条1項），役員に対する損害賠償請求訴訟を提起したことがありました。この事案は，債権者申立ての法人破産であり，債務者側が徹底的に破産要件を争っていたため，示談交渉は不可能と判断

し，保全及び訴訟提起を行いました。なお，役員側も徹底的に争うことが予想されたため，査定申立てではなく，当初から訴訟を選択しました。

籠池　もちろん，財産隠匿が見込まれるような悪質な事案だと，当然，保全から入ることもありますよね。その意味では，ケース・バイ・ケースということになりますか。

野村　それはそうでしょうね。私も法人の申立代理人に任意の財団組入れによる解決を示唆したのですが，全く無視され，相手方が破産会社の実質的な親会社の代表者でしたので，やむなく役員報酬の仮差押えをした上で，役員責任査定の申立てを行い，ようやく和解したということもありました。破産法177条の役員財産に対する保全処分は，立担保が不要なので財団にとって非常にありがたいですね。

森本　役員財産に対する保全処分はそれなりに利用されているようですね。野村さんの例のように，保全処分をきっかけに和解に至る事案もあるようですし，役員責任査定申立ても和解による解決が多いのでしょうね。

同族会社の株式の確保

籠池　悪質事案ということでいえば，グループ企業の場合，代表者が経営する同族会社に破産法人の資金が流出しているような事案では，代表者に対して，同族会社の株式を無償提供するよう要請することもありますね。このようなケースでは，同族会社から資金回収する必要があり，場合によっては当該同族会社を破産清算する必要もあります。そのために，同族会社の株式を確保するのですが，株式無償提供の要請に応じてもらえない場合には，この同族会社に対して債権者破産の申立てを検討せざるを得ないこととなります。当然，代表者に対しても保全処分をはじめ何らかの責任追及の手立てを講じる必要性が高くなってきます。

野村　この辺りの議論については，債権者申立てのところにも関連する話ですね（→296頁）。

責任追及要請があるが回収可能性が乏しい場合の対応

野村　役員責任追及を求める債権者の声が強いが，回収可能性が乏しい場合，

どのように対応しますか。

桶谷　あくまで役員責任の追及は，財団拡充が第一の目的ですから，役員に資力がなく回収が見込めない場合には，時間とコストを考えて，役員責任の追及までしないのが一般的かと思います。ただし，違法性の度合いが高かったり，債権者から強い要請があったりするケースで，それにもかかわらず役員が頑なに責任を認めようとしない場合があります。このような場合は，役員が非協力的で私財等の状況もわからないことが多いので，回収見込みが薄くても査定申立てを行うことがあると思われますし，場合によっては，債権者破産申立てを検討することもあるかもしれません。

久米　ある建設会社の法人破産手続に関連して，法人の管財人が巨額の使途不明金について元代表取締役と元工事担当取締役に対して役員責任査定申立てをしたところ，元代表取締役個人が自己破産の申立てをして，私が元代表取締役個人の管財人に就任した事案がありました。この事案では法人の管財人は役員責任の査定決定が確定してから債権者申立ても辞さないと考えていたようです。

石岡　私も，久米さんと同じような事案の経験があります。もともと代表者の行為に不信感があり，隠し資産があるのではと疑われた事案でしたが，代表者が破産手続をとらないことから，「何故自己破産しないのだ。会社が代表者に貸付金等の債権を有しているなら，会社の管財人が債権者申立てをしろ」と債権者集会で債権者に言われたことがあります。会社が債権を有しているといっても，破産したら破産債権でしかないこと，代表者は他に多額の保証債務を抱えており，破産配当といってもさしたるものは見込めないこと，会社の破産手続の終結をそのために伸ばすことは得策とは思えないこと等を説明し，債権者申立てはしませんでした。

籠池　私が扱った管財事件で多額の使途不明金があり，対象役員が逃亡しているケースがありました。戸建建築業者で，一般顧客から多額の前受金を収受して倒産に至った事案でして，顧客債権者の憤りは凄まじく，被害者委員会のようなものが組織され，役員責任を追及するよう強い要請がある状態でした。債権者集会で回収が見込めない旨説明し，裁判所とも

協議の上，手続費用として追加予納金，確か10万円程度だったかと記憶していますが，これが納められることを条件に，役員責任追及の手続をすることを提案しましたところ，結局，予納金は納められず，役員責任を追及せずに終わりました。

野村　債権者申立ての事案で，代表者の親族が平取締役なので，役員責任追及を求める債権者の要請に押される格好で手続をしましたが，調査嘱託等の手を尽くしたけれども何も出てこなくて最終的には取り下げたということもありました。説明のためというのか，ガス抜きというのか，事案によってはやらざるを得ないこともありますね。

八木　債権者申立ての事案だとありがちかもしれませんね。

野村　もちろん，役員責任の追及については，債権者から対象役員に対する直接の損害賠償請求が可能な場合がありますので（会社429条1項），第2ラウンドがありうるのでしょうがね*2。

刑事告訴の功罪

野村　ここでテーマとしている役員責任は，もちろん民事上のものですが，中には刑事事件化することもありますね。

籠池　管財人の中には，パフォーマンス好きというのか，債権者の声に応じて，派手に役員を刑事告訴したりするという方も目にしますね。でも，刑事告訴をすることで，捜査機関に帳簿類が押収されて，財産調査等に支障を来たすこともありますし，任意の私財提供等の交渉を行うことも困難になって，管財処理の面でマイナスに働くことも多いと思います。やはり，迅速かつ適切な清算という意味で，本当に債権者の利益に合致しているかどうかを考えた上で，刑事告訴等の要否を検討すべきですね。

久米　私は，刑事告訴は最後の手段だと思っています。そして，闇雲に刑事告訴して証拠収集を捜査側に委ねるのではなく，管財人側でも証拠収集をしっかりと行うべきと思いますね。基本的に捜査側は破産法違反などは，やりたがらない類型だと思いますので，証拠資料も付けて捜査側が「や

＊2　野村剛司「消費者問題と破産」破産法大系Ⅲ471頁以下参照。

る気になる」ような準備をすべきと思います。

対象役員の範囲

野村　役員責任を基礎づける事由が判明した場合，役員の監視義務を踏まえれば，どこまでの役員を対象にするかという問題がありますね。

山田　中小・零細企業の場合，一般に，経営者の専権体質が強く，株主総会や取締役会は実際には開催されていないケースも多いです。経営者以外の役員については，監視義務があるとはいっても期待可能性がないことが多く，役員責任の追及という場面では，経営者以外の責任は消極に解すべき場合も多いのではないでしょうか。

籠池　もちろんケース・バイ・ケースということではありますが，多額の使途不明金があり重加算税まで課せられていたケースについて，代表者に対し役員責任査定申立てを行った事案がありました。その事案では，顧問税理士が監査役になっていましたが，裁判所とも協議の上，不正な資金流用に関与している疑いがあること，資金の流れを解明する必要があるということから，代表者と一緒に，この監査役も査定申立ての対象に含めることになりました。最終的には，代表者から使途不明金相当額の返還を受ける内容で和解しましたが。

髙松　私も，代表者に加えて平取締役に対する責任追及を行うかどうかについて迷ったことがあります。事案次第ではありますが，代表者以外の役員に関して，どこまで責任追及するかの判断はかなり悩ましいと思います。

久米　先ほど私が紹介した建設会社の事案では，元代表取締役と元工事担当取締役の2名が対象になりました。双方資力はほとんどない事案でした。

山田　先に紹介した金融商品取引法違反が指摘されていた会社においては，私が損害賠償請求訴訟を提起した被告の「会長」は，実は取締役ではありませんでした。しかし，破産会社の100パーセント株主であり，かつ関係者からは「会長」と呼ばれており，取締役としての職務執行の実態もあり，「影の取締役」と評価することができた事案です。

森本　役員責任の追及という構成ではなく，不法行為責任や不当利得構成での追及もあるところですので，やり方や主張はいろいろとありますね。

籠池　どこまでの役員を対象にするかは、当該企業が大企業か中小企業か、上場会社か閉鎖会社かなど、企業の規模や形態によっても変わりますし、当然ながら、役員責任事由の内容によっても異なります。オーナー色の強い中小企業の場合であれば、違法行為に関与して不正な利益を享受しているようなケースでなければ、基本的には平取締役まで責任追及の対象とすることはないと思います。上場会社の場合は、一般投資家に対する責任や社会的影響等も踏まえて、任務懈怠の事実の如何によって、対象役員の範囲を検討することになるのだろうと思います。

違法配当がなされた場合の株主の責任

山田　役員の責任に関連することですが、直近、赤字を隠し黒字への粉飾決算がされ、違法配当がなされていた場合の株主の責任については、悩ましい問題があります。株主が代表者やその親族に限られている場合ならともかく、経営者以外の役員や従業員、取引先が株主の場合は悩ましいですね。会社法の議論では、会社の粉飾決算や違法配当であることについて善意の株主に対しても違法配当額の返還を請求することができるとする見解が有力ですが、悪意の株主にのみ返還請求できるとする見解も有力です。

石岡　違法配当事案について、株主が皆一族だったこともあり、20人くらいの全員に返還を求めたことがあります。最終的には、全員から返してもらいましたが、事案によるでしょうね。

野村　役員責任の追及については、破産管財人経験者としては興味があるところですが、耳目を集める事案以外はあまり表に出ることがないですね。今回、様々な経験談も出ましたし、やはりこの分野も、毅然とした態度をとるべきところと、丸く清算しようというところのバランスだなあと思いました。

⑨　債権届出・調査・確定

破産管財手続の進め方──留保型

野村　次に，破産債権の届出・調査・確定について，検討してみたいと思います。債権調査等に関して，現行法で工夫された点といえば何でしょうか。

髙松　破産事件においては，多くの事案が異時廃止で終了しますので，配当見込みのない事案において債権届出期間や債権調査期日等を設定しない，いわゆる「留保型」が設けられました（31条2項）。端的にいえば，「無駄を省く」ということですね。

留保型の発祥

野村　この点，大阪地裁では，旧法下において，配当が行えない事案において債権届出期間を「追って指定する日まで」，債権調査期日を「追って指定」とすることで，異時廃止事案における債権届出と債権調査を不要とする取扱いを行っていました。法の定めの中での画期的なアイデアでしたね[1]。これが，現行法の留保型に繋がったと思います。現行法の選択肢のうち，異時廃止事案においては，債権届出期間と債権調査期日を指定せず，財産状況報告集会とともに任務終了計算報告集会と廃止意見聴取集会を開催し，1回ないし数回の集会期日を重ね異時廃止で終了することにしたのです[2]。

石川　「追って指定」の工夫は，最初に聞いたときには驚きましたね。そういうやり方があるのかって。配当ができる事案の場合はどうしていますか。

野村　配当が確実な事案の場合，破産手続開始決定の段階で，債権届出期間と債権調査期日を指定してもらいます。これを「期日型」と呼んでいます。ただ，財産状況報告集会と同一期日に定められた債権調査期日にすぐ債権調査をすることは多くなく，続行（延期）することで，債権調査が可

---

[1]　植田智彦＝岡本光弘「破産異時廃止事案における管財手続の合理化－大阪地裁における破産管財事件処理の現状と課題－」判夕1109号（2003年）42頁，条解267頁参照。

[2]　運用と書式4頁，224頁参照。

能となった段階で債権調査を行います。配当直前で債権認否を行うので，大阪地裁は，「後倒し認否」と読んでいます*3。

石川　どのような場合に留保型になるのですか。

野村　基本的に配当が確実な場合のみ期日型とし，配当の可能性が微妙な場合は留保型で始めています。おそらく9割近くの事案が留保型だと思います。留保型で始めた場合，配当可能となった段階で期日型に移行するので，通知が二度手間という面もあります。管財人候補者として記録を閲覧した際に，留保型でいくか期日型でいくかの見極めが必要ですね。

久米　神戸地裁も大阪地裁とほぼ同じ扱いで，管財人候補者の意見を聞かれることが多いですが，配当の可能性があれば，期日型でお願いしています。そうすることで配当に向けた財団拡張へのインセンティブも働くと思います。

髙松　福岡地裁においては，期日型にするか留保型にするか微妙な場合は，管財人の意見を反映してくれることも多いので，管財人は事前に財産状況等をきちんと把握し，事案をしっかりと分析しておくことが重要です。なお，留保型で始めたものの，その後配当が可能となった場合には，速やかに債権届出期間と債権調査期日の指定がなされています。

債権届出を求めるか

野村　債権届出に関しては，全国的に見れば，①配当可能性の有無に関係なく，すなわち債権調査を行うか否かに関係なく債権届出を求める運用と，②配当が可能となるまで債権届出期間の設定及び債権調査期日の指定を留保し，債権届出を求めない運用，先ほど来出ている留保型があると思います。もちろん，②でも債権者が積極的に届出をするのは自由ですね。

石岡　青森は①です。債権届出はしてもらい，債権調査は留保が多いです。

石川　千葉でも②の留保型は例外的で，基本的には①ですね。どの時点で債権調査を行うかも管財人の裁量に委ねられています。

髙松　福岡は②です。②の運用では，債権者に配当についての無用な期待をも

＊3　運用と書式5頁，228頁参照。

たせず、また、無用な手間をかけさせないというメリットがありますが、配当の可能性が出てきてから債権届出を行わせるため、配当手続が遅くなるというデメリットもあります。①の方法では、配当可能な財団を形成した時点で既に債権届出が終わっていることがほとんどだと思いますので、速やかに配当手続に移行することができるというメリットがある反面、配当ができない多くの場合において、債権者に無駄な事務負担を強いることになるというデメリットがあると思います。

債権届出に関する破産管財人の関与

野村 労働債権については、破産法86条に管財人の情報提供努力義務が定められており、労働債権の債権届出に関し、予め管財人において債権額を計算して通知する等の工夫がなされていると思いますが（→76頁）、労働債権以外の債権届出に関し、管財人として関与することがありますか。

髙松 消費者被害の事件等について、管財人において債権額を計算し、債権者に連絡して、届出をしてもらったというケースはあります。自己の債権額を計算できない場合等は、管財人が積極的に情報提供を行って、債権届出に協力することもやむを得ないと思います。むしろそうすることが「債務者の財産等の適正かつ公平な清算を図る」という破産法の趣旨（1条）に資するようにも思います。

債権調査及び債権認否の方法について

野村 債権調査及び債権認否について少し考えてみたいと思いますが、まず、皆さんはどのような意識をもって債権調査及び認否を行っていますか。

髙松 破産債権について、管財人が認めて確定した場合、確定判決と同一の効力を有するとされていますので、少なくとも債権の存否及び金額については、客観的な証拠資料に基づいて判断し、証拠資料がない場合は異議を述べるべきだと思います。

桶谷 確かに、そのようなやり方で調査及び認否を行うのは理想ですし、正確な認否が可能になってくるとは思いますが、大量の債権届出がなされる事案もありますので、多少は緩やかな方法で調査・認否を行うことも許

野村　具体的には、どのような方法ですか。
桶谷　金融機関からの債権届出であれば、利息・遅延損害金の計算根拠や融資契約書の写しの提出を求めて認否を行いますが、取引先の中小企業からの届出であれば、そこまでの資料は求めません。
野村　破産申立書等で破産者が認めていると考えられる債権はどうですか。
髙松　破産の場合は通常の民事訴訟と異なり利害関係を有する他の債権者がいますので、破産者が認めたからといって、安易に認めるのは相当ではないと思います。他の債権者には異議を述べる権利があるとはいえ、現実的には管財人に判断を委ねているというのが実情だと思います。したがって、管財人としては、破産者の意見は参考程度に止めて、やはり客観的な証拠資料に基づいて債権認否を行うのが相当だと思います。
野村　そうすると客観的な証拠資料がない場合は、管財人は常に異議を出すということになるのでしょうか。
髙松　私は、異議を出すということでやむを得ないと思います。
桶谷　そのような処理は、ちょっと堅苦しすぎるように思います。破産者の話を聞いて、債権の存在及び金額について、確かであるという心証をもてれば、認めてもよいように思いますが。
髙松　確かにそう言われればとは思いますが、破産者自身が、債権の存否と金額を明確に記憶しているというケースは極めて少ないと思います。最終的には通常の民事訴訟と同じで、管財人個人の判断ということになるとは思いますが、私はできる限り、客観的な証拠資料に基づく判断が好ましいように思います。
野村　最終的には、個々の管財人の判断にはなりますが、できれば同種の債権届出に関し、判断が区々になることは避けたいですね。例えば、同種の貸金債権について、ある事件では認められたが、他の事件では異議になるというのはいかがかなと思いますね。

債権認否における証拠資料の収集について

野村　ところで、債権者や債権の内容によって、証拠資料を求めないというケ

ースもありますか。

髙松　提出された証拠資料をどう評価するかは，個々の管財人によって異なってしかるべきだと思いますが，証拠資料を求めるか否かという点については，できる限り統一的な処理を行うのが望ましいと思います。そうすることによって，債権者としても，必要な証拠資料を予め準備することとなり，管財人としても証拠資料を催促する手間が少なくなり，スムーズな調査及び認否が可能になるように思います。そもそも破産規則32条4項1号において証拠資料の提出は義務づけられていますし。

籠池　債権の存否を確認する裁判手続と同種の手続である以上，届出債権の計算根拠が示されるのは当たり前のことだと思っているのですが，皆さんいかがでしょうか。

八木　金融機関等の手慣れた債権者であれば，証拠資料の提出を厳しく求めるべきと思いますが，手続に慣れていない取引債権者等の債権届出については，申立代理人から受領した書類で債権の存在が確認できれば，債権届出書のみ，つまり証拠資料の添付がなくても認めてよいと思います。

桶谷　私も八木さんと同じです。債権届出書に証拠資料が添付されていなくても，破産会社にある納品書とか請求書で確認したり，あるいは破産会社の代表者に調査させたりして債権の存在が確認できれば認めています。

証拠資料が添付されない事例

髙松　証拠資料があるはずなのに，証拠資料が全く添付されていないというケースも，例えば，携帯電話料金等の債権届なんかで比較的多いように思いますが，皆さんいかがですか。

石岡　電話料金に関する債権額については，債務者ではわからないので，きちんと資料を提出させたほうがよいと思います。

中川　管財人として証拠資料催促の電話をかけると「そんなこと言われるの初めてです」とよく言われます。

山田　そういうときはすかさず「誰にでも初めてはあります」と言えばいいと思います。

髙松　サービサーの中にも証拠資料を提出しない会社がありますよね。

中川 証拠資料を提出する手間を省きたいのでしょうね。

野村 きっと証拠資料の提出なしで認めている管財人もいるのでしょう。

籠池 債権者に証拠資料があることが確実なのに，証拠資料なしで認めることはありませんね。

山田 公共料金などもそうですよね。

髙松 債権者として抗弁事項の不存在の立証までは必要ないと思いますが，せめて請求原因が認められる程度の証拠資料は必要だと思います。

籠池 基本的に髙松さんと同じ考えで，債権認否も通常の訴訟手続と同じだと思います。何らかの理屈や筋道が立って，金額がわかる資料は提出していただかないと，と思います。債権届出書1枚だけ提出して証拠資料を全く出さないというのは，とんでもないという感覚です。

髙松 先ほど籠池さんもおっしゃっていましたが，金融機関の債権届出に関して，遅延損害金の根拠資料がない場合が結構ありますよね。

中川 遅延損害金の根拠資料は出してきませんね。先ほども言いましたが，提出を求めると「そんなこと言われるのは初めてです」と言われますね。極めて疑わしいと思っていますが。

債権認否の時期

髙松 ところで，先ほど野村さんから，「後倒し認否」という話がありましたが，福岡地裁では，基本的に定められた債権調査期日に債権調査を行っています。「後倒し認否」の実際のところを教えていただけますか。

野村 早い段階で債権調査を行っても代位弁済等により債権の変動の可能性があるので，換価作業が終わり，配当に進む段階で債権調査を行えば，その時点までの変動を含んだ一回的な債権認否ができるという発想です*4。ただ，この点私は，すべてがそうではないよ，と言い続けているところです。列えば，債権調査で破産管財人が認めない場合もあるわけで，その場合，届出債権者は，破産債権の査定申立てを行う可能性があり，すぐに配当に進むのは得策ではない，ということになります。

---

*4 運用と書式228頁参照。

髙松 査定申立ての可能性等がある場合はどうしているのですか。

野村 裁判所に対し，認めない債権があるが査定申立ての可能性があるので，次回の債権者集会の際に債権調査を行ってほしいと連絡します。こういう場合，大阪地裁では「後倒し認否」とされています，と拒まれるのですが，いえいえ，本件はこうこうで，と説明し，債権調査を実施してもらっています。「後倒し認否」に従い，換価終了後にようやく債権調査を行い，管財人が認めなかった債権があるのに，配当手続に進んでしまったところ，破産債権の査定申立てがあり，配当額が変動してしまったという事案も聞いています。運用モデルは合理的なものを作り上げましたが，硬直的になってはいけないのですよ。柔軟性が大切だと思います。

代表者等からの債権届出について

野村 破産申立てを行っていない法人の代表者や役員からの債権届出については，どのように処理されていますか。

籠池 代表者の場合，経営破綻についての法的責任はともかく，一定の道義的責任はあるのでしょうから，そのような説明をして，とりあえず任意の取下げを促します。大抵の場合，取下げに応じてもらえます。取下げに応じてもらえない場合の対応は管財人によって分かれると思いますが，何かしらの経営破綻責任が見出せるようであれば，異議を出すことになるのではないかと思います。他方で，実質従業員的な立場の名ばかり役員等のケースでは，債権が実在すれば認めることが多いように思います。

中川 確かに代表者もそうですが，配偶者や親族取締役の場合の債権届出もありますよね。こうした立場の人には，届出を控えてもらうようにしています。

野村 皆さん，いろんなスタンスがあるところですが，やはり限られたパイの分配の場面ですから，十分留意して認否したほうがよいですね。債権認否は，管財人として様々な利害調整の場なんだろうと思います[*5]。

[*5] 債権届出・調査・確定については，破産管財実践マニュアル422頁以下のほか，縣俊介ほか編『倒産債権の届出・調査・確定・弁済・配当マニュアル』（三協法規出版，2017年），岡伸浩ほか編『破産管財人の債権調査・配当』（商事法務，2017年）を参照してください。

10 優先的破産債権の労働債権の早期弁済方法

労働債権の弁済許可の活用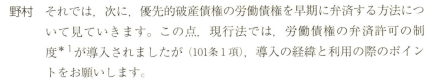

野村 それでは，次に，優先的破産債権の労働債権を早期に弁済する方法について見ていきます。この点，現行法では，労働債権の弁済許可の制度*1が導入されましたが（101条1項），導入の経緯と利用の際のポイントをお願いします。

中川 旧法下では，労働債権は，すべて優先的破産債権でしたので，これを早期に払うために，裁判所の許可を得て，将来の配当金との相殺を前提に無利息での貸付を行うことが運用上の工夫とされていましたが，これを裁判所の許可で労働債権の弁済ができるようにしたものです。ポイントとしては，労働債権の届出が必要ですが，債権調査は不要です。また，債権者が当該優先的破産債権の弁済を受けなければ「その生活の維持を図るのに困難を生ずるおそれがあるとき」が要件の1つとなっています。

桶谷 労働者それぞれの個別具体的な事情まで求められているのでしょうか。

中川 いえ，そのおそれで足り，通常は，就労先を失った労働者は本要件を満たすものと解されていますし，許可申請書には，給料等の未払いがあり，解雇に伴い生活が困窮しているといった記載をする程度ですね。

野村 皆さんは，この労働債権の弁済許可の制度を利用しておられますか。

髙松 利用したことがあります。配当まで待っているとかなり遅くなってしまいますからね。財団から払えるのなら，未払賃金立替払制度（→78頁）を利用しなくてもすみます。立替払制度では基本的に未払額の8割しか支払われませんが，破産財団からであれば，全額弁済できますしね。

石川 東京ではこの制度の利用件数がさほど多くないようですね*2。また，労働債権の優先的破産債権が一部しか払えない場合，弁済許可として異時廃止で終わりにすることをせず，配当にして終結にしているようです。

---

*1 破産管財実践マニュアル351頁，運用と書式217頁，注釈上674頁参照。
*2 実務〔破産編〕415頁参照。一般の破産債権の認否は留保し，優先的破産債権の労働債権のみの認否を行っています（管財手引263頁参照）。

野村　実情がよくわからないので何ともいえませんが，合理的ではないですね。労働債権について争いがない場合を想定しているのに，配当手続となれば，破産手続の最終局面でしか払えないですよね。

石川　そうなのですよ。合理的ではないと思うのですよ。

野村　東京地裁の場合，解雇予告手当については，管財人が財団債権として弁済したいということであれば許可するという運用ですから，給料や退職金の優先的破産債権部分が最後まで残るということなのでしょうね。

和解許可の活用

野村　労働債権の弁済許可制度は，私も施行直後からよく利用していたのですが，債権届出書を提出してもらい，労働債権の弁済許可で弁済し，債権届出を取り下げてもらうという点が迂遠です。この点を合理化できないかと考え，時間はかかりましたが，和解許可（78条2項11号）による労働債権の弁済を認めてもらえるようになりました[*3]。もちろん，破産管財人が労働債権につき客観的資料に基づき確認でき，労働者との間でも争いがない事案で使っています。早期に弁済ができ，非常に便利です。

久米　便利ですよね。神戸でもかなり一般的で，比較的多くの管財人が利用していると思います。裁判所から利用を示唆されることもありますよ。

籠池　船舶艤装業者の破産事案で，中国人留学生が従業員として稼働していたのですが，留学生の帰国時期の関係上，立替払制度や，労働債権の弁済許可では間に合わないことから，単純に弁済の許可申請という体裁で許可をもらって弁済しました。今の話を聞いている限りでは，法的根拠は和解許可（78条2項11号）という位置づけになるのだろうと思います。実務処理上，迅速性が要求されるケースもありますから，一般配当が見込める財団規模で労働債権額の算定にも問題がなければ，これといった不都合はないはずですので，運用として認めてもらいたいと思います。

野村　必要に迫られてやってみるとうまく行きますね。立替払制度の研修会で回っていますが，浸透してきている感じがします。参考にしてください。

[*3] 運用と書式232頁，273頁，破産管財実践マニュアル472頁以下，QA200問355頁以下，注釈上679頁参照。

11　債権者集会

債権者集会での破産会社代表者からの挨拶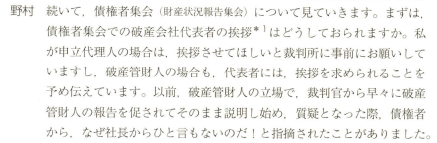

野村　続いて，債権者集会（財産状況報告集会）について見ていきます。まずは，債権者集会での破産会社代表者の挨拶[*1]はどうしておられますか。私が申立代理人の場合は，挨拶させてほしいと裁判所に事前にお願いしていますし，破産管財人の場合も，代表者には，挨拶を求められることを予め伝えています。以前，破産管財人の立場で，裁判官から早々に破産管財人の報告を促されてそのまま説明し始め，質疑となった際，債権者から，なぜ社長からひと言もないのだ！と指摘されたことがありました。

石岡　債権者からすると，やはりほんのひと言だけでも肉声がほしかったのでしょうね。代表者のお詫びや挨拶については，事案によって弁護士側で配慮すべき点でしょう。

久米　私も債権者が出席しているときは原則として挨拶をしてもらうようにしています。債権者の厳しい追及が想定される事案では事前に裁判所と集会の段取りについて相談し，お詫びとともに挨拶をお願いしています。

山田　私も多くの場合，誠実に挨拶し，お詫びしたほうがよいと思います。それがけじめであり，債務者の経済的再生の出発点だと思います。破産事件はやはり債権者に対して一定の負担を求めることがほとんどですから，謝るのが適当な場合が大部分でないかと思います。基本的には，申立代理人主導で債務者を導いてほしいものです。

紛糾した債権者集会への対応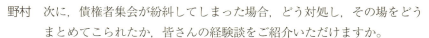

野村　次に，債権者集会が紛糾してしまった場合，どう対処し，その場をどうまとめてこられたか，皆さんの経験談をご紹介いただけますか。

久米　集会が荒れたら，場合によっては裁判所に介入してもらい，中立的な立場からソフトにこの場の説明をしてもらうことも有効な場合があります。

[*1]　書記官事務の研究237頁，運用と書式109頁，破産管財実践マニュアル312頁参照。

中川　訴訟提起した相手方のメインバンクが債権者集会に出席したときには，非常に険悪な雰囲気になり，とげとげした質疑応答が続きましたが，議論が平行線になった頃合いで裁判官が介入して打ち切ってくれました。

石岡　ただ，裁判官が債権者から求められてもいないのにあれこれ言いすぎるのも違うでしょう。基本は淡々と司会に徹することでよいと思います。

八木　債権者集会で社長を糾弾する発言が続き，破産管財人にも「どうにかしろ」という話があり，1時間近く紛糾したことがあります。糾弾する発言が続くと内容がどんどん過激になっていきましたが，集会後に裁判所の廊下で個別に話をすると，それぞれは話がわかる人であきらめていきました。債権者集会が糾弾する雰囲気になっていたのだと思います。

石岡　青森では，ある程度大型で債権者数が多く債権者からいろいろな意見が出そうな場合は，裁判所外の市民ホール等の広い会場を準備するようにしています。狭い空間で意見を出しているとヒートアップしやすいですよね。

籠池　広い会場をとるのは，座席不足のクレームがつかないようにということで民事再生ではセオリーになっていますね[*2]。他にも，室温が高いとヒートアップしやすいので，室温が上がらないように空調を設定しておくこともありますよね。

野村　逃げないこと，同時に燃え上がらないよう知恵を使うことが大切ですね。

債権者集会における配付資料

野村　債権者集会での配付資料についてはどうでしょうか。大阪では，債権者の出席が予想される事件では，原則として，裁判所に提出した報告書を要約したもの，財産目録，収支計算書の写しといったところを配付するとされています[*3]。ただ，事案によっては口頭報告のみに留めてもよいですね。出席債権者から書面提供を強く求められたときには，裁判所から事件記録の閲覧・謄写手続を案内する対応もされているところです[*4]。

---

*2　民事再生実践マニュアル125頁参照。
*3　運用と書式105頁参照。
*4　破産管財実践マニュアル310,311頁参照。

石岡 以前，日弁連の委員会で話題になったときも，詳細なものを配付するところから，何も配付せず，ほしい人には謄写してもらうところまで様々でした。私は前者の詳細なほうでして，基本的に集会用として裁判所に提出した書面，報告書・財産目録等をそのまま債権者にも配付しています。債権者に配付しない資料は，「参考資料」として裁判所に提出しています。

　何も配付しない運用には驚きましたが，債権者も会社に報告するためには何かしら資料が必要なのではないでしょうか。

野村 私は，裁判所に提出した財産目録，収支計算書をそのまま配ることはせず，清算貸借対照表をＡ４判１枚もので別途作成し，集会当日に配付しています。これは大阪地裁の申立書式の資産及び負債一覧表[*5]の原型で，一覧性が高いです。これ以外に必要と感じた場合は，報告書の要旨をまとめたものをできる限りＡ４判１枚表裏までで作成します。この清算貸借対照表さえあれば十分なお土産になりますので，普通はこれ以上の情報提供は不要と思っています。

中川 私は，換価終了報告前に一度は換価対象資産を個別に記載した財産目録を配付したほうがよいのではと思っております。集会で債権者から隠匿資産について情報提供をもらい，管財人の換価漏れも防ぐためですね。

久米 私も個別の財産を列挙した資料を配付することがありますが，通常は，銀行口座の口座番号を削除したり，売掛先の固有名詞を削除したりといった配慮をしています。

野村 このあたりは，各自が事件ごとに様々配慮しつつということですね。

債権者集会外での情報提供依頼への対応

野村 債権者集会以外での債権者からの照会や情報提供依頼について，どのように対応していますか。例えば，債権者集会に欠席した債権者から集会配付資料の送付依頼があった場合や，電話で詳細な説明を求められた場合はどのように対応していますか（→306頁）[*6]。

[*5]　運用と書式333頁，369頁参照。
[*6]　破産管財実践マニュアル314頁参照。

石川　集会外で資料提供を依頼された場合，私は切手付き返信用封筒を送ってくるなら送付しますが，ファックスは誤送信防止の観点からもお断りしていますね。問い合わせがあったら集会への参加を促していますよ。

山田　債権者から，債権者集会で配付した資料のファックスがほしいと言われれば，当然のように要求されたとしても気安く応じるようにしています。わずかな手間だし，断って，債権者に不親切だと思われたくないし，債権者が謄写に及べば誰かに負担が行くからです。

河野　債権者が求める情報によっても対応は違ったものになります。集会で配付した資料のような既にオープンになっているものであれば，見せることをそんなに気にしなくてよいかと思います。記録を閲覧・謄写すれば見ることができるものについては，特定の債権者にだけ便宜を図るのもどうかという抵抗感もありますね。

山田　債権者に便宜は別として，債権者の配当原資の一部を報酬としていただいているのでできる範囲で対応してもよいのでは思います。債権者を慰めながら進めるのも管財人の役割と思います。以前，投資詐欺事件の債務者会社の破産管財事件で管財人を担当した際，被害者である高齢者の債権届出について，相当丁寧に情報提供し，かつ，相当丁寧に債権届を促しました。

中川　しかし，現行法には情報提供努力義務（86条）があるものの，これは，労働債権者への努力義務に留まり，一般債権者への義務は課されていないと理解しています[*7]。ただ，そのような冷淡な対応ではかえって集会を紛糾させるだけなので，簡易な照会は口頭限りで回答し，詳細な質問に入ったら集会にお越しくださいと誘導し，債権者間の情報の配当も偏りがないようにしています。

石岡　私は，山田さんに同感です。管財人は，基本的には債権者の利益のために業務を行っているという意識，もちろん，それだけではありませんが，そういう意識をもったほうがよいと思います。管財人の義務ではない，という言い方にはやや抵抗がありますね。

---

*7　大コンメ364頁参照。

野村　ここも事案ごとに，債権者の属性も勘案しつつ対応ですね。

任意の債権者説明会の開催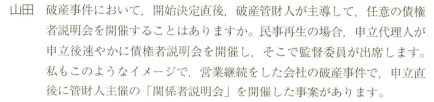

山田　破産事件において，開始決定直後，破産管財人が主導して，任意の債権者説明会を開催することはありますか。民事再生の場合，申立代理人が申立後速やかに債権者説明会を開催し，そこで監督委員が出席します。私もこのようなイメージで，営業継続をした会社の破産事件で，申立直後に管財人主催の「関係者説明会」を開催した事案があります。

八木　債権者説明会までにやりませんが，事業継続の場合に対外的な説明が重要だということは同感です。私の場合には，民事再生や破産の事業継続事案では，相当時間を取って丁寧な記者レクを行い，取引先に取引を継続してもらい，従業員に安心して働いてもらうためにも，事業継続・再生に向かっていることがわかる報道をしてもらえるように心がけています。

久米　私も，開始決定後に個別の問い合わせが殺到したり，財産状況報告集会が荒れることが予想されたりする事案では，早期に債権者に説明することが必要と考え，開始決定の2～3週間後に任意の債権者説明会を開催した経験があります。その際には，債権者説明会の案内を開始決定の同封文書にしてもらいました。

桶谷　事案に応じた個別の対応となりますが，早期に任意の債権者説明会を開催して，債権者に情報提供をすることによって，債権者は今後の見通しを早期に把握することができますし，管財人も，債権者からいろいろな意見を聴くことができ，管財業務や債権者集会の進め方などの参考にすることもできますよね。ただ，あくまで事案によりますね。

石岡　そう，通常の事件ではやりませんよね。管財人側で何の用意もなく行うことがかえって不相当なこともあると思います。事業継続等の事案で必要に応じて，ということでしょうね。

野村　郵便で通知をしたり，ウェブサイトを利用して適宜情報提供したり，といった点も含め，事案によって適宜工夫することになりますね。

報道対応

野村　今，報道の話が出ましたが，報道機関からの問い合わせにはどのように対応していますか。

八木　まず，申立代理人の立場では，原則として，報道されることにデメリットしかないので，問い合わせが来ても，「立場上，お話しできることが一切ないのですよ。申し訳ありません」とだけ優しく答え，負債総額も含めて一切の情報提供はしません。ただ，破産管財人が事業継続する場合だけは，事業継続がスムーズにいくように，管財人の意向に沿った対応をしています。破産管財人の場合，債権者集会は，会場に入れる人が債権者に限られ，閲覧謄写の範囲の制限もあります。そこから考えると，特別の理由がなければ開示せず，お話はできませんと答えるのが筋ではないでしょうか。

石岡　地元で注目される案件，負債総額は小さくても地域に影響を及ぼす事件はあります。そのような案件では，集会後にマスコミから質問を受けることがありますが，集会で話した程度の内容であれば適宜対応しますね。

山田　バス会社の破産で，翌日からバスが運行しないので，利用者がバス停に行かないように広報するため，記者クラブを通じて記者会見を行った経験があります。地元の新聞，テレビも協力して報道してくれました。

森本　消費者被害的な破産事件で，混乱を避けるために，開始決定直後に記者会見を開きたいと司法記者クラブに連絡したことがあります。しかし，その件では，記者クラブの対応が冷たかったですね。

八木　この手の事件で記者会見をする場合は，司法記者クラブではなく，経済記者クラブに連絡することが必要ですよ。

久米　マスコミに丁寧に説明しても，実際の報道はマスコミがほしい部分だけ切り取られ，こちらの本意と異なる報道がされるおそれもありますよね。

中川　不用意なひと言とならないよう注意することも大事ですね。

八木　本意に沿わないコメントにならないためには，好きなように切り取りをされないように，枠の大きさを考えて，そのまま載せるしかないボリュームの極めて短いコメントを出します。この点，事業継続型の破産事件

や再生事件における報道対応についてコラムにまとめてみました*8。

石岡　コラムを拝見しましたが，にぎやかですねえ。私も何度もマスコミ対応してきましたが，このように積極的にやるのは相応の規模の事件でしょうね。地方の小規模事件の場合もっと静かにやってもよいと思いますが。

八木　いろいろとご意見のあるところだとは思いますが，多比羅誠先生のご論稿に触発されて，書いてみたものです*9。

野村　八木さんらしくて面白いので，コラムとして採用ですね。
　　　債権者集会は，個別に連絡を取り合う債権者でなければ，債権者が情報を得るための大切な機会ですね。管財人側はいろいろと知っていても，債権者側は知らないことも多いわけで，件数は少ないでしょうが，債権者が出席する債権者集会では，管財人は丁寧な説明や応対が必要だと思いますし，管財人としてもその経験はその後に活きてくると思いますよ。

【コラム6】マスコミ対応の心得十箇条（事業継続型）

一，マスコミの『流儀』を知るべし
「破産自体を報道しないで」と言っても止まりません。「破産しても，きちんと事業継続しています」との報道を求めましょう。先例がない（珍しい）事案と紹介すると扱いが大きくなりやすいです。

一，提供すべき情報は必要な範囲に留めよ
報道してもらいたいポイントに絞って情報を提供しましょう。詳細に情報提供しても希望どおりに報道されるわけではありません。報道されそうにないなら，そもそもマスコミ対応は不要でしょう。

一，情報提供は平等に
最初の情報提供は経済記者クラブにファックス等で投げ込みます。個別連絡で情報が取れる弁護士と思われると個別取材が殺到する懸念もあります。ただし，信用情報会社には個別連絡が必要な場合もあります。

一，情報提供のタイミングに注意すべし
ターゲットとする報道（翌朝の朝刊，夕方のニュース番組）の締切時間から，

---

*8　地方の弁護士が事業継続・事業譲渡型の破産申立て（→164頁）や民事再生申立てをする際の対応を念頭に置いたものです。純粋な清算型の事件を念頭に置いたものではありません。

*9　大規模事件，監督委員の立場などでの対応については，多比羅誠「私のマスコミ取材対応ルール」債管156号（2017年）76頁以下参照。

裏取り取材，原稿の作成時間を逆算して記者レク等の時間を設定しましょう。投込みと記者レクの時間の間隔は悩ましいところです。短すぎると来てもらえず，長すぎると記者レク前に報道されてしまう懸念もあります。

一，ネット情報は事前にチェックすべし

　記者レク前のネット情報のチェックは記者の基本。ネットで確認できる情報を隠しても不誠実な印象を与えるだけです。ネット情報が誤り・不正確な場合には，記者レクで積極的に正確な情報を提供して誤りを正しましょう。

一，丁寧な説明とフォローが誤報を減らすと心得よ

　望ましい内容の報道をしてもらうことで，債権者・関係者対応の負担が大きく軽減し，事業再生の可能性が広がります。記者レクに割く時間を惜しまず，納得が得られるまで説明しましょう。レク後の確認や追加質問の電話，メールにもできるだけ対応します。原稿そのものの事前確認は難しいですが，自分のコメント部分の読上げ確認はお願いすべきです。

一，絶対に嘘はつかない[*10]

　言えないことは言わなければよいです。曖昧な言い方にせざるを得ないこともあります。ただ，絶対に嘘はいけません。嘘をつく弁護士だとの評価は，記者との信頼関係を壊滅させることになります。

一，取材ルールを明示すべし

　記者レク前の問合せ禁止，関係者（従業員，関係者）への直接の説明前の接触禁止など，混乱を避けるために必要なルールを明示し，ルール違反には，会社への抗議やその後の説明会等への出入禁止などで厳しく対応します。

一，そのまま使えるコメントを書面で準備すべし

　長文のコメントを出すと想定外のところを切り取られる可能性があります。切り取られず，そのまま記事に引用せざるを得ない極めて短いコメントを記者レク資料に記載するとよいでしょう。

一，裁判所との認識の共有を図るべし

　裁判所は，弁護士が思っている以上に報道を気にしています。記者レクの実施は事前に連絡し，内容や結果もすぐに口頭でもよいので報告しましょう。報道される予定もわかる範囲で伝えておくことが望ましいです。

[*10] 佐々淳行『危機管理・記者会見のノウハウ』（文藝春秋，2011年）292頁の「記者会見の心得十カ条（記者会見十戒）」でも，「第1条＝嘘は禁物」としています。

12 配　当

配当の順位に注意

野村　換価作業が終了し，債権調査も終了し，財団債権を弁済しても，なお財団に余剰がある場合，配当事案です。配当する際は優先的破産債権，一般の破産債権，劣後的破産債権，約定劣後破産債権の順番になりますが，通常，一般の破産債権までの配当となりますね。

桶谷　優先的破産債権につき，財団債権部分は租税債権と労働債権が同列ですが，優先的破産債権部分では労働債権は私債権ですから公租公課に劣後しますし，さらに公租と公課間にも優先関係があり，注意が必要ですね。

優先的破産債権部分のみ支払える場合

野村　優先的破産債権である租税債権まで配当見込みの場合，全く配当のない一般の破産債権者に破産債権の届け出を行ってもらい，債権調査を行うことは不合理ですので，財団債権の按分弁済と同様の処理を和解許可（78条2項11号）により行うこともできますよね[*1]。

石川　具体的にはどのように分配するのですか。

野村　まず，桶谷さんからも話がありましたが，公租と公課間の優先関係を確認します。第1順位の国税及び地方税（公租）までの配当であれば，対象公租庁に連絡して分配方法について説明し，口頭ベースで了解を得ます。その後，裁判所に和解許可申請を行って按分で簡易分配をして異時廃止となります。第2順位の公課までの配当が可能であれば，公租庁には100パーセント分配であること，公課庁には分配方法について説明し，同様に了解の上，簡易分配をして異時廃止となります。

久米　第3順位の労働債権まで配当が可能な場合の工夫例は，優先的破産債権の労働債権の早期弁済方法で紹介したとおりです（→375頁）。

---

*1　運用と書式273頁以下，破産管財実践マニュアル470頁，QA200問353頁参照。

配当手続の選択

野村　次に、配当手続の選択ですが、最後配当、簡易配当、同意配当とあり、裁判所がマニュアルや指針を作成しているところでは、やり方を決めていることが多いですね。大阪地裁では、基本的に簡易配当です。簡易配当で不都合がありませんので、最後配当になる事案は少ないですね。

石川　私も基本は簡易配当ですね。債権者数が多い場合は最後配当を、逆に債権者が数名と少ない場合は同意配当を使ったこともあります。債権者の数以外にも債権者の属性も考慮していますが。

野村　私は、同意配当以外にも和解契約方式による簡易分配も行っていますね[*2]。小規模管財の運用の時代に自ら作り出したからでもあるのですが、運用上の工夫として残してもらっています。「先生くらいですよ」と言われながら事案によっては行っています。極めてスムーズですよ。

各地の扱い

桶谷　札幌地裁では同意配当が多く利用されています。これは札幌地裁管内では債権者との間で同意配当に対する理解と信頼があるので、同意配当の同意をとることに支障がないという背景があると思っています。

石川　私も昨年（平成28年）の全倒ネットの札幌での全国大会の時に、札幌では同意配当の割合が約67パーセントと聞いて驚きましたね。

簡易配当の手続選択

野村　簡易配当についても、少額型、開始時異議確認型、配当時異議確認型がありますよね。大阪では配当原資1000万円未満の簡易配当は少額型、1000万円以上の簡易配当は配当時異議確認型です。開始時異議確認型は使っていないですね[*3]。

石川　私は、千葉で破産法改正に伴う運用についての裁判所と弁護士会の協議会のメンバーだったのですが、当時、野村さんにお願いして、大阪弁護

[*2]　運用と書式278頁以下、破産管財実践マニュアル475頁参照。
[*3]　運用と書式279頁以下、破産管財実践マニュアル469頁参照。

士会の小規模管財 ML に入れてもらいました。そこで知った大阪弁護士会と大阪地裁第6民事部との運用に関するやりとりが合理的だと思ったので，千葉の協議会で披露したこともあります。その頃野村さんから大阪では開始時異議確認型は配当についての予断を債権者に抱かせることになるから採用しないと教えてもらいました。千葉地裁でも同じ考えで当初から採用しないと決めました。ところが，近弁連の意見交換会で神戸では開始時異議確認型を採用しており，運用上も問題が生じていないと聞いて驚いたことがあります。

久米　神戸地裁は配当が1000万円未満でも1000万円以上でも簡易配当を原則的な扱いとしています。開始決定時にいわゆる「期日型」を採用する場合は配当可能性がある程度高いという理由で，通常は開始時異議確認型の簡易配当となっています。特段開始時異議確認型を採用して不都合は生じていませんね。また，開始決定時にはいわゆる「留保型」でその後「期日型」に移行した場合は配当時異議確認型が基本となります。

髙松　福岡は簡易配当を原則としており，配当金額が1000万円以上でも配当時異議確認型を使う運用をしています。

山田　名古屋も同じで配当時異議確認型を使えます。

石川　千葉では既に述べたように当初は大阪の運用をベースとしていましたので，私は1000万円以上であっても配当時異議確認型でやってきました。債権者の数が多く，債権者の属性も様々で異議を出させる可能性があれば最後配当を選択してきました。ところが，あるときから1000万円以上の場合は最後配当を選択するという運用に変わりました。

野村　東京地裁をはじめ，配当時異議確認型を採用していない裁判所は少なくないですよね。異議を出させると最後配当に移行するからという理由だと思いますが，理由付けとしては適切でないように思えますが。

中川　高知も配当時異議確認型を利用できますが，これまで異議を出されたことはありません。通常であれば債権者が異議を出す理由はないのですから，異議を出されないように通知書の文面も工夫してほしいですね[*4]。

[*4]　破産管財実践マニュアル469頁，646頁参照。

石川　野村さんが先ほど紹介された和解契約方式による簡易分配（→386頁）は管財人による運用上の工夫ですが，私は野村さんから教えてもらったので，千葉地裁のある支部で一回やったことがあります。今なら認めてもらえないと思います。最近思うのですが，法律で認められている配当手続については，裁判所や弁護士会が指針を作るにしても，「これはダメ」というやり方はよくないと思います。先ほども述べましたが，私自身が開始時異議確認型は採用しないという意見を裁判所との協議会で提案した立場ですが，自戒と反省を込めてそう思います。

野村　私も石川さんと同じ意見で，管財人に様々な選択肢があるということが大切だと思います。あくまで指針ですから推奨する方法を示すことはよいことだと思いますが，管財人が様々な要素を考慮した上で，事案に応じて別の方法を選択することも当然に許容されるべきだと思いますね。

中間配当

野村　私は中間配当の経験はありませんが，経験がある方はおられませんか。

久米　開始決定後も個人の事業継続を認めた事案で約3年にもわたる長期の積立てとなったので中間配当を利用したことがあります。

八木　私は，ひと通りの換価が終わり，後は訴訟の結果待ちというときに中間配当を利用しました。既に紹介しましたが，破産法53条解除による違約金条項適用の有無を争った事案（→120頁）と集合動産譲渡担保に基づく物上代位による債権差押命令の有効性を配当異議訴訟で争った事案（→105頁）です。前者は，一審から上告審まで勝ち切り，後者は，差押債権者と折半で和解しましたが，中間配当をしていたことで，じっくりと訴訟に取り組むことができました。

髙松　八木さんと同様のケース以外に，保全管理命令に続く破産開始の事案で，開始当初に保全管理人から相応の財産が引き継がれたため，比較的早い時期に中間配当を実施したことがありました。逆に，似たような事案において，債権者が多数に及んだため，中間配当をしなかったというケースもありました。中間配当を実施するかどうかについては，結構，判断に悩むことがあります。

中川 そういう意味でも、中間配当については、他の配当手続と異なり、裁判所の許可が必要とされているわけですよね。

山田 事件が長期化する事案で、それなりに財団が形成されている場合は、債権者との関係でも中間配当の利用が適切な場合もありますよね。中間配当に先立って管財人の中間報酬決定がされることが通例ですから[5]（→410頁）、管財人の事務所経営の観点からも助かります（笑）。

八木 なお、中間配当を実施した場合には、簡易配当ができませんので、注意が必要です。

最後配当の手続選択

野村 配当額が1000万円以上になる場合で債権者が簡易配当に異議を述べることが予想される場合や中間配当を実施した場合は最後配当となると思われますが、最後配当になる場合は「通知型」と「官報公告型」のどちらを利用されていますか。

石川 これは、どちらも使えると認識しています[6]。過去2回は官報公告型を使いました。最近やったのは「通知型」です。

髙松 債権者数にもよるのではないでしょうか。私は、債権者が多数の場合は官報公告、さほど多くなければ通知というイメージです。

配当からの除斥

野村 配当は、破産債権の全員に対して行われるというものではなく、そもそも債権届出が必要ですし、さらには打切主義ですので、どうしても配当から除斥される債権者が出てきてしまいますね。破産管財人としても気になるところです。

八木 敷金返還請求権など停止条件付債権で除斥期間内に条件が成就しない場合や、別除権付債権者から除斥期間満了までに担保権の不足額の証明がされない場合などは配当手続に参加できませんね。

桶谷 その点で、別除権者が不足額確定報告書を提出しなかった場合に、不足

---

[5] 破産管財実践マニュアル476頁参照。
[6] 破産管財実践マニュアル476頁参照。

額がないものとして配当を実施した破産管財人が，善管注意義務違反の責任を問われた裁判例*7がありますので（→307頁），注意が必要ですよね。
石岡　破産債権の査定申立てがある場合にも供託による配当は可能ですが，やはり，結果を待ってから配当したほうがよいと思いますね*8。
山田　配当から除斥される債権者にも配当通知の際に配当がない旨（0円）の通知することも忘れないようにしたいですね。配当から除斥されるかどうかについては，当該債権者にとって大きな利害関係がありますので，配当全体のスケジュールを把握した上で，債権者に対する届出意思の確認も含め，債権調査・債権確定については慎重にすべきだと思いますね。
髙松　配当通知に関して，通知型で行う場合は，通知の対象は，「届出をした破産債権者」であり（197条1項），「配当に参加できる債権者」ではない点に十分気をつける必要があると思います。

配当をスムーズに行うための工夫

野村　実際に配当を行う際に，配当をスムーズに行うためにいろいろと工夫があるかと思いますが，その点の工夫についてはいかがでしょうか。
髙松　まず，配当金額が少額になる場合についてはどこの裁判所でも工夫がなされていると思いますが，福岡では原則として300円以下は配当しなくてよいという取扱いになっています。
籠池　振込手数料を控除すると配当額が少額になるというケースでは郵便切手で配当する場合もありますよね。この場合は，配当見込額の通知等において，債権者に事前に通知するようにしたほうがよいですね。また，債権者が多数の場合についてですが，配当実施日に混乱等が生じないように早い段階で銀行と打ち合わせをしたほうがよい場合もあります。
石岡　青森では，だいぶ前になりますが，裁判所と協議して，すべての債権者について振込手数料を財団負担とすることにしました。これによって，少額の配当金でも全額送金できることになります。少額の配当金の事務処理の煩瑣を考えると，このような処理は合理性があると考えます。

---

*7　札幌高判平成24・2・17金法1965号（2013年）130頁参照。
*8　破産管財実践マニュアル467頁参照。

野村　その振込費用財団負担方式については、取立債務とされているところを、振込みかつ振込費用を破産財団で負担してよいのか、という点を徹底的に議論しましたよ*9。今ではもう当たり前のこととなっていますが。

法人併存型における配当の工夫

桶谷　法人と代表者が共に破産している法人併存型の事案で、代表者が法人に対して債権を有している場合、法人・代表者ともに配当が可能となる事案について配当方法に悩むことがありますね。

八木　その場合は、法人の事件で配当額を決めてから、代表者の破産事件では法人の配当額が入金されることを前提として配当原資を確定して配当手続を後追いで進め、配当期日を同一日とする方法があります*10。また、法人と代表者との間で予想できる配当額を前提に裁判所の許可を得て和解する方法もあると思います。ただ後者のやり方では、配当金相当額は概算となってしまいますね。

配当しすぎになる場合

野村　多くある事象ではありませんが、ときに債権者の一部に債権額を超えて配当することになってしまう場合がありますね。私が経験したところでは、主債務者の法人につき配当しようとしたら、破産していない物上保証人の不動産が高く売れたことから、配当を受け取ると債権額を超える回収になってしまうと申し出があった事案があります。

籠池　手続開始時現存額主義（104条）との関係ですね。主債務者の法人の破産事件で届け出た破産債権は別除権付ではなく、物上保証人からの一部回収があっても破産債権額に影響しないってわけですね。

野村　そうなのです。例えば、極めて単純化し、破産債権が100で配当率が30パーセントとし、物上保証人の不動産からの回収が80あったとすると、実際の破産債権は残り20で、配当率30パーセントなら6しかないはず

---

*9　詳細は、運用と書式の初版265頁以下参照。その後、当然になったということで、現在の運用と書式には、理由付けには載っていません。

*10　破産管財実践マニュアル467頁参照。

なのに，手続開始時現存額主義によるため，破産債権は100として計算し，配当も30あるので，全額回収した上，10超過してしまうわけです。

久米 手続開始時現存額主義の弊害ですね。私もそこそこ配当がある事案で保証人や物上保証人からそれなりに回収できそうな事案では，債権者に債権の一部取下げをお願いしたことがありますね。どう処理されましたか。

野村 その件は，配当通知を送ったことで判明した事案で，急いで調整に入ったのですが，債権者が超過分を物上保証人に渡すことで処理したいということで，物上保証人側も了解したので，そのまま債権者に配当し，超過分を債権者から物上保証人に渡してもらいました。田原先生の不当利得構成に従ったわけですね*11。他にも様々見解があるところですし，近年，手続開始時現存額主義についてはよく争われていますね*12。

山田 いずれにしても，手続開始時現存額主義は配当においては，場合によっては不合理な結論となる場合もあるので，注意が必要ですよね。

100パーセント配当の際の留意点

野村 私自身は経験がないのですが，予想外に高く不動産等が売却できた，申立書に記載していない預貯金や過払金等の財産が発見できたなどの理由により，100パーセントの配当ができる場合もありますね。劣後的破産債権まで配当できることが多いと思われますが，破産手続開始後の遅延損害金についての取扱いなどからご意見を聞きたいのですが。

團 破産手続開始後の遅延損害金については，通常「額未定」の債権として届けられますが，大阪地裁では破産手続開始後の遅延損害金については，債権届出用紙とともに送付する管財人の連絡文において異議を述べることが予告されていますので，異議通知を出す必要がありません*13。

野村 そうすると，管財人としては，債権者から査定申立てがなされていない

---

*11 伊藤眞ほか編『新破産法の基本構造と実務（ジュリスト増刊）』（有斐閣，2007年）366頁以下参照。
*12 座談会後の情報として，最決平成29・9・12金法2075号6頁は，破産債権者が破産手続開始後に物上保証人から債権の一部の弁済を受けた場合において，破産手続開始時の債権の額を基礎として計算された配当額が実体法上の残債権額を超過するときは，その超過部分は当該債権について配当すべきであると判断しました。
*13 運用と書式247頁，はい6民274頁参照。

場合，当該遅延損害金の存在は債権者としては主張し得ないものとして扱うしかないということでしょうかね。
久米　神戸地裁では，開始決定後の遅延損害金について異議を述べることは特段予告されていませんが，「額未定」で届出がなされた債権について取下げを促した場合，ほとんどの債権者は取り下げてくれますね。
野村　開始決定後の遅延損害金も配当するとした場合は，どうしますか。
八木　やはり，管財人において配当日までの遅延損害金を計算して支払うことになるのでしょうね。ただ現実的には債権者と個別に合意するなどして配当方法を工夫することもあるようですが。

100パーセント配当と免責許可申立ての関係

野村　100パーセント配当ができる事案の場合，免責（→271頁）についてはどうしたらよいでしょうか。裁判所から免責許可申立ての取下げを示唆されたり，申立代理人側から取下げがなされたりすることもあるようですが。
髙松　これは，1回免責を受けてしまうと，7年以内は免責不許可事由になってしまうからですよね（252条1項10号イ）。再度の破産を前提にするのもいかがかとは思いますが，判断に悩むところかもしれません。
籠池　しかし，破産債権は債権届出のあったものだけが配当対象ですし，失念していた破産債権が存在していた可能性もありますので，免責申立ては取り下げるべきではないと思いますね。
桶谷　また，破産者は破産法255条1項1号において免責許可決定が確定すると当然に復権しますが，免責を取り下げてしまったら破産法256条1項によってわざわざ復権の申立てをしなければならなくなったりしますので，やはり免責許可申立ては取り下げるべきではないと思いますね。
野村　なかなか悩ましい話があるわけですね。
　　　配当は，ほんと注意すべき点がいっぱいありますね[14]。ヒヤリハット（→403頁）も失敗も含め，様々ね。細かくチェックあるのみ！

---

*14　配当については，破産管財実践マニュアル458頁以下のほか，縣俊介ほか編『倒産債権の届出・調査・確定・弁済・配当マニュアル』（三協法規出版，2017年），岡伸浩ほか編『破産管財人の債権調査・配当』（商事法務，2017年）を参照してください。

13 帳簿類や個人情報等の管理・処分方法

商業帳簿等の保管と処分

野村　申立代理人から引き継いだり，事業所から引き揚げてきたりした商業帳簿等は結構な量になりますが，管財事件の終了にあたり，保管せざるを得ない場合やその後の処分につき実際どうされていますか。

山田　事務所において保管することが一般的だとは思います。記録が大量で事務所では保管できない場合は倉庫業者に依頼することもあります。業者に依頼する場合の保管費用や処分費用はあらかじめ財団債権として計上することができます。保管期間は事件が終了した日から3年間とする（民171条）ことが多いです[*1]。10年といわれたりもしますが，保管した記録を再度利用する可能性がどれくらいあるかという現実問題を考えたとき，費用対効果も考慮して，3年くらいが適当だと思いますね。

野村　段ボール数箱くらいならいいか，と事務所に置いていると，積み上がってしまい，保管費用や処分費用を計上しておけばよかったと思いますね。

山田　私もうっかり計上を忘れて保管費用や処分費用を自己負担したことがあります。「とりあえず」と事務所に置いていくと資料がどんどんたまります。財団形成が十分でなく，保管費用や処分費用を財団債権として計上できない場合には，法人破産の場合には法人代表者の了解を得て，商業帳簿等の資料を保管していただくしかありませんね。

野村　財団形成の状況を踏まえつつ，費用対効果の観点も踏まえて，保管方法，保管期間，保管費用や処分費用等を考える必要があります。事件終了後は会計帳簿等の資料の減量化を図りたいところですね。

個人情報等の管理

野村　事業を行っていると当然のことながら，顧客情報や従業員情報といった個人情報等がいろいろとあるかと思いますが，まずは，パソコン内のデ

[*1]　破産管財実践マニュアル487頁，Q&A200問177頁，運用と書式310頁参照。事件終了から3年間保管することが多いのではないかと思われます。

ータはどうしておられますか。
山田　不要となった場合はハードディスクを物理的に破壊するなどしてデータを再現できないようにしてパソコン自体を処分していますね。
野村　ほんと、ぐしゃっとね。次に、書類関係はどうでしょうか。
久米　紙ベースでの重要な情報は専門の業者に依頼して溶解処分をしていますね。溶解証明を出してもらって適正に処理されたことを確認しています。中には直接焼却処分場に持ち込んで、ピットの中に自ら捨てる方もおられるみたいですよ。そちらのほうが確実は確実ですね。
八木　事業用賃借物件の処理の際も、建物内の物を残置する処理をする場合でもこのあたりだけは処理するようにしていますね。
野村　最近話題のマイナンバー（個人番号）はどうしたらよいのでしょうか。
山田　マイナンバー情報は申立代理人から資料を受け取る際に別途保管します。事件終了後に別途保管したマイナンバー情報と会計帳簿等の資料を一体として保管するか、明確な利用目的がないことを理由にマイナンバー情報だけを直ちにシュレッダー処分をするのか（行政手続における特定の個人を識別するための番号の利用等に関する法律20条・19条参照）。どちらが適当なのか、いずれも管財人の裁量だと思いますが、今担当している管財事件では、特殊性に鑑み、先行して処分しようと思っています。
岡田　仮に保管する場合は、必要な安全管理措置をとることが要求されます。個人情報保護委員会が定める「特定個人情報の適正な取扱いに関するガイドライン（事業者編）（別添）特定個人情報に関する安全管理措置（事業者編）」*2 に従うべきですが、破産会社の従業員数等によって中小規模事業者としての特例に従えばよいのか否かが変わりますので注意を要します。

カルテの場合

野村　病院が破産した事案で、カルテやレントゲンを保管しました。カルテ（診療録）は5年間の保管義務があり（医師24条2項等）、レントゲンも3年

---

*2　個人情報保護委員会のウェブサイト参照。

間とかいろいろとあります。電子カルテではなく，すべて紙媒体でしたので，段ボール箱で千数百箱分になったのですが，それを倉庫業者に預かってもらって，一つ端末もくっつけて，大阪府医療対策課と話をして，管財人代理の私の事務所を問い合わせ先にして，全部私の事務所に連絡が来るようにしました。お名前と生年月日で何とか特定しながら，カルテについてはコピーを送る，レントゲンは貸出しをして，終わったら返してもらうようなことを5年間やりましたね。

山田　それは大変ですね。

野村　本来の管財業務とは異なると思いますが，やらないといけないと思い，対応しました。5年間で二百数十件対応し，中には，裁判所からの調査嘱託や送付嘱託に応じ，提供しましたね。

山田　費用はどうしたのですか。

野村　もちろん，倉庫業者の保管，処分費用は，財団債権として払っていますよ。必要な経費ですからね*3。

山田　それは当然として，野村さんの報酬分は？

野村　うーん，そこはよくわかりませんが，配慮してください，とは伝えましたね。まあ，費用が出せる事案だったからできたわけですが，費用がない事案になってくると，なかなか難しいだろうなあと思います。

山田　そもそも民事再生等の再建型にできなかった事案だったのでしょうか。

野村　事業継続・事業譲渡を検討しましたし，破産管財人による民事再生の申立てまで検討しましたが，残念ながら断念せざるを得ない事案でした。

破産記録の保管

野村　保管といえば，破産事件の一件記録の保管も必要ですね*4。

山田　これは他の事件の記録と同様に事務所に保管します。破産事件の一件記録は管財人を担当した弁護士自身に帰属する資料ですから。

籠池　破産事件終了後も債権者等からの問い合わせがあったり，ときには追加配当する財産が見つかったりすることもありますしね。

---

*3　野村剛司「消費者問題と破産」破産法大系Ⅲ465頁参照。
*4　破産管財実践マニュアル487頁参照。

鈴木 そうですね。追加配当の財源の場合には、その財産の存在よりもなぜその資産を在任中に発見できなかったかの裁判所への報告も必要になりますので、手元に一件記録があることは重要ですね。

石川 それと、破産財団から放棄した不動産につき、後日、任意売却してほしいとスポット清算人（→355頁）に選任されることもありますしね[*5]。

野村 かつて、国税局が絶対公売すると譲らないので、破産財団から放棄した多数の土地が、結局公売が失敗し、その後、ぽつぽつと任意売却の話がある度にスポット清算人になったことがあり、事件記録は残しておかないといけないなあと思いましたね。時間の経過とともに裁判所の記録保管期限が順次到来してきますので、自分で残しておかないと。

鈴木 保管義務は3年間と考えられますが、管財人としての責任追及への対応から税金の消滅時効期間（最大7年）、善管注意義務違反の時効期間（10年）は管財人の責任追及がなされた場合に適切に対応できるようにするため関連する重要部分は保管しておくとよいかもしれませんね。

桶谷 とはいえ、全件で記録の全部が全部は残せませんので、少なくとも裁判所の決定や財産目録、収支計算書等重要な資料をまとめたファイルを作成しておくと便利だと思います。

鈴木 重要な資料部分は、問合せ対応や今後の事件への経験知の蓄積として、以前はコピーで保管していましたが、最近はPDFファイルで保存ですね。

野村 PDFファイル化は大切ですね。事件中もできるだけPDFファイル化し、ファイル名も検索しやすいものにしています。

髙松 換価の際の契約書や領収証も手元に保管するようにしています。記録については、個人的に契約している倉庫業者の倉庫に保管していますが、万が一後からいろいろ言われた場合に備えて、破産事件や相続財産管理等の記録は古いものも未だに廃棄していません。倉庫の容量もあるため、終結から10年以上経過したものはそろそろ廃棄しようと思っています。

野村 それはすごいですね。

髙松 安心薬のようなものですね。

[*5] 破産管財実践マニュアル486頁参照。

14 弁護士倫理・ヒヤリハット（破産管財人編）

関係者との利益相反

野村　申立代理人の弁護士倫理・ヒヤリハットについては，先に取り上げましたが（→219頁），破産管財人についても弁護士倫理の問題がありますね。善管注意義務違反については，「破産管財人の役割」（→307頁）のところで議論しましたので，ここでは弁護士倫理に絞って議論し，最後にヒヤリハットについても触れたいと思います。

　まず，利益相反（弁25条，弁護士職務基本規程27条・28条）の問題を考えたいと思いますが，皆さんどのように考えますか[1]。

山田　債権者の中に自分の顧問会社があるような場合によく問題になりますが，その債権の内容・金額等を確認し債権の認否等で問題が生じないようであれば，事件を受任しても問題ないと考えられていると思います。また，売掛先の中に自分の顧問会社があるような場合でも，売掛金の内容・金額等から後の回収の場面等で問題が生じないようであれば，事件を受任しても問題ないと思われます。

久米　極論すれば，管財人としての職務の公平性を疑われそうな事情が少しでもあれば一切受けないというのが理想だと思いますが，あまり厳しいことをいうと大型事件等について，管財人候補者がいなくなってしまいますので，ケースごとに具体的に考えざるを得ないと思います。厳しくすれば，特に地方などでは管財人の引き受け手がいなくなる場合も出てきますよね。

石岡　関係者との利益相反については，実質的に破産財団との間で利害が対立するような関係にあるか，例えば債権額に争いがある，双方未履行契約の相手方である，否認権行使の対象となる，総債権者の中で支配的な地位にある等の事情があるか否かではないでしょうか[2]。関係者が単なる一債権者・債務者にすぎない，というだけであれば，破産管財人の職

---

[1] 破産管財実践マニュアル62頁以下参照。弁護士職務基本規程5条・6条・81条も参照。
[2] 倒産処理と弁護士倫理85頁参照。

務の公正らしさには影響しないと思います。

金銭の収受

野村　次に，破産管財人としては，お金の点に気を付ける必要があると思います。弁護士倫理やヒヤリハットの研修会のときにも紹介した話ですが，不動産の任意売却の際，担保権者から紹介された不動産業者から，決済終了後，茶封筒を渡されそうになり，断ったことがありました。おたくは絶対に使わないからと出入り禁止にしていますね。

久米　不動産の任意売却に関連して「手数料から先生にキックバックしますよ」と案内してくる業者もいると聞いています。信じられないことですが，もらっている方もおられるということでしょうかね。私はお中元・お歳暮も断っていますし，打合せ時の喫茶店でのコーヒー代も自分で出しますよ。

髙松　そういうのは一度でも受け取ったら終わりだということをしっかりと認識する必要があると思います。わずかな金額であったとしても，それが発覚すれば，二度と管財事件の依頼がないのは当然として，場合によっては収賄罪となり（273条）[*3]，さらに金品を提供した業者からゆすられる可能性もあるということを頭に入れておくべきだと思います。

八木　そのように言ってくる人がいるということは，受け取る人がいるということですよね。

野村　裁判所との関係でも，昔話ではありますが，管財人をしていた弁護士が裁判官に背広やゴルフバッグを贈与したという不祥事も起こっており[*4]，やはり高い倫理観をもっておく必要があると感じられます。先日，ひょんなことから，ミャンマーの法制度整備支援にほんの少し関与させていただき，倒産法を作った後の破産管財人の研修について話をしたのですが，大前提として高い倫理観をもつことが大切だと指摘しました。日本では，もう長く破産管財制度が実施され，ある意味当然のことと理解していますが，不正防止を再認識しておいたほうがよいと思った

＊3　破産管財実践マニュアル502頁以下参照。
＊4　多比羅誠「破産管財人の心得(2)」NBL585号（1996年）48頁参照。

次第です。

預り金の管理

野村 そして、いうまでもないことですが、管財人は破産財団のお金を預かるわけですから、この管理をきちんとしなければなりません。

籠池 不正の温床となりやすい分野の一つですね。破産管財人による破産財団の使い込みは、これまでも何度か問題になっています。最近は、成年後見人の使い込みが報道されることが多いですが、いずれも他人のお金を預かっているという点で共通する問題ですね。

石岡 残念ながら、破産管財人による財団の横領というのは、昔は結構ありました。最近は、さすがにあまり聞きませんが。

髙松 最近は、債権者集会等の度に管財人通帳の写しを裁判所に提出しているので、横領事案は減少しているのではと思いますが、ある意味裁判所が監督しないと不正が起こりかねないというのが悲しいですね。管財人は自分を厳しく律する必要がありますね。

野村 いずれにしても、破産事件はすべてお金が絡みますので、襟を正しておくことが肝要です。「李下に冠を正さず」という姿勢で臨むことが大切ですね。

財産保全のヒヤリハット

野村 次に、ヒヤリハットについて検討していきたいと思います。まずは財産保全から見てきましょうか。

山田 工場内に配線してある銅線をごっそり盗られたことがあります。開始決定後に当該工場について火災保険に入り、その際に盗難保険にも入っていたことから、保険金が下りて事なきを得ました。盗難保険は実にありがたいですね（→342頁）。

八木 私も、工場の銅線を金属窃盗団に盗られたことがあります。入っていた火災保険は盗難リスクをカバーしていませんでしたので保険金は下りませんでしたが、後日、犯人は捕まり、切り取られた銅線は還付されたので、機械などと同時に私的入札で売却しました。

野村　在庫商品の任意売却に際し，取戻権対象動産を選り分け，明示して保管していたのですが，売却した商品の搬出のために買主に鍵を貸し出したところ，取戻権対象動産まで搬出されてしまいました。その後，徹底的に捜索させ，部分的に現物が見つかり，取戻権者に返還されましたが，見つからなかった物については，買主に金銭的負担をさせて解決としました。

山田　私も什器備品の買主に，保管していた店舗の鍵を貸し出したところ，売却対象ではないリース物件まで持ち出されたことがありました。結局，買主と交渉し，リース物件の返還を受けましたが，持ち出されたことを知った夜は，とても心配で一睡もできませんでした。

財産換価等のヒヤリハット

野村　財産換価に関する主なご経験について，紹介していただけますか。

石岡　当然と思われるかもしれませんが，不動産の登記簿は最新のものを確認することが必要です。申立時の疎明資料として出ていた登記簿には税金の差押えが記載されていなかったのですが，その後差押えがなされていたことが任意売却実施の直前に判明し，冷や汗をかいたことがあります。

石川　関連して，不動産の任意売却に際しては，必要書類を事前にきちんと確認しておくことも重要です[*5]。信頼できる司法書士に依頼して，事前確認をしてもらうことですね。そうでないと，実行当日になって，これが足りない・あれが足りないと言って，走り回ることになります。

八木　石川さんに続いて，過誤防止という意味で，工場内の機械等を売却する際は，きちんと不動産登記簿を見て，工場抵当の設定の有無を確認する必要があります。担保権を見落として，工場抵当の対象となる機械等を売却しないようにしなければなりません。

中川　動産に関しては，破産者が所有していない預かり在庫を危うく処分しかけたことがあります。動産の売却にあたっては，そもそも破産者の所有なのかどうか，管財人に対する対抗要件が備わっているか否か，担保権

---

*5　破産管財実践マニュアル202頁参照。

の対象でないか等に注意する必要がありますね。八木さんがおっしゃった工場抵当のみならず，集合動産譲渡担保等にも気をつける必要があると思います。

髙松　動産譲渡担保に関しては，対抗要件としての占有改定に気を付ける必要がありますね（→102頁）。動産については，まずは破産者の所有なのかどうかを疑ってみることも大事だと思います。

野村　私も工場内の機械類を一括して売却したところ，買主に引き渡した後に，一部の機械に譲渡担保が設定されていたことが判明したことがあります。既に部分的に転売されてしまっており，機械自体を戻すことができなかったため，該当する機械を評価した上で，譲渡担保権者も申し出なかったことの落ち度を指摘し，相当減額して和解したことがあります。

髙松　それから売掛金等の債権に関しては，くれぐれも消滅時効にかけないよう注意する必要がありますね。短期消滅時効もありますし。

山田　一般的な話ですが，換価漏れにも気をつけたほうがいいと思います。換価終了として配当をしたものの，その直後に換価漏れがあったことが判明しました。換価価値がそれほどなく，大事には至りませんでしたが，配当手続に入る前に，換価漏れがないかきちんと確認しておくことが大事ですね。

八木　消費税の還付（→155頁）があるのをすっかり失念したまま財団債権全額を弁済して異時廃止となりましたが，その後，60万円弱の還付金があることが判明しました。財団債権は残っておらず，債権認否はしていましたが，異時廃止のため追加配当もできませんでした。裁判所と相談したうえで，申立代理人に清算人選任の申立てをしてもらって，私を清算人に選任してもらい，債権認否書に沿って按分弁済をしました。

久米　法人破産において，異時廃止（財団債権按分弁済）後に，商工ローンの管財人から過払金に関する配当金（数十万円）がある旨の連絡を受けたことがありました。破産者代表者が過払金のことを失念していたようですが，結局，八木さんの事案と同様，申立代理人が清算人選任申立てを行い，元管財人の私が清算人に選任され，残りの財団債権に対する按分弁済をして，清算手続を終了させた事案がありました。

債権調査のヒヤリハット

野村　次に,債権調査に関する主なご経験について,紹介してください。

石岡　保証会社による代位弁済やサービサー等への債権譲渡等は頻繁にありますが,注意が必要です。全部譲渡なのか一部譲渡なのか,担保権まで譲渡されているのか否か,神経を使うところです。

野村　てっきり全部譲渡だと思い込んでいたら,一部譲渡ということが後でわかって慌てて通知をしたことがありますね[*6]。

髙松　関連会社に対する売掛金債権なのに,破産会社に対するものとして届け出られていたケースがあり,そのまま認否しそうになったことがありました。関連会社がある場合,誤って関連会社に対する債権(売掛金等)が届けられる場合がありますので,破産会社と関連会社の商号が似ている場合は,債権届出書に添付されている資料をきちんと精査する必要がありますね。

野村　手形にも注意が必要です。裏書譲渡しているのに,その前の段階の手形の写しで債権届出していて,手形所持人の届出と重複するところでした。

配当等に関するヒヤリハット

野村　最後に,これは本当によくあり注意しなければなりませんね。配当に関するヒヤリハットです。

桶谷　注意喚起という意味ですが,別除権者が不足額確定報告書を提出しなかった場合に,不足額がないものとして配当を実施した破産管財人が,善管注意義務違反の責任を問われた裁判例があります(→307頁)。頭に入れておきましょう。

野村　財団債権や優先的破産債権の弁済等の確認はいかがですか。

髙松　注意喚起としてですが,債権者や第三者からの予納金については,優先的な財団債権である上[*7],予納者から請求がなされず,うっかり失念

---

*6　座談会後,管財人が破産債権者に対し,破産債権届出期間及び破産債権調査期日の通知が適切になされているかを確認し,破産債権の届出を催促する義務があるか争われた大阪高判平成28・11・17判時2336号(2017年)41頁に接しました(義務否定)。

*7　運用と書式222頁参照。

してしまう可能性があるので，注意しておく必要があると思います。

久米　財団債権や優先的破産債権の優先関係あたりで，ヒヤッとすることがありました。財団債権内の優先劣後関係などは細心の注意を払って何度も確認すべきだと思いますね。課税庁が交付要求を失念していたという事案もありました。これは，管財人のミスとはいえないかもしれませんが，財団債権の支払前に再度確認すべきときもあると痛感しました。

石岡　配当通知を発するまでに交付要求がなければ管財人としては免責されるのですから，ミスということではないと思います。ただ，配当実施の直前に財団債権が見つかると，配当表の更正を余儀なくされますから手間ですよね。私は，財団債権を支払う際に，公租公課庁に「未払額の有無と金額」を書面で照会しています。

石川　交付要求庁から納付書が送られてきましたが，それが劣後的破産債権であり，間違って支払いそうになったことがあります。危ないです。

野村　債権調査後の代位弁済・債権譲渡等による債権の変動についても十分注意が必要ですね。

八木　債権の一部譲渡や代位弁済で分属したのに，全部譲渡，全部代位弁済と誤解して元の債権者に配当通知が未了だったという話を聞いたことがあります。債権譲渡や代位弁済がなされたときは，何度も内容を確認することが大事だと思います。

髙松　確認作業は，可能な限り日を変えて，複数回行うことが大事だと思います。そういう意味で，「明日でもよいことは，一晩寝て，翌日再度確認して行う」ということも大事ですね。

山田　『書記官事務の研究』書式86頁以下には各配当手続に伴う詳細なチェックリストがありますし，『破産管財実践マニュアル』642頁には，「簡易配当進行表」があり，提出書類や注意事項についてコンパクトな解説があります。配当はミスが起こりやすく，ミスが即関係者の損害となります。基本に忠実にこれらのチェックリストをその都度参照する必要があると思います。

野村　管財人は，最後に配当が待ち構えていますから，ここでもチェックが欠かせませんね。

15 破産管財人の報酬

破産管財人の報酬の定め方

野村　破産管財人の報酬についても見ておきたいと思います。デリケートな話ですが，申立代理人の報酬を見た以上（→226頁），こちらにも触れざるを得ませんね。まず，破産法87条1項を受けた破産規則27条には，「裁判所は，破産管財人又は破産管財人代理の報酬を定めるにあたっては，その職務と責任にふさわしい額を定めるものとする」とされています[*1]。

山田　「職務と責任にふさわしい額」というのは難しいですね。人によってサービスやお金に対する価値観や金銭感覚は異なります。しかし，破産規則27条が，単に管財人の要した「労力」という要素のみとせずに，「職務と責任にふさわしい」という文言にしたところがポイントだと思います。感覚的な表現ですが，大きな事件，重い事件であれば，管財人の職務と責任は大きいわけですから，管財人報酬は大きくなるはずです。

桶谷　裁判所は，管財人報酬を定める基準を備え，その基準に基づいて管財人報酬を定めていると伺っています。大いに関心はありますが，その内容は非公開です。『書記官事務の研究』によれば，「形成された財団の規模，破産管財人の作業内容，その難易度，迅速性，職務遂行の適切さや財団増殖への寄与等，様々な事情を考慮して裁判官が決めることになるが，実務では各庁様々なやり方がある」とされています[*2]。

中川　文献によってはもう少し紹介がありますね。「考慮要素を列挙すると，①破産管財事務の難易，②破産管財人の職務の勤惰および事務処理に対する技量の優劣，③管財業務の迅速性，④破産管財業務が破産管財人である弁護士の本来の業務に与えた影響，⑤破産管財人の員数，⑥配当額と報酬額および配当率と報酬率との各権衡，⑦報酬決定当時の物価水準，公務員および民間企業従業員の給料ベースその他一般社会経済上の状

[*1]　最高裁判所事務総局民事局監修『条解破産規則』（法曹会，2005年）72頁にも「職務と責任にふさわしい額」の定め方につき詳しい説明はありません。
[*2]　書記官事務の研究264頁参照。

態、⑧その他の事情」だそうです。さらに、「破産終結の種類（配当による終結か異時廃止、同意廃止か），収集財団・配当財団の価額を収支計算書，財産目録から把握し，その際，簡単に入手した財産と入手に相当の労力を要した財産とで評価を変えつつ，一定の標準率を乗じて標準的報酬額を算出し，それに上記考慮要素を考慮して修正を加えて，報酬金額を決定するのが一般的な方法」だそうです*3。

報酬額に関する裁判所と破産管財人の意見交換

山田　『新版　ガイドブック弁護士報酬』*4には，管財人報酬は，「裁判官が一応の金額を決め，管財人に相談した上で決定し，破産財団から支払われる」とありますが，こういう相談を受けた方はおられますか。

石岡　昔は聞かれましたよ。いつ頃からか，事前に聞かれることなく，決定が出るようになりましたね。

野村　相談まではいかなくても，管財人報酬を算定していただくにあたり，裁判所に活動報告等をすることもあるかと思いますが，とくに工夫をされている方はいますか。

久米　通常は特に活動報告をすることはありませんが，未払賃金立替払請求手続を何十人分とか何百人分とか行った場合は，簡単に報告することはあります。ただ，どれだけ報酬に反映されているかは解りません（→85頁）。

髙松　ある程度の規模以上の未払賃金立替払いの証明書作成は，本当に骨が折れますよね。おそらく裁判所も考えてくれていると思いますよ。

野村　報酬決定するにあたり，相談もせずに特に活動報告もしないとなると，裁判所はこれまでの管財業務を記録上確認して，報酬決定をすることになるのでしょうね。きめ細やかに見てもらっているでしょうか。

八木　管財人としても，裁判所の理解を得る努力は必要と思います。以前は，報酬決定の上申に際して，管財業務の内容を記載することは一切していませんでした。最近は，財産目録・収支計算書に全く出てこない管財業務のアピールポイントがある事案に限ってですが，具体的な内容を簡潔

---

*3　新基本法コンメ201頁参照。
*4　吉原省三＝片岡義広編著『新版　ガイドブック弁護士報酬』（商事法務，2015年）290頁参照。

に記載するようにしています。裁判所からも，管財業務について評価してほしい点がある事案では，積極的にアピールしてもらってよいという話を聞いていますよ。

石岡　管財人が負担する目に見えない精神的負担，責任の重さ，リスクの大きさ，重圧感，孤独感等々。これらを，裁判所にどこまで理解してもらえるかといえば，本当の意味では難しいでしょうね。もっとも，これらを金銭に評価するのは，もっと難しいと思いますが。

野村　いずれにしろ，破産管財人の活動には破産財団増額に直結していなくても相応の労力を要する事務がたくさんあることに留意してほしいですね。

破産管財人の報酬の低額化？

野村　近年，破産管財人の報酬が低額化しているのではないかとの声を聞くことがあります。みなさんの感覚はどうですか。

桶谷　低額化しているとは感じませんが，消費税率が引上げになっても管財人報酬がその分だけ上がったとは感じません。これは後見人報酬やその他の裁判所から選任される仕事でも同じだと思いますが。

八木　10年程前と比べ3割以上は減っている気がします。少額予納管財を導入した頃は，「少額予納管財」が「少額報酬管財」になっていなかったはずですが*5，徐々に下がっていき，あるときガクッと下がったような印象です。

山田　財団形成の大きな事件もありますし，小さな事件もありますが，全体として下がったという意味ですか。

石川　全体として下がったと思います。そのきっかけはよくわかりませんが，裁判所はどこかの時点で管財人報酬は高かったという認識をもったように思いますね。

山田　管財事件全体の中で配当事件が少なくなってきたり，配当率が下がって

＊5　大コンメ370頁には「平成11年に東京地裁において，管財手続を思い切って簡素化することにより管財人報酬の低額化を図り，予納金を原則20万円とする『少額管財手続』が考案され（た）」とあります。

きたりして，そういうことも影響して管財人報酬が下がった感じがするということも考えられませんか。

野村　それだけでは説明できないのでしょうね。

山田　管財人報酬を決定する裁判所にも，また債権者などの利害関係人の方にもわかっていただきたいのは，当然のこととして，法律事務所にはいろいろ経費がかかっていることですね。経費もかかれば，税金もかかるわけで，当たり前ですが，もらった報酬がそのまま弁護士の所得になるわけではありませんね。

野村　そう，その経費感覚はわかってほしいところですね。簡単なイメージとしては，裁判官室と書記官室を賃借して賃料を払い，裁判所書記官や事務官を雇用して人件費を払い，複写機や電話機をリースしてリース料を払い，と様々な経費がかかった上で，裁判官自らの手取りを確保するにはどれくらいかかるかなあ，と考えてみることだけでよいのですが…。

破産管財人候補者の増加による破産管財人の報酬低下の是非

八木　破産管財人の給源が増加して，事件が減少しているから，市場原理を働かせて破産管財人の報酬を安くすればよいという発想があるとすれば誤りですね。適正迅速化への要求は高まり，管財人の善管注意義務も声高に唱えられています。たとえ事件数が減少しても，管財人の打診がいつ来ても対応できるように日々の研鑽は怠ってはいけませんし，スタッフなどの体制も維持しておく必要があります。相応の人員体制を維持するには経費がかかることは裁判所も弁護士も同じです。

石川　管財人は，未払賃金立替払制度や労働者への情報提供等の労働債権の処理，税務申告などの業務負担が大きくなり，他方で，より適正かつ迅速な管財業務遂行へのプレッシャーも強くなっています。「管財事務の質の向上のためには，管財人報酬も，破産管財人の技能・スピード・労力に見合うものであることが必要」[*6]と書いている元判事さんがおられますが，そのとおりと思います。

＊6　大コンメ370頁参照。

久米　研究者の中にも，過払金バブル時代には債務整理事件の過当な受任競争の中で，業務滞留，財産散逸，報酬否認といった問題が生じたことを踏まえ，「報酬の値引き競争が過度に展開されるような分野に一流の専門家が揃うとは考えにくく，やがて事件処理の質が下がる悪循環に陥ってしまう」*7という指摘もあります。十分留意すべきかと思います。

石川　以前，若手向けに管財業務の勉強会を開催したところ，あまり参加者が来ませんでした。同時期に開催された別の成年後見の研修会は活況でした。若手に聞いてみたところ，「管財って1件やって20万円でしょ？成年後見事件のほうが…」と冷めた回答でした。弁護士数の増加によって一時的になり手が増えたとはいえ，優秀な人材確保には，相応のインセンティブも必要なのが現実です。

配当事件増加のための破産管財人の報酬抑制の是非

野村　配当事件を増やそうとして，管財人報酬を削って配当に回すということが行われているのではないかという話を聞いたことがありますが。

八木　中には，消費者被害的な破産事件のように，少額でも配当することに社会的意義のある事案もあると思います。ただ，日々の現場では，ごくごく少額の配当はかえって手間の点から債権者に有難迷惑なような反応を受けることも少なくありません。

髙松　配当することそれ自体に価値があるという考えもあるかもしれませんが，私の感覚では，裁判所は，費用対効果をある程度考えながら，判断しているという印象です。限界事例については，判断が微妙に分かれるかもしれませんが，配当金があまりに少額な場合は，異時廃止となるケースが多いように思います*8。

石岡　債権者破産申立てが主流だった昭和50年頃までは，1円でも多く配当原資を確保するということが目的とされ，管財人報酬も低額に抑える運用だったといわれています。その後，自己破産が広まってからも，基本

---

*7　佐藤鉄男「破産管財人の報酬に関する視点と論点」立命館法学2016年5・6号（369・370号）253頁以下参照。
*8　大コンメ370頁参照。

的な考えは変わらなかったと思います。しかし、社会・経済の要請から管財業務の迅速性が求められるようになり、管財人報酬を低く抑える裁判所の姿勢も問題とされ、冒頭に指摘があった破産規則27条で「その職務と責任にふさわしい額を定める」と明記されるに至りました。裁判所内でも、従前の管財人報酬は、「極めて困難な管財事件を迅速に処理したこと等を、報酬面で評価しきれていない」として、数次にわたり見直しがされたようです[*9]。配当事件を増やすために管財人報酬を下げればいいとの発想は、このような歴史に逆行するものではないでしょうか。

中川　配当事件率が低いことについて、昔はある程度余力を残した破産もあったのに、長引く不況と苦境の連続で、それでも生き残っている会社は「骨と皮だけ」で申立費用すらやっと手配できたに留まることが多いのが現状だと思います。配当事件率を上げるといって、そのような事件についてまで無理に配当事件化することには疑問があります。

籠池　破産管財人の業務の中には、配当自体に直結しなくても、担保物件の任意売却による別除権者の回収率増加や、破産財団帰属資産の円滑な処理に寄与している面もあること、配当率のため経済性だけ追求していると産廃処理など公害への対応が困難になることにも留意すべきです。

野村　先ほど石川さんが指摘された「管財事務の質の向上のためには、管財人報酬も、破産管財人の技能・スピード・労力に見合うものであることが必要」との観点は、今も昔も変わらないですよね。

破産管財人の報酬の支払時期

野村　話は変わりますが、管財人報酬は換価業務終了時に全額払いが通例です。中間配当時に中間報酬が出ることもありますが（→389頁）、それ以外にも、報酬の一部を中間報酬として支払ったり、特に困難な案件では月額報酬としたりすることもあるようです[*10]。どなたかご経験はありますか。

山田　開始決定の前に保全管理命令（→174頁）が発令された事案においては、

[*9]　大コンメ369頁参照。

開始決定後すぐに保全管理人の報酬をいただいたことはあります。

野村　それは保全管理期間が別手続の扱いだからですね。

石岡　管財人として事業継続した事案では，月額報酬をもらいました[*11]。責任の重さが全然違いますからね。また，旧法時代は，労働債権を中間配当で支払いましたので，この際中間報酬をもらえました。今は，財団債権化したり，和解許可で支払ってしまったりしますが，同じように中間報酬を支払う運用は考えていただきたいと思います。

中川　破産事件は事件終了まで報酬をもらえないことが多いと思いますが，重たい破産事件を何件か抱えると，その間他の事件を受けられず，重たい事件もなかなか落ちず，恥ずかしながら自分が支払不能になりそうなときがあります。中間配当までしなくても，せいぜい後見事件くらいの簡易な中間報酬を認めてくれるようにならないかなぁと思います。

野村　確かにね。

八木　中間配当を実施しない事案でも，裁判所にお願いしてその時点での報酬決定をいただいたこともあります。中川さんのような事情であれば，裁判所も状況を理解されているでしょうから，細かいことを言わなくても上申書を出せば，報酬決定をしてもらえると思いますよ[*12]。

髙松　随分前に福岡でも「換価終了前に管財人報酬の一部決定をしていただけないか」という話が出ましたが，その後立ち消えになってしまいました。弁護士個人としての申告・納税という観点からも，中川さんがおっしゃるような中間報酬の制度ができるとよいなと思います。

野村　プロに頼むときの専門家報酬ということですし，法人の場合，最終処理の場を担うわけですから，様々配慮していただきたいところですね。

[*10] 書記官事務の研究264頁には，財団規模が大きく換価作業に相当期間が見込まれる場合には，月額として定められた事案もあるが，多くの庁では，配当手続前にそれも1回だけ報酬決定がされる運用がとられている，とされています。

[*11] 新基本法コンメ201頁参照。

[*12] 本座談会後，長期間を要することが想定される事案で，主要な換価終了時に，中間配当せずに中間報酬を認めてもらいました（中川）。

16 大型事件でチームを組む場合

大型事件でチームを組む場合

野村　大型事件になってくると，複数の事務所の弁護士がチームを組んで処理することがありますね。会社更生や民事再生ではよくやっていますが，破産でもチームを組む場合があります（→316頁）。個人事務所でもチームを組むことで大型事件もできるわけですね。これまでずっとチームに入れていただいたり，自分でもチームを組んだりしています。

髙松　私も何度となくチームを組んだことがあります。関連事件と併せて債権者数が約1万2000名となった消費者被害の事件では，換価業務もさることながら，債権者対応が大変であったため，弁護士だけでなく事務作業のために専門のアルバイト複数名を入れました。チーム全員が協力してくれたおかげだと思いますが，事件規模の割には比較的短期間で終結することができました。

野村　債権者多数の事案ですね。私もやりました。債権者申立てで蓋を開いてみたら債権者数1万7000名超となり，かつ，その件は結局，財団が何も増えず，辛かったですね。

久米　私は，大型事件ではありませんが，3事務所4名で破産管財事件に取り組んだことがあります。不動産が広い地域に点在していたような事案でしたので，支部の先生にも管財人代理に就任していただいて，その地方の不動産処理については処理をお任せしました。

野村　久米さんの事案は，エリアが広いということですね。

山田　約30万足の婦人靴の在庫がある管財事件において，2事務所5名のチームで取り組んだことがあります。

野村　換価対象財産が大量という事案ですね。

桶谷　私は個人事務所ですので基本的には一人で取り組みますが，ここ数年は，それほど大きな事件でなくても，OJT目的も兼ねて他の事務所の若手弁護士に声をかけて複数の弁護士で事件処理をするようにしています（→477頁）。最近，大きな事件がやってきて，この経験が活きました。

野村　教育目的がうまく活きてきたわけですね。

即戦力が集まる

野村　私も個人事務所ですが，複数の事務所でチームを組んで大型事件を処理する場合，即戦力が集まるところがいいところですね。
山田　一騎当千ということですね。そこに大きな意義がありますね。
野村　そうです。手馴れたメンバーが集まると，一気に進みますよ。

スピード感や精度も上がる

髙松　そうそう，何よりスピード感が違いますね。また，複数の目で事案を見ながら多様な意見が出ますので，事務処理の精度も上がります。
久米　実際，自分が気づかなかった点を指摘してもらったり，他の事件で同様の処理をした経験があるという経験談をしてもらったりすることは本当に貴重ですよね。
野村　みんないっぱい経験していますし，よく勉強していますから，何か言うと，わーと吹き出てきて，検討も処理も進みます。
中川　この会に来ていつも思うのですが，このメンバーでやったらすごいことになりますよね。
八木　一騎当千が集まり，スピードは速いし，複眼的だし。
久米　ほんとそうですよね。ちょっと話を戻して，仕事そのものもそうですが，管財人団会議で事件方針を話し合った後で食事に行くのが実は楽しみだったりもします。この座談会の後の懇親会も毎回の楽しみですね。

管財人団会議でコミュニケーションを図る

野村　今出ましたが，管財人団会議を頻繁に行い，管財人団のコミュニケーションを図ることが大切ですね。
山田　メールや電話会議も駆使してやっていますよね。
髙松　近くのメンバーだと，集まるぞと声掛けすればすぐ集まれますね。
桶谷　他の事務所の弁護士とチームを組んだとき，正直チームメンバーの当たり外れは当然あります。能力は申し分なくても，報告・連絡・相談がな

く，仕事の進捗が把握しづらい人はいます。事務所のボスから指導されていないのかもしれませんが。
久米　その意味でいえば，今は同報メール，メーリングリスト，電話会議システムなどの方法で情報の統一を図ることが可能ではありますが，他の事務所の先生方とのやりとりは若干同じ事務所の弁護士よりはタイムラグや意思疎通にハンディがあることは否定できないかもしれませんね。
野村　若干はあるかもしれませんが，それほどのタイムラグではないと思いますよ。要は，コミュニケーションを図るのは，事務所内でも，他事務所間でも変わらないわけですから。20年近く前からチームを組んでやっていますが，今ほど情報ツールがない時代でもやってきたわけですよね。

メンバー選択・チーム編成の留意点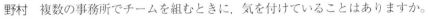

野村　複数の事務所でチームを組むときに，気を付けていることはありますか。
髙松　他の事務所の弁護士を誘うときは，弁護士会の活動等で人柄や能力を知った上で誘います。ただ，一番重視するのはやはり「意欲」です。
久米　私も信頼できて同じ価値観を有すると思われる先生にお声がけしますね。
山田　倒産事件を多数経験している事務所の弁護士なら，若手弁護士でも鍛えられていて能力や経験に不足は感じませんね。そういう若手に声をかけるのも一手ですね。
桶谷　メンバー相互で相談しやすいように，なるべく期の近いメンバーを入れるようにしています。一番下の期のメンバーは，上の人に相談しづらいこともあるでしょうから。
石川　東京の同期から，いつもの信頼できるメンバーにプラスアルファして，新件ごとに新しい若手を入れるというようにしているという先生の話を聞きましたが，将来まで見据えた布陣ということで大切だと思います。

役割分担のポイント

野村　チームで事件処理する場合，役割分担をどうするの？とよく問われますが，自ずと決まっていく感じですけど，いかがでしょうか。
久米　担当業務ごとに分けるのがオーソドックスだと思いますね。売掛金の回

収，不動産の売却，債権調査といった具合ですね。エリアが広ければ，地域ごとに分担することもあります。特に初動時は，支店・営業所ごとに分かれて担当することがあります。

野村　売掛金の回収担当や支店担当というのは分担としてわかりやすいですね。

髙松　親会社と子会社が同時に破産した場合等，関連する複数の事件について管財人になった場合は，業務内容によって担当を決めるのではなく，事件単位で担当を決めるほうが，管財人代理も当該事件全体を把握でき，事件処理に対する自覚や責任が強くなることもあると思います。

番頭役も必要

野村　全体を束ね調整する，いわゆる番頭役の存在も必要でしょうね。

久米　事案が大きくなり，管財人団も多くなってくると，必然的に束ね役が必要ですね。もちろん，管財人自身がまとめ役という場合もあるでしょうし，事案に応じてですね。

野村　役割分担を決めていくと，担当者はどうしても全体を見渡すという観点がなくなりがちなので，全体を見渡し，事案を動かしていく筆頭の管財人代理，すなわちそれが番頭役ですね。

リーダーの決断も大切

髙松　チームを組むことは大変よいことだと思いますが，反面，気をつけるべき点もあります。管財人がミスをすると，管財人代理にまで迷惑をかける危険があります。一人で取り組んでいるなら自分だけの問題で済みますが，チーム全体に迷惑をかける可能性があると思うと，責任重大です。

山田　メンバーでの意見が食い違った場合，最後はトップである管財人が決断します。その決断に納得してもらえるようなトップでなければならないということですね。チームで対処する際にはリーダーの決断は大切です。

野村　管財人団の個々のメンバーが頑張り，それを束ね調整する番頭役がいて，基本的には彼らの判断や行動を尊重し，ときに大局的に決断するリーダーの存在というのがチームを組むときの面白さですね。

　　　読者の皆さんも是非，チームを組んでみてくださいね。楽しいですよ。

第9章　手続選択——破産以外の選択肢の検討を

1　事業の存続

基本的スタンス——事業存続の可能性の検討を

野村　これまでは，破産を選択した場合の破産申立て，その後の破産管財業務を見てきましたが，翻って，そもそも破産を選択することでよかったのかという手続選択につき考えたいと思います。実は，この手続選択が非常に大切ですね。

　　　資金繰りは厳しいが何とか事業の存続を希望する依頼者から債務整理の相談を受けたときに，どのような手続をとるかという手続選択の問題が入口段階としてあるわけですが，相談を受けた弁護士としては，基本的にはどのようなスタンスで検討することになるのでしょうか。

籠池　地方では，「弁護士に依頼すれば，すぐ破産させられるからやめたほうがいい」という話をあちらこちらで聞きます。もちろん，そのようなことはないわけですが，一般的にそのようなイメージをもたれているという点は真摯に受け止めるべきなのだと思います。依頼者としては，事業存続に一縷の望みがあればそれに賭けてみたいと思うのが普通ですから，弁護士としても，簡単に自己破産申立てを決めてしまうのではなく，可能な限り事業存続の方法を模索すべきであるというのが基本的なスタンスになるのだろうと思います。

八木　そうですね。破産管財業務をしておりますと，破産手続ではなく，民事再生や準則型私的整理でも何とかなっていたのではないかという事案に遭遇することが時々あり，正直，もったいないなあと思います。

久米　管財人に就任したとき，全体としては営業赤字で債務超過だけど，ある部門は黒字で事業継続の可能性があったのにと，もったいなく思うとき

がありますよね。債務者が複数の事業を行っている場合には，活かすべき事業が残っていないかを見極めることも必要です。

外部専門家との協働──事業計画の策定・スポンサーの探索

野村　事業存続の可能性の検討ということになりますと弁護士の能力を超えている場合もあるかと思いますが，そのような場合はどのように対応することになりますか。

桶谷　公認会計士の立場から申し上げますと，相談を受けた弁護士として，法人税の申告書控えに添付されている損益計算書を見て，経常収支及び営業収支が黒字か赤字かを確認してください。過去数年間の経常収支が赤字であるにもかかわらず，依頼者が事業継続したいというのなら，事業継続が可能と判断する根拠（コストカットできる，売上げが伸ばせるなど）を依頼者に尋ねてください。決算書の読める人なら，償却前利益[*1]やEBITDA[*2]を算出すると，より的確な判断ができると思います。依頼者の顧問税理士の意見を尋ねてもよいと思います。

久米　私の場合，事業再生に精通している知り合いの公認会計士等の外部専門家に検討してもらったり，場合によっては，再生支援協議会等に持ち込んで検討してもらったりということもあります。

山田　自力再生ができるケースでは，公認会計士や税理士さんと相談して，再生手続を選択することを検討します。これに対し，自力再生が不可能な場合には，スポンサーを探して事業譲渡を目指します。しかし，赤字会社の事業を売却する市場があるわけではなく，スポンサー探しも債務者の取引先や同業者等の身近なところを探すくらいしかありません。短期間に密行性を保ったままスポンサー探しができるネットワークがあればいいな，なければ作りたいなと思っています。

[*1] 営業利益や経常利益の額に減価償却費相当額を加えて算出する損益のことです。減価償却費は費用として決算書に計上しますが，現金支出を伴いませんので，企業がキャッシュを稼ぐ力を判断するには，減価償却費相当額を足し戻すほうがより正確だといわれています。

[*2] 税引前利益に減価償却費だけでなく，特別損益と支払利息も加えて算出する損益のことです。本業でキャッシュを稼ぐ力を判断するときに用いられます。イービットディーエーと読む人が多いようですが，読み方は決まっていません。

野村　それはいいですよね。数年前，山田さんと新幹線の中でその話をしたのを思い出しました。スポンサー探しの一つのルートになるものができるといいですよね。

金融債権者との協働・再生支援協議会等の利用

野村　法人債務整理に関して，金融債権者と協働して再建計画を立案したり，再生支援協議会等を利用したりしたことのある方はおられますか。

桶谷　私は，債務者のメインバンクの顧問弁護士から，債務者側の代理人就任を依頼されたことが何度かあります。事業再生で一番苦労するのはメインバンクの説得です。逆にメインバンク主導で事業再生を行えると苦労は半分になります。

野村　確かにね。

石川　再生支援協議会を上手に利用できると，メインバンク以外の金融機関を説得しやすくなりますね。

野村　そういえば，浅井さんは，京都の再生支援協議会のサブマネージャーをしておられますよね。

浅井　はい。平成27年以降，京都府中小企業再生支援協議会の統括責任者補佐をしており（編注：平成29年9月末で退任），弁護士に積極的に再生支援協議会を活用いただきたいと思っております。そこで，今回，再生支援協議会の紹介コラムを書きました（→423頁）*3。

石川　私は，外部専門家の立場で関与していますが，再生支援協議会の活用例については，後で「経営者保証ガイドラインの実践的活用法」で話題にしましょう（→448頁）。

債務者との信頼関係の構築・維持

野村　ところで，事業存続を希望する依頼者との関係で，代理人としてどのようなことに気をつけていますか。

桶谷　依頼者に手続選択の理由と手続の内容を説明し，十分納得してもらうと

＊3　中小企業再生支援協議会の詳細については，全国倒産処理弁護士ネットワーク編『私的整理の実務Q&A140問』（金融財政事情研究会，2016年）152頁以下参照。

いうのが重要なプロセスであることは異論がないでしょう。特に，私的整理も含めて再建型手続では，経営者責任，株主責任，保証責任等々，債務者の意向に沿わない要請がなされる場面がいくつも生じます。そのような場面で債務者からちゃぶ台返しをされ，手続が頓挫するケースが間々あります。そのような事態が生じないようにするのが，債務者代理人の最重要の職責ではないかと思います。

野村　これについて，債務者代理人として何か具体的に対応していることがある方はいらっしゃいますか。

山田　再生手続の会社の代表者から，法令を遵守し申立代理人の指示に従うこと，申立代理人には包み隠さず説明すること，代表者は機を見て自己破産することを約束すること等を内容とする誓約書を差し入れてもらったことがあります。建設業の会社でしたが，債権者の感情的な強い反発が予想される事案でした。

石岡　私は誓約書まではとりませんが，依頼者との連絡はできるだけ密に取るようにしています。依頼者が見せる些細な仕草や言い回しで，代理人や手続に関する不満が芽生えたことを見逃さないように心がけています。

手続選択の検討順序

野村　さて，手続選択については，どのような順序で検討するのでしょうか[*4]。

籠池　可能な限り事業存続の方法を模索すべきという基本スタンスからすると，一般論としては，①まずは金融債権者のみによる準則型私的整理を検討し，②それが困難であれば民事再生，③民事再生も無理ということであれば破産，という順序で検討します。商取引債権者を手続に巻き込めば，信用低下による事業価値の毀損が避けられませんから，非公開で金融債権者のみを対象として進めることのできる準則型私的整理手続を優先的に検討することになります。浅井さんと丸島さんに手続選択俯瞰図（**図表1**）と手続検討の順序（**図表2**）を作成いただきました。

[*4] 申立段階の手続選択全般については，民事再生実践マニュアル103頁以下，法人破産申立実践マニュアル15頁，18頁，85頁以下，倒産法を知ろう269頁，「倒産と事業存続－全国倒産処理弁護士ネットワーク近畿地区研修会報告」債管150号（2015年）111頁の手続選択考慮要素一覧表参照。

図表1　手続選択俯瞰図

図表2　手続検討の順序

事業の毀損度	検討する順序	対象債権者	事業	債権カット	改善対象（注1）	想定される手続
小さい ↓ 大きい	①-1 準則型私的整理手続（リスケ型）	金融債権者のみ（原則）	・全部継続 ・自力型／スポンサー型	なし （リスケのみ）	PL/CF改善のみ	経営改善支援センター 再生支援協議会 特定調停　等
	①-2 準則型私的整理手続（抜本型）		継続が基本 （注2）	一部カット	PL/CF改善 ＋ BS改善	再生支援協議会 特定調停　等
	②民事再生手続	商取引債権者を含む全債権者	・自力型／スポンサー型	・直接放棄型 ・DES／DDS型 ・第二会社方式　等	BS改善 ＋ PL/CF改善	民事再生
	③破産・特別清算手続		全部停止（原則）	全部カット		破産・特別清算

注1）改善対象について
　　PL改善：損益計算書上の改善（売上・収益力アップ，費用削減等）。収益力の向上を目指す。
　　CF改善：キャッシュフローの改善（回収の早期化，支払の繰延べ等）。手元資金の確保を目指す。
　　BS改善：貸借対照表の改善（遊休資産の整理，負債の抜本的処理等）。債務超過の解消を目指す。
注2）不採算部門の整理等の経営改善やスポンサーの支援等により全部の事業を継続できる場合や，事業譲渡や第二会社方式により優良事業部門のみを継続させる方法等，様々なパターンが考えられる。

桶谷 ありがとうございます。手続選択の検討を短時間で行うのですから，判断が難しいのは当然です。経験の浅い弁護士は先輩弁護士に相談して方針を決めるのもよいと思います。

野村 選択肢を知っておき，可能性を順番に検討するというか，実際には順番につぶしていくことですね。

準則型私的整理か民事再生か

野村 準則型私的整理手続が利用できるか，それとも民事再生手続によらざるを得ないかの基準は，どのようになりますか*5。

籠池 とりあえず，私的整理手続中の資金繰りが確保できるというのが準則型私的整理手続を選択する場合の最低条件になります。金融債権については利払いができれば元本の支払ができなくても問題ありませんし，簡単ではありませんが，手続内合意で利払いを止めることも可能です。商取引債権の支払も困難で，手続中に取引債務について資金ショートを起こすような資金繰り状況であれば，商取引債権者を巻き込まなければどうしようもありませんから，民事再生手続によらざるを得ません。

桶谷 資金繰りの確保ができたとしても，準則型私的整理では基本的に金融債権者の全員同意が必要になりますよね。債権者全員の同意が見込めないなら，民事再生手続によらざるを得ないですね。

山田 再生手続は法的手続であり，商取引債権も含めて債権カットするから事業価値を毀損するのでできるだけ避けたいという指摘はありますが，再生手続の選択のタイミングとやり方，再生計画認可決定後の再生債務者のがんばり次第です。準則型私的整理手続と比較すると，民事再生手続では，弁済禁止の保全処分を利用して資金繰りを改善することができますね。

民事再生が難しい場合──破産による事業継続・事業譲渡

野村 準則型私的整理が難しくて民事再生手続を検討したものの，民事再生も

---

*5 法人破産申立て実践マニュアル86頁参照。

断念せざるを得ないのはどのような場合でしょうか。

籠池 資金繰りがもたないケースですね。裁判所予納金や弁護士費用はもちろんですが，手続中の事業資金を工面できない場合は，民事再生は困難でしょう。この点は，DIPファイナンスを受けられるかの検討もあり得ますが。また，再生計画案に対する債権者の同意が得られそうにない場合も民事再生は難しいですね。

野村 民事再生が難しい場合に破産手続を選択したとしても，破産手続でも事業継続・事業譲渡の活用の余地があることは，「破産管財人による事業継続・事業譲渡」で議論しましたね（→164頁）。

桶谷 今のお話は民事再生が難しい場合に破産せざるを得ないということを前提にしていますが，事業譲渡を用いた事業再建ということで考えれば，民事再生手続に限定して考える必要はなく，むしろ破産手続の特性を活かしてうまく活用する余地もあるとの指摘もされていますよね*6。

野村 切れ味がよいですからね。うまく使えたら，極めて短期間で事業譲渡ができますね（→173頁）。

八木 支払を止めれば資金繰りが確保でき，譲渡等が可能な事業価値が認められる場合でも，多額の公租公課の滞納があり，滞納処分の懸念が強い場合には，破産による事業継続・事業譲渡によらざるを得ないと思います（→176頁）。私が担当した事案でも，年金事務所が延滞分の分納について，資金繰りからして無理な金額の支払を求めてきて，そうでないと売掛金を差し押さえると言ってきたことから，破産手続を利用した事業継続・事業譲渡を行ったことがあります。

髙松 ただ，多額の公租公課の滞納がある場合でも，事業の性質等によっては，役所も柔軟に対応してくれ，うまく民事再生ができたというケースもあるようですよ。地域に密着した事業などの場合は，意外と役所も事業の再生に協力してくれることがあるようですので，一応，民事再生を選択肢に入れておいてもよいように思います。

---

*6 多比羅誠「事業再生手段としての破産手続の活用」園尾隆司ほか編『新・裁判実務大系28新版破産法』（青林書院，2007年）32頁以下参照。事業譲渡の要件・手続比較について，倒産法を知ろう242頁参照。

清算する場合の手続選択——破産か特別清算か

野村　ちなみに、清算する場合の手続選択にあたっては、破産手続と同じ清算型手続である特別清算も選択肢としてありますね。特別清算も事業譲渡に当たって活用されることの多い手続ですが、この点は、後で「特別清算の活用方法」（→433頁）で議論することにしましょう。

　　　本書は、破産申立て、破産管財をテーマとしておりますが、その前の手続選択についても皆さんに熱く語っていただきますので、是非参考にしていただきたいと思います。

【コラム7】中小企業再生支援協議会の紹介

　金融機関は、業績悪化傾向にある取引先について準則型私的整理手続を活用しています。産業競争力強化法に基づき全都道府県に設置された中小企業再生支援協議会（以下「協議会」といいます）がその中心です。

　協議会は、中小企業の事業再生計画策定支援事業を行っています。金融機関出身者、税理士、公認会計士、中小企業診断士、弁護士等、背景の異なる事業再生の専門家が常駐し、金融機関や事業者から相談を受け、計画成立の可能性があれば、税理士・会計士等の外部専門家とともに再生計画案の策定を支援し、公平中立な立場で金融調整を行います。計画策定費用の一部の補助も行います。

　協議会手続は、①事業者からの相談、②事業面・財務面の調査、③再生計画案の策定、④再生計画の提示、⑤全金融機関からの同意獲得という流れで進みます。再生手法は、短期・長期のリスケジュールが中心ですが、DDS（デット・デット・スワップ。資本性借入金）や、第二会社方式による実質的債権放棄も可能です。手続は非公開で、原則として金融債権者のみを対象とするので、事業価値が毀損しにくいという特徴があります。金融機関と協議しつつ計画を策定するので、計画策定後も金融機関との取引が継続する点も魅力です。

　弁護士が協議会に関与する方法には、①債務者代理人に就任する、②外部専門家として計画内容を検証する、③統括責任者補佐として協議会内部に常駐するという方法があります。また、④協議会と弁護士会とが研修や勉強会の場を持つこともあります。

　弁護士が地域の協議会の存在やその役割を知り、これに積極関与することが、地域の事業再生プレイヤーの相互理解の第一歩になるはずです。

② 事業承継と事業再生

再建型の拡充を目指すには

野村　先ほど，「事業の存続」の議論で，弁護士に頼むと破産させられてしまうのではないかという話がありましたが（→416頁），いかがですか。

籠池　先ほども言いましたが，地方で業務をしていると，弁護士のところへ行くとすぐ破産させられるという話はよく聞きます。普段の資金繰りは，顧問税理士が見ていて，もう資金繰りがつかない，破産しかないと決まった後で，弁護士の所へ来るというのが地方の実態としては多いです。弁護士を葬儀屋と説明する口の悪い人も中にはいます。

八木　籠池さんのおっしゃるとおりだと思います。私は，事業を活かすために弁護士は活用されるべきだと思っており，ことあるごとに「弁護士は葬儀屋ではなくて医者だ」と説明しています。このフレーズは，地元の新聞にも取り上げて貰いましたが，弁護士の側でも意識を変えて積極的にアピールし，事業再建の実績を積み重ねていくことが必要だと思います。

久米　本当にそう思いますよ。八木さんと組んで，何回か研修を担当しましたが，この点はもっと強調すべきだと思います。

早期関与の重要性

山田　私も常々そう思っていますが，現実は，「弁護士は破産するところ」と思っているのか，弁護士に相談するタイミングがあまりに遅いです。事業廃止後しばらくして持ち込まれるケースや事業継続はしていても主要な従業員も辞め，取引先も逃げ，申立費用の調達すらままならない会社が多く，「債務超過ではあるが何とか生かしたい，残したい」という事案が少ないです。私たち弁護士の力不足です。ここを何とかしたい。もっともっと中小企業や小規模事業者の皆さんに，弁護士の力を得て，抜本的な再建を図るというコンセンサスを作る必要があると思っています。

鈴木　そのためには弁護士が事業再生についても「早期再生」という分野を打

ち立て、早期再生のチャンスにどうアプローチできるか知恵を絞り、金融機関や他の専門職との関係構築も必要です。金融機関とは意見が相違することもありますが、互いに障壁を崩していく努力も必要と思います。

八木　病気について早期治療が有効であることと同様に、事業再生を図る上でも、弁護士が早期に案件に取り組むことが不可欠です。

籠池　「事業の存続」（→421頁）でも議論されたとおり、資金繰りが逼迫してから弁護士のところに来ても、とりうる手続の選択肢が限定されますし、再建計画を策定したり、事業承継先を探索したりする時間的余裕もなくなりますから、正直、手詰まりになることが多いのですよね。

野村　再建型の拡充を図るには、企業が深刻な窮境状況に至る前段階での弁護士の早期関与の取組みが重要だということですね。

早期関与の取組みのためには——事業承継への関与

野村　弁護士が早期の段階で窮境企業に関与するには、どのような取組みが必要なのでしょうか。

石川　日弁連は、中小企業支援に力を入れていて、その中で事業承継にも取り組んでいます。事業承継といっても、業績の堅調な企業では事業承継はあまり問題となりませんから、基本的には右肩下がりの企業を取り扱うことが多くて、実際には事業再生の視点が必要になります。そのような事業承継を考えているような企業を対象にすれば、弁護士も早期関与ができて、いろいろな選択肢を検討できますね。その意味で、中小企業をサポートする弁護士と事業再生をする弁護士の間でうまく連繋を図るか、あるいは、事業再生をする弁護士が事業承継にも積極的に関与していくか、そのような取組みが必要だと思います。いずれにしても、待っているだけで「事件来ないね」って言っているだけではダメですね。

森　企業と接する頻度の多い関係者から弁護士に繋ぐルートを作るほうが弁護士への早期相談が実現する可能性が高いと思います。企業と接する頻度が多いのは、やはり金融機関と税理士です。この両者といかに日頃から信頼関係を構築しておくかが弁護士の早期関与に繋がると思います。

破産と事業再生は両輪

桶谷　ただ，早期関与といっても，現状でいえば破産しかできない弁護士のほうが多くて，事業再生ができるプレイヤーが少ないことが課題ですよね。

石川　残念ながら，破産のほうが楽だからという感覚の弁護士もいますね。破産申立てして管財人に投げてしまえば，それで一丁あがりという…。我々の感覚からすればとんでもないことですが。

八木　破産しか頭にない弁護士だと，事業譲渡でグッドの事業を残せるようなケースでも，事業の一部を残そうという発想がないことも多く，事業を残そうと思っても，否認リスクがあるのでやめてしまうことも多いと思います。逆に，コンサルや他士業の中には，否認リスクなど考慮せずに，極めて廉価で事業譲渡してしまう危なっかしい人もいますしね。

石岡　従前，そのようなやり方で，いいところだけ事業譲渡で取ってしまって，残存債権者の権利を害するような処理をしてしまう人たちがいたので，破産申立て前の事業譲渡は胡散臭い目で見られがちであったと思いますが（→188頁），そこをちゃんとやればいいんですけどね。

籠池　これも，管財人目線と申立代理人目線の議論（→21頁）と同じで，目線のすり合わせが必要なのだと思います。経営者側に立って事業譲渡を利用して何とか事業を活かしたいという事業再生の目線と，事業譲渡後のバッド事業を清算する管財人の目線と，両方の精通者が関与しないと，すれ違いが生じてしまいがちです。事業再生のプレイヤーに倒産弁護士が積極的に関わって，否認リスクとしてこの点はケアしないといけないよとわからせないといけない。逆に，倒産弁護士も事業再生プレイヤーがどのような思惑や行動原理で活動しているのかを知る必要があります。

山田　事業再生の事案に関与すると，事業の内容を把握することがいかに重要かというのが肌身感覚でわかるのですが，破産ばかりでそのような目線がない弁護士が多いのは残念に思います。

野村　先日，ある会合で事業再生ができるメンバーを育てるのが重要だという話が出ました。どうも私は破産の研修や指導ばかりしているように見えてしまうようですが，破産と事業再生は両輪だと思ってやっています。

ただ、件数比は圧倒的に清算型が多くて、再建型は機会が少ないのですがね。それでも、積極的に事業再生に関与する意識をもつようにしています。意識していると自然とそういう案件にも関与することになりますから、日々心がけていただくのがよいと思いますね。

事業承継と事業再生

野村　ところで、一般には、事業承継は資産超過会社、事業再生は債務超過会社を対象にしていると分類されることもあります。事業再生は、債務超過が前提なのはそうでしょうが、事業承継は果たしてどうでしょうか。

石川　私も、その分類には違和感がありますね。事業承継は経営者の交代であり、後継者への経営権の譲渡を意味していますが、そこには資産超過の会社もあれば当然債務超過の会社もあります。この債務超過会社の事業承継（≒経営者の交代）の手法として事業再生があるのです。つまり、経営者が交代するという一つの事実であっても、後継者への承継という観点から見ると「再生型の事業承継」となりますし、事業再生の観点から見ると「事業再生における経営者の交代」となるのです。

山田　石川さんのご指摘のとおり、事業承継と事業再生は重なり合う部分と重ならない部分があります。事業承継の実際は、事業再生であったり、破綻処理と紙一重であったりするわけです。イメージを図示すると**図表3**のようになりますね。丸島さんに作成していただきました。このように、事業承継と事業再生は全く別個のものというわけではないのですよね。

図表3　事業承継と事業再生のイメージ図

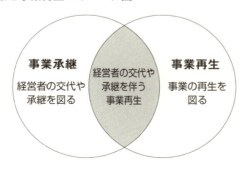

事業承継・事業再生のプレイヤー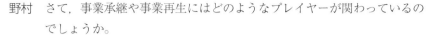

野村　さて，事業承継や事業再生にはどのようなプレイヤーが関わっているのでしょうか。

中川　やはり金融機関が主導的な立場で，実務作業はコンサルタントが主として進めているケースが多いですね。あとは，税理士，公認会計士，中小企業診断士が関与してという感じでしょうか。

野村　弁護士が金融機関と連携するのは難しいのでしょうか。

籠池　金融機関は自身が主導して事業再生を進めたいという意識が強いですが，弁護士は，すぐ債権カットを求めてきたり，公平性とか対価相当性とかいろいろとうるさいことを言うので，正直，一緒にやり難いという部分はあるのかもしれません。

久米　私の経験からも金融機関はそれなりに知識のある弁護士が企業側の代理人として関与すると煙たがるという傾向がありますね。

野村　それって，大いなる誤解ですよね。ほんと相互理解が必要ですね。

事業承継・事業再生における弁護士の強み

野村　事業承継，事業再生における弁護士の強みは何でしょうか。

籠池　事業承継の分野は，コンサルタントや他士業が関与していることが多いのですが，彼らは，グッドの部分だけ切り出して事業譲渡して，バッドの部分はそのままほったらかしというケースがありますね。後でバッドの部分の清算処理をする時，振り返ってみると，相当乱暴な不公平な処理をしているということもあり，場合によっては詐害行為取消しや否認を検討せざるを得ないようなこともあります。その意味では，確かに，バッドの部分の清算処理を含めて，スキーム全体を構想し，法的にも問題なく適切に処理できるというのは倒産弁護士の強みです。

石川　弁護士は，切除する外科手術もできるし，残したいというのであれば内科治療も本来は選択できます。ただ，他士業に行ってしまうと，外科手術する場合は別の病院に行かないといけなくなるよということになります。我々が最初から入っていれば，最後まで治療できます。ただ，外

科手術は最後の手段だと考えていて、最初から外科手術を勧めるわけではないのです。依頼者の希望に沿っていろいろな選択をとることができるのですよね。

籠池　他士業との決定的違いは、弁護士は法律専門家なので、コンプライアンスに則った処理ができるということですね。コンプライアンスを重視すれば、必然的に弁護士の意見を聞いておかないとダメだよとなる。そういうふうに繋がってくると、全件について弁護士が関与するのが当たり前となり、むしろ、関与していなかったらそれイリーガルなんじゃないの？ということになります。

髙松　もともと、私的整理は、債権者との合意に基づいて権利変更を行うということなのですから、弁護士の本来的業務というべきです。本来、弁護士が関与すべき分野だと思います。

石岡　弁護士はスキッパー[*1]だと思うのです。各士業やコンサルタントの方たちとご一緒して思うのですが、確かに個々の場面では彼らのほうが知識や経験があったりします。しかし、最終的に、総合的に全体を見ながら法的適合性・相当性を検討し、道筋をつける判断をするのは弁護士の役割だと思うのです。特に、倒産処理の場面では、倒産法に詳しい弁護士の知見が不可欠です。それが倒産弁護士の強みであるのは、籠池さんの言われたとおりと思います。

野村　最後はリーガルな判断を求めないといけないので、そこに早くから繋がっておいたほうがいいということですよね。私たちが取り組もうとしているのは、債務超過に陥ってからの企業を何とか救えないかという話ですが、資産超過の時点からの連続性が必要ですね。すべて明るく、資産超過中の事業承継、明るい廃業から、債務超過後の事業再生、明るい倒産、最後の明るい破産までをトータルでやれるようにということですね。

他士業との連繋

野村　事業承継や事業再生には弁護士以外の士業が関わっていることも多いで

[*1]　船長、主将の意。

すね。弁護士と他士業との連携についてはいかがでしょうか。
八木　地方だと税理士との関わりが重要ですね。ただし，税理士の中でも事業再生を理解している方は，ごく一部です。大半の税理士は，帳簿チェックして税務申告しているだけで，事業再生とか破産とかいう意識は乏しいですね。
久米　税理士の先生は「この会社は黒字で決算書上は貸借対照表も資産超過だけど，実質は債務超過だよね」などということは実は知っていることが多いのではないかと思いますね。
野村　税理士をはじめ他士業と連繋して事業再生に取り組んでいる例は，どなたかありますか。
森　岡山では，弁護士・税理士・公認会計士・司法書士などの関連士業で一般社団法人を作って，中小企業支援をしています。例えば，税理士のところに案件があれば，まず，この団体に持ち込んで，そこでチームを作って複数で対応しています。その意味ではかなり積極的にやっているのではないかと思います。
浅井　同じような取組みを京都でもしています。京都弁護士会と公認会計士協会の京滋会とで，継続的に事業再生の勉強会をしています。それぞれ約15名が参加しており，再生支援協議会がオブザーバー参加している点が特徴的です。メンバーの弁護士・公認会計士は，事業再生に対する意識が高く，積極的に本業として中小企業支援をしています。
久米　そのほかにも再生支援協議会との連携は重要だと思います。相談する企業にとっても再生支援協議会への相談というと，弁護士が主体的に手続を行うよりもハードルが低いイメージもありますし，「倒産する」というより「事業再生を目指す」というイメージが強くなります。その意味では弁護士から再生支援協議会への持ち込みというルートも強化する必要があると思いますね。
山田　他士業との連携の観点からすると，資産超過段階の経営改善と債務超過段階の事業再生がシームレスにならなければならないのに，前者のアクターは，税理士やコンサルで，後者は弁護士，それも事業再生に意識の高い一部の弁護士が強い問題意識をもっているだけです。この間のバト

ンリレーが一番大切です。鍵は，相互乗り入れしかないでしょう。事業再生の側面では，税理士等に積極的にお願いして，事業再生の外科的性格，大胆さ，抜本的な力を理解していただき，経営改善の段階では，経営改善の内科的性格，繊細さを学ぶ必要がありますね。

桶谷　山田さんのおっしゃるとおりだと思います。弁護士はどうしても外科手術をしたがります。事業価値が毀損するのを見ていられない，現金が減っていくのを見ていられない。しかし，経営改善段階では，本人の自然治癒力，薬の効用を信じて待つ必要があります。私たちが，税理士等の手法を理解し，事業価値が毀損しつつあるのをじっと我慢して見守り，機を見て事業再生を切り出す。ソフトにバトンを受け取る努力と工夫をすることが必要ですね。

野村　そうですね。相互乗り入れと相互理解ですね。

地方における事業承継のニーズ

野村　ところで，先ほどの中小企業支援の一環としての事業承継ですが，地方にはそのような事業承継に関する弁護士のニーズはあるのでしょうか。

籠池　地方では，高齢のオーナー社長が，後継者もなく，じり貧のままずるずる経営しているという中小企業が多く，近時，地方の金融機関でも，事業承継に積極的に取り組んでいます。このようなオーナー中小企業の場合，オーナーが倒れたりすると，いきなり廃業，破産という展開になりがちですから，そうなる事前の段階で，うまく事業を承継させたいという発想があるのですね。もちろん，事業再生とか事業承継をしようとすれば，弁護士単独で対応するのは困難で，スポンサーを引っ張ってくるなど関連士業等の協力が必要になります。他方，そのような地方の中小企業の場合，多くのケースで実質債務超過ですから，何らかの形で債務整理が必要で，弁護士のニーズもあると思います。

中川　一般的な印象ですが，経営者はぎりぎりまで事業を経営しようとする傾向があるので，会社経営の窮境・破綻状態についての感覚が鈍いような気がします。経営者が「再生」をお願いしますというときには「破産」しか選択肢がないというケースがよくあります。経営者目線で右肩下が

りだから「事業承継」をどうしようかと悩んでいるステージが,「事業再生」にはちょうどよい頃合いかもしれません。

事業承継の取組例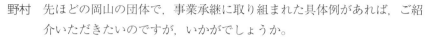

野村　先ほどの岡山の団体で,事業承継に取り組まれた具体例があれば,ご紹介いただきたいのですが,いかがでしょうか。

森　一例をご紹介します。先代経営時に過剰な金融負債を抱えた企業について,支援を検討していた地元の金融機関（この企業への債権はありませんでした）から税理士に相談があり,その税理士と私がチームを組んで再生型の事業承継を行いました。支援に入った時点では実質的には後継者が事業を行っていて営業利益も出ていたのですが,いかんせん過去に抱えた過剰な負債がネックになっていました。そこで,まずは過剰な負債を整理しようということで,後継者,税理士と一緒に事業計画を策定するとともに,支援金融機関からは新規融資を受けることになったので融資額や金利,担保をどうするかなども相談しながら進めていきました。債権者との交渉の過程では紆余曲折ありましたが,最終的には債権者の了解も得られ,特定調停で過剰債務をカットし,あわせて先代経営者が負っていた保証債務も経営者保証ガイドラインに基づいて一体で整理しました。こうして過剰債務と保証債務を整理し,支援金融機関から融資を受けて後継者が事業を承継しました。この事案は,税理士,支援金融機関と協力しながら再生型の事業承継がうまくできたのではないかと思います。

野村　地方で,このメンバーであれば再生に導いてくれるというのが見えれば,アクセスもしやすくなるのでしょうね。その意味で,それぞれの地方で,事業承継や事業再生事案の受け皿となるチーム体制を整えておいていただけるのはありがたいですね。

〔お知らせ〕
　よりよい事業再生の実現のために,司法研修所第50期司法修習生の20周年記念論文集として,野村剛司編集代表『多様化する事業再生』（商事法務,2017年）を作成しました。是非参考にしていただきたいと思います。（野村）

③ 特別清算の活用方法

特別清算の存在を知ってほしい

野村　今回の企画は，破産申立てと破産管財を対象としていますが，破産と同じ清算型の法的整理手続として，特別清算[*1]があります。実は，事業再生と特別清算は切っても切れない関係にあったりします。破産のことは知っていても，特別清算のことは知らないという方も多いと思いますので，是非，特別清算の存在を知っていただき，活用してほしいですね。

山田　そうですね。特別清算は，会社法の中に規定されていて目立たない存在ですが，使える存在ですよね。昨今，中小企業金融円滑化法終了後の一括パッケージによって金融機関のリスケで生き残っている会社が多いですが，このような会社の場合，金融機関の元金返済をストップすることで，税金や従業員の給料等の滞納のない会社が多く，金融機関の同意さえ得られれば，特別清算を成立させることができます。つまり，金融機関のリスケを受けている会社の場合，今がチャンスですね。なお，特別清算は株式会社しか利用できませんが，有限会社であっても，株式会社に商号変更すれば利用することができますので，お忘れなく。

久米　実は，信用情報機関の倒産速報記事などを見ると，私的整理の出口として特別清算がそれなりに利用されていることがわかりますね。

対税型，個別和解型が多い

野村　特別清算の申立ては，年間300件前後ありますが[*2]，皆さんの特別清算の利用経験はいかがでしょうか。

桶谷　親会社の子会社に対する債権を損金処理するために使ったことがあります。単なる債権放棄では後日の税務調査で無税償却を否認されるリスク

＊1　法人破産申立て実践マニュアル89頁，倒産法を知ろう11頁，184頁以下，288〜289頁に特別清算の概要が記述されています。そのほか，特別清算の選択や類型については，四宮章夫ほか編『特別清算の理論・実務と書式』（民事法研究会，2010年）21頁では，DIP型清算の有用性を活かし，税務対策や事業再編の一環としての利用や他制度との組合せが説明されています。
＊2　倒産法を知ろう12頁に，最近15年間の倒産事件申立件数をまとめています。

がありますので,特別清算において個別の和解契約を行うことにより,子会社から回収できなかった債権を放棄（免除）するものですね。

野村　いわゆる対税型といい,親会社の損金処理のために使われ,予納金も低廉で,調査委員や監督委員も選任されず,極めて簡易な手続ですね。

山田　対税型と同様に,金融機関債権者らが損金処理できるようにするためですが,私的整理で,第二会社方式により事業譲渡や会社分割を行った後に残った会社の債務につき,特別清算を利用し,対象債権者と個別の和解契約を行うことで処理します。事前に私的整理で債権者と調整していますので,特別清算自体は簡易な手続となります。また,最近話題の経営者の保証債務を経営者保証ガイドラインで処理することと,主たる債務者である会社の特別清算は大変相性がよいと思います。この観点からも特別清算は再注目されています。

野村　山田さんは,主債務者の法人は特別清算,保証人の法人代表者らは経営者保証ガイドラインという組み合わせで何件も処理しておられますが,経営者保証ガイドラインについては,後ほど（→448頁）。

浅井　特別清算は,中小企業再生支援協議会の案件,特に第二会社方式を利用した事案でもよく見ますね。再生支援協議会の場では,後日,特別清算で処理するというところまで決めておいて,最終的に裁判所で特別清算を利用して旧会社の清算をしています。

桶谷　ただ,債権者に信用保証協会が含まれている場合は,担当者レベルで方針に内諾を得ていても,特別清算での個別和解に応じてくれない場合もあります。この場合に,信用保証協会などを除く債権者で多数決による協定成立に持ち込める見込みがあると付記して,低廉な予納金で特別清算を申し立てたことがあります。

久米　私も,再生支援協議会の事案で第二会社方式＋特別清算の経験が何件かありますが,消極的賛成の意向を示していた金融機関が1行ある協定型の事案で,「特別清算手続自体には同意する」という全債権者の同意書を添付して,低廉な予納金での申立てをしたことがあります。

石岡　私的整理で,第二会社方式＋特別清算というパターンは何件か体験しています。その他,第三セクターの処理の場合,自治体側は破産にはちょ

っと抵抗があり，特別清算にしたいと考えることが多いと思います。第三セクターのゴルフ場を協定型の特別清算で処理しました。多数の会員，預託金返還請求権者の動向が読めず，ひやひやしましたが，何とか協定を成立させることができました。

野村　対税型や私的整理でまとめておき，特別清算で個別和解する場合をまとめて個別和解型＊3といってよいのでしょうね。実務上，特別清算の事件数の多くは，個別和解型ですね。それと，私的整理の延長で，特別清算で一応協定型にする場合も何となくですが個別和解型の亜種といった理解でよいと思います。桶谷さんの事案もそうですね。どうも信用保証協会は協定型での処理を望む傾向にあるようですが，個別和解型で処理できた例もあるようですし，柔軟に対応してもらいたいですね。

本来型の協定型の活用を

野村　私は，ここまでは当然の前提として，特別清算が本来予定している協定案を作成する協定型をもっと活用できるようにしたいと思っているのですよ。「破産を決断する前に特別清算の検討を」と書いたことがあるのですが＊4，株式会社で，一般債権者への弁済の可能性がある場合，破産を決断する前に，特別清算の可能性を検討することは有用だと思うのです。

石川　手続選択の場面で，破産やむなしかな，と思うときに，特別清算は思い浮かんでもすぐ消えてしまう感じだけど。

野村　破産申立ての一般的な流れは，破産を決断すると，事業を停止し，従業員も全員解雇して事業所を閉鎖し，申立準備に入ります。その後，破産手続開始の申立てを行い，裁判所から破産手続開始決定を受け，破産管財人が活動を開始します。この流れの場合，どうしてもタイムラグが生じます。その間，破産財団に属する資産価値が大幅に劣化し，売掛金の回収においても不払いが多発し，不動産の任意売却の際も管財物件であることが価格を下げる要因となりますね。

＊3　倒産法を知ろう289頁参照。同書184頁以下に特別清算の概説があります。
＊4　倒産法を知ろう288頁参照。

この点，特別清算の場合，タイムラグなく，ソフトランディングが可能となります。事業継続中の株式会社につき，どうしても赤字からの脱却は困難で民事再生は難しいけれども，いきなり破産ではドラスティックすぎるような場合に，うまくソフトランディングさせるわけです。
　事業は停止しますが，従業員を予告解雇にとどめ，在庫の販売，契約関係の処理や得意先対応を行うことで，資産価値の劣化を防ぐことができます。特別清算は，ミニ破産ともいわれますが，一般に破産ではないとのイメージがあり，従前のメンバーによって清算業務を行うことが協定債権に対する弁済率の向上に繋がりますね。

石川　確かにね。ただ，タイムラグの観点では，オープン型ではなく，密行型で破産申立てすれば，タイムラグはないよね。

野村　その点はね。でも，密行型の破産はやはりドラスティックですし，特別清算の場合，破産ではないという対外的イメージは大きくて，実際やってみると，従業員の協力を得て，従前の取引先を中心に在庫を売り，破産だったら二束三文になってしまうものや，逆に廃棄費用がかかるものまでうまく処理できますし，売掛金もほぼ100パーセント回収でき，不動産も管財物件とのレッテルが貼られないので，高く売れますね。代表者のリスタートを考えても，このイメージは大きいです。

中川　それはすごいですね。でも，申立代理人は，その後の特別清算にどう関わるのでしょうか。

野村　特別清算は，解散した株式会社に対象が限定されていますので，株主総会の解散決議で従前の代表者を清算人に選任し，その代理人として申立てを行い，その後は，裁判所の許可を得て，申立代理人が清算人代理となって手続を進めていきます。弁護士が清算人に選任され，自ら申立てをする場合もありますね。いずれの場合も，自らが絵を描いて，手続も進めていくので，DIP型清算手続といえますね（→492頁）。面白いですよ。

山田　代表者がその人生の大半の情熱を注いできた会社の最終処理を自ら主体的に遂行することは，債務者の再生にとっても大切なことだと思います。

髙松　密行型の破産申立ての場合，申立代理人は申立てをして，破産管財人に引き継いだら仕事は終わりの感がありますが，最後まで自分でやるわけ

図表4　特別清算の類型

類　型		概　　要	備　　考
個別和解型	対税型	倒産処理の目的でなく，親会社が子会社に対する債権を損金処理する目的で特別清算を利用する場合。	予納金は低廉で，調査委員や監督委員も選任されない。
	私的整理＋和解型	債権者との事前の調整（私的整理）が先行し，金融債権者らが損金処理できるようにするため特別清算を利用する場合。	対象全債権者と個別和解を行う。	いずれも，経営者の保証債務の整理とセットになっている場合がある。
	私的整理＋協定型		債権者集会での協定の可決・認可が必要。	
本来型の協定型		債権者との事前の調整がない場合。	対象全債権者への対応や多額の予納金が必要になる可能性がある。

<small>ですね。確かに，それは面白そうですね。</small>

今井　なお，ここまでの議論に登場した特別清算の類型についてまとめると，**図表4**のとおりになるかと思います。

初動は民事再生の申立てに近い

野村　特に本来型の協定型の場合，申立てからの初動段階は，まさに民事再生の申立てのときと同じですね。ただ悲しいかな，会社法の規定は少なくて，民事再生法にある規定が欠けているので，裁判所の許可をもって補っていますね。共益債権化の承認（民再120条）についても，裁判所の許可をもって清算費用として弁済したり，特別清算特有の債権申出期間中の弁済禁止（会社500条1項・499条1項）につき裁判所の許可を得て弁済したりと，細々した配慮が必要ですね。1点困ったのが，継続的供給契約の規律（破55条1項，民再50条1項）が会社法にないので，電力会社の中には，条文がないことを理由に供給に難色を示すところがある点ですね。

籠池　確かに，裁判所の許可で対応できる点は補充がききますが，継続的供給契約の規律がない点を強く主張されるとつらいですね。

野村　そこで，電力会社に電気料金を弁済する際，内容証明郵便で，今回弁済する分は，特別清算の申立て以降の電気料金の弁済だと充当の指定をし，協定債権の弁済ではないと宣言して，電力会社所定の納付書で弁済し，後日の協定弁済の際に調整することで，他の債権者との平等性を確保し

籠池　たことがあります。端的に，立法的解決をお願いしたいところです[*5]。
籠池　面白い処理をされましたね。
今井　私が苦労したのは，特別清算の中で徐々に資産を処分して清算する形としたため通常業務も継続していた会社の事案で，通常は小口現金から支払をしているような日常的な支払が大量にあったことから，特に弁済禁止期間中にその都度個別に裁判所の許可を得るのが時間的に困難であったことです。債権申出期間中は，裁判所の許可を得ない限り優先債権や清算費用も含め一切の弁済が禁止されると解されていますが，それでは業務に支障が出る場合もあり得ますので，包括的な弁済許可を得ることで対応しました。やはり立法的な解決をお願いしたいところです。
野村　そうですね。私も，清算人代理が立替払いをするやり方で対応したことがあります。そのあたりは，何とか対応するとして，特別清算も民事再生と同様に実質的平等を図れますので，一定額の少額債権を100パーセント弁済する傾斜弁済も許容されています。破産は，どうしても形式的平等を貫くのが原則ですから，特別清算のほうが柔軟な処理が可能ですね。
桶谷　特にこのような協定型の場合，清算人代理の仕事は民事再生の申立代理人と同じくらいの質と量が求められます。弁護士費用は民事再生と同額を目安にしてもよいと考えます。
野村　業務面からすると，そういう観点もあるでしょうね。私が経験した本来的な協定型の事案では，申立代理人の報酬は申立ての際にいただき，清算人代理の報酬は裁判所に決定してもらうというやり方にしていました。
今井　なお，本来型の協定型の場合における清算人代理が行う手続については，**図表**5に一覧表の形でまとめています。
久米　今井さん，図表の作成ありがとうございます。協定型にもいろいろとありますが，申立ての際にきちんと弁護士費用をもらっておいて，清算人報酬を放棄するなどの対応をすれば，破産管財人報酬も不要となりますので，実質的に債権者への配分が多くなり，債権者にとっても経済合理性があると考えることも可能だと思います。

[*5]　特別清算の改正検討課題については，全国倒産処理弁護士ネットワーク編『倒産法改正150の検討課題』（金融財政事情研究会，2014年）214頁以下，216頁以下参照。

第9章 手続選択——破産以外の選択肢の検討を　　③　特別清算の活用方法　　439

図表5　清算人代理手続一覧表（本来型の協定型の場合）

標準スケジュール*1	主体	手続	清算人代理の事務（裁判所の許可以前は清算人の代理人）	備考
0.5月	債務者	株主総会特別決議／解散承認，清算人選任	・手続のフォロー	
	債務者	財産目録・清算貸借対照表の作成，株主総会承認	・関係各書面の作成	・解散確定申告
	債務者	特別清算開始の申立て	・申立書作成	・必要に応じて裁判所による保全処分等 ・本来型の協定型の場合，①解散・清算人登記，②解散公告，③知れている債権者への個別催告は，特別清算開始の申立てより後に行う
3月	裁判所	特別清算開始命令（官報公告）	・裁判所の許可を得て，清算人代理に就任 ・開始日における貸借対照表，財産目録，債権者・債務者・株主の一覧表を作成し，裁判所に提出 ・毎月末日における清算事務及び財産の状況に関する報告書（月間報告書）を作成し，翌月10日までに裁判所に提出	
	債務者	弁済対象債権と弁済原資の確定	・債権調査 ・債権申出期間中の必要な弁済について弁済許可の申立て ・資産処分 ・一般優先債権等の確定と弁済	
1月以上	債務者	協定案作成	・協定案の作成（必要に応じて債権者調整）	
	債務者	裁判所に協定案の提出，債権者集会招集の届出	・協定案の提出 ・債権者集会招集の届出	
	債務者	債権者集会の招集（集会の2週間以上前）	・招集通知の作成・発送	*2
	債務者	債権者集会，協定の可決・認可	・協定の認可の申立て	
2月～2年		協定の認可決定確定		
	債務者	協定の実行	・振込先口座の確認など協定の実行のフォロー ・弁済報告書の作成，提出	
		清算の結了		・清算確定申告
1.5月	債務者	特別清算終結決定申立て	・申立書作成	
	裁判所	特別清算終結決定（官報公告）		
		特別清算終結決定確定		
	裁判所	特別清算終結決定確定の登記，登記記録閉鎖		

*1　協定型に係る東京地裁の標準スケジュール参照（山口和男編『〔新会社法対応〕特別清算の理論と裁判実務』（新日本法規，2008年）24頁参照）。
*2　個別和解型の場合，和解契約案を作成し，裁判所の和解契約締結許可の決定を経て，和解契約を実行する。

見極めが大切

中川　なんだかいい話ばかりに聞こえますが，そんなにうまくいく話なのでしょうか。

野村　もちろん一定の留意点はあります。まず，本来型の協定型に限らず，特別清算は，清算株式会社，すなわち解散したことが前提ですから，株主総会における特別決議による解散決議（会社471条1項3号・309条2項11号）が必要です。株主構成によっては難しい場合がありますね。また，優先する滞納公租公課が多額で，到底これを弁済できない場合も難しくなります。もちろん，労働債権も弁済が必要です。加えて，特別清算には，相殺禁止の規定はあっても，否認権の規定がありませんので，重大な否認対象行為がある場合に調整が難しい可能性がありますね。同様に，債権確定手続がありませんので，債権額に争いのある債権者が存在する場合にも調整が難しい可能性があります。

　また，協定型の特別清算では，再生計画案に相当する協定案を作成して債権者集会に申出をし（会社563条），債権者に可決してもらう必要がありますので（会社554条1項），大口債権者の反対があると協定の可決が厳しくなります。ちなみに，可決要件は通常再生より厳しく，出席議決権者の過半数及び議決権者の議決権総額の3分の2以上の同意が必要です（会社567条1項）。

　さらに，本来型の協定型の場合，調査委員，監督委員を選任するための予納金も必要となりますので，資産が乏しい場合には難しい手続です。このように，一定の条件が整うことが必要ですね。

石岡　協定型の場合，監督委員は選任されるのですね。予納金はどれくらいになりますか。

野村　機関としては，監督委員兼調査委員が選任されます。大阪地裁の場合，協定型の予納金は最低150万円とされています。経験としては，本来型の協定型で400万円予納した案件もありますね。そのときは，もう少し低廉にしてほしいなあ，と思いましたが。言い方は悪いですが，個別和解型に対し，「ガチンコの協定型」ですので，民事再生における監督委

員に近い存在と考えればよいのかな,と思います。

石岡　私が申し立てた協定型の事案（第三セクターのゴルフ場）では,監督委員は選任されませんでした。もっとも,このケースは換価作業があまり多くなく,本来型の協定型とは少し違うかも知れませんが。いずれしても,この点は裁判所によって違いがあるようですね。

山田　名古屋地裁で協定型の特別清算を数件担当したことがありますが,いずれも監督委員も調査委員も選任されませんでした。

野村　そうですね。大阪以外で協定型の特別清算の申立てをしたときも特に機関は選任されず,予納金も官報公告費程度で済みましたね。事案やそれまでの経緯によって異なるということですね。

文献は少ない

中川　特別清算について勉強しておこうと思ったら,文献が少ないですね。

野村　少ないですねえ。イソ弁時代には,山口和男編『特別清算の理論と裁判実務』*6 があるくらいで,本当に知りたいことは書いてないなあ,と思いながら,何とか対応していましたね。その後,何冊かは出ていますが,破産,民事再生,会社更生に比べると格段に少ないですね。

八木　全倒ネットの実務Q&Aシリーズには加わらないのですか。

野村　ずっと候補として挙げているのですが,なかなかね。他は全部揃った感じですから,特別清算が入れば完結すると個人的には思っていますよ。今日の話を聞いて,特別清算といったときに思い浮かべるイメージが少し変わるといいなあと思います。

八木　野村さんが書くしかないですよね。『特別清算実践マニュアル』をね。

野村　なのはな勉強会でも自分たちで書くしかないかという話をしています。

石川　やはり破産のほうが楽かな,なんてね。初動も民事再生並みに大変そうだし。

野村　そんなこと言わずに,事案の見極めさえできれば,やってみる価値は十分ありますよ。やるときはお手伝いしますからね。

＊6　最新版は,山口和男編『〔新会社法対応〕特別清算の理論と裁判実務』（新日本法規,2008年）です。

④ 清算型私的整理と破産の関係

清算する場合の選択肢

野村　本章では，法人につき，まず事業の存続，再建型で考えよう（→416頁），次に清算型の事件が多いとしても，もう少し川上に遡って事業承継や事業再生に関心をもとう（→424頁），さらには清算型となっても特別清算も検討しよう（→433頁）と呼びかけてきました。
　　　そこで，次は，清算型で残る選択肢は，破産だけかという話をしてみたいと思います。清算型の私的整理もあるでしょうし，はたまた放置もあるのかという話ですね。

籠池　清算型私的整理は，再建型私的整理での整理と同様に，①公表されている準則に基づいて進められる準則型私的整理と，②準則に基づかず適宜の方法で行われる純粋私的整理に大別できます[※1]。

野村　最近，破産手続ではなく清算型の純粋私的整理での清算処理を提唱する意見を耳にし，気になっているのですが，純粋な清算型の私的整理は破産に代替しうるのかという点について議論できたらと思います。

清算型私的整理の現状

野村　純粋な清算型私的整理がどの程度使われているのかにつき，皆さんの現状認識や印象はいかがでしょうか。

籠池　純粋私的整理については，簡易・迅速・低コストで清算ができるという点でメリットを見出され，かつて一般的に行われていた時期もありましたが，近時は，ほとんど見られなくなったとの指摘がなされています[※2]。私も同様の実感です。

山田　私が弁護士になった約25年前，当時は「準則型私的整理」という概念はあまり一般的ではなく[※3]，企業の清算型の私的整理であれば，商取

※1　私的整理の概要は，全国倒産処理弁護士ネットワーク編『私的整理の実務Q＆A140問』（金融財政事情研究会，2016年）2頁参照。
※2　伊藤45頁参照。

引債権者も金融債権者もすべて取り込んで私的整理がなされていた時代です。債権額の何パーセントを弁済して，残りは払えません，ごめんなさいというやり方ですね。

野村　昔の私的整理のイメージはあまりよくなかったですね。

石岡　昭和50年代は，整理屋が私的整理と称して闊歩していた時代といわれています*4。東北ではそれほどでもなかったようですが，やはり関西のほうはすごかったようですね（笑）。田原先生のお話*5等を拝見しても，法的整理は整理屋との闘いだったことがわかります。

純粋な清算型私的整理が見られなくなった背景

野村　それでは，純粋な清算型私的整理が見られなくなった理由としては，どのような点が挙げられますか。

籠池　破産手続が以前よりも利用しやすくなったというのはあると思います。破産手続の予納金の低額化，書式・マニュアルの整備等によって合理化・迅速化が進められたことのほか，一時期の破産件数の増加によって昔よりも破産に対する心理的抵抗が少なくなったことなども要因として挙げられます。

野村　それはあるでしょうね。未払賃金立替払制度の利用状況を見ると，バブル崩壊前は，圧倒的に事実上の倒産のほうが多く，バブル崩壊後はイーブン，平成10年以降は逆に圧倒的に法律上の倒産が多くなっています*6。

山田　籠池さんのお話は，純粋な清算型私的整理ではなく破産を選択するということですが，他方で，なし崩し的に自主廃業に至るケースが多くなったこともあると思います。これは近年の法的手続の事件数減少にもあてはまるかと思いますが，手形取引が減少したというのも理由の一つではないでしょうか。手形不渡り，銀行取引停止処分による破産申立てとい

---

*3　私的整理に関するガイドラインは，平成13年9月に発表されました。

*4　田原睦夫「整理屋の時代と弁護士の倒産実務―事業再生に活躍する弁護士の礎のために」伊藤眞ほか編『松嶋英機弁護士古稀記念論文集　時代をリードする再生論』（商事法務，2013年）270頁以下参照。

*5　田原睦夫『倒産処理を担う若手弁護士に向けて』債管150号（2015年）6頁参照。

*6　立替払ハンドブック9頁の立替払支給者の推移を参照。

うかつての典型パターンが減り＊7，中小企業金融円滑化法の下，金融機関も性急な回収を進めることがなくなりましたので，不採算企業であってもいきなり破綻に追い込まれることがなくなりました。

石川　「自主廃業」といえば聞こえはいいですが，結局のところ，私的にも法的にも債務整理・清算処理を行わない，法人をほったらかしにしてそのままの「放置」というパターンでしょうね。

野村　その点でいうと，倒産より休廃業・解散が多くなったといわれますね＊8。廃業といっても，資産超過でうまく終われるものから，石川さんのご指摘のとおり放置も多いのかなあと思いますね。

中川　確かに，山田さんが指摘されるような展開だと，弁護士に依頼して私的整理や破産などの対応をしなければならないという切迫感がなくて，何となく事が済んでしまう感覚になりがちですね。法人の債務は現に残っているのですが，請求されることが滅多にないので，そう思うのでしょうね。代表者の個人保証債務も最終的にサービサーと和解して終わりというケースが相当数あるというのが実感です。

野村　放置でよいのか，という点は後ほど議論したいと思います（→447頁，463頁）。

清算型の準則型私的整理の登場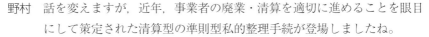

野村　話を変えますが，近年，事業者の廃業・清算を適切に進めることを眼目にして策定された清算型の準則型私的整理手続が登場しましたね。

桶谷　そうですね。この手続では取引先を巻き込まないことが可能なことから，

＊7　一般社団法人全国銀行協会の調査によれば，平成18年中の手形交換高は，約1億3000万枚，約469兆円（ピークは平成2年の4797兆2906億円），不渡手形実数は，約15万枚，約3080億円，取引停止処分は約6480件でした。これに対し，同27年度中の手形交換高は，約6300万枚，約305兆円，不渡手形実数は，約2万5000枚，約2580億円，取引停止処分は約1340件，同28年中の手形交換高は，約5800万枚，約435兆円，不渡手形実数は，約2万1000枚，約3070億円，取引停止処分は約1150件と減少傾向です（同協会のウェブサイトより）。

＊8　東京商工リサーチの調査によれば，2016年に休廃業・解散した企業数は2万9583件（前年比8.2％増）で，調査を開始した2000年以降の最多記録だった2013年の2万9047件を上回り，過去最多を更新したと報告しています（同社のウェブサイト参照）。なお，この集計では「休廃業」は，資産が負債を上回る「資産超過」状態での事業停止で倒産には集計しない，「解散」は事業継続を断念する点では倒産と同じだが，資産に余力を残して清算手続をとるケースもあり，「解散」決議の段階では倒産に集計しないとされています。

資産の高額換価やソフトランディングといった私的整理のメリットを活かすことができます。その上、原則として金融機関のみを対象として弁済計画案への同意取付けをすれば足りることから、債権者間の利害調整といった点においても、従前の清算型の純粋私的整理と比べるとやりやすいと思いますね。

中川　清算型の準則型私的整理としては、どのような手続があるのですか。

桶谷　現時点では、REVICの特定支援制度や、日弁連が提唱する廃業支援型特定調停スキーム*9がありますが、REVICは支援の受付期間が平成30年3月末に終了する予定なので（株式会社地域経済活性化支援機構法32条の2第7項）*10、日弁連の特定調停スキームの利用が増えていくと思います。

山田　これらの手続は、資産調査や事前協議を経たオフィシャルなものですから、金融債権者にとっても、経済合理性や適正性が確保された上で、損金処理も適切に行うことができるというメリットがありますね。特に特定調停スキームは零細企業については簡易で低コストな手続として重宝されると思います。

野村　これから増えていきそうな感じでしょうか。

経営者保証ガイドラインとの組み合わせ

久米　増えていくと思いますよ。準則型の清算型私的整理の場合、経営者保証ガイドライン（以下「経営者保証GL」といいます。→448頁）と組み合わせて、経営者の保証債務も処理することができますからね。

野村　最近の論稿*11で、廃業支援型特定調停スキームの事案が紹介されていましたね。法人債務を特定調停手続で整理し、保証債務については経営者保証GLに則って、特定調停手続を用いて一体的に整理した事案です。この特定調停スキームとの関係では、清算型私的整理はどのように位置

---

*9　日本弁護士連合会「事業者の廃業・清算を支援する手法としての特定調停スキーム利用の手引」参照。

*10　この点、平成29年8月3日の日本経済新聞朝刊で、REVICの支援受付期間が5年延長されるとの報道がされました。

*11　髙井章光「経営者保証ガイドラインへの実務対応」債管153号（2016年）99頁、大宅達郎ほか「事業者の廃業・清算を支援する手法としての特定調停スキーム」銀法815号（2017年）4頁以下参照。

づけられますか。

石川　特定調停スキームは再建型にも廃業型にも対応しています。その中で廃業支援型特定調停スキームは，商取引債権者を巻き込まず，金融債権者だけを対象として処理する手続です。破産が「ハードランディング型」だとすれば「ソフトランディング型」の清算方法というべきものでしょうか。もちろん，経営者保証 GL を利用して保証債務の整理も含めて一体で処理することもできます。

桶谷　廃業支援型特定調停スキームは「廃業」を支援するスキームですが，石川さんが言うように様々な使い方ができます。現存する事業をすべて換価・処分して清算することもできますし，事業の全部又は一部を別の会社に譲渡させることもできます。ただし，その場合は再生型に位置づけられ，金融円滑化法終了への対応策としての特定調停スキーム利用の手引きの適用場面になります。

野村　従前，私的整理のデメリットとしては，手続の適正性・公正性をチェックするシステムがない，債権者間調整が大変だ，債権者の無税償却ができない，経営者の個人債務の整理ができない，といった点が挙げられていましたが，準則型の清算型私的整理によれば，これらのデメリットの大半が克服されることになりますね。準則型の清算型私的整理は，今後ますます活用が期待されますね。

清算型の純粋私的整理の活用可能性

中川　清算型の純粋私的整理は，今後活用の余地はないのでしょうか。

石岡　正直，ネガティブな印象が強いですね。清算型の純粋私的整理がなされたとして，それを金融機関が同意することはないですから，結局のところ，資産売却して得た代金を分配して終わりというだけのことで，それは厳密な意味での債務整理ではないですよね。

山田　私も同感で，清算型の純粋私的整理といっても，残債務免除の同意がとれなければ，うやむやにして放置しているのと一緒ですよね。それなら，破産してきれいにしたほうがよっぽどいいわけで，どうしても，そのあたりの気持ち悪さが拭い去れないですね。

中川　清算型において法人を純粋私的整理で処理した場合，代表者個人の保証債務の処理について，経営者保証 GL の単独型での特定調停スキーム（→448頁）は利用できませんね。経営者保証 GL には「主たる債務者が破産手続等の法的債務整理手続の開始申立て又は利害関係のない中立かつ公正な第三者が関与する私的整理手続及びこれに準ずる手続（中小企業再生支援協議会による再生支援スキーム，事業再生 ADR，私的整理ガイドライン，特定調停等をいう。）の申立てを経営者保証 GL の利用と同時に現に行い，又は，これらの手続が係属し，若しくは既に終結していること」が前提となっており（経営者保証 GL 7(1)ロ），法人の純粋私的整理はこれに該当しないからです。

籠池　清算型の純粋私的整理が絶対ダメというわけではないですが，「何故，準則型でなくて，純粋私的整理なの？」という疑問は，金融機関は当然持ちますよね。準則型の私的整理が整備された今となっては，債権者の同意が得られる事案は準則型で処理すればよいのであって，あえて純粋私的整理を積極的に活用すべき事案というのはイメージしづらいですね。

最終的に法的裏付けのある処理をすることが重要

石岡　先ほども話しましたが，私は債務整理というからには最終的に法的にきちんと清算することが必要で，弁護士が代理人として関与しながら，残った財産だけを分配して，後は放置という処理はあり得ないと思います。

籠池　結局，破産手続や準則型私的整理手続などのように法的に裏付けのある処理をしなければ，清算が適正に行われているのかどうかきちんと検証されず，不透明なまま終わってしまいますから，債権者としては納得できないと思います。その点では，破産手続は，適正かつ公平な清算を実現するための一番確実な手続だといえます。

山田　法人であれ，法的に清算のけじめをつけることが，会社代表者，役員・従業員，その家族等にとっての経済的再生の出発点になります。

野村　「清算型」を前提とすると，準則型私的整理がとれない場合は，特別清算や破産手続など法的清算できれいに清算する。いずれにしても，「放置」はダメ，ということですね。

5　経営者保証ガイドラインの実践的活用法

経営者保証ガイドラインに基づく保証債務の整理

野村　最近，経営者の保証債務の整理手続として，経営者保証に関するガイドライン（以下「経営者保証GL」といいます）が注目されています。ここでは，法人代表者の保証債務の整理の場面を前提に，経営者保証GLの実践的活用法について議論したいと思います。特に主たる債務者（主債務者）の法人につき破産手続，保証人である法人代表者につき経営者保証GLを利用という，いわゆる単独型（のみ型）の場面ですね。まずは，経営者保証GLにつき，端的な説明を石川さん，お願いします。

石川　経営者保証GLは，経営者の保証債務について，経営者保証の弊害を解消し，経営者による思い切った事業展開や早期の事業再生・廃業を促進するために，(1)法人と経営者個人の資産・経理が明確に分離されている場合などに，経営者の個人保証を求めないこと，(2)多額の個人保証を行っていても，早期に事業再生や廃業を決断した際に，破産における自由財産（自由財産の範囲の拡張分も含みます。基本的に99万円）のほかに，一定期間の生計費に相当する現預金（年齢に応じて99万円～363万円を目安）を残存資産に含めることや，「華美でない自宅」を残存資産に含めることなどを検討すること，及び，(3)保証債務の履行時に返済しきれない債務残額は原則として免除することを骨子とする準則型私的整理手続の一つです[*1]。手続選択のポイントは，①経営者保証GLの成り立ちからして，対象債権者は原則として金融機関（信用保証協会やサービサーも含む）であること，②私的整理手続であることから，対象債権者の全員の同意が原則であることです。

中川　経営者の保証債務の整理に関するものは，石川さんの説明の(2)(3)ですが，中小企業庁のウェブサイトによると，平成26年2月から同29年3月ま

[*1]　日本商工会議所と一般社団法人全国銀行協会を事務局とする「経営者保証に関するガイドライン研究会」が平成25年12月に発表し，平成26年2月1日から実施されています。法人代表者の処理につき，法人破産申立て実践マニュアル269頁以下参照。

での政府系金融機関における経営者保証GLに基づく保証債務整理を成立させた件数は累計で244件ということで実績が上がってきています。

野村　今日の座談会出席者の利用実績はいかがでしょうか。私は，法人につき再生手続，法人代表者につき経営者保証GLで特定調停の単独型1件[*2]，外部専門家で関与した中小企業再生支援協議会の一体型で2件（4名）成立し，法人につき破産手続，法人代表者につき事前調整中が1件です。

山田　私は，主債務者清算型として法人は特別清算，経営者は経営者保証GLを用いた特定調停（単独型）を2件，主債務者再生型として法人は事業譲渡プラス特別清算，経営者は経営者保証GLを用いた特定調停（単独型）1件を担当し，成立しました[*3]。なお，再生支援協議会を利用した経営者保証GLの実績も上がっているようです[*4]。

石川　私は千葉の中小企業再生支援協議会の外部専門家として関与した案件もありますし，単独型の特定調停については，現在2件進行中のものがあります。

森　私は，中小企業再生支援協議会の一体型で1件（法人代表者を含む保証人4名）[*5]，法人が中小企業再生支援協議会の手続による再生の事案で元取締役1名及び死亡した元取締役の相続人3名につき特定調停の単独型で1件成立しました。法人破産の事案で法人代表者の経営者保証GLの申し出をしている案件があります。

[*2]　野村剛司「民事再生の申立てを行った法人の代表者につき，『経営者保証ガイドライン』を利用した特定調停が成立した事例」債管156号（2017年）116頁参照。

[*3]　山田尚武＝尾田知亜記「特別清算を用いて主債務の整理を行うと同時に，早期に事業停止をし，資産価値の劣化を防ぐことによりインセンティブ資産を確保しながら『経営者保証ガイドライン』を用いて代表者の保証債務を一体的に整理した事例－インセンティブ型私的整理の積極的な運用を期待して」債管150号（2015年）126頁，同「代表者を同じくする2社の金融債務である主債務を，特別清算により整理を行うと同時に，早期に事業停止をし，資産価値の劣化を防ぐことによりインセンティブ資産300万円を確保しながら『経営者保証ガイドライン』を用いてリース債務の保証債務を含む代表者の保証債務を整理した事例」債管152号（2016年）117頁参照。この座談会の際，尾田知亜記弁護士（愛知県弁護士会）にゲスト参加いただき，事例報告いただきました。

[*4]　2015年度末までの累計は191件（一体型168件，単独型23件。藤原敬三「中小企業・小規模事業者の事業再生に向けて」債管154号（2016年）14頁参照）。

[*5]　森智幸「成年被後見人を含む保証人について，中小企業再生支援協議会の支援により，『経営者保証に関するガイドライン』を用いて保証債務を整理した事案」債管155号（2017年）104頁参照。

野村　皆さんチャレンジしていますよね。これからが楽しみですね。

金融機関主導型と弁護士主導型

野村　経営者保証 GL は，主債務者と経営者の保証債務を一つの手続で処理する一体型と別の手続で処理する単独型があります（経営者保証 GL 7(2)参照）。例えば，中小企業再生支援協議会等において，主債務者の法人と保証人である経営者の保証債務を経営者保証 GL に基づき一体で処理する場合が前者ですね。これに対し，主債務者の法人について，民事再生，特別清算，破産といった法的債務整理手続の場合には，経営者の保証債務について特定調停等で経営者保証 GL に基づく処理をするのが単独型ですね。

石川　そうです。ただし，主債務者を放置して保証債務のみを経営者保証 GL を使って整理することはできないことは注意してほしいです。単独型といっても主たる債務は別の手続で整理することが前提です。また，日弁連で廃業支援型特定調停スキーム[*6]についての手引きを作成して公表しています（→445頁）。裁判所の特定調停の手続を利用して，主債務者は廃業，経営者については経営者保証 GL を利用して保証債務の整理をするもので，一体型ということができます。

野村　廃業支援型の特定調停スキームは興味深いですが，実績が上がるのをもう少し待ちましょう。ここでは，最初に確認したとおり，法人が破産の場合の単独型を中心に議論したいと思います。

山田　その前に，経営者保証 GL を選択する場合，一体型と単独型の区別とともに，金融機関主導か債務者つまり代理人弁護士主導かどうかの区別の視点も大切だと思いますね。経営者保証 GL は金融機関を対象とする私的整理手続の準則ですから，金融機関主導ということであれば，債務者の経営者保証 GL の手続選択については事前に十分な根回しがしやすいでしょう。これに対し，債務者つまり代理人弁護士主導だと，対象とな

[*6]　日本弁護士連合会「事業者の廃業・清算を支援する手法としての特定調停スキーム利用の手引き」，髙井章光ほか「経営者保証ガイドラインと廃業支援型特定調停」債管156号（2017年）100頁参照。

る金融債権者にとって、債務者は事前に十分な根回しができないことも多く、対象となる金融機関の同意の取付けには周到な準備が必要であることを覚悟しておく必要があると思います。

野村　金融機関主導型と弁護士主導型の視点は面白いですね。今回取り上げる単独型は、弁護士主導型でしょう。弁護士主導型の場合、対象となる金融機関との調整が重要であり、金融機関の同意が取り付けられるよう代理人弁護士に周到な準備が必要であることはそのとおりですね。

久米　再生支援協議会も単独型の経営者保証GLの手続を行うことがありますが、金融機関の調整は再生支援協議会が行ってくれることが多いので、金融機関主導型と同視できるのかなあと思います。

野村　現状、単独型を扱ってもらえるのは、特定調停のほかには再生支援協議会のみですが、法人につき全く関与がなかった事案の単独型でも再生支援協議会に金融機関の調整までしていただけるのですか。

久米　兵庫県中小企業再生支援協議会では、そのような案件でも事案によっては相談を受け付けており、また、利用実績もあると聞いています。法人は再生支援協議会の関与なしに破産した後、元代表者のみ再生支援協議会が金融機関の調整を行いながら単独型の経営者保証GLを利用するというスキームです。ただ、法人には関与していないので、事情がわからない部分も多く、調整が難航する可能性は高くなるようですが。

石川　再生支援協議会が単独型を扱うのは実際にはハードルが高いように思います。二次対応に入る前提として成立可能性が必要となるのでおそらく協議会としてはメインバンクや準メインの対象債権者に対しては意向確認すると思われます。ここで前向きな回答が得られないと協議会が対応するのは難しいと思います。また、事前に対象債権者に根回しして積極的な同意を得ているのであれば特定調停を選択することに支障はないと思います。協議会スキームでの同意は書面による積極的な同意です。これに対して特定調停スキームでは17条決定（民調17条）を使えるので消極的な同意で足ります。そう考えると単独型の経営者保証GLの利用はまずは特定調停スキームを検討するのがよいと思っています。

経営者保証 GL を選択する際の考え方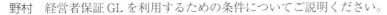

野村　経営者保証 GL を利用するための条件についてご説明ください。

石川　いくつかの要件がありますが，実務上一番問題となるのが「対象債権者にとって経済的な合理性が期待できること」という要件です。この経済合理性の判断は，主債務者が再建型手続と清算型手続との場合で異なります。後者の場合，①現時点において清算した場合における主たる債務及び保証債務の回収見込額の合計金額が，②過去の営業成績等を参考としつつ，清算手続が遅延した場合の将来時点（将来見通しが合理的に推計できる期間として最大3年程度を想定）における主たる債務及び保証債務の回収見込額の合計金額を上回る場合には，ガイドラインに基づく債務整理により，破産手続による配当よりも多くの回収を得られる見込みがあるため，一定の経済合理性が認められるとされています（経営者保証 GL 7(1)ハ・7(3)③，同 Q & A【B．各論】Q 7 − 13参照）[*7]。

野村　再建型だと，再生計画案における弁済計画と財産評定で清算価値が手続上明らかになりますので，経済合理性や回収見込額の増加額もわかりやすいのですが，清算型の場合の経済合理性の判断は事案によってはなかなか難しそうですよね。経験された山田さん，お願いします。

山田　①は，主債務者及び保証人の現時点の清算価値であり，その算出は難しくありません。他方，②は，清算手続が遅延した場合の将来時点の主債務者及び保証人の清算価値であり，このシミュレーションが難しいですね。私は，主要取引先から将来海外への転注を理由とする取引停止の通告を受けている事案において，受注減の将来見通しが合理的に推計できる期間として最大3年程度を想定される将来時点はどこか，実際のケースにおいてその策定に苦労したことがあります[*8]。

野村　②については，将来時点の清算価値である以上，どこまでシミュレーションするのか，これもまたケース・バイ・ケースでしょうね。再建型の場合のほうが断然わかりやすいですね。とはいえ，現時点での保証人の

[*7]　法人破産申立て実践マニュアル275頁参照。

[*8]　山田＝尾田・前掲*3・債管152号124頁参照。

清算価値を割り込むことを許容するのが経営者保証 GL なわけですが，まずはその理解をしてもらうのが大変ですね。

石川　事案によっては難しい説明が求められるのは確かですが，コンスタントに赤字決算であれば3年後に資産をすべて食いつぶして清算価値がゼロであると説明できるケースも多いと思います。難しくない案件で難しく考えてハードルを上げる必要はないと思います。

野村　少なくともインセンティブ資産として認めてもらう範囲で説明を付けることですね。また，他に要件として実務上問題となるものがありますか。

石川　「弁済について誠実」であり，適時適切に開示していることという要件がありますが（経営者保証GL 3(3)），この要件に関して実務上問題となることがあります。例えば，主債務者が粉飾決算をしている場合等です。

野村　その点について，石川さんはどう考えていますか。

石川　粉飾が悪質であれば要件該当性が否定されることはあるでしょう。しかし，粉飾決算をしている中小企業は珍しくなく，杓子定規に要件該当性を否定すれば経営者保証 GL が利用できる場面はなくなってしまうと思います。この結論は不合理です。悪質でない粉飾については要件該当性を否定すべきでないと思います。この要件は不誠実な主債務者や経営者については経営者保証 GL の利用を認めないということにあるとすれば，粉飾の内容が不誠実と非難されるレベルか否かを基準に判断すべきだと思います。また，粉飾が軽微とはいえなくてもそれは先代が行ったもので現経営者は何とか少しずつ正しい方向にもっていく努力をしてきたと判断できれば不誠実ではないと評価してあげてよいと思います。

金融機関から見た経営者保証 GL

野村　債務者側からだけでなく，金融機関からの見方も議論しましょう。

八木　金融機関にとって，同じ特定調停手続であっても，主債務のカットだと債務免除なのでハードルは高いが，経営者保証 GL は担保解除なので，そこまでハードルは高くないということはありますか。

桶谷　ハードルの高さは，あまり変わらない気がします。金融機関が債務免除や担保解除に応じるときには，金融機関内部での意思決定が必要ですが，

その過程で用いられるのが稟議書（**コラム 8** 参照。→460頁）です。稟議書には債務免除・担保解除の必要性・相当性を記載しますが，記載すべき事項は，あまり変わりません。

山田　金融機関の担当者も経営者保証 GL による特定調停に応じたほうが回収額が多くなるのは理解しています。でも，稟議書を起案して，上司や本部を説得するのは時間も手間もかかります。もちろん，経営者保証 GL による話をもっていった場合の対応は金融機関により全く異なります。「政府の肝いりで全国銀行協会と商工会議所とが共同で経営者保証 GL を作ったのに，勉強していないのかな？」とぼやきたくなるときもありますし，よく理解されていて迅速に対応していただける金融機関もあり，そういうときは「ありがたいな」と思います。

籠池　破産だと上司や本部への報告だけで足りるので，担当者としては楽ですよね。

久米　ですから，金融機関の担当者は，いろいろ理屈を付けて法的整理を勧めてきます。「回収額の多寡より，手続の透明性を重視します」というのは，よく聞く理由です。

石川　メインバンクが経営者保証 GL を用いた整理に積極的な場合は準メイン以下の金融機関も協力的な場合が多いように思います。メインバンクが同意していますと書けば稟議が通りやすいからだと思います。

インセンティブ資産の確保

野村　インセンティブ資産の確保の問題について議論しましょう。そもそも，破産手続が終わった後に経営者保証 GL を利用したいとしても，インセンティブ資産は認められない点（経営者保証GL7(3)③参照）には注意するとして，インセンティブ資産の確保の問題は，上限となる回収見込額の増加額の問題と残存資産としての一定期間の生計費に相当する現預金や華美でない自宅の問題がありますね（経営者保証GL 7(3)③，Q＆A【B. 各論】Q 7 - 14参照）。上限となる回収見込額の増加額の点は，先ほど見たところですので，一定期間の生計費に相当する現預金の点はいかがでしょうか。

山田　「一定期間」については，雇用保険の給付期間の考え方等を参考にするとしつつ，給付期間そのものに90日から最大330日と幅があること，保証人の経営資質，信頼性，窮境に陥った原因における帰責性等を勘案し，個別案件ごとに増減を検討するとされており問題が生じます。しかし，帰責性の認められない経営者は通常はいないことを考えると帰責性を持ち出して，給付期間の日数を短くすることには疑問があります。給付期間は，帰責性が極めて高い等の特段の事情のない限りは最長期間で考えてよいと思います。当初は債権者から最長期間で計算することの根拠を求められたこともあるようですが，今はそのような話は聞きませんね。

野村　「華美でない自宅」の問題はいかがですか。無担保の場合を想定します。

石川　再生支援協議会案件ですが，敷地面積が周囲と比較して，かなり大きい自宅について「華美」でないといえるのか金融機関から問題提起がなされたことがあります。石川説は，華美については「周辺との比較」「見た目」「評価額」等を考慮して，どの要素を考慮しても華美でないとはいえない場合であると考えています。ある雑誌の座談会で残すことが正義に反するか？が基準だという発言もありましたが[*9]，同じですね。

野村　では，担保がついている場合はいかがでしょうか。

久米　この点，華美でない自宅については無条件で残せると誤解している人もいるので注意が必要です。住宅ローン債権はそもそも経営者保証GLの整理の対象とはなりません。もっとも，保証債務を整理しつつ，将来収入で住宅ローンの弁済を継続することで住宅を残すことはできるので経営者保証GLを利用する意味はあると思います。

山田　自宅に住宅ローン以外の担保がついている場合も注意が必要です（経営者保証GL Q&A【B．各論】Q7-14参照）。オーバーローンの場合には，自宅の公正な価額相当額を弁済しないかぎり，自宅を残すことができません。これに対して，余剰がある場合には，被担保債権分の弁済は前提となりますが，担保権が設定された自宅でも，その余剰分については，インセンティブ資産に含めることも考えられます。

[*9] 中村廉平ほか「〈座談会〉経営者保証GLの現状と課題 第2部債務整理時（出口）における現状と課題」銀法787号（2015年）25頁〔佐々木宏之発言〕参照。

リース債務や取引債務の保証債務，個人債務がある場合

野村　法人代表者は，法人のリース契約の際に連帯保証をしていますし，取引先との関係でも基本契約時に連帯保証していることもあります。保証債務以外に個人でも借入れやクレジットカードの利用代金といった債務がありますが，このような債務があった場合でも経営者保証 GL は利用できるのでしょうか（→286頁）。

石川　経営者保証 GL の対象債権者は，基本的に金融機関ですが，弁済計画の履行に重大な影響を及ぼすおそれがある債権者については，対象債権者に含めることができますし（経営者保証 GL 7(3)④ロ参照），リース債権者を含めている実例は結構ありますね[10]。取引先や個人債務も含めた事例も報告されていますので，一概にはいえないと思います。ただ，対象債権者に含めて処理するか，別途協議して処理するかは慎重に検討したほうがよいと思います。なお，税金の滞納があった場合，公租公課庁も対象にできませんので，分納協議をするなど別途対応が必要となります。

対象債権者からの反対の意思表明

野村　経営者保証ＧＬを使うことについて対象債権者から明確に反対意見を述べられたことはありますか。

石川　最終的に不同意を明示されたことはないですが，主債務者の法人に粉飾決算があること，在外資産の評価，貸付金の回収可能性の評価，会社からの資金流失を問題視されて現状では賛成できないと言われたことが数件あります。いずれも様々な資料や報告書を提出して最終的には同意してくれました。その他計画策定の段階で開示した表明保証対象財産が漏れていたことを金融機関から指摘されたことがありますが，弁済原資として追加して処理しています。

森　私は，代表者について経営者保証 GL の利用を申し出たところ，支払停止の直前に所有不動産の名義を変更していたことが免責不許可事由に

---

[10] 債管151号（2016年）165頁，債管152号（2016年）117頁ほか参照。

あたるとして反対の意見を述べられたことがあります。確かに，免責不許可事由があることは合理的な不同意事由とされていますが（経営者保証GL 7(1)ニ参照），経営者がこの行為を反省し，後の手続で財産を開示し誠実に対応した場合にはその誠実性を評価して経営者保証GLを利用することも認められると考えます。つまり，破産の裁量免責が認められるような場合には経営者保証GLの利用を認めてもよいのではないでしょうか。

法人代表者の手続選択

野村　さて，ここまでを踏まえて，法人代表者の処理，手続選択について改めて考えてみましょう。個人債務者いわゆる消費者の倒産処理手続には，大きく①任意整理（債務整理，私的整理），②特定調停，③個人再生，④破産がありますが*11，法人代表者の場合であれば，①任意整理，②特定調停（経営者保証GLを含む），③民事再生（通常再生，個人再生），④破産といった感じになるかと思います。

　　　森さんは，主債務者の法人が破産の場合でも法人代表者につき経営者保証GLの利用を積極的に検討したほうがよいというお考えで日々実践されていると伺っておりますが，いかがでしょうか。

森　　そうですね。私は法人破産でも代表者につき経営者保証GLが利用できないかを一番に考えるようにしています。その理由は，経営者保証GLには破産をせずに保証債務が整理できるという経営者にとって大きなメリットがあるからです。破産したくないという経営者の希望はできるだけ尊重してあげたいと思います。ですので，私は法人破産においても経営者保証GLをファーストチョイスと考えています（**コラム9**参照。→461頁）。なお，主債務者破産の場合の経営者保証GLの利用方法についてはフローチャート（**図表6，7**）も参照してください。

石川　ありがとうございます。経営者保証GLを利用するにはすべての対象債権者の同意（17条決定を含む）が求められます。同意が得られなければ，

＊11　倒産法を知ろう266頁，法人破産申立て実践マニュアル20頁以下参照。

図表6 経営者保証 GL 利用フローチャート
―― 主債務者破産・最もシンプルなパターン

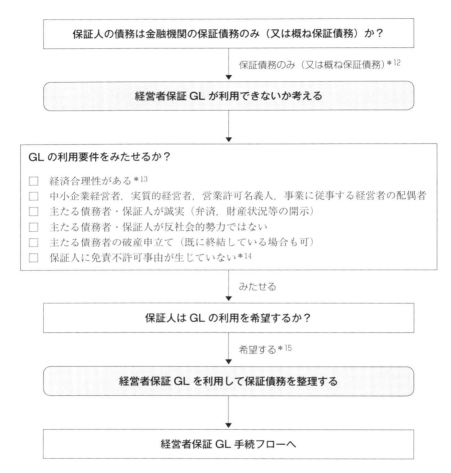

*12 固有債務やリース・商取引債権の保証債務がある場合,同意を得て対象債権とするか,保証債務以外は対象債権とせずに全額弁済をすることが考えられる(「<座談会>経営者保証ガイドラインの現状と課題」銀法787号(2015年)16頁〔中井康之発言〕参照)。
　　また,公租公課がある場合も GL の利用は否定されない(「<座談会>経営者保証ガイドラインの運用開始から2年目を迎えて」金法2018号(2015年)18頁〔髙井章光発言〕参照)。
*13 主債務者破産の場合は時間の経過とともに資産(配当原資)が減少することが多いので通常はこの要件を満たす。
*14 前掲*12・銀法787号17頁〔小林信明発言〕参照。
*15 保証人が主債務者とともに破産申立てを希望する場合もある。

図表7　経営者保証GL手続フロー・特定調停[16]

```
┌─────────────────────────────────────────────────────────┐
│ 1．資産状況の確認・資産目録の作成                        │
│    破産申立準備で行うことと同様                          │
└─────────────────────────────────────────────────────────┘
                            ▼
┌─────────────────────────────────────────────────────────┐
│ 2．残存資産の検討                                        │
│    (1) 残存資産の上限の確認[17]                          │
│    (2) 一定期間の生計費の算出                            │
│    (3) 自宅がある場合の処理検討[18]                      │
└─────────────────────────────────────────────────────────┘
                            ▼
┌─────────────────────────────────────────────────────────┐
│ 3．対象債権者（金融機関）訪問 or 電話連絡                │
│    経営者保証GLを利用すること，手続の流れ等の説明        │
└─────────────────────────────────────────────────────────┘
                            ▼
┌─────────────────────────────────────────────────────────┐
│ 4．対象債権者宛・一時停止通知発送                        │
│    書式は日弁連手引き[19]・書式8，法人破産申立て実践マニュアル368頁参照 │
└─────────────────────────────────────────────────────────┘
                            ▼
┌─────────────────────────────────────────────────────────┐
│ 5．弁済計画案の策定                                      │
│    (1) 基準日資産から残存資産と経費を控除した残りを弁済原資 │
│    (2) 弁済原資の配分（弁済額）・弁済方法[20]             │
└─────────────────────────────────────────────────────────┘
                            ▼
┌─────────────────────────────────────────────────────────┐
│ 6．対象債権者に弁済計画案・表明保証書を提出              │
│    (1) 弁済計画案　資産目録，残存資産の内容，弁済原資，弁済方法 │
│    (2) 表明保証書　日弁連手引き・書式6参照               │
└─────────────────────────────────────────────────────────┘
                            ▼
┌─────────────────────────────────────────────────────────┐
│ 7．対象債権者との事前調整                                │
│    日弁連手引き5頁参照                                   │
└─────────────────────────────────────────────────────────┘
                            ▼
┌─────────────────────────────────────────────────────────┐
│ 8．特定調停申立て・調停成立                              │
│    日弁連手引き・書式1～5，7参照                         │
└─────────────────────────────────────────────────────────┘
                            ▼
┌─────────────────────────────────────────────────────────┐
│ 9．保証債務の弁済・保証解除                              │
│    調停条項に基づく弁済                                  │
└─────────────────────────────────────────────────────────┘
```

[16] 中小企業再生支援協議会での整理手続もある。中小企業庁「中小企業再生支援協議会等による経営者保証に関するガイドラインに基づく保証債務の整理手順」参照。
[17] GL 7(3), Q&A【B．各論】Q 7-16。具体的な算定方法は座談会の議論を参照（→452頁）。
[18] 座談会の議論参照（→455頁）。
[19] 日弁連「経営者保証に関するガイドラインに基づく保証債務整理の手法としての特定調停スキームの手引き」。
[20] 非保全残高プロラタ（非保全残高シェアで弁済原資を按分）を基本とする。

多くの場合は破産手続やその他の整理手続を選択せざるを得ないことになりますので費用面・労力面の双方で経営者に負担をかけることになります。そのようなリスク説明はしっかり行う必要があると思いますが，経営者保証 GL がファーストチョイスだという森さんの意見には賛成です。

山田　経営者保証 GL は私的整理であり，金融機関の納得が前提です。法的清算である破産とは勝手が異なります。利用する弁護士は金融機関との信頼関係の構築に努力すべきです。また，金融機関にとっても保証債務が放置されるより，経営者保証 GL を利用して再チャレンジの機会を与えるほうが長い目で見た場合にメリットが多いと思いますので，その点に関する理解と協力をお願いしたいです。

野村　経営者保証 GL は，確実に浸透していっていると思いますが，まだまだこれからというところもあり，さらに利用されることが望まれます。弁護士側もよく理解して 1 件ずつ成果をあげていき，それが全体によい影響を及ぼしていくといいですね。再生支援協議会の外部専門家の立場で見ていると，カット案件での経営者保証 GL の一体型はどの立場からも使い勝手がよいように感じられます。そこで，例えば，主債務者が民事再生の場合にも，同じ地裁で経営者保証 GL の特定調停を受け入れていただき，手続を同時並行で進めることによる「一体型」ができるとありがたいと思います。いろんな工夫の余地がありますね。

【コラム 8】 金融機関の稟議

　個人事業主である弁護士にはなじみがないかもしれませんが，会社などの組織が意思決定をするときは「稟議書（りんぎしょ）」を作ることが多くあります。特に金融機関では必要不可欠な書類です。稟議とは「会社などで，所定の重要事項について，決裁権を持っている重役などに主管者が文書で決裁承認を求めること」（広辞苑第 6 版）で，稟議書とはそのための書類のことです。例えば，金融機関の支店で融資（貸出）の実行を判断するとき，営業担当者（ヒラ社員）が稟議書を起案し，職責の下から順番に従い，直属の上司から一番上の支店長まで，それぞれの承認印を順番に押捺していきます。支店長までの印鑑が揃っ

て，はじめて支店として意思決定をしたことになります。融資する金額が大きくなれば，支店長決裁では足りず，本店決裁や取締役会・理事会決議などが必要になることもあります。

同様のことは，融資が回収できずに貸倒処理（債権カット，債務免除）の判断をするときにもあてはまります。貸倒処理する理由を書いた稟議書を起案して，上司の承認を順番にもらっていきます。弁護士が私的整理や民事再生の際に債務者企業の代理人として金融機関と交渉するときには，「稟議書を書きやすい」ように心がけることです。弁護士が債務者企業の現状をよく理解して，リスケや債権カットの必要性・相当性の根拠となる事実を整理して，金融機関に提供することが大切です。経験のある弁護士なら，稟議書の決裁を受ける過程で出てきそうな疑問・質問についても回答を用意し，事前に金融機関の担当者に提供しておきます。これも稟議書を書きやすくする工夫です。これは決して特殊な作業ではなく，民事訴訟の訴状や，民事保全の申立書を作る過程と似ています。判断権者である裁判官を説得するための材料を集めて，書面を作成する作業と異なるところはありません。金融機関の担当者と一緒に金融機関の決裁権者を説得するつもりで担当者と会話してください。

【コラム9】 主債務者破産における経営者保証ガイドラインの利用

経営者保証GLについては，主債務者破産の場合にも利用できるという意識はまだ広く浸透していないようです。しかし，各種文献で公表された事例を見ても主債務者破産で経営者保証GLを利用したケースはいくつもあり，経営者保証GLの策定公表以降，保証債務の整理は必ずしも破産による必要はなくなってきました。弁護士は破産に慣れていることもあり，破産手続の合理性・有用性を理解していますが，経営者が破産自体を大きな挫折，汚点と捉える傾向はいまだ根強いものがあります。その中で破産せずに保証債務を整理できるということは，弁護士が思う以上に経営者にとって大きな意義があることを我々は認識しなければなりません。

こうした意義を持つ経営者保証GLがあり，かつ，それが利用可能な事案であるにもかかわらず（もちろん十分な見極めが必要です），漫然と保証人について破産を申し立てることは，専門家として期待される役割を果たしたとはいえないように思います。企業が破産する場合においても，今後保証債務の整理については経営者保証GLがファーストチョイスとなっていくことでしょう。

6　破産手続を利用しやすくするために

破産によるフレッシュスタート

野村　手続選択の章の最後に,「破産手続を利用しやすくするために」と題して検討してみたいと思います。破産手続はどうしてもイメージが悪いのか,敬遠されがちですが,利用しやすくするために,弁護士として何ができるのか議論してみましょう。

八木　やはり,個人で破産したら,すべての資産をもっていかれる,選挙権も制限されるなどの誤解を解くことが必要でしょうね[*1]。そして,相談者の「何で破産する必要があるのか」という問いに対してきちんと答えることが重要で,私は,放置した場合の弊害もきちんと説明して,手続に対する納得を得た上で受任するようにしています。その先がフレッシュスタートですね。

石岡　やはり,破産法第1条に目的として「債務者について経済生活の再生の機会の確保を図ること」が定められていることを指摘したいですね。破産とは,ペナルティではなく,経済生活のリスタートであること,だからこそ自由財産拡張制度なども認められていることを,もっと市民に広く知ってもらう必要があるのではと思います。

　そして,そのためには,手続に携わる我々弁護士も,この点を意識する必要があると思います。債務者に対して糾問的になったり高圧的になったりするのではなく,寛容の精神で接することが大切だと思います。

野村　まさしくそうですね。ここまで,主に事業者について,手続選択として,破産以外の選択肢の検討を重ねてきたわけですが,破産手続は,法的整理手続のうち清算型の手続と位置づけられていますので,最後の手段として理解されています[*2]。最後の手段であれば,まさに最終処理の場でもあるといえると思います。

[*1]　倒産法を知ろう195頁参照。
[*2]　法人の手続選択につき,法人破産申立て実践マニュアル18頁以下参照。同91頁の手続選択フローチャートも参照。

山田　確かに，破産手続は最終処理の場ですが，と同時に，債務者にとってけじめの場です。個人の場合は，破産したからといってそこで人生が終わるわけではなく，再出発が大切です。そのために免責制度がありますね。個人の債権者や担保権者にとっても債務者の破産というけじめをもって，物事に見切りをつけて，再出発するわけです。

野村　法人の場合，破産手続の終了によって法人格は消滅しますよね。

山田　法人といっても，法人関係者は代表者，役員及び従業員という個人なわけですから，破産でけじめをつけて，法人の債権者や担保権者も見切りをつけて再出発です。法人個人を問わず，関係者のフレッシュスタートの重要性は強調しすぎることはありませんね。

野村　法人とはいえ，結局はそれに関与する個人がフレッシュスタートするわけですからね。破産手続の本質は，最終処理の場というよりも，再出発の場ということを強調していくことですね。

破綻後も放置されている法人が多いのか

野村　全国的には，法人破産は，平成21年のいわゆるリーマンショック後をピークとして，じわじわ減っていますが，個人の減少率よりは緩やかです。法人破産は，平成21年で約1万1000件，平成28年で約7000件，個人破産は，平成21年で約12万6000件，平成28年で約6万5000件[*3]ですから，減少しているとはいえ，法人破産は一定数ありますね。

中川　かなり減った感がありますが，法人破産はそれなりにあるわけですね。

野村　私が問題意識としてもっているのは，未払賃金立替払制度の研修会等をやっていて思うのですが，事実上の倒産の企業の立替払いの数が結構あるのです。端的にいうと，法律上の倒産2に対して，事実上の倒産1くらいあります。事実上の倒産がそれくらいあるということは，その企業は破産していないのですよ。もっといえば，事実上の倒産になっても従業員が労働基準監督署に行かなければ，基本的に労基署は動かないでしょうから，従業員が行った事案だけでそれだけあるということですね。

[*3] 福島法昭＝比良香織「平成28年における倒産事件申立ての概況」NBL1098号（2017年）35頁参照。

石川 それは法人が放置されているっていうことですよね。本来破産へ行くべきなのに事実上の倒産のまま滞留しているのです。

じり貧型が多いか

籠池 昔は手形取引が多かったから，手形が落とせず，やむなく破産という頓挫型が多かったですが，最近は，じり貧型ですよね。じり貧の末，自主廃業みたいな類型が多いのかなと思います。これには債権者の不良債権処理の変化も影響しています。サービサーへの債権譲渡処理が多くなって，回収圧力がなければ，債務者側は，じり貧でズルズル事業を続ける格好になりがちですね。

山田 中小企業や小規模企業者もじり貧の状態が続くと本当にお金がない状態になります。代表者本人の預貯金や生命保険はもちろん，その配偶者の預貯金も会社につぎ込んで延命を図るわけです。どうしようもなくなったときには会社も個人も干からびています。いざ破産しようと思っても必要な弁護士費用と裁判所の予納金を捻出することができません。

久米 法人は事実上廃業して清算手続も破産手続も行っていないけれど，税務署等に事業廃止届出だけを行って，代表者個人は保証協会の連帯保証について月5000円とか1万円とかチマチマ支払っている事案もよく見かけますよね。

法人代表者は逃げたいか

野村 放置されている背景事情には様々あると思いますので，ここでは，今回対象としている場面である，法人は事業継続中だが資金繰りに窮するという場面に限定します。手続選択として再建型はとれない，清算するしかないだろうという場面，法人代表者は逃げられることなら逃げたいところでしょうが，そこで破産を選択するのか，放置して逃げるのか。

籠池 確かに逃げたくなる気持ちはわかりますが，法人代表者として，関係者に迷惑をかけないためには，きちんと清算するのが経営者としての最後の務めではないでしょうか。破綻した後の混乱を防止するという意味でも，放置して逃げてしまうのではなく，破産手続等によって法的に整理

すべきだと思うのですが。

山田　「がんを切る」となれば，誰でも不安で逃げ出したくなるのでしょうね。お医者様に「大丈夫，治る」と言われたとしても。破産手続も同じだと思います。債権者からひどく言われるのではないか，みじめになるのではないか，自分はダメな人間なのか，いろいろよからぬことをぐるぐる考えるのが人間です。中には，財産を隠匿したり，親しい債権者に偏頗弁済するなどのずるいことをしたりして，それを隠したいがために逃げる法人代表者もいるでしょう。しかし，私は，逃げる債務者の大部分は，ずるさではなく弱さゆえの不安から逃げ出したくなるのだと思います。

髙松　人情話みたいになりますが，代表者だけではなく家族もつらい思いをしていると思いますので，本人のみならず地元に残る家族が上を向いて歩けるように，何とか逃げずに，法的手続をとってけじめをつけていただきたいと思いますね。

久米　私は破産の相談にみえた法人の代表者が次の打ち合わせまでに自殺された経験があります（→192頁）。本当にショックでした。ご家族からご連絡をいただいたのですが，受話器を持つ手が震えて涙も止まりませんでした。破産やむなしですが，特段手続上の問題はない事案でしたので，何ともやるせない気持ちになりました。

野村　弁護士は，借金で死ぬ必要はないといいますが，亡くなってしまわれた方にはかける言葉がないですね。それでも，今生きて事業をされている方には，やはり借金で死ぬ必要はないと言い続けたいです。

明るい倒産，明るい破産でよい

野村　私は，最初に経験した法人と法人代表者の破産申立てのときから，「明るい倒産」，「明るい破産」でよいと思い，それを言い続けています[*4]。いつもは朗らかな社長さんが，困り果てていたわけですが，打ち合わせの中で，「明るい破産」で行きましょう！とね。端的にいえば，誠実な債務者は救ってあげたいと思うのです。それは，債権者の立場から見て

＊4　倒産法を知ろう292頁，野村剛司「ようこそ倒産法の世界へ」法セミ717号（2014年）6頁以下参照。

もそうだと思います。倒産や破産を暗く捉えず，明るく前向きに捉え，ルールに従った処理をして再スタートできるようにすることは，債務者，債権者，そして社会的に見ても有意義なことだと思うのですよ。

山田　昔，破産した中小企業の経営者の方に破産手続の終わりころに言われたことがあります。「先生のところに来るのは病院に来るみたいです。最初は，来るのは最悪の気分でしたが，手続が進むに従ってどんどん心の負担が軽くなっていきました」。私は依頼者の方に，必ず次のように言います。破産を決意した今の気分は最悪だと思います。しかし，病院に通うのと同じでどんどんよくなりますよ，と。個人に清算はありません。破産は窮極の再生手続ですね。必ずフレッシュスタートできます。

野村　法人代表者にとっては，肩の荷が下りるのだと思います。苦しい資金繰りから解放されるわけですから，一気に気が楽になると思いますね。それまで頑張ってきたわけですから，気を楽にさせてあげたいですね。そのためにも，法人代表者が最後の手段として破産を選択することを潔しとするインセンティブを示し，周知することが大切だろうと思います。

明るい場所で

久米　「明るい破産」は，破産者や代表者が明るく前向きになるという意味以外にも，手続を『明るい場所』，つまり裁判所や管財人の関与の下，白日の下で，堂々とした手続で行うという点でも重要だと思います。

山田　我々専門家が，破産手続の意味を伝えることが大切であると同時に，破産者が自らの破産のことを語れる雰囲気作りが大切ですね。債務者を破産手続の客体としていては，破産者は破産という体験を自らの血肉として蓄え，けじめとして再出発をすることもできませんし，ましてや，友人・知人にその体験を伝えることもできません。破産者を破産手続の主体として位置づけ，自ら語らせ，選択をさせ，自力で這い上がる努力を申立代理人や管財人がサポートすることが大切ですね。

石岡　手続を円滑に進めるためには，重箱の隅をつつくようなことは止め，大局的に物事を見る姿勢が必要だと思います。モラルハザードの問題は別にして，誠実な債務者には寛容の精神で接することだと思います。最近，

弁護士の間に，リスクを過大視し，責任追及を恐れるあまり自己保身に走る風潮があるように思い，気になっています。このため，破産手続の運用が硬直的になり，それが原因で「破産は避けたい」という雰囲気になってしまっては，何にもならないと思います。私たちも，日弁連の研修などで「場合によっては代理人自身の責任が問われることを念頭において」と説明していますが[*5]，これもバランスの問題なのですがね。

野村　このあたりのバランスが，まさに感覚の共有ですね。放置せず正規なルートを通って経済的再生を図ろうとする人に対しては，「明るい破産」の光が届くような制度にしたいですね。

債権者は破産をどう見ているのか

野村　とはいえ，債権者からしたら，破産なんてけしからん，となるのでしょうか。払えないなら破産しろ，と言いながら，実際に破産したら何で破産したのかというような債権者もおられますが，理解してほしいですね。

桶谷　債権者は，個別の権利行使が禁止され，債務者を追いかけられなくなりますが，それは他の経済活動に注力することができるという意味もあり，経済活動としてはそうしたほうがよいわけですね。また，法による処理がされることになりますので，債権者の一部には意に沿わない処理がされることになるかもしれませんが，それは最終的に感情の問題でしかなくなるわけです。もともとそのような倒産リスクを引き受けていたということですからね。税務・会計的にも損金処理はできるわけですから。

八木　ただ，そうはいっても，経営が厳しい中小企業の経営者には，なぜあいつは借金から逃げられて，自分は資金繰りに苦しまなければならないのか，との思いもあるでしょうね。

髙松　私は，債権者や会社経営者とお話する際によく次のように言うようにしています。今の時代，経営者として取引先の破綻は常に頭に入れておかないといけません。取引先の破綻が好ましくないことは当然ですが，そうなったときのことを常日頃から考えておけば，そんなに頭にくること

[*5] 倒産処理と弁護士倫理46頁参照。

もありません，とね。
桶谷　取引先の破綻は，連鎖倒産の可能性もありますので，理屈の問題ではないのもわかりますが，やはりこの点も含め日頃から自己防衛を図ることが経営者に求められているということでしょうね。

破産するにも金がかかる

野村　お金がないから破産したいのに，破産するにも金がかかるのか，という素朴な疑問に弁護士としてどう答えるか。少なくとも申立代理人の報酬（→226頁参照）と予納金（→54頁）が必要です。プロに頼む以上，金がかかるのは当然ということにはなるのですが，皆さんはどう答えますか。

久米　よくたとえ話で用いられるのは「葬式費用のようなものだと思って準備してくださいね」などと説明しますよね。ただ「明るい破産」を目指す以上他のよい説明方法はありませんかね。

八木　葬式費用という説明をするから，弁護士が葬儀屋という扱いを受けるのではないでしょうか。

野村　前に司法修習生向けの選択型実務修習でこの話をした際，お金がないから破産するのに，弁護士が報酬をもらうのはおかしい，いくらかでもお金があるなら債権者に分配すべきと言う修習生がいて，うーん，我々はプロなので，お金をいただかないといけないだよねえ，それをどうやったらわかってもらえるかなあ，という話をしていました。端的にいえば，「必要経費」ですよね，専門家報酬っていうのは。

八木　そう，必要経費ですね。会社のその時点の資産に何があって，入金予定のものがあって，資金の流れがある中で，弁護士があるタイミングで報酬をもらって，手続を進めていこうという感じです。法人の場合，お金を出させるとか払ってもらうというよりも，資金繰りの中から必要経費をもらうという感じですね。

籠池　単に「清算費用」でよいのではないでしょうか。創業費用が必要なのと同じように，当然に清算費用も必要でしょう。経済的には，費用の多寡をいったところで，誰にその費用負担が帰属するものなのかといったら，実質的には債権者の負担なのですよね。

野村　そう,債権者の負担で,債権者にどれだけ泣いてもらうかですね。

再チャレンジできる社会と啓発活動

野村　さて,話は変わり,破産した法人は破産手続が終了すると法人格が消滅し,経済社会から退場していくわけですが,法人代表者も含む個人は,生きて経済生活を継続していきますので,破産して免責許可決定を受けることや経営者保証ガイドライン等で債務免除を受けることにより,新たな挑戦も可能となるわけですね。再チャレンジというわけですが,実際のところ,再チャレンジができる環境にあるのでしょうか。

鈴木　少し前の話ですが,2002年版中小企業白書に破産経験者の再起の状況について日米比較が掲載されていました。日本では破産を経験した後の,再起業の意思がある割合も,実際に経営者となる割合も,米国よりもかなり低いものでした。破産経験を今後の糧とできるのに,経営者の能力や地域資源を生かしきれていない状況が紹介されていました。

久米　テレビを見ていたら,過去に破産した経営者が再度頑張っているという話がありました。再チャレンジに好意的な取り上げ方でしたが,それが普通という感覚や社会環境になってほしいです。

石川　破産を選択したということを評価する社会になるべきです。放置されている方が多い中,ちゃんと破産手続に乗せた人にインセンティブを与えるというか評価してあげないと,破産を選択してもらえません。

野村　弁護士のところに辿り着き,適切な説明を受けた方にとっては,救いの神となるのかもしれませんが,社会全体としてみれば,「破産」に対する誤ったイメージや決めつけがあるようにも思います。私たち弁護士の責任でもあるのでしょうが,啓発活動としてどうすればよいでしょうか。

髙松　先ほどから出ていますが,日々,地道に伝え続けるしかないのでしょう。

籠池　野村さんが一般人向けの本を書いたらよいのでは。

野村　そんなこと言わずに,このメンバーみんなで書きましょうよ。

第10章　伝承と運用改善のために

1　伝承のために

伝承が危ぶまれてきたのか

野村　ここ数年，破産管財人やその候補者の育成が話題となることが多くなりました。これから管財人になる若手，管財人経験の少ない若手，それなりに経験した中堅といった層が検討の対象とされていると思います。背景には，倒産事件数の減少と弁護士数の増加があると思いますが，端的にいえば，伝承が危ぶまれているということでしょうか。

山田　そうだと思いますよ。弁護士側だけでなく，裁判所側も裁判官，裁判所書記官の伝承が危ぶまれていると思います。制度を適切に維持していくには，長い目で見ておかないといけませんからね。

野村　民事再生が少なくなり，会社更生はほとんどないという状況だと，大型事件における伝承も危ぶまれていますね。ただ，今日は，破産をテーマにしていますので，若手や中堅の破産管財人やその候補者の育成をテーマとして進めたいと思います。端的な伝承という括りではないかもしれませんが，OJT の話も含め，広い意味での伝承と捉えてくださいね。

若手の破産管財人（候補者）の育成

野村　今回の座談会出席者もみんな最初は若手で，1件目の破産管財人経験があり，経験を積みながら今に至るわけですが，誰かに教わったというより，実際の事件を処理する中で，いわば事件が育ててくれたのだと思います。その機会がこと倒産の分野では難しくなってきているということでしょうか。ここからは，石川さんに司会を交代してもらいますね。

破産管財人 OJT 導入の経緯

石川　倒産事件を扱う弁護士をどのように育てていくのかが一つの問題となっているわけですが，破産管財人（候補者）の育成についてはOJTを実施している地域もあります。まず，破産管財人OJTについて，どのような背景で議論されるようになってきたのか，現在の各地の状況について近弁連の意見交換会の司会役で一番情報をもっている野村さんから口火を切っていただけますか。

野村　はい。大阪では，破産管財人希望者向けの研修を受け，裁判所が実施するアンケートに回答することで管財人候補者名簿に登載され，必ず1件目は回ってくるようになっていましたが，事件数が減少する一方で，管財事件を希望する若手が増えてきたことから，希望者全員に回せないのではないか，回せない場合は実務経験者を優先することになるのではないか，といった話が出てきました。事務所内で経験できない方は事実上破産管財人になる機会がなくなるのではないかと危惧し，いわば機会均等の観点から導入されたものです。平成23年に試行し，平成24年4月から正式実施しています。破産管財人OJTを受けることで，アンケートの際に，実務経験「有」に丸ができるわけです。私の個人的な意見としては，これからを担っていただける方を養成することが大切だと思っておりますが，その点は弁護士会としてはなかなか関与できませんので，これから破産管財人になろうとする方向けの研修としたわけです[*1]。

山田　名古屋でもOJTについては裁判所から打診があり始めました。事件数減少により選任経験を重ねてノウハウを取得するのが難しくなってきたため，若手管財人の経験不足を補うための制度として導入されました。

久米　神戸も同様で本庁については裁判所から打診がありました。事件数も減っている中で即独の弁護士や事務所の指導を受けられない弁護士もいることから，本庁では平成27年4月からOJTの試行制度を始め，平成29年4月から本制度に移行しています。神戸地裁では尼崎や姫路支部

[*1]　大阪の研修体制や破産管財人OJTについては，野村剛司「ようこそ倒産法の世界へ」法セミ717号（2014年）10頁参照。

でも独自のOJT制度があります。
石川　希望者に事件を回すことができている地域でもOJTを導入している所もありますよね。
野村　今は回せていても将来もそれが続けられるかは不透明だということでしょうね。大阪は、その後、アンケートに答えても必ずしも1件目の管財人選任があるとは限らないとアナウンスされるようになりました。
石川　全倒ネットのML等を見ていると顔の見える規模の単位会であれば、ボスや先輩に聞けるのだから、あえてOJT制度を導入する必要性は低いという意見もあるようです。この点についてはどうでしょうか。
髙松　ボスや気軽に相談できる先輩弁護士が管財事件に詳しいとは限らないはずで、制度としてのOJTの必要性は単位会の規模に関係なく存在すると思いますよ。
桶谷　私は裁判所主導での管財人育成には違和感があります。刑事弁護や他の分野と同じように、必要なら弁護士会で取り組めば足りると考えます。でも、札幌も試行的に裁判所が関与するOJTを実施しています。
久米　実際、事務所内ではOJTは仕事を通じてできますし、事務所外の弁護士を管財人代理に選任するなどしてOJTを行う先生方もおられますよね。神戸でもあえて制度化することに反対の先生も結構おられました。

破産管財人OJTのやり方・類型

石川　破産管財人OJTに関しては、地域によってやり方が異なるようですね。
山本　今回、各地のやり方を類型分けしました（**図表1**）。大きく分けて、管財人に就任するのが指導を受ける立場の弁護士か、指導する立場の弁護士か、また、制度として管財人代理とするのか、研修あるいは後方的支援とするのかなど、組み合わせでいくつかのパターンがあるようです。
野村　ありがとうございます。基本はこの4つでしょうね。
石川　私としては責任をもって事件に取り組んでもらう観点から指導を受ける立場の弁護士を管財人に選任することがよいと思いますね。
八木　管財人という名前で表に出ると、債権者からの問い合わせ、従業員対応等様々な経験を直接することができて、訓練効果としては大きいと思います。

図表1　破産管財人OJT制度の類型

方式	研修方式	受講者管財人代理方式	指導者管財人代理方式	純粋サポーター方式
指導者の立場	管財人	管財人	管財人代理（アドバイザー）	後方的支援（アドバイザー）
受講者の立場	事実上関与	管財人代理	管財人	管財人
導入裁判所例（本庁）	大阪	福岡／和歌山	名古屋／神戸	長崎
各制度の特徴	◎管財未経験者育成向け ◇基本的に、破産事件に馴染みの薄い受講者に、管財事件の流れや事件処理の在り方・考え方の基本を知る機会を与えることができる。 ◇受講者の関与の程度は、指導者と受講者の判断に委ねられる。	◎管財未経験者・若手・中堅育成向け ◇大型事件等につき個別に行われていた形式を、OJT目的で制度化したもの。 ◇従前よりOJTの機能を果たしてきた実績のある形式でOJTとの親和性が高く、比較的制度化しやすい。 ◇事務所の垣根を越える形で実施される例が多いものの、指導者が同一事務所内の勤務弁護士を管財人代理にすることを認める地域もある（和歌山）。	◎若手・中堅育成向け ◇指導者が管財人代理に就任した上で、管財業務を共同処理して、受講者をサポートする制度（地域によって、サポートの程度・関与方法には差異がある）。 ◇受講者が、管財人として責任をもって事件処理にあたり、身をもって経験することで、より高い成果が得られるとの考えから採用する地域が多いと思われる。	◎若手・中堅育成向け ◇制度として管財人としての知識及び経験が豊富な弁護士から支援を受ける機会を提供することができる。 ◇初めて管財人に選任される場合、又はこれまで取り扱ったことのない処理が予想される管財事件を取り扱う場合に、より適切に事件処理するための支援を受ける機会を与える。
全体の特徴	◇ 管財事件に精通した指導者が、受講者に対して、事件処理におけるスキルやマインドを伝達する。 ◇ 倒産法関連の研究会・勉強会参加の足掛かりになる。 ◇ 指導者側も、指導を通じた勉強の機会になる。 ◇ 他事務所・他の弁護士の事件処理の方法を知る機会になる。 ◇ 指導者の選出方法としては、裁判所あるいは弁護士会による依頼と、受講者による依頼がある。 ◇ 受講者や指導者の選定に一定の要件（業務年数、経験数、研修受講の有無等）を設ける例が多い。 ◇ 受講者や指導者の報酬の有無・程度は、各地で異なる。 ◇ 受講が管財事件の配点を判断する際の一要素となりうる。			

※　今後、上記各類型をベースにした破産管財人OJT制度の活用が予想される。
※　平成29年7月時点の情報に基づき作成。

桶谷　それって、自分が管財人だから、訓練じゃなく、本番ですよね。

髙松　1回目は管財人代理、2回目に管財人として担当できればよいですよね。

石川　OJTを1件ではなく3件位担当できて、それぞれ違う弁護士からアドバイスを受けられれば理想でしょうが、事件数を考えると難しいですね。

山本　制度設計としては、様々な類型を設けておくという方法もあるように思われます。はじめて管財事件を経験する方でも、申立ての経験等によって、ある程度手続の流れを十分に理解している方でしたら管財人代理方式でもいいでしょうし、破産事件になじみがない方でしたら研修方式の経験にも意味があると思います。

野村　大阪では、裁判所がOJT案件として管財人候補者に打診すると、弁護士会側で受講生リストから順に連絡し、記録閲覧の日時に行ける方とマッチングします。管財人がチューターとなり、受講生は管財人の補助者の立場です。弁護士会の研修の一環ですので、無償です。チューター側も手弁当です。本を読んだり研修会を聴いたりするだけでは感じ取りにくい感覚的なところも含め、破産管財人の業務を垣間見てもらおうということですね。受講生のやる気次第かと思いますが、やる気のある受講生は、その後チューターの先生と繋がりができたり、申立代理人のときに破産管財人目線が入り、破産申立てがよくなったりと、副次的な効果もありますね。私は、この副次的効果が大切だと思っています。

山田　やる気のある若手を伸ばすための制度なのか、ボトムアップの制度なのかによってOJTの位置づけも変わってきますね。

小川　名古屋では登録時期が来れば、破産申立ての経験がない弁護士も含め、ほぼ全員が名簿に登録します。そうした意味でみんなやる気をもっているのですが、倒産法の分野に関心をもち積極的に研鑽を積もうとしている若手はそれほど多くありません。実際、名古屋はマニュアルが充実しており、マニュアルの書式を埋めれば最初の少額管財は処理できてしまいます。そのために条文や制度趣旨に立ち返り目の前の問題の妥当な解決とは何かを追求することをしない若手が増えています。そういう現状を見ると、大阪のように登録前の段階で先輩弁護士から事件へ取り組む姿勢やマインドを学ぶ機会があってもよいのではないかと思います。

石川　実践マニュアルを作った者としては耳の痛い話ですが，私も『破産管財実践マニュアル〔第2版〕』は必携だが，破産法の基本的な知識は学者の基本書でも予備校本でもかまわないから勉強するように言っています。

破産管財人 OJT は機能しているのか

石川　破産管財人 OJT を受けた受講生の感想や評判はどうですか。

桶谷　試行的 OJT 制度に参加した人からは，教える側からも教えられる側からもよかったという感想を聞いています。

山田　名古屋では，制度導入から2年が経過した頃に，裁判所主催で制度を利用した若手とアドバイザーとの意見交換をしたことがあります。若手は先輩弁護士のノウハウを学ぶよい機会になったと言っていました。アドバイザー側からは，自分からコミュニケーションをとるのが苦手な若手もいるから，コミュニケーションをとる機会が増えるような制度変更が必要ではないかとの意見が出ていましたね。

久米　神戸は試行段階からアンケートをとっていますが，好評のようです。特に指導を受ける側の管財人からはネガティブな回答はほとんどないようです。試行段階では管財人代理の報酬は管財人報酬の10パーセント若しくは10万円のうち低いほうということですので，大抵は2～3万円なのですが，管財人代理の報酬が低すぎて申し訳ないという回答がかなりありました。そこで，本制度に移行する際に管財人報酬の20パーセント，ただし20万円を上限とするということになりました。

野村　お金の話が絡んでくるといろいろと難しくなってきますよね。

石川　よく，人に教えることが自分の勉強にもなるといわれますが，この観点から，指導者側として関与した感想はありますか。

髙松　おっしゃるとおりで，自分のやり方を見直すよい機会ですし，逆に若手から指摘されて問題点に気づいたりすることもあり，指導する側もいい勉強になると思います。

野村　先ほども指摘しましたが，様々な副次的効果がある点がよいのだと思いますよ。人的繋がりという意味では，OJT がきっかけで，この場に繋がった方もおられますし。ね，山本さん？

山本 そうですね。とてもありがたい制度だと思います。大阪は研修方式ですし，受講生はＡ４判１枚の簡単な報告書を作成して，指導弁護士の印鑑をもらい弁護士会に提出します。結局，スキルアップを図ろうとする意欲は受講生次第ということになるかと思いますが，私は，OJT をきっかけに近弁連の意見交換会に参加し，先生方との出会いに繋がりました。

野村 そして，この場にいるというわけですね。

石川 研修方式の OJT でもそこから山本さんみたいに人脈を広げることができれば制度としては意味があると思います。

山田 私が担当した若手も勉強になったと言ってくれました。私もできる限りのことは教えてあげましたが，それだけでスキルアップが図れるかといえばそれは無理で，管財事件に関心をもつ，勉強するきっかけにすぎないと思います。体験レッスンのようなもので，その後がんばるのか，やめてしまうのかは若手次第ですね。

石川 体験しないと魅力が伝わらないということはありますが，１件くらい担当しただけで急にスキルがアップするものでないことは共通認識でしょう。倒産事件に興味をもってこの世界に入ってきてもらうためには体験レッスンの場を定期的に提供する必要があり，制度としての OJT には意味があると思います。

破産管財人 OJT 以外の研修システム

石川 破産管財人 OJT 以外の若手管財人向けの研修システム（名簿登録要件を含めて）について，どのような取組みをしていますか。

岡田 長崎では，１年以上の法曹経験と弁護士会が指定する研修会を受講することが名簿登録要件となっています。

石川 基本的に研修受講が要件だろうと思いますが，研修会はどうしても単発が多いですし，座学で聞きっぱなしという講義が多いと重いですよね。実際に起案をさせるとか，ロールプレイのような研修をしているところはありますか。

髙松 福岡では，長崎と同様，名簿登録のための研修を年に１回行っていますが，講義だけでは受講者が飽きてしまうので，講義以外に２時間ほどの

劇を行っています。ボス弁と中堅弁護士と新人弁護士が管財業務に取り組むという設定で，裁判所からの就任要請に始まり，管財人会議の様子や債権者集会の様子，配当までを実演するというもので，かれこれ10年以上やっていますが，意外と評判がよいようです。

野村　それ見てみたいですね。

久米　私が，当初，近弁連の意見交換会に参加したころは参加者も少なくて，木内先生や小松先生，野村さんによく事件相談をさせてもらいました。こんな贅沢な勉強の場はなかったです（→9頁）。OJTもよいですが，悩みを持ち寄ったり，ざっくばらんに議論や経験談を話し合えたりする私的な懇話会や経験交流会のようなものがあるとよいですね。

石川　そんな久米さんも今や近弁連の意見交換会前にある質問タイムで若手の質問に的確に答えていますね。具体的な事件の相談に乗ることは疑似体験できるので自分にも役に立つという話を野村さんから聞いて，なるほどなと思って，私もなるべく一緒に考えてあげるようにしていますが，実践マニュアルの座談会でも言いましたが，丸投げの質問はダメだということは強調しておきたいですね。

野村　自分で考える癖を付けてほしいです。その上で，助けを求めるわけです。

中堅の破産管財人（候補者）の育成

石川　破産管財人OJTは若手向けが多いですが，中堅の破産管財人（候補者）の育成について，システムがあれば紹介していただけますか。

野村　育成対象の中堅が大型事件を担当できるというレベルだとすれば，そのレベルまで育てる制度を作ることは正直難しいと思いますよ。

久米　大型事件などでは複数の事務所でチームを組んで処理することで（→412頁），その中でノウハウの共有や伝承もできると思いますが，最近は事務所の規模も大きくなり，管財事件の内製化が進んでいると思います。

髙松　事務所内だけで担当すると若手にも若干甘えが出ますし，私自身も事務所の若手には遠慮がちになるところがありますので，他の事務所の弁護士を管財人代理にするほうがやりやすい面もあります。

野村　それはそうかもしれません。刺激を受け合うのがよいのでしょうね。

事務所の枠を超えたチーム編成

野村　大型事件について，この先生に頼めば事務所の枠を超えてチームを組んで処理できるということが，以前は裁判所の構成メンバーが替わっても引き継がれていたように思うのですが，その流れが最近は裁判所でうまく引き継がれていないのかな，と思ったりもします。

石川　千葉でも大きな事件はとりあえず人数の多い事務所に任せておけば安心だみたいな傾向が若干感じられることがあり，そこは残念に思います。私は，千葉県内に限らず全国どこでもチームを組める人脈があるのにと思います。皆さん私から管財人代理の依頼があったら「はい！喜んで」の精神でお願いしますね（笑）。

中川　地方でも一騎当千の猛者はいますので，是非とも事務所や地域の枠を超えたチーム編成ができればいいですよね。

野村　今回のメンバーなら，全国規模だって大丈夫ですね（→413頁）。

申立代理人向け研修

石川　倒産事件は申立ても重要ですが，申立ても含めた倒産事件のスキルアップという観点でも見ておきたいと思います。申立代理人の育成というか，レベルアップのために何か取組みをしている地域はあるでしょうか。

野村　大阪では，毎年，基礎研修の中で，申立代理人向け研修をしていますし，レベルアップ研修でもここ３年は申立代理人向けの研修をしていますね。

久米　神戸でも弁護士会や各支部単位で弁護士や事務職員を対象とした研修会の取組みがありますね。弁護士会の各会派で小規模な勉強会をすることもあります。一般的に会派の勉強会ではざっくばらんな話ができるので，ヒヤリハットや失敗談も含めて踏み込んだ議論ができる印象があります。

石川　管財人の場合は，研修会受講やOJTを要件とすることができますが，申立代理人についてはそのようなことはできません。ちなみに千葉では申立代理人向けの研修をやっても本当は出てほしい先生方は来ないで，あなたは心配ないですよという先生方が出席します（笑）。

野村　それは永遠の課題ですね。

石川　しっかりした申立てをすることが管財人の選任要件の一つということが公式には表明できなくても，広く認知されれば申立ての質を上げられるように思いますが，中には管財人には興味がなく申立てのみ集中的に受任している事務所もあるようです。何か名案はありますか。

髙松　福岡でもその点が問題になっていて，みんなが避けられない倫理研修の際に，申立代理人向け研修を実施してはどうかという案が出ています。

八木　きちんとした破産申立てをしているのであれば，申立てを集中的にやることは批判されるべきではないとは思いますが，そうでない事務所もあるのは事実で，そういう事務所の申立てについては厳しい（うるさい？）管財人を付けるということも一つのアイデアだと思いますね。

倒産法部会や研究団体

石川　東京三会にはそれぞれ倒産法部等があり，毎年継続的に研修会や講演会を開催しています。大阪でも最近同様の組織を立ち上げたようですが，立ち上げに関与した野村さんから，経緯や狙いを説明してもらえますか。

野村　委員会活動として各種研修を実施してきましたが，倒産法部会のメンバーとなるには，前提として司法委員会の委員になる必要がありますので，広く大阪弁護士会の会員であれば誰でも入れる会を作ろうと，平成27年に倒産法実務研究会を立ち上げました[*2]。創立総会のときに，田原先生に若手へのメッセージをお願いしますと無理を言ってご講演いただきました[*3]。講演録を是非作ろうと思い，掲載していただきましたが，若手に限らず，これは必読ですよ。活動としては，毎月の定例研究会と事業再生・私的整理研究会，判例・事例研究会，「はい6民です」「運用と書式」検討会の3つの分科会があります。倒産法部会での研修企画もありますので，研鑽の場はしこたまありますよ。

石川　野村さんは，それらに加えて，私的な勉強会をやっていますが，その経緯や狙い，またノウハウの継承といったOJTを補完するような機能を

＊2　野村剛司「倒産法実務研究会の発足と創立総会・記念講演会等の報告」債管150号（2015年）13頁参照。
＊3　田原睦夫「倒産処理を担う若手弁護士に向けて」債管150号（2015年）4頁参照。

果たしうるのかについてはどうですか。
野村　私が主宰している「なのはな勉強会」*4 は，ロースクールの教え子，修習担当をした修習生を中心に，月１回ペースで開催しています。平成24年１月から始めましたので，今年で６年目ですね。これまでに見た公式な制度や組織とは関係のないところで，少なくとも私との縁があったメンバーには気づきの場を提供しておきたいという思いがあります。いずれは彼らとチームを組んで事件処理をしたいと思っています。
桶谷　札幌でも学者と裁判所も参加する「倒産法研究会」を年に３回開催しています。実施したテーマは『民事訴訟雑誌』に掲載されています。
野村　まずはやってみることですね。継続していると次が見えてきますから。
石川　私も野村さんから刺激を受けて，横浜の村松剛先生と神奈川と千葉の若手を中心とした意見交換会を立ち上げました。
野村　それは楽しみですね。がんばってくださいね！

全倒ネットのメーリングリスト

野村　このテーマの最後に，全国倒産処理弁護士ネットワーク（全倒ネット）のメーリングリスト*5 のことを少し。私は事実上の管理者の時代も含め，ずっと管理者をしており，この場の皆さんにもかなりご協力いただいておりますが，今回のテーマ，伝承のために役立っておりますでしょうか。
山田　それは大いに役立っていると思いますよ。
浅井　ただ，若手からすると，敷居が高すぎて，おそれ多くて。
髙松　福岡バージョンを作ってやっていますよ。地元メンバーの顔の見える範囲からやってみるとよいのではないかと思いますね。
八木　そこから次のステップとして，全国デビューってことですね。
久米　先ほどの経験交流会や質問会とかも含め，いろんなツールを駆使することが大切ですよね。近弁連の意見交換会もその一つでしょうし。
野村　そうそう，何か一つが正解という話ではありませんからね。やる気の持続のためにも，刺激を受ける場をいくつももっておくことは大切ですね。

＊４　法人破産申立て実践マニュアルの「はしがき」で成り立ちを紹介しています。
＊５　破産管財実践マニュアル663頁，682頁参照。

② 運用改善のために

切磋琢磨したい
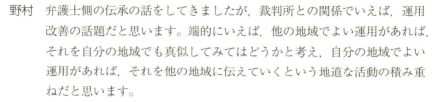

野村　弁護士側の伝承の話をしてきましたが，裁判所との関係でいえば，運用改善の話題だと思います。端的にいえば，他の地域でよい運用があれば，それを自分の地域でも真似してみてはどうかと考え，自分の地域でよい運用があれば，それを他の地域に伝えていくという地道な活動の積み重ねだと思います。

石川　かつて同時廃止基準を調べたときに，全国の基準が違っているのが驚いた点で，これを知ったのが近弁連の意見交換会に行くきっかけになっています。よい運用なら真似ればよいわけですが，真似る前提として，他がどういうことをやっているのか知らないと，改善のしようがないですよね。まずは，全国にいろいろなやり方があることを知ってほしいですね。近弁連の意見交換会では，北海道から九州まで参加者がいますので，各地で違う方式があっても，その理由が合理的であれば，それでいいのですよ。「それはうちには合いません」で。うちのほうが素晴らしいと思ったら，紹介して「どうぞ真似てください」と言えばよいわけです。

八木　制度をよりよくする方法として，2つのアプローチがあると思います。一番よいものを一個作って上意下達で配っていく方法と，それぞれがばらばらにベストやベターだと思う運用を作ろうと，お互いに切磋琢磨してよくしていくという方法があると思うのですよね。一つ目もあるかもしれないけれど，破産が各地の基準で運用されて発展してきた経緯からすると，おそらく今後もよりよい運用を目指して全体としてレベルアップしようとすれば，各地の運用の情報を把握し，お互いよいところは採り入れていく，切磋琢磨方式が運用改善に繋がると思います。

野村　破産法の改正時に，多様性を認めたのですよね。いろんな選択肢を認めて，一つじゃないというのが現行法の前提です。その中でどれがよいのかというのは，八木さんのご意見のように，各地で切磋琢磨していく方向でよいのではないかと思います。そのためには，石川さんのように，

他の運用を知って、他と比較することは、考える材料になりますね。
山田　やっぱり切磋琢磨方式がよいですね。今回の集まりもまさにそうですし。

他を知ることの大切さ

髙松　石川さんがおっしゃるとおりで、他を知ることは非常に大切なことです。今回の座談会の冒頭で、「井の中の蛙」という話をしましたが（→11頁）、自分の地域のやり方しか知らないと、なぜ？って考えることすらありませんし、前向きな発想にならないのですよね。

石川　まずもって、知ろうとしないことが問題なのですよ。地元でこういう話をしても無反応ですね。他を知ることに意味があると思っている人が近弁連の意見交換会に来ているといってもよいと思います。

野村　大阪で、東京の少額管財導入から遅れること約3年で小規模管財の試行を始めたわけですが、先行する東京地裁のやり方を知り、大阪でどうやったらよいか喧々諤々やりました。その情報をオープンにし、各地で参考にしていただきました。それぞれの地域で、それぞれよいところがあり、もちろんウィークポイントもありますね。それを知り、比較して考える、という癖をつけると前向きになっていくと思いますね。

運用の合理化に対する揺り戻しなのか

野村　私は、大阪で小規模管財を始めたときから、一貫して、破産手続の合理化、簡素化を進めてきました。当時、「速くて使いやすく公正である」がこの種の手続に必要とされることだと主張していました。それは今後も同じだと考えていますが、最近は違う動きのようにも思えたりします。

石川　運用の合理化は、倒産事件が劇的に増えたときにその運用基準を考えてきたわけですね。東京地裁の少額管財だったり、大阪地裁の小規模管財だったりしたわけです。他の地域の合理的な運用もそうだと思います。その当時に運用を合理化、簡素化したのが、事件数が減った現在になって、揺り戻しが悪い方向で来ているという感じがしています。一点指摘しておきたいのですが、簡略化や簡素化したのが手抜きだったみたいなことを裁判所が思っているのなら、それは違うと思うのですよ。

野村　そのとおりですね。実際の事件を担当する中で、様々考慮して、合理化、簡素化を図ったわけで、手抜きとは別次元の話ですが、そこに誤解があるとしたら困りものです。

中川　事件数増加という数の圧力がなくなると、合理化を図ろうとする意欲がなくなっていくということでしょうか。

野村　それはそうでしょうね。忙しいからこそいろんな改善のアイデアが出るということは確かなことでしょうし。

裁判官、裁判所書記官との交流を

野村　話は変わりますが、倒産事件の面白い点の一つとして、裁判所との関係が訴訟事件とは異なり、対立関係になりにくいという点がありますね。運用改善に向けては、個別の事件を通じて、また、弁護士会と裁判所の協議会等を通じて交流し、対話することが大切だと思います。

八木　そう、裁判官、書記官との認識共有ですよね。

髙松　認識を共有できれば、弁護士側がどう考え行動しているかのイメージをしてもらえると思いますね。

野村　そこで、個別の事件、協議会等、研修会等を通じた交流を見ていきます。

個別の事件を通じた交流

野村　まずは、個別の事件を通じた交流です。大阪では、小規模管財を始めるまで、全件、裁判官と面談を重ねる運用でしたが、事件数の増加とともに、全件ではなく、必要に応じて裁判官と面談することになりました。そのうち、面談をすることが極めて例外的となり、若手から相談を受けても、担当裁判官がわからない、お顔も見たことない、といった事態に陥ってきました。これはいかんなあ、ということで、裁判官講師の研修会の際に、面談はウェルカムだと言っていただくようになりました（なお、進行協議につき、規則26条1項参照）。

中川　個別の事件で、裁判官や書記官に一緒に考えていただけるのはありがたいですね。自分が思ってもいない指摘をいただくこともあります。基本的にはお互いの目線合わせという感じですね。

石岡　その目線合わせの観点は大切ですね。そこでわかってもらえていると，悩みも共有してもらえるし，勘所も掴んでもらえる感じがします。

髙松　その積み重ねが，先ほども指摘した弁護士側がどう考え行動しているのかをイメージしてもらえることに繋がると思うのですよね。ただ，若い方に誤解してほしくないのは，何でもかんでも裁判所に尋ねるということではない，つまり「どうしましょうか？」ではなく，問題点をしっかりと考えて，自分なりの方向性を示すことが大事だということです。

野村　そう，弁護士側の考えをイメージしてもらうためには，必要に応じて，裁判官と積極的に面談するのがよいですね。私もこれは直接話をしたほうがよいと思ったときは，面談をお願いし，ときには継続的に面談していただくこともありますね。管財人としてどう考えているのか，どこを落としどころとしているのか，といった点を共有しているわけですね。

個別の事案から運用改善に繋ぐ

石川　そこから運用改善に繋がることはありますか。

野村　個別の事案における個別の判断ということにはなりますが，この案件でこの方法が使えた，という実績は，また別の案件で，あのときこのやり方をやりましたね，と説明し，じゃあ，今回もそれで行きましょう，ということを積み重ねていると，実は運用改善に繋がっていくのですよね。

中川　野村さんの場合はどんな運用改善に繋がったのですか。

野村　いくつもありますが，例えば，和解許可による労働債権の弁済ですね（→376頁）。その前に優先的破産債権の租税債権の和解許可での按分弁済がありました。労働債権については，労働債権の弁済許可（101条1項）を活用していましたが，それをさらに合理化したくて，全く問題のない事案で実際に何度か和解許可で認めていただき，定着したわけです。

久米　神戸でも認めてもらっていますが，これこそよい運用を知り，真似するということで伝播していった感じですよね。

野村　おそらくすべての運用は個別の事案から始まっているはずですよね。そこを意識して行動していれば，委員会や弁護士会での集まりに情報を集約していき，次に見る協議会等の場にぶつけていくことでよいと思います。

協議会等を通じた交流

野村　次に，管財人等協議会や懇談会といった裁判所と弁護士会の公式な協議の場を通じた交流を見ていきましょうか。

髙松　ここは各地で違いがあるでしょうね。年1回の管財人等協議会の場は，大勢が参加し，協議をする感じでもない，というところもあるでしょうし，小規模で，ある程度活発なやりとりがされるところもありますね。近弁連の意見交換会で見ていると様々ありますね。近年，福岡では参加者を限定し，できる限り協議を行う場になってきています。

石川　千葉は，弁護士が基調講演をして，パネルディスカッション等をやって，特に協議の場ではない感じですね。

八木　福井の管財人等協議会は，会員全員が出席できる運用なので，運用変更の際に最終のオーソライズの場として用いられることがあります。その準備段階では，裁判所側からの提案内容について，弁護士会の倒産法問題対策委員会との間で意見のすり合わせを行った上で，最終的に管財人等協議会に上程される，という流れで進むことが多いです。

協議会等から運用改善に繋ぐ

野村　管財人等協議会は，弁護士側からこう変えてほしいと要望する場にはなっていないのでしょうか。大阪は，6民と司法委員会の懇談会という場が管財人等協議会とは別に正式な会としてあり，他の専門部との懇談会と一緒に懇談録が作成されるわけですが，その場は弁護士側からの要望も少しですが伝える場になっていますね。

籠池　それで変わりますか。

野村　まあ，ほとんどは通らないですね。ですが，何度も言い続けることが大切なのですよ。またか，と思われますが，手を変え品を変え，切り口も変え，言い続けるわけです。それが，あるときひょっこりと運用改善に繋がることがあるのですよ。裁判所側は，2，3年でメンバーが交代していきますから，一緒に考えてもらえるよう促すわけですね。

籠池　地道に続けるわけですね。

野村　そうですね。それが裁判所を変えていくことにも繋がると思いますよ。あきらめたらお終いですから。希望を繋ぐということですかね。

研修会等を通じた交流

野村　裁判官や書記官が講師の研修会等を開催することでの交流もありますね。

八木　福井では，弁護士会へ書記官に年1度くらいは来ていただいて，講師をしてもらっていますし，弁護士会の研修等に裁判官や書記官にも参加していただくことで，弁護士や事務職員のレベルアップを図るとともに，認識を共有するようにしています。

野村　大阪でも，裁判官と書記官にも弁護士と一緒に講師をしていただきますし，先ほど紹介した倒産法実務研究会（→479頁）の定例研究会にも参加いただくことで交流を図っていますね。いずれにしても，いろんなチャンネルを駆使して，裁判官，書記官にも弁護士側と認識を共有いただけるよう働きかけ，そこから運用改善に繋がるようになればと思います。

運用改善に向けた不断の努力

桶谷　時代は，事業者についていえば私的整理との競合の時代に入っています。各種手法が，互いに切磋琢磨して使いやすくなることが，利用者の問題解決や関係者の満足，さらには社会的意義を生み出すと思いますね。

山田　倒産事件はそもそもいかに無から有を産み出すかという能力が問われ，柔軟な発想が大切です。数を捌くのも能力ですが，柔軟な事件処理を産み出す文化が失われれば，事件の魅力がなくなるだけでなく，国民の信頼喪失に繋がるかもしれません。運用基準を定めた後，ただそれにあてはめるだけでなく，弁護士，書記官，裁判官が一緒に経済再生の知恵を絞る場にしていきたいですね。そのためには，倒産事件全体を見渡せる裁判所からも情報提供いただき，裁判所に来る前の暗数全体を知る弁護士からも時代のリアルな流れの情報提供をしていく相互努力が大切です。

野村　まさに不断の努力だと思います。互いの立場も知り，相互理解を図りつつ，言うべきことは言い，場合によっては調整も図るということですね。

第11章　倒産法改正に向けて

倒産法改正の必要性

野村　倒産法の改正に関しては，近年議論が盛り上がっており，たくさんの本も出版され，大きな論点から細かな論点まで，様々な立場からの検討がされていますね。

石川　東京では，主要な書籍だけでも，東弁が平成24年に『倒産法改正展望』，平成26年に『倒産法の判例・実務・改正提言』を，一弁が平成25年に『倒産手続に関する改正検討事項』の冊子を，二弁が平成25年に『倒産法改正への30講』を出しています[1]。

野村　大阪では，平成24年から26年にかけて3年連続で，『提言　倒産法改正』，『続・提言　倒産法改正』，『続々・提言　倒産法改正』の3冊を出版しました[2]。

籠池　平成26年には，私を含めた多くのメンバーが参加しましたが，日弁連では「倒産法改正に関する提言」が出され[3]，全倒ネットでも『倒産法改正150の検討課題』が出版されました[4]。

山田　日弁連倒産法制等検討委員会と最高裁民事局との協議も頻繁になされるなど，倒産法改正に向けての動きが進んでいましたが，次の改正が民事執行法になることが決まった後は，議論が一段落したという印象ですね。

野村　そもそも，倒産法改正が必要だということは，皆さんの共通認識でよい

---

[1]　東京弁護士会倒産法部編『倒産法改正展望』（商事法務，2012年），園尾隆司＝多比羅誠編『倒産法の判例・実務・改正提言』（弘文堂，2014年），倒産実務研究会編『倒産法改正への30講　倒産実務の諸問題と改正提言』（民事法研究会，2013年）。

[2]　倒産法改正研究会編『提言　倒産法改正』（2012年），『続・提言　倒産法改正』（2013年），『続々・提言　倒産法改正』（2014年）（いずれも金融財政事情研究会）。

[3]　日本弁護士連合会「倒産法改正に関する提言」（2014年），日弁連のウェブサイト参照。

[4]　全国倒産処理弁護士ネットワーク編『倒産法改正150の検討課題』（金融財政事情研究会，2014年）。

でしょうか。

籠池　民事再生法の施行から17年，現行破産法の施行からも12年以上が経過し，運用上の問題点も具体的に明らかになっていますので，法改正というメンテナンスが必要な時期に来ていると思います。

野村　私もメンテナンスという意味での改正が必要だと思いますね。

山田　個別の論点について改正すべき点があることは共通認識だと思いますよ。しかし，立法には政府立法であれ，議員立法であれ，相応のコストがかかるわけで，そのためには立法を推進するエネルギーが必要で，それが立法の目玉ですね。トレンドが再チャレンジであるとすれば，目玉さえ見つかればと思います。

石川　全面的な改正にするか，個別論点の問題点を解消する改正にするのかは，議論が分かれるかもしれませんが，倒産事件を扱っている実務家として改正すべき立法事実があることはあまり異論がないように思います。

中川　倒産法の分野は，法律や規則に明記されていない運用で処理される部分もありますし，法文を素直に読んだ場合の解釈と現実の運用が乖離している部分もあろうかと思います。現場の実態に合わせた実務運用の工夫の結果かと思いますが，わかりにくい手続になっているところは法改正で対応し，手続の透明性を高めることも重要かと思います。

野村　運用や工夫で何とかなるなら大丈夫なわけで，それでも何ともならないという点につき，立法的解決を目指すのがよいのでしょうね。その意味での各論については，既に様々な議論がなされていますし，私もしこたま提言もしておりますので，ここでは，倒産法改正に向けての大きな方向性を議論したいと思います。何か目玉が見つかるとよいのですが。

「破産」，「破産者」という名前を何とかできないか

野村　旧破産法の「破産宣告」が現行法では「破産手続開始決定」となり，決定主文も「債務者を破産者とする」から民事再生と同様に「破産手続を開始する」になって，若干のニュアンス変更はありましたが，「破産」や「破産者」は残りました。この「破産」や「破産者」という名前を何とかできないものでしょうか。

久米　おっしゃるとおり，「破産」という言葉のイメージが悪く，手続を躊躇する人も多いかと思います。特に，自然人の場合には，マイナスの状態をゼロに戻す手続，細かくいえば，自由財産分のプラスの状態に戻す手続ですし，経済的再生を図っていくという意味では，破産手続自体が「再建型」であるといってよいと思います。

野村　破産は個人だけでなく，法人でも再建型なのだという話はやりましたが（→463頁），「破産」に代わる手続の名称は，何がよいと思いますか。

中川　「包括清算」はいかがでしょうか。

籠池　清算は，基本的に包括的ですよね。個人については「管理型個人再生」，「免責制度利用型再チャレンジ」というアイデアも出ましたね。

桶谷　個人については，個人再生と対比して「個人清算」はいかがでしょう。

山田　「債務整理手続」というのはどうでしょうか。「債務整理」ということなら，債務超過もわかりますし。場合によっては個人再生も含むことになってしまうかもしれませんが。イメージもそう悪くないと思います。私はこの「破産」「破産者」のネーミングの問題は重要なものであり，今，私たちが議論している債務者の経済的再生の機会を確保するという観点から必要と思われる措置を取り込んでいけば，先ほど私が述べた倒産法改正の目玉となりうると思います。

八木　債務整理といえば私的整理をイメージしますが，債務整理の中に法的整理と私的整理が入るということになるのでしょうね。

野村　いろいろなアイデアが出ましたが，「破産者」の名称については，どうでしょうか。

籠池　「破産」と「破産者」とが対になっているでしょう。「債務整理」とすれば「債務整理者」となるのでしょうか。

中川　後見人と同じように，「被清算人」はいかがですか。

籠池　それだと清算を強制されているような感じがしませんか。法令の条項番号を用いて，「○条債務者」という呼び方はどうでしょうか。

八木　手続の対象となる者ですので，手続の種類にかかわらず，「対象債務者」でよいのではないでしょうか。

野村　いろんな意見が出ましたが，手続を利用しやすいものにするためには，

名前も重要ですね。言霊というわけではありませんが，やはりその言葉に宿る意味合いということがあると思いますね。ネーミングというのはセンスを問われるわけで，そのあたりのバランス感覚ですね*5。

倒産法制の一本化ができないか

野村　現行法は，前回の倒産法改正により，破産法，民事再生法，会社更生法，会社法の特別清算といういわゆる倒産4法体制となりました。当時の経済情勢で，民事再生法が先行してでき上がったことにもよるのだと思いますが，原点に立ち返って，倒産法全体を一つの法典にするということも検討できませんか。まずは，法人については，いかがでしょうか。

八木　一つの「清算・再生法」に一本化するのがよいと思います。法的清算・再建手続に乗せてから，事案ごとに見極めて，すべての事業を清算するか一部でも事業を存続するかで選別し，事業存続が相当な場合には，存続事業の運営主体を従来の経営者が引き続き担当するDIP型と裁判所が選任した弁護士等が担当する管財人型に選別するということにできないかと思います。

久米　確かに，そのような分け方は合理的ですね。破産だから清算が原則，民事再生だからDIP型が原則という考え方ではなくて，事案に応じて，生かせる事業は生かしていく，従前の経営者が引き続き経営を担うことが適切かを判断していく，ということになれば，今よりも，事業を生かせる可能性が広がりますね。

野村　うーん，それは誰がその判断をするのでしょうか。申し立てる債務者に選択権がないのは困りますね。私が冒頭に述べたのは，法典を一つにしながらも，従前どおりその中の選択は可能という意味ですね。

山田　そうですよね。手続が一本化されるとすると，受任段階における依頼者への今後の手続の帰趨の説明は複雑になりそうです。今後の手続の展開はその場その時にしかるべき人が適切に判断して流れていくとでも説

---

*5　本座談会後，伊藤眞先生が「破産」・「破産者」から「債務清算」・「債務清算者」への名称変更を提言されている講演録に接しました（伊藤眞「法的倒産手続の利用を促すために」金法2069号（2017）39頁参照）。

明するのでしょうか。件数でいえば，破産手続を選択する数が圧倒的に多い中，入り口を一本化したとしても，「最初から一貫して法的清算型」か「それ以外型」の二つに分けられるだけですよね。

八木　当初の選択は，債務者が行えばいいと思います。ただ，清算型の申立てでも，事業を生かせる場合には再生型に移行させてよいですし，DIP型が不適切な債務者を管理型に移行させることも必要かと思います。

野村　それでは，個人については，いかがでしょうか。

八木　個人については，法人と違って手続終了により人格が消滅することはないので，いずれも再建型の手続と位置づけた上で，①裁判所の書面審理で終える手続（今の同時廃止事件），②裁判所が選任した管財人が整理する手続（今の破産管財事件），③裁判所の監督の下で債務者自身が手続の主体となって進める手続（今の DIP 型民事再生事件）の3つにすればよいのではないでしょうか。

山田　今の3つの制度とは何が違うのでしょうか。

八木　入口を一つにしたうえで，債務者が希望する手続で進めてよいかを裁判所などがチェックし，必要に応じて，手続移行を命じるのです。①で申し立てられても換価すべき資産があると判断されれば，②か③に移行することになり，③で申し立てても，債務者主体での手続進行が不適切と判断されれば，債務者の管理処分権が奪われて②に移行します。

山田　うーん，やはり申立代理人にとっては，依頼者への今後の手続帰趨の説明が難しいですね。「今後どうなるか，やってみなければわからない」というような説明は避けたいです。

野村　そう，ここでも，法典を一つにしたとしても，申立人の選択権は尊重してほしいのですよね。で，八木さんの提案で手続を一本化した場合，破産者等の呼称はどうなりますか。

八木　手続の対象となる債務者を「対象債務者」，裁判所の選任により管理処分権を有する対象債務者を監督する弁護士を「監督委員」，裁判所の選任により対象債務者の管理処分権を有して手続を進める弁護士を「管財人」と呼べばよいかと思います。

中川　基本的には，今とあまり変わらない感じですかね。破産者の名称は変わ

DIP 型の破産管財手続

野村　『倒産法改正150の検討課題』で，私は，協定型の特別清算（→433頁）の合理化についていくつか提言したのですが＊6，その中で，DIP 型の清算手続（→199頁，436頁）の重要性について考えました。

山田　DIP 型の破産管財手続は興味深いテーマです。イメージとしては，会社更生法の運用上認められている DIP 型の更生手続のように＊7，申立代理人が管財人にそのまま就任し，管財人として，財産換価・債権調査・配当等の管財業務を担当するものです。

野村　破産申立てにおける申立代理人の職責のあり方を考えた場合，その職務の公平性と倫理性を踏まえて，申立代理人がそのままの延長線上で管財業務を担当することは十分あり得ますね。

久米　会社の最終的な清算業務を申立代理人とともに債務者自身が担当することは，代表者等の会社関係者の経済的な再生の機会の確保という観点からも望ましいと思いますよ。

石岡　でも，債権者等の関係者から見たらどうでしょうか。管財人は債務者とは無縁な公平な第三者であることをもって破産手続の信頼を確保してきたのだと思いますが。

野村　破産管財人は，その職務を行うに適した者を選任することになっていて（規則23条1項），例えば民事再生における調査委員（民再62条1項）のように「利害関係がないもののうち」（民再規26条1項）という要件は明言されていないですね。

桶谷　中立公正さの観点は難しい問題ですね。当面は，少額予納管財に相当する事件について DIP 型管財手続を導入することも考えられます。その上で少しずつ認知度を高め，債権者他の関係者，ひいては社会一般の信

＊6　前掲＊4・倒産法改正150の検討課題214頁参照。
＊7　DIP 型更生手続の運用については，東京地裁会社更生実務研究会編『最新実務 会社更生』（金融財政事情研究会，2011年）17頁以下参照。

頼を高めていく努力が必要です。

八木　破産法を改正するまでもなく，会社更生法のように，運用上認められる余地はありませんか。野村さんのご指摘からすれば，現行法でも許容されているとの解釈もありうると思いますが。

山田　会社更生の場合には，大規模事件において会社更生の実現という合目的性が優先され，会社を更生するのに最も適した更生管財人が申立代理人であるならばそれでよい，ということになります。これに対し，事件数の圧倒的に多い破産手続において，しかも管財業務において，管財人が「余人をもって代え難い」という場面は，更生手続ほどは多くなく，DIP 型まで運用で許されるのか問題となるでしょうね。

野村　DIP 型の破産管財手続という議論も，最近いろいろな場面で耳にしますね＊8。破産手続の申立てを促す効果も期待できるようにも思いますし，議論を深めたいですね。

租税債務の免責

野村　さて，話を変えて，自然人，個人の自己破産は，免責許可決定を得て経済的再生を図ることを目指して申し立てられており，浪費等の免責不許可事由があっても，手続に協力して誠実に対応すれば，概ね裁量免責が得られますが，非免責債権や人的な財団債権は残ってしまいますね。

八木　非免責債権の中でも，租税債権などは取扱いに困ります。個人事業主の場合に多額の固定資産税，消費税や個人事業税，社会保険料，法人代表者でも不動産が代表者所有で多額の固定資産税を負担している場合もあり，免責許可決定を受けても，これらが非免責債権等として残っては，債務者は経済的に再生できませんね。

久米　自然人で巨額の公租公課があった事案では，「免責を得てもおよそ払えない非免責債権が残る」ということで，破産者が手続への協力について意欲を失っていたこともありました。

桶谷　破産しても，滞納処分の停止（税徴153条 1 項 2 号，地税15条の 7 ）や不納欠

＊ 8 　伊藤・前掲＊ 5 ・43頁以下で，DIP 型破産の可否が検討がされています。

損処分が受けられるとは限りませんからね*9。

石川 多額の非免責債権が残ることは再チャレンジの大きな障害になっていると思います。個人や事業者が，公租公課庁からの差押えを恐れてすぐに再チャレンジできないというのは妥当でないと思います。どうせ焦げ付いてしまうのですから，公租公課も免責対象にすべきだと思います。

籠池 とはいえ，公租公課の免責に関しては，きちんと納税している一般人からみれば，税金を滞納した人が納税義務を免れることに対してアレルギーを感じる人もいると思います。公租公課を簡単に免責することは，反対意見もあって難しいのではないでしょうか。

髙松 特に債権者からしてみれば，自分の債権が回収できないだけでなく，破産者はさらに税金まで払わなくてよいのか，という感覚はあるかもしれませんね。ただ，税金も債務という点では他の金銭債務と異なるところはありませんので，免責の対象にしてもよいのではと思います。

中川 税金も免責の対象になると考えている方のほうがむしろ多いのではないでしょうか。国民には納税の義務があるから租税債務の免責はけしからん！という人がそれほど多いでしょうか。

八木 全部免責にするというのはハードルが高いと思いますが，免責許可決定後の破産者の生活状況などからして，支払可能な範囲を超えるものは免責する立法が必要ではないでしょうか。

久米 破産手続が終わった後に，別途，租税債務整理手続をするという制度を導入するのはいかがでしょうか。現在は，残った税金をどうやって支払うのかについて，税務当局と非公式で交渉していますが，それを正式な手続に乗せるという方法です。

石川 経済合理性から，公租公課庁にとってみても，逃げ隠れされるよりは，いったん整理することを認めて，今度はうまく事業を行って納税してくださいという方がある意味で「Win‒Win」でしょうね。

籠池 そちらのほうがよいですね。過去の債務から逃れられないのでは，働く

---

*9　現行法では，滞納処分の執行の停止が3年間継続すると納税義務が消滅すると定めています（税徴153条4項，地税15条の7第4項）。ただ，滞納処分の執行停止やその継続は容易ではありません。

気がなくなります。アンダーグラウンドの世界に陥っては社会公共のためになりませんよ。

野村　倒産法の免責の考え方の基本は，今回は免責してきちんと復活できるようにすることが，社会にとって有益だというものかと思います。租税債務についても，再チャレンジを妨げるようなものは免責することが望ましい，というのは，実務を担当している皆さんの総意ですね。

全国どこでも東京地裁管轄の問題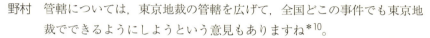

野村　管轄については，東京地裁の管轄を広げて，全国どこの事件でも東京地裁でできるようにしようという意見もありますね[*10]。

八木　東京地裁や東京の先生方からすれば，地方の事件も担当することで仕事が増えるからかもしれませんが，地元の会社の事件が東京地裁で扱われれば，東京地裁には簡単に行けませんから，記録の閲覧・謄写もすぐにはできなくなり，地元の債権者は情報を得にくくなります。債権者集会にも時間と交通費を考えると容易には出席できませんね。

籠池　地元の債権者にとっては不便でしかないですよね。

中川　裁判所からすれば静かに進められるという感覚もあるのでしょうか。

八木　地元最大ともいわれていたゼネコンの民事再生手続も，東京地裁に申し立てられたせいで，事件の状況が全然わからないままでした。地元のことを感覚的にもよく知るメンバーが担当するほうが，利害関係人全体の利益にも適うと思うのですがね。また，地元の裁判所で破産手続や再生手続がなされれば，地元の弁護士が破産管財人や監督委員に就任することで経験を積むこともできますが，東京地裁で東京の弁護士が担当すれば，地方の弁護士が経験を積む場がなくなります。

髙松　私も「地方の事件は地方で」と強く思っています。ただ口で言うのは簡単ですが，実際問題として，職員数が少ない地方の裁判所や支部において，大型事件を処理するのは，なかなか大変だろうと思います。担当職員も一労働者であり残業という問題も出てきます。難しい問題です。裁

＊10　前掲＊1・倒産法改正展望210頁，同倒産法の判例・実務・改正提言75頁，前掲＊4・倒産法改正150の検討課題38頁参照。

　　　　判所において短期的な人事異動ができればかなり違ってくるようにも思うのですが，これも簡単にはいかないですね。地方においては，裁判所と弁護士が互いの垣根を越えて，協力しあって事件を処理していくということも考えたほうがよいかもしれません。

浅井　そうですね。京都だと大阪が近いので，申立人が大阪地裁での申立てを選択するケースや，裁判所が大阪地裁に移送するケースもあるようです。

石川　大きな事件を持ち込むと東京地裁への申立てを勧められるという話は東京の周辺の先生方から聞きます。私は面識のある東京の倒産村の著名な先生方にはいつも，千葉の会社の事件は千葉地裁に申し立てて先生方が管財人や監督委員の育成に協力してくださいねと言っています（笑）。

野村　確かに，地方の裁判所に大型事件が係属しないと，地方の弁護士が育たないという問題もありますね。

石岡　そのとおりです。弁護士は，事件を担当して経験を積むことが重要で，破産管財人や監督委員の経験を積む機会が奪われては困ります。倒産事件は，どこの地方でも起きる問題ですから，事件処理の経験やノウハウをもつ弁護士が各地で育つ環境を整えることは必要です。

久米　裁判所は，最近，破産管財人の育成や裁判所内部でのノウハウ伝承にとても熱心な印象がありますが，そういう観点からすれば，地元の会社の事件は地元で手続をするという意識が重要だと思いますね。

八木　地元以外の裁判所に申立てがあった場合には，地元の裁判所に申立てをするように促すべきだと思いますが，現在のように東京地裁が幅広く事件を受けるという姿勢であれば，破産管財人や監督委員は裁判所の管轄内の弁護士を選任するとしても，地元の弁護士を必ず破産管財人代理や監督委員補助者に選任することで，地元の関係者が情報を得やすい環境を整えるとともに，地元の弁護士が事件によるノウハウを吸収できるようにする運用を定着すべきだと思います。

野村　地方もがんばっているよと，地方の声をきちんと発信していく，ということは，今後も重要ですね。特に今回集まったメンバーはね。
　　　　倒産法改正は，近い将来必ず順番が回ってくると思います。そのときのために，日々考え，アイデアを蓄え，備えておきたいですね。

第 2 編

総括座談会

第1章　サポートメンバーによる総括座談会

自己紹介――東から

野村　今回の大座談会をサポートしていただくため，全国各地から自主的に手を挙げていただいた12名の皆さんにご参加いただきました。皆さんには，コアメンバーのサポートだけでなく，座談会でもご発言いただきましたし，図表関係の作成やコラムの執筆もご担当いただきましたね。
　今さらではありますが，サポートメンバーの自己紹介と，この本に関わった動機や抱負をひと言ずつお願いします。コアメンバーのときと同様に，東から順に行きましょう。鈴木さんからお願いします。

鈴木　千葉の46期の鈴木隆文です。公認会計士，中小企業診断士としての活動もしており，債務超過の会社の経営者や個人事業者の話を聴く機会に恵まれてきたため，早期再生，事業譲渡のスキームでの清算や，他専門業種との連携に関心があり，またそのような活動の中で，時は金なり，機会費用の発想をもつことの重要さを学びました。また臨床心理士，精神保健福祉士としての立場から，経営者，個人事業者，家族等の精神的な支えや生活再建の必要性を感じており，ここでの議論が人間の顔をした破産法の運用を考えるきっかけになればと思っています。

今井　千葉の今井丈雄です。旧60期です。ともすれば債務者側のみの利益が追求されがちな倒産事件処理について，可能な限りその他の利害関係人にも目を配り，その観点からの「よりよい」運用を見出し，かつ発信していくことができればと考えています。

丸島　千葉の丸島一浩です。新61期です。弁護士登録2週間目から倒産事件と関わり続けてきました。本年度から，千葉県弁護士会の倒産法運用検討協議会という委員会の副委員長になりました。中規模会の若手として，また，申立代理人・破産管財人の両方を担当する「相互互換性」がある

弁護士として，よりよい倒産実務運用を目指したいと考えております。

小川　愛知の小川洋子です。56期です。創意工夫次第で結果が変わってくるのが倒産事件の醍醐味だと思っています。そういう意味で，創意工夫のヒントを少しでも多く持ち帰りたいという想いからこの企画に参加しました。

自己紹介――近畿地区

浅井　京都の浅井悠太です。旧61期です。所属事務所での取扱事件も含め，登録初年度から倒産処理に取り組んでいます。平成27年以降，京都府中小企業再生支援協議会の統括責任者補佐の立場にあり，私的整理手続にも関与しています。法的整理・私的整理を問わず，倒産事件処理局面においては，困難な法律問題を乗り越え，迅速にバランスのよい結論を目指す必要がある点で，やりがいと難しさを感じています。本企画は，コアメンバーのサポートが自己研鑽のよい機会になると考え，参加しました。

團　大阪の團潤子です。期は54期です。所属事務所事件の管財人代理として，早い時期から倒産事件に関わってきました。倒産事件は，自分であるべき結論を見据えて，事件処理の方法を主体的に決めていけることが醍醐味であり，やりがいを感じる反面，非常に責任が重いです。

　本企画に参加したのは，倒産処理における自分の感覚を再検証したい気持ちがあり，また全国の倒産弁護士が丁々発止議論する場に立ち会って，その中で自分も何か作り出したいと考えたからです。

森本　大阪の森本純です。58期です。弁護士登録の当初から，大型の破産事件の管財人代理など，倒産事件に関わってきました。倒産事件では，弁護士それぞれにスタンスや工夫や技がありますが，今回の出版は，個性的なコアメンバーが揃い，本音で熱い議論を発信するという刺激的な企画です。それだけに，私も発信する側の一助となることができればと思い，参加させていただきました。

山本　大阪の山本隼平です。新64期です。これまでの破産事件との関わりとしましては，登録当初から申立て経験こそあれ，管財人経験は，一昨年

（平成27年）の破産管財人 OJT 受講を経て，昨年（平成28年）に管財事件を担当しはじめたところで，諸先生方には経験も知識も遠く及びません。それでも，倒産法分野における共通の言語，共通の感覚を理解すべく，積極的にも携わっていきたいと考え，今回参加を表明いたしました。

河野　和歌山の河野ゆうです。旧60期です。新規登録から3年弱は奈良にいて，登録換えをしました。登録換えを経験したことで，倒産に関する各地の運用の違いを肌身で感じ，また運用をどうしていくかということに弁護士が関わっていくことの意義や面白さも考えるようになりました。今回，よりよい運用を目指す議論をこの目で見たい，という気持ちで企画に参加しました。

自己紹介──西へ

森　岡山の森智幸です。新60期です。幸いこれまで多くの倒産事件に関与させてもらい，倒産事件の社会的意義と弁護士の裁量の大きさにやりがいを感じて取り組んできました。破産事件はもちろんのこと承継・再生事件についても実務の実践を議論したいと思い参加しました。

管納　福岡の管納啓文です。修習期は新62期です。弁護士登録時に福岡県弁護士会倒産業務等支援センター委員会に配属されて以来，倒産事件と関わってまいりましたが，近年は破産管財人あるいは先輩弁護士の破産管財人代理の立場で事件に取り組む機会も増えております。

　まだまだ駆け出しで，メンバーの皆さんの議論についていけるか不安もありましたが，まずはやってみようの精神で，サポート役として今回の企画に飛び込ませていただきました。

岡田　長崎の岡田雄一郎です。旧60期です。登録2年目で長崎への登録換えをしてすぐに管財事件に携わるようになりました。現在は長崎県弁護士会の倒産委員会の委員長を務めております。この企画に参加してもよいのか不安にも思いましたが，皆さんの議論に触れてみたいという思いが勝りこの企画に参加することとしました。

『破産管財実践マニュアル』について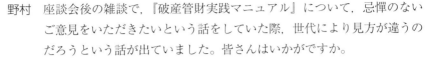

野村　座談会後の雑談で、『破産管財実践マニュアル』について、忌憚のないご意見をいただきたいという話をしていた際、世代により見方が違うのだろうという話が出ていました。皆さんはいかがですか。

小川　実践マニュアルがなかった時代は、書籍をいくつか調べないと答えに辿りつけないこともありましたが、実践マニュアルが出てからは、そうした手間が減ったのでとても助かっているというのが正直な感想です。

團　私も同じような印象です。何か判断に困ることがあった時に、実践マニュアルの索引から辿っていくと、端的な理由付きで据わりのよい結論と、そのための処理の道筋が書いてある。コンパクトだけど何でも書いてあって非常に便利だと思います。

小川　そうですね。事務処理を含めて具体的な処理の仕方がわかりやすくまとめられている点が、とてもよいと思っています。

今井　「実践」という名前どおり現場向きというか、実践マニュアルの特色の一つですよね。既存の書籍だと、制度の説明や条文ごとの解説が中心のものも多く、それ自体が悪いとは思いませんが、具体的な処理に辿り着くまで時間がかかった印象です。

鈴木　これだけ索引とリファレンスが充実していると、マニュアル内で関連項目をどんどん辿り「マニュアル・サーフィン」が趣味になりかけています（笑）。学習者にとっては関連する知識を効果的に吸収できるよい機能と思います。

野村　皆さんご意見ありがとうございます。私が実践マニュアルを作ったのは、それまでの本はどんなに分厚くても、知りたいことは書いていなかったんですよね。私は、経験したところからしか書けませんが、知りたいことを書いたつもりです。そして、書けないことは行間を読めとね。

鈴木　実務でよく出てくることは基本的に載っていますが、じっくり読むと、書いていないこと、微妙な書きぶりの箇所を含めて、なるほどね、ということがわかりました。自分で考えた上で、前提となる事実関係が大きく違わなければ、実践マニュアルと同じ結論で動いていれば大きな間違

いはないだろうし，書いていないことは，条文に照らして一生懸命考えて，調べて，裁判所と協議しておけば，大丈夫というような気持ちの中の位置づけです。
團　そうですね。改めて見返したときに初めて，微妙な表現になっているのはどうしてかがわかったりして，実は行間を読むことが要求される本だと思います。
森本　私自身は，弁護士登録した当時，まだ実践マニュアルが出版されていなかったということもあって，処理は臨機応変に，論点的なことで疑問があれば『条解』で調べる，というのが基本です。実践マニュアルは，もったいないことですが，どうしても処理対応に不安がある場合に調べてエッセンスを確認する，という使い方です。

実践マニュアルを超えろ!?

野村　実践マニュアルは皆さんが超えていく対象であってほしいですね。実践マニュアルを超えるにはどうしたらいいのでしょうか。
森本　タイトルは『破産管財実践マニュアル』ですが，本の心は，マニュアルを提供することにあるのではなく，考え方や本質を伝えることにありますね。中には，事件処理にあたって守らなければならないお作法もありますが，個々人が事案ごとに工夫していく出発点となるものという意味では，破産管財での「種まき」の書籍のように思います。
丸島　蒔かれた種がすくすく育っていくのか，根腐れしてしまうのか，それは実践マニュアルや本書を手に取った「野心的な若手」（→16頁の籠池発言参照）次第でしょうね。
森　私の世代では既に古典のような位置づけだと個人的に感じています。ですので，これを超えるというよりは，時代や実務の要請があるものの実践マニュアルには記載されていないことを書籍化・言語化することが，今後のよりよい実務の実現に向けて大事なのではないでしょうか。
浅井　今回の書籍も実践マニュアルとは違った実務的な価値がありますよね。ところで，野村さんたちが実践マニュアルを作り始めた年齢・キャリアが今の自分と同じ頃だそうですよ。

森　驚きますよね。私も，これでひと息つくことなく，早く次の何かを作らないといけないなと思っています。

今井　そうですよね。今の我々に当時の野村さんたちと同じことができるかといわれると自信はありませんが，逆に我々だからこそできることもあるのではないかと思います。

野村　頼もしいですね。期待しております！

「感覚の共有」と「多様性の許容」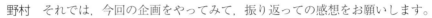

野村　それでは，今回の企画をやってみて，振り返っての感想をお願いします。

鈴木　なかなか激しい議論があり，諸先生方の作法の違いも見えてきましたが，このような議論がかみ合うのは経験に基づいて確固たる共通基盤，共通言語が成立しているからだと思います。読者の方には，相違点だけでなく，このメンバーの共通感覚を感じとっていただけるとありがたいです。

丸島　同感です。見解が異なろうとも，皆さん，感覚は同じです。よりよい倒産実務運用を目指そうという想いも一つです。全員一致で同じ結論である部分は相応の重みがあるでしょうし，見解が異なっている部分は「多様性の許容」だと感じていただければと思います。

山本　このような座談会が成立するのは，先生方が個別の案件等を通じて破産事件と真摯に向き合っておられるからこそだと思います。

今井　私はここまで徹底的に経験の共有・感覚の共有について言及した議論をこれまで見たことがありませんが，その議論を通じて現れてくる問題意識やバランス感覚の議論，それから現状の運用や制度に対する提言についても，山本さんの言うとおり数々の事件に向き合い経験してこられた先生方ならではのものなのでしょうね。

森　私も「感覚の共有」（→16頁）が言語化されて書籍に載ることに非常に感動しました。また，丸島さんも言われている「多様性の許容」（→481頁）も気づかされた点です。どうしても私の中でこうすべきだというのがあって，それと異なる処理については否定的な見方をしてしまっていましたが，そうではないのですよね。いかに自分が独善的な狭い視野で事件処理をしていたか痛感し，それでは成長できないなあと反省しました。

岡田　この企画を通して自分の認識がズレている部分があることに気づかされ私も内心ヒヤヒヤしました。特に，私としては，「よりよい実務」とは何なのかを考えなければならないという，当たり前のことを再認識できたことも非常によかったです。なかなかこういうところについては多様な意見に触れることが少ないもので，各地の皆さんの認識に触れることができたのは非常によかったです。

河野　本当にそう思います。座談会では，自分がふだん管財業務をするときにはしていないことについて，「普通やるよね」とコアメンバーの方が発言したり，またその逆もあったりして内心冷や汗をかくことも何度かあって，自分の感覚，自分の手法を当たり前と思わず，これからもアンテナを張っていこうと強く思いました。同じような体験を，この本を読むことを通じて多くの読者の方にしてもらえたらいいなと思います。

野村　ほんと，気づきが大切ですね。

座談会における圧倒的な熱量

山本　参加を表明した時点で，野村さんからサポートメンバー希望者に向けて，「積極的にやれる方しかいらないのですよね」，「平成13年に倒産法の委員会を希望して入れてもらったとき，最初の委員会で，田原睦夫先生が，勉強しに来るやつはいらん，俺をバックアップしてくれ，と挨拶されていたのを思い出しました」，「ここまで読んで，それでもやる！という方がおられるなら…」といった檄がありました。ここには，それでもやるという方が集まっていますし，コアメンバーもそれ以上の熱量をお持ちの方々ばかりですから，座談会や執筆者ML上でもとても熱い議論が繰り広げられていました。

森本　座談会は，メンバー間のまさに真剣勝負でした。肌身感覚で，事件処理の根底にあるもの，議論の奥深さに直接接することができました。書物に書いてあることは読んでもすぐに忘れてしまいますが，この肌身感覚は体に残ります。これが刺激というものだなあとつくづく思いました。

團　倒産処理のノウハウにとどまらず，事件処理にあたる心意気だったり，経済的破綻に至ってきちんと法的整理を選択した債務者に対するある

種の愛情だったり，場面場面で考えさせられることが多かったです。そして，考えの違いのぶつかり合いを乗り越えて，あるべき結論に集約されていくのが痛快でもありました。倒産処理弁護士は本当にタフで熱いです。

浅井　本当に刺激を受けましたね。倒産実務の経験豊富な先生方による議論の現場に立ち会えてよかったです。特に，事業を残す方向での議論（→416頁，424頁）が大変参考になりました。この本を手に取るのは，倒産実務に興味のある先生が多いと思いますが，そうでない先生にも是非手にとってもらい，議論の現場での熱量を感じてもらいたいと思います。

管納　実際のところ，メンバーの皆さんからは，本には書けない経験談や裏話なども数多く聞くことができましたが，そちらのほうが勉強になったりして（笑）。一筋縄ではいかないのが管財事件ですので，幅広い知見や経験に根ざしたお話には非常に説得力がありました。座談会での発言について，メンバーの皆さんは，発言の意図や思いが的確に伝わるよう言い回し一つ一つにもこだわって原稿化されましたので，読者の皆様にもきっと感じ取っていただけると思います。本書における議論が発端となって，全国各地で倒産事件処理に関する議論がさらに活発化すれば，なおうれしいですね。

丸島　「財団増殖至上主義の発想は危ない」との籠池さんの発言（→16頁），「片目をつむる」との比喩や大局的判断で丸く清算することを指摘する石岡さんの発言（→17頁）。こういうことを書籍で明記しているものは，見たことがありません。本書の大きな特色だと思います。

小川　最近，管財人の視点が強調されがちですが，破産者の経済生活の再生も破産法の目的であり，経済的弱者の立場にある破産者に寄り添う申立代理人の視点も忘れてほしくないなあと思います。本書は，管財人の立場からの目線ばかりではなく，申立代理人の立場からの目線も含めた議論がなされていることも特徴の一つですね。

破産に対するネガティブイメージの克服と早期関与の必要性

今井　破産に対する過度のネガティブイメージは何とかしたいと思いますね。座談会でも話題に出たことがありましたが，「弁護士のところに相談に行くと破産させられる」などと，とことんマイナスに思われてしまうのは心外ですし，相談者にとっても債権者にとっても利益になりません。

鈴木　一つに，とくに経営者（法人代表者や個人事業者）が利用しやすい制度になるような関わりができればと思います。能力を活かして早く，再度の起業，経営をしやすい設計が必要と思います。法人についても健全なタイミングでの破産，よい延命措置と悪い延命措置があると思われますが，悪いほうに切り込めるような，能力と魅力ある弁護士の育成，ハードとなる制度の利用しやすさ，その改善を経ての法的整理に対するネガティブキャンペーンに負けない情報発信が必要と思います。

　　二つ目として，破産の積極面を伝えて利用を高めること，そのために中小企業関連団体や金融機関との意見交換を積極的にすること，早期手続利用を推進する努力をすること等にも携わりたいです。自営・家族従事者の自殺者が以前よりはかなり減ったものの，まだ年間約1500人が亡くなっており，かなり悲惨な状況と思います。今後も弁護士のところに辿りつかなくさせる諸要因や，金融機関対応，自営や小規模の破産の場合についても破産についてのネガティブな情報の払拭，弁護士側の早期段階でのアウトリーチ（これはもちろん再生が可能な事業又は会社のためにもなります）に積極的に取り組みたいと思います。

團　今回の座談会に参加して，法的な破産処理の中でできることにも大きな広がりがあることに，改めて気づかされました。さらに，清算しか仕方がない事態に陥る前に，もっと早めに気軽に相談してもらえるためには，事業の再生もメニューに必要だと感じました。これは自分の課題です。

　　とにかく書いて発信するということは，この企画で試されたところです。これからも地道に取り組んでいこうと思います。

浅井　地域の事業者をその地域の弁護士が支援するという視点から，倒産局面の事業者を支援するプレイヤーを各地で増やしていく必要があると思

います。倒産処理の知識・経験を深めるとともに，他の専門家や金融機関との意見交換・相互理解を通じて，各地域での倒産処理のための人的・物的ネットワークを構築することが大切ですね。今回の座談会で学んだ倒産事件のやりがいやこれに携わる先生方の熱量を地域に伝えていきたいと思います。

小川　事業再生と法人破産は隣り合わせであるのに，法人破産申立ては多くの弁護士が行っている一方，事業再生に関わる弁護士は限られています。法人破産の申立業務も，管財業務も事業再生の視点が必要となる場面があるのであって，法人破産申立てをする弁護士には，事業再生も理解してもらって，再生できる企業は再生できるように，そうでなくても一部でも事業が残るように処理をする，資産が活かされるように処理をするという意識をもってもらいたいと思います。自分自身も，そうした意味でも，事業再生について更なる研鑽を積んでいくつもりです。

伝承してもらう側から伝承する側へ

野村　最後に，皆さんは今後どうしていったらよいとお考えでしょうか。

小川　日々の事件処理の中で様々な利害関係者のことを考えて「よりよい解決とは何か」を追い求める姿勢によって，様々な解決やよりよい実務運用が生まれるのだということを実感しました。破産事件が多かった時代に大先輩，そして，コアメンバーの世代が，現場で頭を悩ませながら築いてこられたものがあって，今の実務があるわけですよね。破産事件減少により実際の事件処理を通じた経験を積むことが難しくなっている今，失われないようにそれを伝えていかなければならないし，この企画に参加した以上は，伝えていく責任があると思います。

浅井　人に伝えようと努力するなかで，自分の知識や経験をブラッシュアップすることができます。自分のためにもなりますよね。

丸島　これまでは，伝承してもらう側だと思っていましたが，これからは伝承する側に回らなければならないのかもしれませんね。

今井　また，そういった伝承や発信の前提として，破産に限らず事業再生のスキルを磨いていく必要もあるのでしょうね。今回の座談会でますます励

みになりました。

管納　私も今回のメンバー皆さんの積極的に発信することに対する熱意には大いに刺激を受けました。ともすれば倒産の世界は閉鎖的に見られがちですし，昨今は申立代理人や管財人の責任という側面がクローズアップされたことで，ますます取っ付きづらい分野だと認識されてはいないかと危惧しています。そういった状況を打開して，よりよい実務を実現するためにも，より幅広い機会で，よりオープンに情報発信する必要性が高まっていると思います。

團　個々の事件処理には絶対的な正解がないことも多いですが，核になる「感覚」が確かであれば，許容性の枠内でよりよい結論を探っていけるように思います。批判もいただく覚悟で，今後も自分の経験は伝えていこうと思います。

横のつながりと縦のつながり

浅井　今回座談会を通じて，各地の倒産処理を第一線で担っている方々の熱い仕事ぶりを見られたことは本当に有益でした。各地の同世代の方々と知り合えたこともうれしかったですね。

森　この座談会の醍醐味は全国から集まってきていることでしょうね。各自が扱っている事件の規模も違えば内容も違う，地域ごとの事情も違う，でも，倒産事件処理については志を同じくするメンバーが全国から集まった，すごいことだと思います。でもこれで終わってはダメで，次のステップはここで感じた「熱」を自らの持ち場に持ち帰って伝えていくことですよね。各地でさらなる「熱」を生み出し，切磋琢磨してよりよい倒産実務を作り上げていく（→481頁）。座談会参加者がそういう役目を担えば，よりよい倒産実務の実現に繋がっていくのだろうと思います。

丸島　どうしたらよりよい実務運用を実践できるか，どうしたらよりよい具体的事案の解決が図れるか，我々若手の立場から，絶えず発信し続けていかなければならないですね。「基準がこうなっているから」とか，「お上がこう言うから」で思考停止してはいけないのだと思います。

河野　そうですよね。少しずつでもいいから，現在の運用をよい方向へ変えた

　　　　いです。この企画の前と後を比べてみたら，実際の実務がこうよくなった，と何年か先に振り返って感じられるように，これからも地元で取り組んでいこうと思います。
岡田　座談会では，白熱した議論から共通認識が確認されることもありました。真剣に意見をぶつけ合う場だったからこその結論だったと思います。議論を先に進めて，運用の改善，よりよい倒産実務の実現を図るために，地元でも真剣に議論するような場を作れたらと思います。
森本　河野さん，岡田さんが指摘された運用の改善のためには，本当に地道な努力が必要ですよね。そのためには，粘り強く発信をし続けること，そして，議論の渦を作っていく智恵と実行力が大事だと思います。今回の座談会では，この議論の渦が作られていく現場を体感しました。この感激を次の発信に繋ぎたいと思います。
山本　今回の座談会では『東西』へのオマージュという話題が出ましたが（→13頁），『東西』の本での個々の発言が広く受け入れられ，多くの共感を得たのは，そこに参加された諸先輩方がずっと第一線を張り続けるだけのことをし，なおかつ，伝承もしてこられ，「あの方たちが言うのだから」という信頼があってこそ，という話も伺いました。今回のコアメンバーの先生方も同じだと思います。私も，この本に少しでも関わった以上，努力し続けなければと身が引き締まる想いです。
　　　　今後，この経験を活かすべく，またここに名前を連ねることに恥じないよう，まずは個別の案件において精進したいと考えています。
野村　皆さんの決意表明を嬉しく思います。平熱が高いといわれる私が，コアメンバーをけしかけ，そこからすごい熱量が生み出され，それにあてられた（？）サポートメンバーの皆さんが，それを楽しく感じ，その熱が冷めないよう各地で盛り立てていこうと思っていただけたのは，今回の成果の一つかもしれませんね。いろいろと大変な作業もお願いし，ボツの嵐もありましたが，すべてが糧になると思います。ご協力ありがとうございました。次は，皆さんがコアメンバーとなる日を楽しみにしております。

第2章　コアメンバーによる総括座談会

座談会をやってみての感想——西から
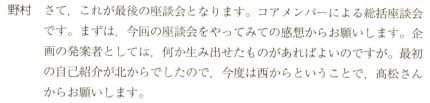

野村　さて、これが最後の座談会となります。コアメンバーによる総括座談会です。まずは、今回の座談会をやってみての感想からお願いします。企画の発案者としては、何か生み出せたものがあればよいのですが。最初の自己紹介が北からでしたので、今度は西からということで、髙松さんからお願いします。

髙松　当然のことではありますが、今回の座談会を通じて、倒産手続に関しては、人それぞれの考え方や処理方法があることを、改めて認識することができ、今後の仕事のバリエーションが大きく広がったように思います。ただ、倒産処理の根幹をなす部分については、メンバーそれぞれが遠く離れた場所で仕事をしていても、基本的に同じ考えであることがわかり、大変心強く思いました。今回の座談会に関しては、倒産業務に関わる多くの弁護士、特にこれから倒産業務に真剣に取り組んでいきたいと考えている若手弁護士の方々の基本的な指針になれば幸いです。

中川　まず、そうそうたる巨匠たちばかりのコアメンバーの中に、私のような田舎の若輩を参加させていただいたことに本当に感謝しております。感想について、小規模単位会で熱心に仕事をしていると、時に相当しんどい事件の配転もあり、何で自分だけこんな苦労をせねばいけないのかと嘆いたときもありました。ですが、この会で周りの巨匠たちのはるかに大変な経験談を聞く中で、自分はこんなことで嘆いていてはいけない、真に一流になるには誰しも通ってきた道だと奮起する勇気をもらいました。そして、座談会後の懇親会でさらに詳しくお話を伺い、お知恵も拝借できました。ついていくのも大変でしたが、本当に成長させてもらいました。文字化しきれなかった部分もありますが、この本が各地で孤

籠池　倒産法の分野は，実務上の創意工夫の余地が多分にあり，それだけに弁護士としての方向感覚や力量が試される分野だといえるかと思います。今回の座談会では，参加メンバーとの意見交換を通じて，様々な目線や価値観，処理の仕方があるものだなあと，あらためて倒産処理実務の奥深さを感じさせられました。よりよい倒産処理を目指すには，多くの引出しが必要です。引出しを増やすためには，自分だけの殻に閉じこもっていては駄目で，このような意見交換の場に積極的に顔出しして，多様な意見に接することが大事です。この座談会で，私自身，多くの引出しを得ましたし，読者にもそれが伝われば嬉しく思います。

久米　この半年間は皆さんと一緒に「破産漬け」で走ってきた気がします。最近は詳しいマニュアル本もありますので，私も含めて「正解とは何か，正しいのは何か」ということを追求し，悩みがちなところもあると思います。しかし，今回の座談会を通して，北は北海道から南は九州まで破産事件に精通されているコアメンバーやサポートメンバーの方々の豊富なご経験をもってしても，「破産事件には絶対的な正解がない」ということが再確認できて，ある意味ほっとしたところもあります。

　一方「正解がない」ことは，事件処理のあらゆる場面において，弁護士としてのバランス感覚が真正面から問われることでもあります。今回，メンバーの皆さんから，活字にできない部分も含めて実際の経験に裏打ちされた本音ベースでの話を聞くことができ，本当に勉強になりました。「感覚の共有」（→16頁）というバランス感覚を大切に今後の仕事の参考にさせていただければと思います。皆様には本当に感謝しています。

座談会をやってみての感想 ── 東へ

山田　破産手続の利用が低調で，他方で準則型私的整理手続が脚光を浴びている中，破産手続を積極的に活用していこうという強い意欲をメンバーで共有することができました。私も私的整理手続や特別清算を選択する際には，破産手続を引合いに出し，「破産はイメージが悪いから準則型私的整理手続で行きましょう！」と言ってしまいます。破産手続の神様に

は申し訳ないことですが，とはいえ，破産手続を貫く手続の透明性・公平性という特長は他の倒産手続にみられないものです。イメージが悪いのは私たちの「他人の失敗を許さない」いう不寛容のせいであり，破産手続のせいではありませんね。この座談会を契機にもっともっと前向きに破産手続を利用しようと心に決めました。

八木　最初の頃の座談会では，議事録を取っているサポートメンバーから私の発言は文字にできないところが多いと言われました。

　　　率直な意見交換の中で削られた部分も相当ありましたが，今までやってきた自分の事件処理の妥当性を検証するいい機会になりました。自分がオリジナルで考え出したと思っていた処理について，先輩方が同様の処理をされた事例を聞いて，安心したところもあります。

　　　倒産事件の処理の結果は，やる弁護士の意欲で大きく変わってきます。

　　　倒産事件の醍醐味を味わってやっている人たちと話をすることで，自分ももっと勉強していきたいと思いました。

　　　ただ，地方ではどうしても情報が地元の中で完結してしまって，近弁連の意見交換会や日弁連の倒産法制等検討委員会など積極的に外に出て切磋琢磨していかないと，他の地域の弁護士との意見交換ができず，井の中の蛙になってしまいます。いかに現場の話を全国的に共有するかが，今後の倒産事件処理をよくしていくために必要な課題だと思っています。

石川　『破産管財実践マニュアル』を執筆するときに野村さん，新宅さんと徹底的に議論したことが，弁護士人生の大きな転換点となっています。実践マニュアルは3人の経験や議論の一つの到達点を記載したものですが，マニュアルという性質上踏み込んで書けなかった部分があります（→15頁）。そういう部分を座談会方式であれば，もう少し明らかにできると思っていましたが，やはり活字で残ると，その表現が独り歩きするという危険性もあり，当初の思いからすれば控え目な表現になっています。それでもこれまでの書籍にはない特徴は打ち出せたと思います。私も含めてコアメンバーは座談会で自慢話をする意図や正解を示す意思などはなく，一つ一つの発言に事業再生や倒産事件に対する熱いメッセージを込めていますので，その思いを酌み取っていただければ嬉しいです。

座談会をやってみての感想――北へ

石岡 　最初にも言いましたが，地方にいて仕事をしていますと，その地域ではいつのまにか一番詳しい風になってしまったり，裁判所も専門部がないので，裁判官よりも詳しいような気になってしまうところがあります。その中で，これまでも井の中の蛙にならないようにと（→4頁），東京に行く等していたつもりでしたが，今回の座談会で，ここまで全体を通しての議論ができ，その中で自分がやってきたことや考えてきたことを検証することができました。さらに各地でアグレッシブにいろんな工夫をしている人たちがいることがわかって，勉強になりましたし刺激になりました。倒産事件は，物事を大きく動かせるという面があり，特に破産は鋭い切れ味をもって処理ができるダイナミックさがあります。通常事件で依頼者の代理人として個別紛争を解決することとは違った魅力があると思っています。今回は，こうした魅力を再確認できた場でもありました。また，今まで自分があまり携わっていなかった経営者保証ガイドライン等（→448頁）の新しいことも勉強できましたので，これから頑張っていきたいと思います。

桶谷 　「普通は，こう考えるよね」という感覚を他の地域のメンバーと共有できていたことが実感できました。独りよがりにならないよう肝に銘じるためのいい機会でした。また，地域によって破産手続の運用が異なるのは，地域の実情を反映した結果なので，むしろよいことだと改めて感じました。

野村 　やっぱりやってみてよかったですね。正直，何だかなあと思うことが何度もありましたが，それを乗り越えるための機会でもあったのかなと思います。それぞれが思っているところが，実は伝わっていない，それは発信する側も受ける側も想定している場面やイメージが違い，そのことを互いにわかろうとしないことに大きな原因があり，今回，場面やイメージを徹底しました。それでもすれ違いを感じましたが，かなりましになったと思います。それが読者の皆さんにも感じ取っていただけるとありがたいです。

思いは伝わったか

野村　伝えるということの難しさをいつも感じておりますが，今回の企画で，皆さんの思いは伝わりましたでしょうか。

桶谷　逆に，自分が先輩から何を伝えてもらったかを考えると，先輩たちは伝えよう伝えようとはしていなかったように感じます。伝えようという意識を見せないようにして伝えるのが，本当の伝え上手なのでしょうね。

石川　何かを感じ取ろうと思っている人が読めば，伝わると思いますし，表面上のノウハウを探すことだけの人には伝わらない，そんなものだと思います。100人に伝えて理解してくれる人が数人でもいればよかったと思うようにしています。その前に私も他の素晴らしい倒産弁護士の先生方の思いを感じ取れるように今後も研鑽していきたいと思います。

中川　この会，「勉強させていただきます」という方はお断りと言われて参加しましたが，結局，ものすごく勉強させていただきました。巨匠たちを前にして改めて力量の差を感じ，また，この本を作る過程で他の方々の話を聞いて感動しながらどんどん考え方が変わっていきました。皆さんの伝えたいことを最初に受け取らせてもらった者の使命として，自分独りでこっそり楽しむのではなく，まずは地元からコツコツと，この本とともに伝えていきたいと思います。ということで，私は，この本「で」伝えるというよりは，この本「と」伝え続けていこうと思っています。

髙松　会って話せば簡単に伝わることも，文字にして伝えようとすると本当に難しいですね。今回の個々の発言に関しては，「そう，そう」と思ってくれる方，「違うだろう」と思う方，いろいろな見方があると思いますが，私たちが真剣に倒産実務を考え，よりよい実務の実現を目指していることだけは，必ず伝わると信じています。

石岡　いつも議論をしていても，念頭に置いている場面が違うと，かみ合わないことがよくあります。今回は，上場会社等を対象とするのではなく，皆が日常的に関与している中小企業等を念頭において議論したつもりですし，場合分けをして前提を整えたつもりなのですが。

野村　いろんなところで伝え回っている感じなのですが，その場では何となく

伝わったかなと思っていても，すぐ消えてきます。やはり，記録して，それを手に取りやすい形で提供することが大切だと思います。最初に述べたとおりで，私は，機嫌よく仕事したいのです。運用改善の面でいえば，弁護士側がよく考え，裁判所に対し積極的に働きかけないといけないと思います。その際，いつも言っている相互理解と立場の尊重が必要ですね。それともう一つ，何を考え実行してきたのかを記録し，次の創造に繋げたいと言いましたが，常に積み重ねなのだと思います。

行間を読めるようになったか

野村　私は，いつも「行間を読め」と言っているわけですが，今回の座談会の中で，かなり行間が文字化されたのではないでしょうか。

籠池　マニュアル本では伝わりにくい，実務処理の「一定の幅」とか「方向性」の感覚については，座談会形式を採用することで，ある程度示すことができたのではないかと思います。ただし，それでも活字媒体の限界もあって，生の事案の微妙なニュアンスなどは，活字表現して伝えるのが容易でない部分も少なからずありました。そのような部分については，近弁連の意見交換会などに積極的に出ていって，そこでの意見交換を通じて体得するしかないのでしょうね。

八木　書けない発言が多くて，申し訳ありません。不適切な処理や誤った見解だから書けないこともあったかもしれませんが，私の担当事件は特殊なものが多くて，詳細に前提事実を置けばきちんと伝わる話も，前提条件なしでその部分だけ切り取られると誤解を生む懸念が強くて書けないことが多かったんだと思います。

石川　書けなかった部分はどこなのか，何故書けなかったのかを考えて読んでみるのもおもしろいかもしれませんね。

中川　そうですね，私などはこの本の編集会議に参加する度に驚愕していましたが，本になるとだいぶ圧縮されています。行間を読めるかどうかもありますが，この先もまだまだあることは明示しておいて，意欲がある方はこういう場などに参加してどんどん探求していくといいのでしょうね。

野村　中川さんも，こういう場を設けるほうになりましょうね。

やってみてよかったテーマは

野村　話は変わりますが，今回取り上げてみてよかったテーマは何でしょうか。既存の本にないことをかなり取り上げたつもりですが。

山田　事業譲渡関係は一貫して熱かったですね（→164頁）。やっぱり今の時代，みんな経験もたくさんありますので。

石岡　熱かったですね。かなり時間をかけて議論しました。「破産手続を利用した事業再生」は，大変ダイナミックな面白いテーマだと思います。

山田　主債務者：破産＋代表者：経営者保証ガイドラインの積極的活用の議論も勉強になりました（→448頁）。チャレンジしていますね。

野村　今回，しこたま話をしましたね。原稿化できなかったこともしこたま。

中川　私は破産と家族・家庭ですね（→261頁）。こういう発想があるんだなと思いました。この分野に限りませんが，破産法の本だけではなく，家族法もしっかり学ばねば世間の実相と乖離してしまうと感じました。

野村　いろいろと興味があり，今後面白いテーマとなるなあと思っていますよ。ただ，アンタッチャブルなところはありますけどね。

久米　申立代理人側の視点と破産管財人側の視点との1人2役の立場に立った話ができたのは非常によかったです（→21頁）。相互対応の話ができましたね。

野村　相互の立場を理解し，尊重することが大切だとつくづく思います。

八木　私も，他方の視点に立って考えることの重要性を再認識しました。これまで，ノウハウ本というと東京や大阪といった大規模庁の運用が前提になっていましたが，中小規模庁の実務運用を前提にした話ができたのはよかったです。

中川　「運用改善のために」（→48頁）を入れたのはよかったと思います。これまで裁判所とはうまくコミュニケーションがとれず，結果的に運用変更を押し切ることが多かったです。今回，こういうことを学ぶ中で，裁判所の要望を感じ取れるようになり，双方で協力して作り上げていくことができるようになりました。他にも運用変更の押切型の中・小規模庁はあると思いますので，各地で建設的なコミュニケーションができるよう

な一助になってくれればと思います。

髙松　裁判所と戦うという発想ではなく，時に議論しながら，一緒に協力してやっていくことが大事だと思います。まさしく相互理解だと思います。

野村　そう，先ほども言いましたが，弁護士側がもっと考え，動くことですね。実際の現場で対応しているのは，弁護士側ですからね。受け身であってはいけないと思いますよ。裁判所との関係でも，裁判官，裁判所書記官と相互の立場を理解し，尊重することの大切さを認識することですね。

石川　事件が減少している中で裁判所でもノウハウの承継については危機感をもっているようです。その意味で伝承を取り上げたのはタイムリーだったと思います（→470頁）。

野村　そうですね。本書には，概説書やマニュアル本にはないことが多数ちりばめられていますので，楽しみつつ，考えるきっかけにしていただけたらと思います。

サポートメンバーへのメッセージ

野村　今回，12名ものサポートメンバーがいろいろとサポートしてくださいました。私が企画した際，これほどまでは想定していなかったのですが，正直嬉しい誤算となりましたね。ということで，皆さんからサポートメンバーへのメッセージをお願いします。

桶谷　サポートメンバーという呼び方でしたが，実際にはサポート以上のことをしてくださいました。内容を理解していなければ，コアメンバーの言いたい放題を記録できません。実力あるメンバーにサポートしてもらって感謝します。

久米　桶谷さんのおっしゃるとおりで，サポートメンバーの方々の事務処理能力や情報収集・処理能力には本当に驚きました。速記録だけでなく，文献の調査を含め，驚くべきスピードで素晴らしいクオリティのものがどんどん出てきましたね。

八木　脚注の判例・文献をあたっていただくなど膨大な作業量をこなしていただきました。単なる読み物ではなく，使える実務本になったとすれば，サポートメンバーのおかげだと思います。

籠池　サポートメンバーの皆さんには，コアメンバーの取り留めのない発言を上手く整理，要約していただきました。まさに縁の下の力持ちとしてこの座談会企画を支えていただき，大変ありがたく感謝しております。

山田　『超訳ニーチェの言葉』（デイスカバー，2010年）にある言葉ですが，「人生を最高に旅せよ！」ですね。消極的になった自分にもいつも言い聞かせています。

石岡　確かに大変だったと思います。でも，30歳代半ば等でこのような機会に巡り会えるというのは，貴重な体験だと思います。私が若かった頃は，そのような場がありませんでしたから。そういう意味では，羨ましく思います。

石川　サポートメンバーを募集するときにあれだけ野村さんに厳しいことを言われて一体何人来るんだろう？と思いましたが，その中で参加表明しただけあって熱意のあるメンバーですし，実務能力も高く助けられました。河野さん，森さん，岡田さんはもう当該地域では主導的な立場になれると思うのでそのつもりでやってほしいです。中規模庁以上の単位会の先生方は下から新しい風を巻き起こしてほしいです。最後に千葉県弁護士会の先生方はその熱意で会内を変えてください。

髙松　皆さんの言葉に言い尽くされています。ひたすら感謝です。特に懇親会では若い先生方にパワーをいただきました。

中川　これが野村さんのやり方かと思いましたが，座談会をやった次の日には座談会原稿ができていてほしいなあ，と言えばお願い口調ですが，座談会原稿がすぐできているイメージなんですよね，と当然のようにおっしゃり，そして，ほんとにサポートメンバーがそれに応えていましたね。

野村　ほんとありがたかったですね。座談会を始める前にどうやったら即原稿化できるかなあ，とつらつら考え，自分でも実験していたのですが，まあ，できるんとちゃうかな，と思ったのですよね。そして，できたわけですね。もちろん，そのままが原稿になったわけではありませんが，原稿のベースとなるものがきっちりとできましたね。感謝申し上げます。

　　　さあ，次は，サポートメンバーの皆さんの番ですよ。

コアメンバーのこと

野村　さて，サポートメンバーの話をしたわけですから，コアメンバーの話もしておかないとね。サポートメンバーによる総括座談会には，コアメンバーの皆さんは参加禁止とし，司会の私と書記役の中川さんだけが立ち会いました。熱いメンバーだと思われているわけですが，せっかくなので，コアメンバー同士で，互いをどう見ているかをやってみましょう。髙松さんは，初回の座談会のとき，かなり緊張しておられましたよね。

髙松　緊張というより，やはり初回は，言葉を選んで発言していましたね。管納さんと福岡からくるときに，全国の猛者が集まるから変なことは言えんね，という話をしたのが懐かしいです。

野村　そんなの全然問題なしですよ。オフレコトークありあり，えー！と言われることありありで，全部原稿から落としますから，ということで正直ベースの話をしましたね。八木さんなんて，しこたま喋っているのに，原稿化するとほとんど発言が残っていないわけですし。

桶谷　でも，私は八木さんの発言や発想力は大好きです。自分には真似できない事件処理の経験談を聞くだけで楽しくなります。とはいえ，誰にでもできる処理ではないので，「よい子は真似しないでください」と言いたいと思います。

八木　桶谷さんのコメントは，久米さんと私が佐賀で「破産手続を利用した事業再生」の講演をした際に会場発言の第一声としていただいたものですね。この本には，たくさんのノウハウが詰まっていますが，個別事案の前提を正しく理解せずにテクニックだけを切り取るのは，危険な面があると思います。

久米　今回の座談会は，チャレンジ派から慎重派・良識派まで，様々な立場の方々からの発言があって，結果的にバランスの取れた座談会になっていたのではないかと思います。

石川　良識派を代表して言わせてもらえば（笑），個性的な皆さんと議論ができてとても面白かったです。私ももう少しチャレンジしてみます。

野村　あるときの懇親会で，コアメンバーはみんな変人だという話がありまし

ね。まあ，ある意味，変人なんでしょうね。

籠池　趣味でもなければ，こんな酔狂な企画に自ら望んで参加しないですよね。その意味ではかなりのマニアの集まりなんでしょうね（私自身は違いますが…）。「全国各地から，よくこんなクセのあるメンバーを集めたもんだ」というのが正直な印象です（あっ，もちろんよい意味で…）。

八木　私も含めて，自分のことは標準だと思っていても，世の中の標準的な人からすれば，今回のメンバーは変人ばかりでしょうね。みんな忙しい中で，頻繁に全国から集まって思いっきり議論を楽しんでいるのは，相当な倒産マニアだと思います。

石岡　確かに，時間と費用をかけて長距離の移動をしてね（笑）。マニアですね。

野村　大阪を中心に，千葉，名古屋，福岡，高知，函館と合計10回の座談会をやりましたね。他にも，何かで何人か集まりそうだとなれば，検討会や編集会議をあちこちでやりました。実際に会って，喋り，対話することの重要性を改めて認識しましたね。

中川　破産した会社の民事再生とか，行き詰まった事業を再生したり，破産した事業から配当したり，倒産処理は普通の発想ではできないことを求められる側面もあると思います。言い換えると変人だからこそできることとも思うのです。ちょっと大風呂敷ですが，歴史をみると歴史の転換点にもだいたい変人がいるようです。これからも倒産処理業界には，変人の個性を有効に活用していける大きな度量を持ち続けてほしいなぁと思っています。できれば社会全体にもですが。

山田　私は自分だけが普通で他のコアメンバーはみんなおかしいと思っていますが。戦友ですね。お互いに気の置けない真のライバルです。

野村　普段は離れていても，いろんなところで接点のあるメンバーですから，何かあると，ぱっと集まり，楽しい会が繰り広げられるわけですね。

読者の皆様へ

野村　こんなメンバーで繰り広げられた本書をここまでお読みいただいた読者の皆様へのメッセージをお願いします。もういくつも出ていますがね。

石岡　私たちの議論の息吹を感じていただければと思います。よりよい倒産事

籠池　件処理とは何か，そのためにはどうすればいいのか。熱いメンバーの熱い思いを感じ取っていただけたら嬉しいですね。

籠池　「現場思考」を大事にしてほしいです。関係者の利害得失を肌感覚で捉えつつ，自分の頭で真剣に悩んで妥当な落とし所を見定めること。時には通説やマニュアルを疑うことも必要です。倒産現場は例外事象だらけで，そうした現場思考を経て倒産法分野は進化を遂げてきたのですから。

山田　これまで立派なことを言ってきましたが，破産手続を含む倒産手続を担当すれば，不安に襲われ，失敗に後悔する日々が続きます。眠れない夜もあります（→401頁）。それを乗り越えていくのは，日ごろの勉強とよい仲間との研鑽だと思います。

野村　そうですね。何も私たちが特殊なことをしているのではなく，少し意識を高くもち，自分から動くということに努めているのだろうと思います。本書が読者の皆様にとって刺激となれば，今後が楽しみですね。

これからどうしていけばよいのか

野村　さて，楽しい会も終わりを迎えることになりました。今回の座談会企画を１冊の本にまとめた後，これからどうしていけばよいのか，を考えてこの大座談会を終わりにしたいと思います。

久米　八木さんからも話がありましたが，「外に出て」実際の事件に活かすことができればベストだと思います。

髙松　野村さんが全国行脚するとか。

野村　コアメンバー３人１組くらいで呼んでもらえたらいいかもしれませんね。未払賃金立替払制度の研修会で行脚しているようなイメージですね。

山田　出前講義ということですね。どこでも行きますよ。料理のおいしいところ，人のいいところなら最高です。

野村　できれば今回のメンバーで引き続き何かイベントができればと思います。書けなかったことも伝わるようなものがベストですね。

八木　活字だけで伝えるのではなく，面と向かって話すのであれば，もう少し踏み込んだことも言えるのかもしれません。私は，お酒の席での少人数での話が，ノウハウの伝承にはとても有益だと思っています。

野村 やはり意識の高い人たちだけの狭い集まりで喋らないと伝わらないですよね。全国でそのような会がいくつもできると楽しいと思います。

石岡 そのためにも，やはり外へ出て，よそでどんなことをやっているのか知らないといけませんよね。各地の若い人たちがどういうことを考えて，どういう処理をしているのか，地元に持ち帰って紹介したいと思います。

中川 この座談会に参加していく中で，よりよい倒産事件処理の考え方を教えてもらえました。これを地元に持ち帰って広めていきたいのはもちろんですが，地元の方々からもそれぞれの経験を教えてもらうことで，さらによりよいものへと地元とともに磨き上げていき，いつかは田舎から中央に発信できることもあればと思っています。

髙松 中川さんと同じですね。私個人は，大したことはできませんが，地元福岡には意欲のある若手がたくさんいますので，少しずつ伝えていき，さすが福岡，さすが九州，といわれるようにしたいですね。

久米 先ほども述べましたが，手続に精通するための知識の吸収を含めたブラッシュアップは必要不可欠だと思いますが，大切なのは「マニュアル本の行間を読む感覚」，つまりはバランス感覚を研ぎ澄ましていくことだと思います。そのためには積極的に生きた情報を吸収していくことが必須だと思います。自戒も込めて本当にそのように痛感しています。

石川 千葉の若手を見ていると，裁判所から依頼される管財事件や監督委員の仕事があればよいと法的手続ばかりに目が行っていて，私的整理とか事業再生に関心をもたない人が多いですが，それではダメだと思っています。また，自戒を込めてですが，事業再生や私的整理に注目していても，企業が窮境に陥り，相談に来てから関与すればよいのだという感覚がありましたが，それでは遅いと思っています。近時は「事業承継」というものに注目が集まっていますが，地方の中小企業で事業承継が問題となるような会社の大多数は事業再生の必要性や経営者の保証債務の問題を抱えていると思います。私は「倒産村」の村人だと思っていて，そのことに誇りをもっていますが，倒産村の弁護士は事業承継や中小企業の支援等の分野にも積極的に取り組んでいくべきだと思います。その際には「倒産村」以外の先生方と協力することも必要だと思っています。他

士業との連携はその重要性が広まりつつありますが，弁護士業界内部の「村」の連携も大切ではないでしょうか。

桶谷　賛成です。同じ地域で連携するだけでなく，他の地域とも連携して，お互いのよいところを取り入れる努力を続けたいと考えています。

山田　それだけをやっていては，思索は深まりません。創造性も生まれません。他の倒産手続に見られない破産手続を貫く手続の透明性・公平性という特長を本当の意味で理解し実践するために，今脚光を浴びている私的整理手続を学び実践することが大切です。また，私は，倒産手続と事業譲渡・事業承継の関係を深く理解するために，これまた今注目されているM＆A－再生案件のみならず正常会社のM＆Aも含めて－にも積極的に取り組んでいきたいと思っています。肩が凝っているときには，肩をもむこともよいことですが，二の腕をもんだり，肩甲骨を動かすと肩の凝りもほぐれますね。破産手続が凝っていれば，違うところをもんだり動かしたりすることがよいことだと思っています。

野村　まあね。今回，破産申立てと破産管財をメインテーマとしてきましたが，手続選択にあたっての話題をしこたま入れましたし，事業を何とか活かしていこうという観点を重要視しました。これまでの破産の本とは異なる視点が多々入っていると思います。読者の皆さんには，本書をお読みいただき，何か気づきがあれば幸いです。

石川　最後になりますが，倒産事件に興味があって本書を購入していただいた（特に地方の）若い先生方がいたとすれば，積極的に外に出ていろんな先生方と意見交換をしたらよいと思います。座談会を真似して，その成果を青林書院から公表するなら，ウェルカムですよね，野村さん？（笑）

野村　紹介できるだけの力を付けてもらってからね（笑）。期待しております！
　　　それでは，名残惜しいですが，これで大座談会を終わりたいと思います。検討会や編集会議も含めるとかなりの回数集まりましたね。皆さんお忙しい中，ありがとうございました。10年後，20年後，今はこんなに合理的でよい制度になっているよ，と，同じような企画をしてくれる方が出ているかもしれませんね。私たちが今言っていることはもう古いこと，そうなっていることを祈りつつ，この大座談会を終わります。（終）

編 集 後 記

　楽しい会が終わってしまった。かれこれ何時間話をしたのだろう。トータル百数十時間は語り合ったと思う。

　長くあたためていた座談会形式を用いた出版企画を実現できるかなと思い，呼びかけ始めたのが昨年（平成28年）の秋でした。ちょうど高知にお招きいただく機会があり，全国から集まるメンバーとどうやったらよりよい破産申立て，破産管財が実現できるかを語り，意見交換し，懇親会でもこの企画の話を着実に広げていきました。

　今回のコアメンバーに当たるメンバーがおおよそ見えてきたところで，同年12月，企画を具体化し，青林書院のご協力も得られたことから，メンバー募集をしました。今回の企画は，全員が自発的参加で，頼まれて入ったという方がいないというある意味特殊な企画です。今回のサポートメンバーに当たるメンバーは，想定を超えておりましたが，コアメンバーを含む全22名の参加が決まった年末から，一気呵成に進みました。

　今年（平成29年）1月から開催した全10回の座談会の開催日，開催場所は，次のとおりです。

　平成29年（2017年）
　　第1回　1月21日（土）　　　大阪
　　第2回　2月11日（土・祝）千葉
　　第3回　3月4日（土）　　　大阪
　　第4回　4月1日（土）　　　名古屋
　　第5回　4月22日（土）　　　大阪
　　第6回　5月13日（土）　　　福岡
　　第7回　6月2日（金）　　　大阪
　　第8回　6月17日（土）　　　高知
　　第9回　6月30日（金），7月1日（土）　大阪
　　第10回　8月25日（金），26日（土）　　函館

できるだけコアメンバーの地元に赴き，その地の雰囲気を知り，その中で座談会を行うことが大切と思い，大阪と交互に各地で開催いただきました。これがまた楽しい機会となりました。他にも，検討会やミニ座談会を大阪，千葉，東京で行いましたし，大阪での座談会に合わせ，コアメンバーによる編集会議も行いました。これだけ短期間によく集まったなあ，と思います。そして，本書が世に出た後の打ち上げは，青森です（個人的には温泉が楽しみです）。

　少し裏話をしておくと，15年前，大阪の運用作りに携わり，合理的かつ柔軟で，予測可能性があり，平等な処理ができるように努め，それを全国に発信し，現行法にも相当程度影響を及ぼしたと思いますが，その後の事件数の減少と弁護士数の増加に伴うものなのか，最近の動きには嫌な予感がしています。もうこれ以上後退させたくない，後悔したくない思いがあり，これまで何を考え実行してきたのか，弁護士側の記録をしておくべき時が訪れたと思ったのです。それが今回の企画を進める原動力になったといえるでしょう。もちろんすべてを記録できたわけではありませんが，実務は，最前線で活躍する弁護士側から動かさないといけないのだ，ということを感じ取っていただけるとありがたいです。その点が一番伝えたかった点かもしれませんね。

　もともとの本書の構想としては，私がコンパクトな総論を書き，大座談会を挟んで，サポートメンバーを中心に座談会を補う各論を書こうと考えておりましたが，実際に座談会を行い，回を重ねるごとに，全編座談会で行こうと方針転換を図り，各論は見える化を図ることに徹するようにし，本書が出来上がりました。倒産事件の処理と同様，走りながら考える，を実践したわけですね。

　企画参加者の皆さん，楽しい機会をありがとうございました。さて，終わりは次の始まり。今回の企画が，全国各地における次なる創造に向かうことを祈念しております。

　　　平成29年10月

弁護士　野　村　剛　司

事項索引

あ

合　鍵 ……………………… 64
挨　拶（代表者の）……… 377
明るい倒産 …………… 261, 465
明るい破産 ……… 20, 261, 465
明るい場所 ……………… 466
空き家問題 ……………… 334
悪　意 …………………… 135
明渡し …………………… 123
明渡費用 ………………… 127
明渡未了 ………………… 57
預り金 …………………… 400
預り金口座 ……………… 149
預り金返還請求権の差押え
　…………………………… 147
後倒し認否 ………… 369, 373
アドバイザー …………… 475
アピールポイント ……… 406
安心感 …………………… 207
アンダーグラウンド … 19, 495
按分弁済 ………………… 243
暗黙知 …………………… 19

い

異　議 …………………… 370
行き過ぎた直前現金化
　……………………… 243, 245
育　成 ……………… 470, 477
意見交換会 …………… 7, 480
遺産分割協議 …………… 268
遺産分割未了の相続財産
　…………………………… 268
医　者 …………………… 424
慰謝料請求 ……………… 268
慰謝料的要素 …………… 265
委託販売 ………………… 87

一括パッケージ ………… 433
一騎当千 ………………… 413
一体型 …………………… 449
一定期間の生計費に相当する現
　預金 …………………… 448
異動届 …………………… 156
居抜き …………………… 351
井の中の蛙 ………… 4, 11, 482
EBITDA ………………… 417
違法配当 ………………… 367
違約金 …………………… 119
　――との相殺 ………… 119
違約金条項 ……… 125, 131, 333
医薬品販売業許可 ……… 346
意　欲 …………………… 414
印紙代 …………………… 341
インセンティブ ………… 409
インセンティブ資産 …… 454

う

ウェブサイト …………… 381
請負契約 ………………… 116
受取手形 ………………… 64
打切主義 ………………… 389
売掛金回収 ……………… 108
売掛金の締め …………… 109
売り仲介 ………………… 332
運用改善 …………… 10, 481, 516

え

永遠の課題 ……………… 478
営業権 …………………… 181
営業免許等 ……………… 175
Xデー …………………… 36
閲覧・謄写 ………… 143, 378
延滞金減免 ……………… 151
延滞税・延滞金の減免申請

　…………………………… 156

お

大型事件 ………………… 412
大口債権者 ……………… 440
OJT ……………………… 471
追って指定 ……………… 368
落とし所 ………………… 14
オフレコトーク ………… 10
オープン型 ………… 28, 62, 74
　――の迅速申立て型 … 32
　――の超迅速申立て型 … 32
　――の申立費用捻出型 … 31
オープンスペース ……… 63
卸売り …………………… 88
お詫び …………………… 377

か

買受希望者の募集 ……… 332
海外資産 ………………… 346
会計ソフト ……………… 65
解　雇 …………………… 68
　――の効力 …………… 71
解雇予告手当 …… 69, 71, 376
解散決議 ………………… 440
解散事業年度の税務申告
　…………………………… 150
開始決定後のフォロー … 198
開始時異議確認型 ……… 387
回収可能性 ………… 140, 363
回収見込額の増加額 …… 452
回収率 …………………… 112
改善のアイデア ………… 483
回送郵便物 ……………… 325
外注請負 ………………… 82
買取業者 ………………… 320
外部スタッフ …………… 319

528　事項索引

外部専門家 ………… 319, 417
拡張決定方法 ……………… 254
拡張適格財産 ……………… 252
拡張適格財産以外の財産
　………………………… 252
確定日付 …………………… 103
火災保険 …………………… 400
加算税 ……………………… 153
家事事件 …………………… 267
貸倒処理（債権カット，債務免除） ………………………… 461
家事手続中の破産 ………… 267
課税売上げ ………………… 155
家族・家庭 ………………… 261
片目をつぶる勇気 ………… 314
片目をつむる ………… 17, 506
活動資金 …………………… 40
活動報告 …………………… 406
華美でない自宅 …… 448, 455
株主構成 …………………… 142
株主責任 …………………… 419
株主名簿 …………………… 142
　　──の閲覧請求 ……… 143
紙媒体 ……………………… 65
カルテ ……………………… 395
簡易配当 …………………… 386
考える癖 ……………… 15, 477
感覚の共有 ……… 16, 467, 504
換価困難資産 ……………… 344
管　轄 ……………………… 495
管財移行 …………………… 243
管財業務のスタッフ ……… 316
管財事件 …………………… 241
管財事務の質 ……………… 408
管財人（→破産管財人）
　　──による競売申立て
　………………………… 350
　　──による事業継続 … 346
　　──による民事再生申立て
　………………………… 166
　　──の職責 …………… 160

管財人OJT ………………… 471
管財人候補者
　………………… 32, 35, 200, 204
管財人選任率 ……………… 241
管財人団会議 ……………… 413
管財人等協議会 …………… 485
管財人報酬 …… 85, 154, 405
監督委員 …………………… 440
勘　所 ……………………… 484
還　付 ……………………… 402
還付金 ……………………… 153
還付請求 …………………… 155
官報公告型 ………………… 389
寛容の精神 ………………… 462
管理処分権 ………………… 322
関連会社 …………………… 296

き

機　械 ……………………… 101
機械警備 ……………… 64, 330
期間制限 …………………… 37
議決権行使 ………………… 146
危険物 ……………………… 311
危険物質 …………………… 357
期日型 ……………………… 368
記者クラブ ………… 169, 382
記者レク …………… 169, 381
鬼手仏心 …………… 315, 328
既存株主 …………………… 144
記　帳 ……………………… 148
気づきの場 ………………… 480
義務者の破産の場合 ……… 269
気持ちを受け止める ……… 158
キャッチコピー …………… 329
99万円までの現金 ………… 244
99万円を超える拡張 ……… 255
給　料 ……………………… 71
給料日 ……………………… 246
共益権 ……………………… 146
共益権行使 ………………… 146
共益費用 …………………… 72

行間を読む ……… 3, 503, 516
協定型 ……………… 434, 440
協　働
　…… 3, 21, 32, 45, 110, 126, 200
共同受任 ……………… 25, 35
業務妨害 …………………… 273
共有持分 …………………… 349
許　可 ……………………… 345
許可証明書 ………………… 341
許認可 ……………… 171, 345
記録閲覧 …………………… 143
銀行取引停止処分 ………… 443
均等割 ……………………… 150
近弁連の意見交換会 …… 7, 481
金融機関主導型 …………… 450
金融債権者 ………………… 418
　　──の全員同意 ……… 421
勤労実態 …………………… 81

く

グッドの部分 ……………… 428
繰戻還付 …………………… 155

け

経営実態 …………………… 296
経営者責任 ………………… 419
経営者責任追及型 ………… 297
経営者保証GL手続フロー・特定調停 ………………… 459
経営者保証GL利用フローチャート ……………………… 458
経営者保証ガイドライン
　…………… 418, 432, 445, 448
計画弁済 …………………… 288
経験交流会 ………………… 477
警告書 ……………………… 134
経済合理性 ………………… 452
経済的再生 ………………… 309
刑事告訴 …………………… 365
軽自動車 …………………… 98
継続的供給契約 …………… 437

事項索引　529

競売 ……………………… 336
競売申立て ……………… 350
警備 ……………………… 64
経費感覚 ………………… 408
契約者貸付 ……………… 248
経理担当者 ……………… 69
外科手術 ………………… 428
月額報酬 ………………… 411
決済 ……………………… 340
決算書 ……………… 159, 322
月次試算表 ……………… 50
欠損金の繰戻しによる法人税の
　還付 ………………… 155
限界事例 ………………… 81
研究会 …………………… 479
現金 ………………… 243, 324
現金出納帳 ………… 148, 323
健康食品 ………………… 345
研修会 ………… 80, 478, 486
原状回復 …………… 128, 129
原状回復費用 …………… 130
源泉所得税 ……………… 154
源泉徴収義務 …………… 154
現地調査 ………………… 330
限定列挙 ………………… 271
検討結果報告書 ………… 79
現場思考 ………………… 522
現場の確認 ……………… 48
現場保全 …………… 116, 330
現場保全力 ……………… 62
減免申請 …………… 151, 155
牽連破産 ………………… 174

こ

コアメンバー ………… 4, 511
合意解除 …………… 123, 127
公共工事 ………………… 120
工作機械 ………………… 101
工場抵当 ………………… 401
公租公課庁 ……………… 147
　　──による差押え …… 339

交通事故の被害者 ……… 256
公売 ……………………… 397
交付要求 ………………… 404
公平・公正・社会的責任
　……………………… 313
公平, 公正, 迅速, 経済
　……………………… 314
交流 ……………………… 483
告示書 …………………… 330
心構え ……………… 207, 312
心のケア ………………… 189
後日発見された資産 …… 258
個人再生 ………………… 278
　　──と破産　対比表 … 283
個人債務 ………………… 456
個人事業者 …… 154, 234, 286
　　──の小規模個人再生
　　 ……………………… 286
　　──の消費税 ……… 157
個人情報 ………………… 394
個人の財産調査 ………… 324
個人破産 ………………… 234
個人番号 …………… 83, 395
個別資産20万円基準 …… 248
個別執行 ………………… 245
個別の和解契約 ………… 434
個別和解型 ……………… 433
コベナンツ ……………… 107
顧問会社 …………… 159, 398
顧問税理士 ……………… 151
雇用関係 ………………… 76
雇用保険 ………………… 455
ゴルフ会員権 ……… 103, 347
婚姻中の夫婦資産 ……… 262
コンサルタント ………… 428
懇談会 …………………… 485
コンプライアンス ……… 429
混乱防止 …………… 34, 175
混乱防止型 ……………… 165

さ

債権回収目的 …………… 291
再建型 ……………… 281, 420
債権者
　　──の同意 ………… 421
　　──の利益の代表者的役割
　　 ……………………… 304
債権者間の平等 ………… 183
債権者集会 ………… 302, 377
債権者説明会 …………… 381
債権者申立て
　…………… 162, 165, 174, 289, 412
　　──の目的による分類
　　 ……………………… 290
　　──の予納金 ……… 299
債権譲渡 …………… 135, 403
債権譲渡登記 …………… 102
債権調査 …………… 368, 403
債権調査期日 …………… 368
債権調査票 ……… 36, 51, 53
債権届出 ………………… 369
　　──を求めない運用 … 369
債権届出期間 …………… 368
債権認否 ………………… 370
在庫商品 …………… 92, 101, 344
最後の務め ……………… 464
最後配当 …………… 386, 389
財産隠匿 ……… 275, 296, 325
財産隠し ………………… 160
財産換価 ………………… 401
財産管理処分権の剥奪 … 289
財産散逸防止義務 ……… 211
財産散逸・流出 ………… 211
財産状況報告集会 ……… 377
財産調査 ………………… 322
財産分与 ………………… 264
財産分与額算定の原則パターン
　のイメージ ………… 266
財産分与請求権 …… 262, 267
財産保全
　…………… 21, 28, 61, 108, 178, 400
細心かつ大胆 …………… 313

再生崩れ …………………… 174
再生計画に基づく弁済 ……… 288
再生支援協議会
　　　………… 418, 423, 434, 449
　　　——との連携 ………… 430
再生を目指す破産 ………… 165
財　団
　　　——の増殖 ……… 146, 304
　　　——の負担軽減の面 … 125
　　　——を毀損しない ……… 167
財団組入れ ………………… 103
財団組入額 ………………… 337
財団組入れ後放棄 ………… 353
財団増殖至上主義 …… 96, 506
財団増殖の面 ……………… 125
財団放棄 ……………… 146, 352
再チャレンジ ……………… 469
裁判官と面談 ……………… 483
裁判所の許可 ……………… 437
財布代わり ………………… 245
債務者不特定 ……………… 107
債務超過 …………………… 300
裁量権の逸脱 ……………… 26
裁量の幅 …………………… 26
裁量免責 …………………… 272
差押え ………………… 339, 401
差押解除料 ………………… 340
差押禁止動産 ………… 237, 245
差押命令 …………………… 95
座談会方式 ………………… 15
査定申立て ……………… 374, 390
サービサー …………… 96, 115
サポートメンバー
　　　……………… 6, 499, 518
残業代請求 ………………… 83
産業廃棄物 …………… 310, 357
三者面談 ……………… 43, 172
33万円基準 ………………… 243
残存債権者 ………………… 184
残存資産 …………………… 448
残余財産確定日 …………… 151

残余財産の分配 …………… 142
山　林 ……………………… 348

し

事案解明目的 ……………… 296
仕入先 ……………………… 87
仕入先対応一覧表 ………… 89
仕掛工事 …………………… 116
仕掛品 ………………… 103, 346
資格制限 …………………… 282
時間給 ……………………… 75
敷　金 ……………………… 125
時季変更権の行使 ………… 69
事　業
　　　——の一部 …………… 164
　　　——の存続 …………… 416
事業イメージ毀損の防止
　　　……………………… 175
事業価値 ……………… 181, 239
　　　——の維持 …………… 169
事業継続
　　　………… 34, 164, 239, 381, 422
　　　——の許可申請 ……… 182
事業継続中 ………………… 68
事業再生 …………………… 424
　　　——と事業承継 ……… 427
事業再生 ADR ……………… 447
事業者と非事業者の区分のイメージ ………………… 234
事業承継 …………………… 425
　　　——と事業再生 ……… 427
　　　——と事業再生のイメージ図
　　　……………………… 427
事業譲渡
　　　………… 34, 164, 178, 239, 422
事業譲渡対価の相当性 …… 181
事業譲渡目的 ………… 176, 293
士業専門家 ………………… 319
事業用資産 ………………… 239
事業用賃借物件 ……… 57, 123
資金繰り ……………… 167, 422

　　　——の確保 …………… 421
　　　——のサイクル ……… 324
資産調査 …………………… 295
資産調査型 ………………… 243
試算表 ………………… 51, 322
資産流出 …………………… 323
事実上の倒産 ……………… 463
　　　——の認定申請 ……… 86
事実認定 …………………… 80
自主廃業 …………………… 443
事前相談
　　　……… 32, 41, 47, 82, 171, 238
下請法 ……………………… 111
自宅を残したい …………… 285
執行裁判所 ………………… 88
実質的な株主 ……………… 142
質問会 ……………………… 480
私的整理 ……………… 420, 442
私的整理ガイドライン …… 447
自動車 ……………………… 97
自動車登録 ………………… 98
使途不明金 …………… 148, 275
辞　任 ………………… 222, 223
支配権争い ………………… 144
支払先行 …………………… 121
支払不能 …………………… 300
司法修習生 ………………… 70
司法書士 …………………… 340
事務職員 …………………… 316
社会的責任 …………… 310, 354
社会保険労務士 …………… 320
借地権譲渡 ………………… 350
借地権付き建物 …………… 350
借地上の建物の財団放棄
　　　……………………… 356
什器備品 …………………… 345
従業員 ……………………… 68
　　　——の解雇 …………… 68
　　　——の確保 …………… 168
　　　——の協力 …………… 75
従業員心理 ………………… 69

事項索引　531

従業員持株会 …………… 145
就業規則 ………………… 73
集合動産譲渡担保 …… 93, 104
自由財産拡張 ……… 146, 198
　── の申立て ………… 204
　── を求める方法 …… 253
自由財産拡張決定方法 … 254
自由財産拡張制度 … 251, 275
　── の趣旨 …………… 245
住宅資金特別条項（住特条項）
　………………………… 284
17条決定 ………………… 451
重箱型 …………………… 24
重箱の隅 …… 19, 24, 280, 466
　── をつつかず，片目をつぶ
　　る勇気 ……………… 314
収賄罪 …………………… 399
出捐者 …………………… 261
出資金 …………………… 347
受任通知 ……… 30, 36, 62, 213
守秘義務 ………………… 221
受領書 …………………… 66
純粋私的整理 …………… 442
純粋な法定代位構成 …… 97
準則型私的整理 …… 421, 442
少額管財（東京）……… 482
少額債権の弁済 ………… 438
消化仕入れ ……………… 87
小規模管財（大阪）… 7, 482
償却前利益 ……………… 417
商業帳簿 ………………… 394
証拠資料 ………………… 370
上申書 …………………… 53
少数株主 ………………… 144
譲渡承認 ………………… 144
譲渡制限 ………………… 143
譲渡担保 …………… 87, 101
商取引債権 ………… 169, 184
消費者 …………………… 281
消費者被害 ……………… 412
消費者被害事案 ………… 289

消費者被害的な破産事件
　………………………… 382
消費税 ………… 104, 147, 150
　── の還付 …………… 402
　── の還付請求 ……… 155
消費税率 ………………… 407
商品番号 ………………… 95
商品名 …………………… 95
情　報
　── の伝達 …………… 67
　── の配当 … 273, 306, 314
情報提供依頼への対応 … 379
情報提供義務 …………… 106
情報提供努力義務 … 370, 380
証明権者 ………………… 79
消滅時効 ………………… 402
将来債権譲渡担保 ……… 106
商　流 …………………… 103
食　品 …………………… 345
職務と責任 ……………… 405
除斥期間 ………………… 389
ショッピングセンター … 63
初　動
　── が大事 …………… 313
　── の重要性 ………… 109
処分費用 ………………… 394
書面審査 ………………… 66
所有権留保 ……………… 97
所有権留保特約付売買 … 87
処理費用 ………………… 358
自力救済 ………………… 62
自力再生 ………………… 417
じり貧型 ………………… 464
資料やデータの保全 … 65, 126
知れたる債権者の意見聴取
　………………………… 173
審　尋 …………………… 43
迅速さ …………………… 48
親族名義 ………………… 262
人的繋がり ……………… 475
信販会社 ………………… 98

審　問 …………………… 43
信用情報照会 …………… 325
信頼感 …………………… 162
信頼関係 …………… 195, 418
信頼関係構築 …………… 158

す

スキッパー ……………… 429
スタッフ ………………… 316
ステークホルダー ……… 305
ストライクゾーン ……… 18
スピード感 ……………… 413
スピード重視 ……… 50, 196
スペアキー ……………… 63
スポット清算人 …… 355, 397
スポンサー ………… 417, 431
　── の確保 …………… 169
スポンサー募集 ………… 170

せ

正解がない ……………… 512
生活給 …………………… 77
税金の滞納 ……………… 74
生計費 …………………… 454
成功報酬 ………………… 229
清算確定事業年度 ……… 152
清算型 …………………… 420
清算型私的整理 ………… 442
清算価値保障原則 … 179, 240
清算金 …………………… 104
清算貸借対照表 ………… 379
清算的要素 ……………… 265
清算人 ……………… 355, 436
清算人代理 ……………… 436
清算人代理手続一覧表（本来型
　の協定型の場合）…… 439
清算費用 ………………… 468
清算目的の民事再生 …… 170
誠実な債務者 … 160, 196, 465
精神的支援 ……………… 270
製造番号 ………………… 95

事項索引

税務 …………………… 147
税務申告 …………… 148, 149
税務申告義務 ………… 150
税務調査 ……………… 155
生命保険 ……………… 323
誓約書 ………………… 419
税理士 ………………… 151
税理士費用 …………… 152
責任追及 ……………… 216
施錠 …………………… 64
雪害 …………………… 311
切磋琢磨方式 ………… 481
窃盗罪 ………………… 90
セット割引 ………… 54, 60
説明義務 ………… 202, 221
説明義務違反 ………… 273
説明を付ける ………… 197
善管注意義務 … 150, 307, 403
全国調査 ……………… 8
全倒ネット …………… 480
前渡金 ………………… 121
専門家報酬 ……… 411, 468
戦友意識 ……………… 162
占有改定 ……… 88, 98, 102

そ

創意工夫 ………… 11, 512
　——の大切さ ……… 19
総額基準 ……………… 248
総額50万円基準 ……… 243
早期関与 ……………… 424
早期再生 ……………… 424
早期の破産申立て …… 215
葬儀屋 ………………… 424
相互互換性 …………… 499
倉庫代 ………………… 105
相互乗り入れ ………… 431
相互理解 … 6, 86, 431, 486, 516
相殺 …………………… 346
葬式費用 ……………… 468
双方未履行 …………… 182

双方未履行双務契約 … 167
遡求権 ………………… 64
即時解雇 ……………… 68
即時抗告 ……………… 142
即日破産手続開始決定 … 40
即日面接通信 ………… 242
即戦力 ………………… 413
訴訟提起 ……………… 114
租税債権 ……………… 70
租税債務の免責 ……… 493
ソフトランディング
　………… 170, 209, 436, 445
疎明資料 ……………… 66
損益計算書 …………… 417
損害賠償請求権との相殺 … 121
損金処理 ……………… 433
損金処理目的 ………… 298

た

代位弁済 ……………… 404
体験レッスン ………… 476
第三者対抗要件 … 97, 102
第三者名義の資産 …… 326
対象債権者 …………… 448
退職金 ………………… 73
退職金制度 ……… 73, 139
退職金見込額 ………… 249
対税型 ………………… 433
第二会社方式 ………… 434
滞納処分
　……… 40, 109, 147, 173, 339
代表者（→法人代表者）
　——の挨拶 ………… 377
　——の協力 ………… 77
代表者等からの債権届出
　……………………… 374
代物弁済 ……………… 90
タイムラグ ……… 28, 435
対話 …………………… 483
他士業との連繋 ……… 429
立場

　——の互換性 ……… 314
　——の尊重 ……… 6, 516
ダブルチェック ……… 84
多様化する事業再生 … 432
多様性 ………………… 481
　——の許容 …… 19, 504
他を知ること ………… 482
単純売買 ……………… 87
単独型（のみ型）…… 448
段取り力 ……………… 197
担保価値維持義務 … 94, 307
担保権者等との交渉 … 335
担保権消滅請求制度 … 338
担保不動産競売 ……… 337

ち

地域経済活性化支援機構
　……………………… 445
チェック漏れ ………… 67
地方の事件は地方で … 495
チーム ………………… 412
　——を組む ………… 197
チーム編成 ……… 414, 478
着手金 ………………… 226
着金確認 ……………… 341
茶封筒 ………………… 399
仲介業者 ……………… 332
仲介手数料 …………… 332
中間納付 ……………… 152
中間配当 ……………… 388
中間報酬 ……………… 410
駐車場代 ……………… 98
中小企業再生支援協議会
　………… 418, 423, 434, 449
中小企業退職金共済 … 73
チューター …………… 474
注文者 ………………… 121
調査委員 ……………… 440
調査嘱託 ……………… 326
帳票類 ………………… 155
帳簿 ……………… 322, 394

事項索引　533

――に載っていない財産
　　　……………… 323
　　――の変造 ……… 272
　　――を付ける …… 66, 148
直前換価 ………………… 58
直前現金化 ………… 246, 257
賃借権の譲渡 …………… 131
賃貸不動産の財団放棄 … 355

つ

追　完 …………………… 51
追体験 …………………… 15
通知型 …………………… 389
通謀虚偽表示 …………… 261

て

DIP 型 ………………… 173
　　――の破産管財手続 … 492
DIP 型清算手続 ………… 436
DIP ファイナンス ……… 422
手形不渡り ……………… 443
敵対関係 ………………… 163
出来高の算定 …………… 117
出　口 …………………… 167
手付金 …………………… 340
手続開始時現存額主義 … 391
手続検討の順序 ………… 420
手続選択 … 164, 281, 416, 419
手続選択俯瞰図 ………… 420
手抜き ……………… 52, 483
電気，ガス，水道等の解約
　　　……………… 128
電子データ ……………… 65
伝　承 …………… 3, 470, 508
添付書類 ………………… 47
電話回線 ………………… 64

と

同意配当 ………………… 386
登記型 …………………… 107
登記事項概要証明書 …… 101

道義的責任 ……………… 374
『東　西』………………… 13
東西倒産実務研究会 …… 13
動産競売 ………………… 88
動産債権譲渡特例法 …… 102
動産譲渡登記 …………… 101
動産売買先取特権 ……… 87
倒産法改正 ……………… 487
倒産法制の一本化 ……… 490
同時交換的行為 ………… 72
同時廃止 ………………… 241
　　――と管財の振り分け
　　　……………… 241
同時廃止基準 …………… 241
同時廃止基準見直し …… 241
銅　線 …………………… 400
同族会社 ………………… 363
To Do List ……………… 67
盗　難 …………………… 400
盗難保険 …………… 330, 342, 400
登録制度 ………………… 88
特定支援 ………………… 445
特定調停 …………… 432, 449
特別決議 ………………… 142
特別清算 ………………… 433
　　――の類型 ………… 437
特別代理人 ……………… 355
特有財産 ………………… 262
独立行政法人労働者健康安全機
　構 ………………… 78
取締役解任 ……………… 142
取立委任 ………………… 64
取立権付与型 …………… 107
取立債務 ………………… 391
取引債務 ………………… 456
取引先の協力 …………… 168
取戻権 …………………… 401

な

内科治療 ………………… 428
生もの …………………… 345

何でも屋さん …………… 321

に

逃げたい ………………… 464
23条照会 ………………… 326
20万円基準 ……………… 243
日常家事債務 …………… 263
日　当 …………………… 76
2分の1ルール ………… 264
入　札 …………………… 169
入札方式 ………………… 333
入札保証金 ……………… 333
入札要綱 ………………… 333
入出金の履歴 …………… 149
任意売却 …………… 103, 330
認識共有 ………………… 483
認　否 …………………… 370
任務懈怠 ………………… 359

ね

熱 ………………………… 509
熱　量 ……………… 505, 508
年金支給日 ……………… 246
年金事務所 ……………… 147

の

農　地 …………………… 348
ノウハウの共有や伝承 … 477
のれん …………………… 184

は

廃　業 …………………… 236
廃業支援型特定調停スキーム
　　　……………… 445, 450
配　当 …………… 385, 403
　　――からの除斥 …… 389
配当異議 ………………… 105
配当時異議確認型 ……… 386
配付資料（債権者集会におけ
　る）……………… 378
配分表の作成 …………… 335

バーコード ……………………… 95
破　産（という名前）…… 488
破産管財実践マニュアル
　　……………………………… 3, 502
破産管財人（→管財人）
　　――としての責任追及
　　……………………………… 216
　　――による事業継続・事業譲
　　渡 ………………………… 164
　　――の心構え …………… 312
　　――の社会的責任
　　………………………… 310, 354
　　――の証明書 ……………… 80
　　――の善管注意義務 …… 307
　　――の報酬 …… 85, 154, 405
　　――の報酬の定め方 …… 405
　　――の役割 ……………… 303
　　――への引継ぎ …………… 66
破産管財人OJT ……………… 471
破産管財人OJT制度の類型
　　………………………………… 473
破産管財人目線
　　………………… 21, 31, 40, 181, 230
破産記録の保管 ……………… 396
破産債権の査定申立て
　　………………………… 373, 390
破産財団 ……………………… 244
　　――からの放棄 ………… 352
破産者（という名前）…… 488
　　――との信頼関係構築
　　………………………………… 158
　　――の経済的再生 ……… 309
　　――の自宅 ………… 315, 328
　　――の利益 ……………… 310
破産者性悪説 ……… 19, 280, 328
破産者名義 …………………… 261
破産手続
　　――の合理化，簡素化
　　………………………………… 482
　　――を利用した事業再生
　　………………………… 173, 520

破産手続開始決定の効果 …… 27
破産手続開始後の遅延損害金
　　………………………………… 392
破産申立書 ……………… 46, 279
破産申立ての取下げ ……… 142
破産申立て前の事業譲渡
　　………………………… 178, 240
パソコン内のデータ ……… 394
バックアップ ………………… 65
発行会社 ……………………… 143
発想力 …………………………… 11
バッドの部分 ……………… 428
ハードランディング ‥ 170, 446
バトンタッチ …………… 51, 201
バトンリレー …………… 201, 430
バランス ……………………… 467
バランス感覚 ………… 5, 14, 16,
　　　　　　　　　122, 303, 312, 512
張り紙 ………………………… 63
バリケード …………………… 63
反社会的勢力 … 296, 302, 332
　　――の排除 ……………… 332
半製品 ………………………… 103
番頭役 ………………………… 415
ハンドルロック ……………… 63
販売会社 ……………………… 98

ひ

非課税売上げ ……………… 155
引継ぎ（破産管財人への）
　　………………………… 48, 66, 200
引継書 ………… 39, 67, 133, 360
日繰り ………………………… 54
PCB …………………………… 311
非上場株式 ………………… 143
　　――の価格算定 ………… 144
　　――の売却価格 ………… 144
被担保債権額 ……………… 104
必要経費 ……………… 152, 468
PDFファイル化 …………… 397
非典型担保 ………………… 101

否　認
　　――の訴え ……………… 140
　　――の請求 ……………… 140
否認権 ………………………… 240
　　――の類型 ……………… 137
否認権行使 …………… 98, 136
否認権行使型 ……………… 298
否認対象行為
　　……… 132, 160, 221, 259, 271
否認リスク …………… 182, 295
日の当たる場所へ …………… 20
非本旨弁済 ………………… 272
非免責債権 ………………… 273
100パーセント子会社 …… 145
100パーセント配当 ……… 392
ヒヤリハット ………… 224, 398
標準的報酬額 ……………… 406
日割計算 ……………………… 76

ふ

ファイナンシャルアドバイザー
　　………………………………… 169
ファーストチョイス ……… 457
ファンド ……………………… 169
フィードバック ……………… 10
封印執行 ……………………… 301
夫婦共有財産 ……………… 262
複眼的 ………………………… 413
副次的効果 ………………… 474
不正請求 ……………………… 80
不正防止 …………………… 148
不足額確定報告書 …… 309, 403
不断の努力 ………………… 486
普通自動車 …………………… 98
普通預金 …………………… 243
普通預金現金同視 ………… 245
復権の申立て ……………… 393
ぶっこみ99万円 …………… 251
物上代位 ………… 92, 105, 355
不動産 ………………………… 330
　　――の管理 ……………… 330

事項索引　535

——の財団放棄 ……… 355
——の任意売却 ……… 330
——の任意売却心得十箇条
　　……………………… 343
——の任意売却の流れ
　　……………………… 331
——の任意売却目的 …… 292
——の売買契約 ……… 340
不動産業者 ……………… 399
不動産競売 ……………… 336
不動産仲介業者 ………… 333
不当性 …………………… 70
不人気物件 ……………… 334
——の任意売却 ……… 334
扶養義務 ………………… 267
扶養的要素 ……………… 265
振込費用財団負担方式 … 391
フレッシュスタート …… 462
プレパッケージ型 … 172, 182
粉飾決算 …………… 151, 453

へ

平均賃金 ………………… 76
平常時と倒産時の交錯 … 27
併存型事件における費用
　　……………………… 232
別除権 …………………… 97
別除権者 ………………… 349
返還要求 ………………… 87
勉強会 ……………… 478, 479
弁護士会照会 …………… 326
弁護士主導型 …………… 450
弁護士報酬 ……………… 226
弁護士倫理 ………… 219, 398
弁済禁止 ………………… 437
変 人 …………………… 520
偏頗行為 ………………… 132
偏頗弁済 …………… 70, 275
返 品 …………………… 91

ほ

包括執行 ………………… 245
包括的な弁済許可 ……… 438
方向感覚 …………… 14, 512
防御の機会 ……………… 163
報酬決定 ………………… 406
報酬否認 ………………… 231
法 人
　　——における臓器移植
　　……………………… 173
　　——の財産調査 …… 322
法人住民税の均等割 …… 156
法人税 …………………… 150
法人税申告書添付の明細書
　　……………………… 322
法人代表者の手続選択 … 457
法人併合型 ……… 54, 60, 391
放 置 ………… 444, 447, 463
法定解除権 ……………… 88
法定代位構成 …………… 97
法定納期限 ……………… 339
法的整理 ………………… 420
法テラス ………………… 249
報道対応 ………………… 382
法律事務職員 …………… 317
　　——の指導，育成 … 318
法令遵守 ………………… 167
保管期間 ………………… 394
保管費用 ………………… 394
簿記検定 ………………… 157
保証金 …………………… 125
保証債務 ………………… 448
保証責任 ………………… 419
補助者 …………………… 76
保全管理人 ……………… 174
保全管理命令
　　……… 168, 171, 174, 183, 300
保全命令 ………………… 61
本則課税 ………………… 155
本末転倒 ………… 22, 53, 60
本来型の協定型 …… 435, 440
本来的自由財産 ………… 244

ま

マイナンバー ……… 83, 395
前さばき ………………… 21
前渡金 …………………… 121
マスコミ ………………… 382
マスコミ対応の心得十箇条
　　……………………… 383
マニア …………………… 521
丸く清算する …… 17, 315, 362
丸投げの質問 …………… 477
回り手形 ………………… 64
満 期 …………………… 64

み

見える化 ………………… 67
密行型 …………… 28, 61, 165
——とオープン型のイメージ
　　……………………… 29
未払賃金立替払制度
　　………………… 71, 78, 375
未分割の相続持分 ……… 349
民事再生 ………………… 421
民事保全 ………………… 140

む

無益な差押え …………… 339
無税償却 ………………… 433

め

名義と実質のズレ ……… 261
名簿登録要件 …………… 476
目線合わせ ……………… 483
メリハリ ………………… 24
メーリングリスト …… 414, 480
免 許 …………………… 345
免 責 ……………… 198, 271
——で確認・説明・指示する
　　事項（申立代理人として）
　　……………………… 277
——に関する意見書

536　事項索引

……………… 204, 274
　── に関する報告 …… 204
免責観察型 ………… 271, 276
免責許可申立て ………… 393
免責調査型 ……………… 271
免責不許可 ……………… 275
免責不許可事由
　………………… 259, 271, 285
面　談 …………………… 483

も

申立書式 ………………… 46
申立代理人
　── の関与 …………… 203
　── の義務・責任 …… 210
　── の心構え ………… 207
　── の助言・指導 …… 212
　── の説明義務 … 202, 221
　── の To Do(1) ── 密行型
　　………………………… 190
　── の To Do(2) ── オープ
　　ン型 ………………… 191
　── の報酬 ……… 54, 226
　── の報酬否認 ……… 231
　── の役割 …………… 189
申立代理人向け研修 …… 478
申立代理人目線 ………… 25
申立て遅延 ………… 211, 220
申立費用 ………………… 54
　── の確保 …………… 30
黙示の拡張決定 ………… 254
目的物の特定 …………… 102
持株会 …………………… 145
モチベーション ………… 69
元従業員の協力 ………… 75
問題意識 ………………… 11

や

役員兼務従業員 ………… 73
役員財産に対する保全処分
　………………………… 363

役員責任査定の申立て …… 359
役員責任の追及 ………… 359
役員に対する損害賠償請求訴訟
　………………………… 362
役員報酬 …………… 77, 261
約定解除権 ……………… 88
役割分担 …………… 84, 414
雇われ社長 ……………… 142

ゆ

有害性 …………………… 72
有給休暇の消化 ………… 69
有資格者 ………………… 239
優先順位 ………………… 67
優先的破産債権 ………… 70
　── の労働債権 ……… 375
郵便切手で配当 ………… 390
有用の資 …………… 246, 258
雪問題 …………………… 334
行方不明 ………………… 64

よ

預金口座の入出金 ……… 324
予告解雇 ………………… 68
予測可能性 ………… 55, 249
預託金返還請求権 ……… 347
予納金 …………… 54, 403, 440
予納金（債権者申立ての） …… 299

ら

ラベル …………………… 102
濫用的会社分割 …… 180, 183
濫用的申立て …………… 294

り

利益相反 …………… 219, 398
利害関係人 ……………… 143
力　量 …………………… 512
履行可能性 ……………… 287
履行選択 …………… 118, 182
履行テスト ……………… 287

離　婚 …………………… 263
リース債務 ……………… 456
リーダー ………………… 415
立法の目玉 ……………… 488
留保型 …………………… 368
梁山泊 …………………… 12
両手仲介 ………………… 332
稟議書 …………………… 454
倫理研修 …………… 78, 479

れ

劣後的破産債権 …… 153, 404
REVIC …………………… 445
連　携
　…… 3, 21, 32, 45, 110, 126, 200
レントゲン ……………… 395

ろ

労災保険 ………………… 76
労働基準監督署 ………… 76
労働基準監督署長の確認通知書
　………………………… 80
労働基準法 ……………… 71
労働協約 ………………… 73
労働債権 …………… 68, 70, 74
　── の債権届出 ……… 76
　── の弁済許可 … 375, 484
労働者健康安全機構 …… 78
労働審判 ………………… 83
浪　費 …………………… 272
66万円までの現金 ……… 245
6ヵ月要件 ……………… 86

わ

和解許可 ………………… 385
　── による労働債権の弁済
　…………………… 76, 376, 484
　── の活用 …………… 376
和解契約方式による簡易分配
　………………………… 386
和解狙いの申立て ……… 294

■編著者

野 村 剛 司（弁護士）

実践フォーラム 破産実務
――手続選択から申立て・管財まで――

2017年11月15日　初版第1刷印刷
2017年11月25日　初版第1刷発行

編著者　野 村 剛 司
発行者　逸 見 慎 一

発行所　東京都文京区　株式　青林書院
　　　　本郷6丁目4－7　会社
振替口座　00110-9-16920／電話03（3815）5897～8／郵便番号113-0033
ホームページ☞ http://www.seirin.co.jp

印刷／星野精版印刷　落丁・乱丁本はお取り替え致します。
©2017　野村
Printed in Japan
ISBN 978-4-417-01727-1

[JCOPY]〈(社)出版者著作権管理機構　委託出版物〉
本書の無断複写は著作権法上での例外を除き禁じられています。複写される場合は、そのつど事前に、(社)出版者著作権管理機構（電話03-3513-6969，FAX 03-3513-6979，e-mail: info@jcopy.or.jp）の許諾を得てください。